RAMÓN ROSA

ORO DE HONDURAS

(ANTOLOGÍA POR RAFAEL HELIODORO VALLE)

ERANDIQUE
COLECCIÓN

ORO DE HONDURAS
RAMÓN ROSA
(ANTOLOGÍA POR RAFAEL HELIODORO VALLE)

©Colección Erandique
Supervisión Editorial: Óscar Flores López
Diseño de portada: Andrea Rodríguez—Mariana Turcios
Administración: Tesla Rodas—Jessica Cordero
Director Ejecutivo: José Azcona Bocock
Primera Edición
Tegucigalpa, Honduras—Abril 2025

INDICE

ENSAYOS

LA LEGISLACIÓN EN SUS RELACIONES CON LA ECONOMÍA POLÍTICA

I

DESPUÉS de consumarse la revolución política que dio por resultado la independencia nacional de estas regiones, viene hoy operándose, como su complemento, la fecunda revolución de principios económicos, llamada a engrandecer nuestros pueblos de América, a transformarlos en verdaderos centros de riqueza y de civilización.

La República de Guatemala no permanece indiferente a esa influencia de las ideas económicas que en nuestros tiempos está reconocida como elemento de progreso y de cultura social. Los estudios que se hacen sobre la ciencia de la riqueza; los importantes escritos que se publican relativos a nuestras necesidades económicas; las diversas empresas que hoy dan vida y movimiento a la agricultura, al comercio y la industria; las tendencias de la Sociedad Económica, que promueve la reforma de algunas leyes incompatibles con el adelanto agrícola y comercial del país; todo esto conduce palpablemente a confirmar nuestro acierto, y a convencernos de que no está distante la época en que los principios económicos sean un hecho realizado en favor de los intereses y prosperidad de la República.

Abrigando tan lisonjera esperanza, nos proponemos indicar algunas ideas sobre la legislación en sus relaciones económicas. En el curso de este pequeño trabajo nos veremos precisados a contrariar el derecho español vigente, por considerarlo inadecuado a las necesidades actuales; pero nuestras apreciaciones, exentas de pretensión alguna, no tendrán otra mira que la de patentizar los beneficios que reportaría a la República, si se armonizasen, por completo, sus ramos de legislación con los buenos principios de la ciencia económica; consorcio feliz que deseamos sinceramente se realice, porque, afianzando el bienestar de Guatemala, asegurará, a la vez, los altos fines de su futuro engrandecimiento.

II

La palabra legislación ha recibido dos acepciones, consagradas por la jurisprudencia. La legislación es la ciencia de formar las leyes; la legislación es el conjunto de las leyes de un país. En ambos sentidos se relaciona íntimamente con la Economía Política.

Evidenciemos esta relación que es, por cierto, de gran trascendencia.

La Economía, al ocuparse de la riqueza, enseña el modo de obtener su producción, distribución y consumo; en otros términos: la manera de satisfacer convenientemente las necesidades individuales y sociales. La legislación, en sus más altas miras, reconoce por objeto el expeditar y garantizar la justa satisfacción de esas mismas necesidades. Si la contemplamos a la luz de los principios del derecho público, vemos claramente que su verdadero fin es organizar el gobierno del Estado, como medio de dar seguridad y libertad para que los individuos se desarrollen ampliamente en la esfera social. Si la examinamos en presencia del derecho privado, reconocemos que su objeto es: organizar la familia, agente de la producción y del consumo; asegurar la propiedad que, bajo la forma del capital o de la tierra, es un elemento para producir la riqueza; facilitar y garantizar los contratos, medios de operarse las transacciones y de verificarse los cambios. Por último, considerada en cuanto fija las leyes del enjuiciamiento, pone a nuestro alcance la facultad de ejercer los derechos civiles que nos corresponden por la propiedad o por el trato. En lo criminal, la ley penal y de procedimientos tiende a asegurar la averiguación del delito y del delincuente, y a que se aplique la pena que repare el derecho violado, satisfaciendo a una necesidad individual y social.

Basta lo expuesto para juzgar que la ciencia de la riqueza es la más ancha base de la legislación; o más bien, que la legislación en muchos de sus ramos no hace otra cosa que poner en práctica los principios de la ciencia económica. Esta, con la riqueza, proporciona los elementos que satisfacen las necesidades del hombre; aquélla, con sus leyes, asegura el derecho de cada individuo al empleo de esos elementos, y al goce legítimo de sus beneficios.

Si la Economía Política no fuera una ciencia de ayer, no comprenderíamos cómo por espacio de tantos siglos no se ha reconocido bien esa clara y sencilla verdad, llevándola a sus aplicaciones prácticas: prueba de que aun tratándose de verdades obvias, la humanidad avanza a pasos lentos, y recoge bien tarde la savia que contienen, destinada por la Providencia a modificar el espíritu de los pueblos que, como los individuos, necesitan de una renovación constante de elementos para sostener las fuerzas de la vida.

III

Siendo una verdad incontestable que la Economía y la Legislación se relacionan y se necesitan mutuamente, prescindamos de considerar esa relación en abstracto, y concretémonos al examen de las leyes que nos rigen. Mas, al tratar del derecho privado, que es nuestro principal objeto, séanos permitido exponer antes nuestro juicio respecto a las leyes constitucionales. Estas son la base del derecho orgánico, y determinan el carácter de los diversos ramos de la legislación.

El porvenir de Guatemala, como el de las demás secciones de la América del Centro, depende, en mucha parte, de la realización cumplida de los principios económicos. La independencia, la soberanía, las libertades políticas han sido los principios proclamados en nuestras constituciones de América. Pero hoy que la independencia de las Repúblicas Centroamericanas es una verdad de hecho; hoy que nadie les disputa su autonomía nacional, debemos fijarnos en gran manera en las libertades económicas, que sería de suma importancia consignar como principios fundamentales; y darles, a la vez, seguridad contra todo ataque de las leyes orgánicas que, por desgracia, falsifican muchas veces en la práctica lo que se acepta en principio. Esto es de necesidad imprescindible; puesto que de nada nos serviría hacer ver consignadas en nuestras constituciones, la libertad, la igualdad, la propiedad, la seguridad, y la instrucción como garantías comunes a los productores de la riqueza, si las leyes orgánicas bajo el pretexto de reglamentar el ejercicio de los derechos constitucionales, diesen en tierra con ellos encadenándolos en la práctica.

No se crea que estamos en la región de las teorías. Inmensos beneficios se han recibido en las naciones que por sus leyes fundamentales tienen aseguradas sus libertades económicas. Estas han descendido a los hechos, proporcionando estímulos y recompensas al trabajo; desembarazando al capital de las trabas que lo hacen inactivo; y dando un valor increíble a la tierra que, bajo el régimen de las restricciones, de los privilegios y de la inseguridad, se anula y casi no figura como elemento de producción. Si a lo expuesto se agrega que las libertades económicas atraen y estimulan la inmigración, necesidad ingente de nuestra América, nos convenceremos más de que las constituciones deben consignarlas de preferencia, y garantizarles su acción, evidenciadas hoy día como fecundas en resultados para la ventura de los pueblos.

IV

El derecho de las Partidas nos da la organización de la familia.

El fundamento de ésta es el matrimonio, celebrado conforme al orden establecido por la Iglesia.

El padre es el jefe de la sociedad doméstica.

Le corresponde la patria potestad útil. De ésta se derivan la facultad de vender y empeñar a los hijos, en casos de miseria, y el derecho a la administración y usufructo del peculio adventicio.

La patria potestad no concluye por la mayor edad de los hijos de familia.

El poder paterno es reemplazado por la tutela o curatela (cargos forzosos).

La mujer y el huérfano tienen una condición privilegiada por razón de sus bienes.

Tal es la organización romano-feudal que el derecho español ha dado a la familia americana. Ahora bien: ¿está en armonía con las necesidades de nuestra época, con las ideas que profesamos, con la civilización a que tienden nuestras constantes aspiraciones? Creemos que no.

El matrimonio que, como dice un notable publicista, "es la raíz de la familia, en que prende el germen de la población, y en que se educan el hombre y el ciudadano"; el matrimonio, decimos, no debe reconocer una legislación exclusiva que restrinja sus efectos civiles, y que, por lo mismo, dificulte el aumento y mejora de la población. El matrimonio, prenda del orden social, lazo de unión entre las familias y los pueblos, debe ser un medio para obtener el cruzamiento de las razas, que tanto nos interesa; y ese alto fin debe asegurarse en la legislación, por una amplia libertad, y por la igualdad de derechos civiles, consiguientes a la institución matrimonial que se adopte. De aquí se deduce que el derecho no debe hacer diferencias entre las leyes que presiden a la formación de las familias; y ésta es la consecuencia natural de ese fecundo principio de igualdad civil, que nivela al nacional y al extranjero, que atrae la población, que multiplica los vínculos de las familias y de los pueblos, y que va en pos de realizar ese ideal de la unidad de la especie humana, dogma del cristianismo que contemplamos llenos de fe, y que en el porvenir será la grande obra que atestigüe la marcha de los pueblos hacia la consecución de sus altos destinos.

Justa y conveniente es nuestra ley en cuanto da al padre el carácter de jefe de la familia. Pero no encontramos ese espíritu de justicia y de conveniencia en los derechos que le otorga, derivados de la patria potestad. Prescindamos del poder que la ley de las Partidas confiere al padre de familia para el empeño y venta de sus hijos. Esta disposición, copiada de los romanos, es hija de una época en que no se apreciaba, como se debe, la dignidad del hombre. Dejemos a un lado esa monstruosidad legal; pues, felizmente hoy se reconoce por todos, que el contrato de compra y venta de personas es un crimen... Fijémonos, por lo tanto, en la administración y usufructo que corresponden al padre en los bienes adventicios del hijo, porque esto es práctico, porque es un hecho entre nosotros.

Tal sistema, de origen romano, es funesto a la producción de la riqueza. ¿Qué estímulos pueden tener los hijos de familia, si saben que cualesquiera que sean los frutos de su trabajo, nada ha de pertenecerles, porque ellos, a la manera de los esclavos romanos, están condenados a producir para sus amos, que en este caso son sus propios padres? El mayor estímulo para la producción es la recompensa del trabajo. La ley lo niega al hijo, y por lo tanto, es contraria a los buenos principios de la ciencia económica. Por otra parte, al concentrar en el padre la administración del peculio adventicio, dificulta la circulación de la propiedad, y se opone a la facilidad de las transacciones que favorecen el aumento de la riqueza.

La mayor edad del hijo no es suficiente para dar término a la patria potestad. Mas, ¿por qué no conceder al hombre el lleno de su representación y de sus derechos, una vez que ha desarrollado plenamente sus facultades físicas y morales? ¿Por qué no quitarle las trabas de una potestad ajena, cuando ya puede manejarse por sí mismo? Las buenas leyes no deben propender a aumentar las incapacidades, sino a disminuirlas en beneficio de la libertad y facilidad de las transacciones. Por eso juzgamos que el poder paterno debería concluir con la menor edad de los hijos de familia.

Convendría minorar la duración de la curatela y restringir las excesivas atribuciones de los guardadores. Si el menor por sus aptitudes es capaz de administrar sus bienes, ¿por qué condenarlo, casi siempre, a la inacción, negándole el derecho que reclaman sus actividades? Ya hemos manifestado que la misión de las leyes es reducir las incapacidades a sus justos límites.

V

"En los pueblos modernos nada ocupa seguramente tan gran lugar como el crédito. Soberano en el dominio de la circulación, lo es asimismo en el campo de la producción." Estas solas palabras de un célebre economista, ponen de manifiesto la importancia del crédito y explican la tendencia de los países civilizados que procuran mantenerlo como precioso elemento para la vida del comercio moderno. Por desgracia, entre nosotros el crédito encuentra los más rudos ataques en la ley civil. Ejemplos de esto son los privilegios e hipotecas de los menores y de las mujeres casadas.

Lejos estamos de pensar que las leyes no deben proteger a esas personas; pero semejante protección no debe otorgarse a expensas del crédito y de la circulación de la propiedad. Atacar estos dos elementos del comercio, es producir un grave daño que afecta a la riqueza pública, y aun a la particular de los mismos privilegiados. Irrecusable testimonio de que la infracción de las leyes económicas no puede redundar en beneficio de nadie, porque basadas en la naturaleza de los hechos, la legislación no puede cambiar su curso, desviando sus consecuencias naturales.

Veamos lo que sucede con el privilegio de la restitución in integrum de los menores, y con la hipoteca tácita de los bienes dotales.

Como todos saben que al tratar con los menores, si éstos reciben el más pequeño daño, se han de rescindir los contratos (salvo en casos excepcionales), para reponer las cosas a su primitivo estado; nadie tiene confianza en semejantes transacciones, que, por lo común, producen gastos inútiles y esperanzas ilusorias. Por tan justos motivos los particulares se retraen, y la gran clase de los menores deja de hacer contratos provechosos, mientras que sus propiedades permanecen improductivas, porque están fuera de la circulación. Esto, lejos de ser propiamente un privilegio, es un mal para la clase privilegiada, y una ruina para los que han tenido la desgracia de tratar con los menores, sabiendo que el día menos pensado se rescinden las transacciones más perfectas y se les sujeta a un litigio en que sucumben bajo el peso del privilegio. Y todo, en mengua del crédito y la riqueza nacional, cuyos elementos son esencialmente individuales.

Respecto a la hipoteca dotal, conservada, como dice un escritor, por un mero rasgo de galantería, creemos que no sólo es inútil, sino también perjudicial. En Roma, que el matrimonio podía disolverse por el divorcio, que no era una sociedad de intereses, que la mujer no participaba de las ganancias obtenidas durante la unión conyugal; sobrada justicia había para sostener la hipoteca, que asegurase por ministerio de la ley los bienes dotales. Pero entre nosotros, que sucede todo lo contrario, que el matrimonio es indisoluble, que la mujer no puede quedar abandonada, que hay entre los cónyuges una verdadera sociedad, y que son comunes las ganancias habidas, no encontramos razón alguna para conservar ese privilegio de la hipoteca tácita, que ataca el capital en su forma más preciosa, que es el crédito.

Conservar la hipoteca dotal, según el sistema de las Partidas, es mantener los funestos principios de clandestinidad y de generalidad, borrados casi por completo de los códigos modernos. Admitir la hipoteca legal, sujetándose a la especialidad y publicidad de los bienes gravados, es, o establecerse una cosa inútil, si tales requisitos se dejan al arbitrio de los cónyuges, o, en el caso opuesto, es violentar la voluntad de éstos, y lastimar sus intereses relacionados muchas veces con motivos de delicadeza personal. Si los que contraen matrimonio quieren constituir la hipoteca dotal, pueden hacerlo muy bien, teniendo esa garantía la naturaleza de las hipotecas voluntarias. Mas, en el caso de que no la constituyan voluntariamente, ¿con qué derecho puede intervenir la ley, ya por medio del juez o de otra persona, para especificar bienes, y gravarlos contra la voluntad de los interesados?

Se nos dirá de una vez, que la ley interviene para evitar que la debilidad de la mujer, y las sugestiones del marido no hagan ilusoria la garantía de los bienes dotales.

Pero juzgamos que ya no es tiempo de exagerar semejantes razones. La debilidad de la mujer no tanto depende de la naturaleza, como de la condición social en que la han colocado las leyes. Hoy que la mujer no es una cosa, como entre los romanos, ni un ser destinado a los devaneos y a las galanterías como en la Edad Media; hoy que es respetable su dignidad; y que al contraer matrimonio lleva una condición igual a la del hombre, entra en su nuevo estado como socio, y no como un instrumento de placer; hoy que se reconoce todo esto, no vemos por qué la debilidad, que en otros tiempos era razón abonada, se aduzca todavía para privilegiar la dote, sin atender a que la civilización moderna ha hecho menos débil a la mujer al conocerla más digna.

Por lo que toca a las sugestiones del marido, no encontramos fundamento para suponerlas a priori.

El hombre que entrega su ser, su afecto y su porvenir a la persona con quien se enlaza, ¿cometeremos la injusticia de darle por móvil de sus actos el interés grosero y material? ¿Es digno de las leyes degradar la naturaleza del hombre, suponiéndole miras rastreras, cuando adopta el matrimonio, que es una institución en que presiden el afecto y la solidaridad de los interesados? Verdad es que en algunos casos particulares los hombres proceden de otro modo; pero en ese supuesto los intereses de la mujer quedan a salvo; pues tiene su acción expedita para reclamar contra cualquier abuso del marido, y aun para pedir que se le prive de los bienes dotales, como lo previene una ley de las Partidas, en los casos de malversación.

A medida que la agricultura y el comercio progresan en la República, se nota más la falta de capitales baratos, que ensanchen esos importantes ramos de la industria. Si ésta es una verdad reconocida, ¿por qué continuar en ese sistema de leyes que alejan el capital en vez de atraerlo? ¿Se quiere asegurar los intereses de la mujer casada y de los menores sin detrimento del crédito? Que cesen los privilegios, que el capital se rodee de verdaderas garantías, reformando nuestro pésimo sistema hipotecario, estableciendo buenas instituciones de crédito y creando leyes de procedimientos que den por resultado la sencillez y la prontitud en los negocios judiciales.

Así veremos que el beneficio es común, sin diferencia de sexo ni edad; pues se cumple una ley económica, basada en nuestras necesidades, en hechos generales que las manifiestan, y no en la condición desigual de las personas, que en nuestro caso, es la ruina del crédito, porque es la fuente de los privilegios.

VI

Si los principios liberales de la economía moderna están diametralmente opuestos al derecho antiguo que organiza la familia, no lo están menos respecto de las leyes que, imbuidas en el espíritu romano, han venido ocupándose de reglamentar la propiedad. Semejantes leyes no pueden sostenerse, sin contrariar el carácter, las ideas y necesidades de los pueblos modernos. Más, a despecho de esta verdad, encarnada en el sentimiento de las sociedades, y robustecida por el voto de distinguidos escritores, el Romanismo, a causa de su inveterado prestigio, aún no desaparece de las legislaciones de varios países civilizados, y de las doctrinas proclamadas por algunos publicistas y jurisconsultos de gran nota. En su apoyo tiene los principios de la Escuela Histórica, y el ejemplo del Código Civil francés, calcado en muchas partes sobre las bases del derecho romano. No desconocemos la sabiduría y oportunidad de éste, como legislación formada para el imperio absoluto de los Césares. Mas, este título no es suficiente a mantenerlo entre nosotros, retardando así la realización de las ideas de la época, que buscan en otra fuente las inspiraciones del derecho y de los intereses sociales.

En confirmación de lo expuesto, nos permitiremos juzgar las ideas de la Escuela Histórica, y poner de manifiesto la opinión de notables publicistas sobre el Código Civil francés. Al entrar en estos pormenores, llevamos la mira de hacer patente que el derecho romano no debe ser por más tiempo el modelo de las legislaciones modernas: punto capital en la materia que examinamos, pues la Economía moderna es la antítesis de la legislación romana.

Oigamos a Savigny, representante de la Escuela Histórica: «El derecho no es una creación voluntaria ni arbitraria del hombre, sino que nace y se forma en un pueblo como su lenguaje y sus costumbres».

«El desarrollo y perfeccionamiento del derecho deben ser hijos de las necesidades y de los progresos del pueblo; cualquier elemento extraño no haría más que desnaturalizarlo. Ahora bien, la legislación del pueblo romano, se ha efectuado bajo tan felices condiciones, y por eso ha merecido el nombre de razón escrita, y sobrevivido a la ruina del Imperio, para servir de modelo a las legislaciones de los pueblos modernos, más dotados de un espíritu de asimilación, que de esa espontaneidad característica de Roma. Así, en vez de formar nuevos códigos debemos consagrarnos al estudio del Derecho Romano, que puede considerarse como una fuente viva de justicia».

Tal es la exposición precisa de la doctrina de la Escuela Histórica; doctrina pobre en sus miras, insuficiente en sus resultados, y contradictoria y ridícula al oponérsele simplemente la verdad de los hechos. Si «el desarrollo y perfeccionamiento del derecho deben ser hijos de las necesidades y de los progresos del pueblo», ¿cómo sostener que, en el fondo, no se debe pensar en nuevas leyes, porque el Derecho Romano es el único adecuado para servir de modelo a las legislaciones de los pueblos modernos? ¿Olvida la Escuela Histórica que las sociedades de nuestros tiempos son esencialmente diversas de la sociedad romana, que están separadas por diferencias profundas en sus necesidades peculiares, en sus progresos, en sus creencias, en sus costumbres, en sus aspiraciones? ¿No se fija en que, hoy más que nunca, el espíritu moderno se rebela contra el Romanismo, por considerarlo absurdo y abiertamente opuesto a la dignidad del hombre y a los fines políticos y sociales de los pueblos modernos?

Para evidenciar esta verdad presentemos el siguiente paralelo:

En Política, hoy se consagran los derechos individuales, y el Estado sólo es un medio para el mantenimiento de esos derechos; y sin embargo, en Roma nada significaba el individuo, el Estado lo absorbía, trayendo como consecuencia lógica, el despotismo absoluto y la muerte de la libertad individual.

En Economía Política, hoy se honra y se favorece el trabajo, se reconocen la industria y el comercio, como fuente de la riqueza moderna; y no obstante, en Roma se vilipendiaba el trabajo, relegándolo a manos esclavas; no se conocía el derecho comercial e industrial, porque propiamente no había industria ni comercio; en su lugar se estimulaba la ocupación bélica, y por este medio pasaron al dominio de Roma las riquezas que Cartago y el Egipto obtuvieron por el noble ejercicio de la industria.

En Derecho Internacional, hoy se reconoce que los extranjeros son tan respetables como los naturales, y aun gozan de los mismos derechos civiles que éstos; y para Roma los extranjeros no eran más que unos bárbaros.

En Derecho Administrativo, hoy se proclama y practica en muchos países el fecundo principio de la descentralización, que facilita la acción del gobierno, y que es un bien inestimable para los administrados; y Roma, por lo contrario, tenía un sistema de centralización falso, vacilante y destructor de los verdaderos intereses de los gobernados.

En Jurisprudencia, hoy se atiende más a la verdad y a la justicia que a las fórmulas y a las doctrinas de jurisconsultos; y Roma tenía una Jurisprudencia formularia, y llegó a sustituir el derecho, la justicia, por el voto de los Papiniano, los Paulo y los Ulpiano. ¡Como si el derecho fuese personal, como si las opiniones humanas fuesen más que la razón y la justicia!

En Religión, profesamos como dogmas la unidad de Dios, la igualdad y la fraternidad de los hombres; y Roma era pagana, y admitía entre los hombres las desigualdades más odiosas.

En Filosofía, hoy se reconoce la personalidad humana, con todos sus derechos; la moral del deber, como guía de la voluntad, y la ley del progreso del desarrollo armónico de las facultades, del hombre como fin de las tendencias humanas; y Roma era estoica o epicúrea, y anulaba los derechos de la personalidad del hombre.

En lo social, hoy se distingue la condición de las personas, por el mérito que contraen por sus capacidades y virtudes individuales, y Roma distinguía la condición de nobles y plebeyos, de señores y esclavos.

Véase, pues, cómo la civilización moderna, en sus variadas fases, está contrapuesta a la civilización romana; véase si será filosófico juzgar que los pueblos modernos carecen de espontaneidad, y que sólo están dotados de un espíritu de asimilación; véase si será razonable modelar nuestras leyes por una legislación buena, inmejorable en su tiempo; pero inadecuada y absurda para la época presente, que posee principios que no conocieron los Romanos, y que comprende de muy distinto modo los grandes problemas que se refieren a la perfección material, política, social, religiosa y moral del individuo y de la sociedad.

VII

El ejemplo del Código Civil francés, que se modeló por la legislación romana, no es en el día un argumento en favor del Romanismo. Precisamente esa circunstancia ha hecho que eminentes economistas de Francia hayan juzgado el Código de su patria, considerándolo en pugna con el estado económico de la nación francesa. Entre ellos, el Conde Rossi ha marcado de una manera muy exacta la razón de semejante desacuerdo. "Los Códigos franceses —dice— han visto la luz en medio de dos hechos inmensos, de los cuales, uno los ha precedido y el otro sucedió: la revolución social y la revolución económica. Los Códigos han reglado el primero, no han alcanzado a reglar el último".

"La revolución social había concluido por la destrucción del privilegio". Aplicar la igualdad civil a todos los derechos de la vida social, organizar la unidad nacional en el sistema político; tal era el fin que convenía alcanzar en ese momento por la sanción de los Códigos, que, según eso, desempeñaban un servicio de alta política, más que era cosa.

"En 1803 y 1804, en que se promulgaba el Código Civil francés, la revolución económica estaba aún lejos de su término".

"Aunque la Francia había proclamado la libertad del trabajo y la emancipación y división de la propiedad territorial, estos hechos no recibían todavía sus consecuencias económicas en el orden político".

"La Francia continuaba siendo país agrícola, casi exclusivamente. La propiedad territorial ocupaba el primer rango a los ojos de los autores del Código, y la miraban como la base de la riqueza nacional".

"En esa época, la industria propiamente tal, era pobre, débil, desconocida; el comercio marítimo estaba anonadado, el crédito desconocido, el espíritu de asociación en pañales, y la ciencia económica apenas existía para un corto número de inteligencias. Este estado de cosas reaparece en los vacíos del Código Civil".

Las ideas de Rossi, que dejamos expuestas, están ya reconocidas en Europa, como también en las Repúblicas de la América del Sur, que habían tomado el Código francés por modelo de sus legislaciones. Conviene que nosotros tengamos muy presentes esas ideas, porque estando en vía de formarse definitivamente la legislación patria, los principios que a ella presiden han de ser la verdadera expresión de las necesidades políticas y económicas del país.

VIII

La adquisición del dominio, que en el lenguaje económico es la producción de la riqueza, debe ser mirada de un modo muy diverso de como la consideraron las leyes romanas, y nuestro derecho español, derivado de esas mismas leyes.

Hay modos de adquirir por derecho natural y por derecho civil. A la primera clase le corresponden los modos originarios y derivativos: a la segunda, la prescripción y la adquisición por testamento.

La ocupación y la accesión son modos de adquirir originarios: la tradición es derivativo.

La ocupación contiene tres especies: caza, pesca y ocupación bélica.

La accesión es natural, industrial y mixta.

De la manera expuesta clasifican nuestras leyes los modos de adquirir la propiedad de las cosas.

La caza y la pesca son verdaderas industrias. La economía que ha proclamado la libertad industrial las reconoce comunes al nacional y al extranjero. La ley, fiel a estos principios, debe apartarse de las restricciones del derecho colonial.

Procurar que no se destruyan los objetos de ocupación, y consultar la salubridad y seguridad del individuo: este es el verdadero objeto de los reglamentos administrativos, referentes a la caza y a la pesca. Todo lo que no sea eso, todo lo que sea restringir el derecho, es caer en el régimen de los privilegios.

La ocupación bélica no debe ya considerarse como un modo de adquirir. Los principios de derecho internacional privado, la rechazan por completo, al reconocer que las propiedades particulares deben estar exentas de toda adquisición marcial.

La accesión, más bien que un modo de adquirir, lo es de extender y modificar la propiedad adquirida. Los romanos lo comprendían así en el hecho de llamarla modo imperfecto de adquirir el dominio.

La tradición, modo de adquirir derivativo, es la causa próxima del dominio; a diferencia del título, que es su causa remota.

Como puede notarse, el derecho real no se adquiere sin la tradición. Hacer necesario este requisito, es poner trabas a la pronta circulación de la propiedad, sometiéndola a una circunstancia tan material, como lo es la entrega de la cosa. El Código Civil francés, sabiamente ha evitado esa dificultad, que tanto embaraza las transacciones comerciales. Su artículo 1,138, dice: La obligación de entregar la cosa se perfecciona por el mero consentimiento de los contratantes; ella vuelve al acreedor propietario. Por este artículo debieran modelarse las legislaciones que quieren alejar los obstáculos del antiguo «régimen».

Entre nosotros, sólo la hipoteca, las servidumbres, la adjudicación y la herencia, no requieren la tradición para producir el derecho real. "El extender esta doctrina —dice Alberdi— a todas las adquisiciones obtenidas por contrato (como lo ha hecho el Código francés), sería poner alas a la circulación de las propiedades, que tanto interesa al progreso de la riqueza; y suprimir en los contratos del comercio e industrias la distancia inmoral que media entre la promesa y el hecho, entre la enajenación hablada y la enajenación cumplida y puesta en obra".

IX

Nada dice nuestro derecho de las adquisiciones que se obtienen por el comercio y la industria; apenas si se ocupa de la accesión industrial, en el sentido de las instituciones feudales. Este vacío era consiguiente, una vez que la legislación de las Partidas se limitó a ser un verdadero trasunto del derecho romano. Bien sabido es que para los romanos la agricultura era su modo de adquirir; el comercio y la industria no existían. Lógico es, que con semejante modelo, la legislación española no pueda ofrecer más que un sistema incompleto en materia de adquisiciones.

Hoy, todo lo que se adquiere puede referirse a la agricultura, las fábricas y el comercio. Estos son los verdaderos modos de adquirir en su mayor amplitud; y la legislación debe comprenderlos, para ser fiel a las necesidades de la producción moderna.

Evitar frecuentes litigios, estimular la vigilancia de los propietarios y fijar el dominio, alejando toda incertidumbre, he aquí los fines de la prescripción, de esa institución civil tan relacionada con el orden social y económico de los pueblos.

Mas, para obtener todo el bien que puede proporcionar la prescripción, preciso es ponerla de acuerdo con el principio de igualdad civil, base de toda buena legislación, y borrar ciertas desigualdades que afectan el trabajo y a su resultado, que por lo común es en nuestros tiempos la propiedad mobiliaria.

Los bienes del Estado, los del menor de veinticinco años, los adventicios del hijo de familia y los dotales de la mujer, son imprescriptibles, según nuestro derecho.

Admitir tan extensos privilegios, es no lograr, en lo general, los benéficos resultados de la prescripción. Se ha juzgado que el Estado, los menores y las mujeres, son dueños de los dos tercios de las propiedades de un país. En consecuencia, sólo un tercio de las mismas estará exento de incertidumbres en cuanto al dominio; sólo respecto de ese tercio se evitarán las contiendas judiciales, sólo a un menor número de propietarios se estimulará para que no descuiden sus cosas en perjuicio de sí mismos y de la riqueza pública.

Si la prescripción tiene fines esencialmente buenos y provechosos, ¿no sería mejor hacerla extensiva a todos los casos, sin admitir privilegios opuestos a la igualdad y a la conveniencia general?

Es muy diverso el tiempo requerido para la prescripción. Las cosas muebles, los salarios, los honorarios de ciertas profesiones, se prescriben por tres años. Las cosas raíces necesitan de la posesión de diez años entre presentes, y de veinte entre ausentes. Las cosas de las iglesias se prescriben por cuarenta años; las pretensiones a la Iglesia de Roma requieren la posesión de cien años.

Fácil es notar que la riqueza mobiliaria y los productos del trabajo tienen un corto plazo para ser prescritos, mientras que los inmuebles necesitan de un tiempo muy considerable. Esta diferencia se explica por la grande importancia que las leyes romanas y españolas dieran a la propiedad territorial. Hoy que la riqueza mobiliaria es la más valiosa, creemos que si bien esto no autoriza para privilegiarla, porque al fin, mueble o inmueble, todo es valor, todo es riqueza, por lo menos debe establecerse una completa igualdad, pues se trata de un derecho que en la esencia es el mismo.

Toda diferencia en las instituciones, que se funde en la forma de las cosas, en meros accidentes, desde luego está rechazada por la justicia y por la conveniencia práctica.

Convendría, por lo tanto, fijar un solo tiempo para prescribir, y reducirlo de un modo razonable, para no dificultar en extremo la prescripción, como sucede hoy día, con los largos períodos de tiempo que designa la legislación de las Partidas.

X

La herencia es el modo de adquirir universal. En esta parte se distingue la legislación española, por las prohibiciones que establece relativas al derecho de testar, y por la gran copia de formalidades que requiere para verificar los testamentos.

Se les niega la capacidad de testar al apóstata, al condenado por libelo infamatorio y al hereje. Excepciones como éstas, son tan inconvenientes como injustificables. El delito de un libelista y las creencias religiosas de los individuos, nada tienen que ver con el ejercicio de un derecho civil, como lo es el de la testamentificación.

Respecto a los últimos, llevar la intolerancia hasta ese extremo, es alejar a todo extranjero residente que quiera establecerse entre nosotros, y éste no es el medio de atraer la población extranjera, y con ella, la industria, los capitales y el ejemplo del orden y de los hábitos del trabajo.

Las miras políticas de Roma y de los pueblos feudales de la Edad Media, hicieron que la transmisión de la propiedad por la herencia se rodease de multitud de formalidades. De ordinario la propiedad consistía en la tierra, y la tierra era el poder. Era, pues, muy consiguiente, que en ese orden de cosas, las exigencias políticas hiciesen necesarias muchas solemnidades, para que un individuo, poseyendo la tierra, influyese más tarde en los negocios públicos.

Con la estimación del feudalismo, nuevos principios han venido a regir la política de los Estados. La propiedad territorial no es ya el poder. Los derechos individuales han sustituido a la influencia política de la propiedad, que sólo es una derivación de aquéllos.

Habiendo cesado la razón de ser de tanta formalidad para la testamentificación, deben ya simplificarse sus requisitos.

En vez de admitir como excepción los testamentos menos solemnes, para los cuales bastan dos testigos, deben, por el contrario, aceptarse como la regla general absoluta. Si las transacciones entre vivos, aunque sean de la mayor importancia, pueden probarse por el testimonio de dos testigos, mayores de toda excepción, o por los otros medios ordinarios, ¿por qué exigir para los testamentos formalidades excesivas, sólo por el accidente de que representan una última voluntad? El requisito de numerosas y rígidas solemnidades, no siempre practicables, sólo sirve para dejar incierta la propiedad y sujeta a las artimañas de la codicia.

La facultad de desheredar es sumamente amplia en el derecho español. Muchos de los casos que la ley enumera, o no tienen términos hábiles, por estar basados en creencias y apreciaciones de que nosotros carecemos, o ya no tienen el valor que les diera una legislación poca amiga de la tolerancia.

Por eso veríamos con gusto se declarase que no incurren en la desheredación, los que adopten la profesión del teatro, las hijas que rehúsen casarse, contrariando la voluntad de su padre, los descendientes de católicos que se tornan herejes, los que contraen matrimonio clandestino, los que se hacen encantadores o hechiceros.

Insistimos: en estos casos hay algunos verdaderamente ridículos, y otros, en que se despliega un espíritu de dureza intolerante, muy impropio de las leyes, que, bajo ningún pretexto, deben anular los derechos civiles que al individuo corresponden.

La igualdad en la repartición de los bienes hereditarios, tan justa y conveniente para el buen orden de las familias, se ha alcanzado ya por nuestras reformas republicanas, que han suprimido el desigual y antieconómico sistema de las vinculaciones.

XI

La materia de los contratos ofrece un vasto campo en los dominios de la legislación. Esta ha seguido al convenio, en todos sus pasos, en todo su desarrollo, ocupándose de él, en su forma más simple, desde la permuta primitiva que nos recuerda la infancia de las sociedades, hasta en su forma más compleja, hasta en sus más ingeniosas combinaciones, inventadas para dar al comercio facilidad y prontitud en la circulación de la riqueza. Y no podía ser de otro modo. El contrato es un acto importantísimo, trascendental en las relaciones civiles de los asociados. Por él se obtiene el cambio que satisface las necesidades humanas, y con el cambio se aproximan, se confunden los intereses, promoviéndose, a la vez, el comercio de las ideas, grande y noble manifestación de los países que caminan por la senda de la perfectibilidad y del progreso.

¿Qué necesita el contrato para ser la expresión genuina de las múltiples actividades del individuo, cuya acción tiende a satisfacer las necesidades físicas y morales del hombre? Necesita:

Que la legislación establezca la libertad completa de los contratantes;

Que consigne la igualdad de condiciones, desterrando el privilegio;

Oro de Honduras

Que garantice la seguridad en los efectos del contrato, por medio de instituciones adecuadas para el logro de ese importante resultado.

Desgraciadamente, la legislación que nos rige, hermanada con funestas preocupaciones políticas y religiosas, y lo que es peor, con el sistema económico del proteccionismo, está muy distante de satisfacer a las condiciones esenciales que el contrato requiere para ser libre, amplio y seguro en sus efectos. No parece sino que la legislación que poseemos, inspirada en las ideas de Carlos V y de Felipe II, se ha empeñado en contrariar abiertamente los principios que determinan la naturaleza del contrato.

En vez de libertad, hay prohibiciones.

En vez de igualdad, hay privilegios.

En vez de seguridad, hay incertidumbres y desconfianza.

XII

Confirmemos nuestros aciertos, examinando ligeramente las leyes que reglamentan los convenios.

Hay contratos que podemos llamar principales, porque tienen por objeto directo la verificación de un cambio; y otros, verdaderamente accesorios, porque su fin es adherirse a los primeros, para darle mayor seguridad. En la clase de principales, se cuentan: la compra-venta, la permuta, el mutuo, la sociedad y el mandato. En la clase de accesorios: la prenda, la fianza y la hipoteca.

Comprar y vender es comerciar. La compra-venta es la esencia del comercio, y el medio principal de producir la riqueza. No obstante, estas verdades fueron desconocidas por nuestra legislación española. Con particularidad, las leyes de Indias no han hecho más que poner obstáculos a la libertad de comprar y vender. Prohibiciones relativas a las personas, a las mercancías, a los mercados, a los precios, a las épocas de las ventas. He aquí todo el lujo del sistema prohibitivo de los Reyes absolutos de España; he aquí el ataque más directo a la libertad de comercio, ataque cuya influencia ha producido tristes resultados, que aún lamentan las naciones de Europa y América.

En lugar de ese fárrago de aciagas prohibiciones, nuestra legislación debe consignar expresa y ampliamente la más fecunda de las libertades económicas: la libertad de comercio.

Embarazoso a la prontitud de las transacciones, y opuesto a la seguridad de los compradores, es el requisito de la tradición, indispensable, según la ley de las Partidas, para que la compra-venta produzca la trasferencia del dominio. Esta dificultad desaparecería, como ya lo hemos notado, admitiendo que el comprador se hace propietario al perfeccionarse el contrato de venta. Así lo establece, para todos los casos, el Código Civil Francés, en su artículo 1138.

Tal reforma salvaría también una inconsecuencia de nuestro derecho, que hace perecer la cosa para el comprador, aun antes de verificarse la tradición. Singularidad notable: el comprador no es dueño; el propietario es el que vende, mientras no se haya verificado la entrega; y sin embargo, si la cosa perece, el daño no es para el verdadero propietario, sino para el comprador, que aun no ha adquirido, y que, no obstante, se le hace perder el valor de la cosa comprada. De este modo se contraviene al principio tan natural y tan justo, de que las cosas perecen para su dueño, principio proclamado por nuestras mismas leyes, y que lo desatienden en el presente caso, incurriendo en tan remarcable inconsecuencia.

Al hablar de la compra-venta, ocurre de un modo natural la idea de la alcabala, de ese impuesto inconsiderado, que si se examina a la luz de la ciencia, no se le encuentra un solo título de justificación. Hace mucho tiempo que el Fisco, semejante al Argos de los antiguos, fija sus cien ojos por doquiera que haya una transacción, un acto civil que sirva de pretexto para crear impuestos, aunque los principios económicos no los sancionen, aunque la riqueza particular, la justicia y los verdaderos intereses públicos, rechacen de consuno esos medios que sean las fuentes de la riqueza y que producen el descontento general, a causa de no ver ellos más que un interés fiscal, sin consideración alguna a las condiciones de un buen sistema de impuestos, que concilie los intereses privados con los de la hacienda pública.

Las buenas contribuciones no tienden a menoscabar el capital; consultan los productos, las rentas de las propiedades; y así se establecen de una manera justa y conveniente. Con la alcabala no sucede lo propio. ¿Qué producto, qué aumento de riqueza hay con la simple venta de la propiedad raíz? Ninguno; y a pesar de esto, la ley grava al vendedor con la onerosa carga del impuesto. Agréguese que la alcabala entorpece las transacciones, y obliga a las personas más acreedoras a la consideración de la ley.

El que vende una propiedad raíz y más entre nosotros, regularmente, es porque no tiene los fondos necesarios para mejorarlas y hacerlas producir, es porque, tal vez, está acosado por necesidades vigentes que lo apremian, y no obstante, al deshacerse de su cosa, en vez de encontrar facilidad, encuentra al Fisco que reclama con el arma de sus odiosos privilegios. Muchos no venden por no sujetarse a esa contribución injusta; y de este modo se perjudican sus propios intereses, impidiendo también que la cosa pase a otro dueño, que tal vez con capital y buenas facultades industriales, la haría producir en grande escala, haría subir la demanda de los brazos, dando ocupación y trabajo, y aumentaría en mucho el movimiento industrial, encadenándolas más veces, por esa influencia absorbente del Fisco, que examinado en presencia del derecho español, es una institución antisocial y ruinosa.

El retracto, que no es más que una nueva venta que sustituye a la anterior, bajo las mismas condiciones, contraría abiertamente la seguridad de las ventas, y ataca el principio de la igualdad civil. Los motivos de una deferencia complaciente no deben sobreponerse a los derechos perfectos, previamente adquiridos. El retracto consultará en buena hora a las afecciones y conveniencias particulares, pero no a la seguridad y a la igualdad, leyes sagradas de toda transacción, garantías de todo comercio y de todo adelanto social.

Las leyes de las Partidas se ocupan de la permuta doméstica, tal como se conoció este contrato primitivo, cuando era el único medio de operarse los cambios; cuando era sólo germen del comercio, que más tarde, merced al establecimiento de las monedas, llegó a alcanzar tan grandes proporciones. La permuta, así considerada, es un contrato muy secundario, casi desusado. Convendría, pues, que la legislación se ocupase de la permuta, de un modo más amplio, en el sentido mercantil. En ese concepto, la letra de cambio es la expresión más importante de las permutas, que hoy han de reglamentarse, según lo requieren los progresos del comercio, y no como si fuesen contratos de pueblos primitivos, ajenos al gran desarrollo comercial de las épocas modernas.

XIII

La libertad, la igualdad y la seguridad están contrariadas por nuestra legislación española, que reglamenta el contrato de mutuo. No hay seguridad para los capitales prestados a interés, porque el extenso catálogo de acreedores privilegiados, y largo y embrollado sistema de procedimientos, alejan la confianza de los prestamistas. No hay igualdad; porque al decir privilegio, está dicha desigualdad de condiciones. No hay libertad; porque la ley cohíbe el libre préstamo de los capitales, tasando el interés del dinero.

El préstamo es la confianza, el crédito en acción; y ya se deja ver la funesta influencia de las leyes que contrarían ese gran motor del comercio y de la riqueza moderna. No estamos ya en los tiempos de odios y rencores implacables, en que, por hostilizar a los judíos, se veía con más desprecio el interés del dinero, y se desatendía las seguridades del capital, porque éste era el patrimonio de los hijos de Judea, de esa raza tan grande como desgraciada. No estamos ya en los tiempos de Aristóteles y de Cicerón, ni en la tristísima época de los teólogos de la Edad Media, para decir que el dinero nada produce, y que el interés es una usura condenable por la razón y la moral. Felizmente alcanzamos mejores días; el fanatismo político y religioso, ese sagrado contagio, como lo llama Voltaire, va perdiendo su asiento, y en su lugar, la libertad, savia fecundante de los pueblos modernos, va extendiendo su benéfica acción.

Por eso vemos que las leyes de muchos países civilizados, a la par que procuran la seguridad de los capitales, desterrando los privilegios, dejan también una libertad completa a los prestamistas, para que acomoden su dinero de la manera que les sea más conveniente. Hasta la España, tan amiga del pasado, ha hecho un cambio notable en esta parte; por una ley de 1856 declaró libre el interés del dinero.

Entre nosotros, siguiendo una ley de la Recopilación y al Código de Comercio español, se dio la ley de 1840, que tasó el interés del dinero, asignando el seis por ciento, y estableciendo como pena la pérdida del interés, en caso de que este exceda de la tasa legal. Obvios son los inconvenientes de esta ley. En la práctica, cuando no es útil, es perjudicial. Sería, pues, muy oportuno orillar esas dificultades declarando libre el interés del dinero, y dejar la tasa del seis por ciento, para el único caso en que los particulares nada hubiesen pactado respecto al interés de sus capitales. Con semejante disposición, lejos de abrir la puerta a los abusos, se moralizaría a los individuos, que hoy tienen que acudir al fraude, cuando quieren pactar libremente sobre el interés del dinero; se evitaría también este triste espectáculo de una ley inútil, que se elude a cada paso; porque cuando las leyes no están en consonancia con la opinión ilustrada, y con las necesidades de una época, de seguro, son irrisorias en teoría, y estériles o perjudiciales en la práctica.

XIV

Si algún contrato está llamado a figurar en grande escala en la obra de nuestro progreso comercial e industrial, es ciertamente el contrato de sociedad o compañía. Por muchos capitales que haya en un país, su acción aislada no es bastante para lograr las grandes empresas que traen consigo la prosperidad de los pueblos. La colonización en terrenos sin cultivo, los ferrocarriles, los canales, las líneas de vapores, los bancos de descuento y de circulación, los seguros, no son cosas que se obtienen bajo la influencia de un impulso aislado: se necesita el concurso de las fuerzas y de los capitales, y la forma civil de este concurso es el contrato de sociedad o compañía.

En la época de que data nuestra legislación, mal podía comprenderse la importancia y los fines que hoy han dado al contrato de sociedad, la libertad de la industria y los progresos del comercio. Las leyes de las Partidas se limitaron a hablar de la sociedad universal de los primeros cristianos, de la sociedad general, como la conyugal, y de la sociedad singular de dos o más personas para determinados fines.

Las ordenanzas de Bilbao, imitación de las de Luis XIV, tienen en esta parte un carácter reglamentario y despótico, que desdice mucho de los buenos principios de economía y de legislación. La sociedad anónima es la más fecunda, ya que ha operado prodigiosos adelantos industriales en nuestras antiguas leyes civiles, reglamentarias del contrato de sociedad.

Con los tiempos cambia el espíritu de la legislación. ¿Cuál debe ser el norte de la nuestra? Basar la sociedad en una amplia libertad de asociación, y encaminarla a la importación e inversión de los capitales en empresas que ensanchen, que desarrollen la industria y el comercio, y principalmente, que en esos países, es la fuente más fecunda de la riqueza nacional.

Variadísimo es el papel que desempeña el mandato en las transacciones comerciales. Los individuos, bajo los nombres de procurador, de administrador, de agente, de pagador, de comisionista y de consignatario, no hacen más que ejercer el mandato en sus multiplicadas fases. Más bien que ocuparse con particularidad en los mandatos generales y especiales, tácitos y expresos, nuestra legislación deberá atender de un modo preferente a las nuevas reformas de mandato, para fijar con exactitud las obligaciones y respectivos derechos, siempre tomando por base los principios de libertad, de igualdad y de seguridad. Así lo reclaman las exigencias del comercio.

XV

A veces una persona no se cree suficientemente garantizada en la responsabilidad del individuo con quien trata, y entonces se acude a un tercero para que responda, en el caso de falta de cumplimiento de la obligación contraída. De aquí nace la fianza, contrato accesorio que garantiza los efectos de otro principal.

Nuestras leyes incapacitan a las mujeres para que se obliguen como fiadoras, a no ser en ocho casos de excepción que enumera el derecho, en que por mediar causas muy favorables, se sostiene la fianza otorgada por la mujer. Las leyes no prohíben a las mujeres que contraigan todas las responsabilidades indispensables para ejercer los actos de la vida civil. ¿Por qué será que al constituir fianzas les esté prohibido? ¿Será porque pueden salir perjudicadas, en atención a la debilidad de su sexo? Pero entonces, seamos consecuentes: que no hipotequen, que no empeñen, que no presten, que no formen compañías, que no hagan otros muchos contratos en que, más o menos, pueden perjudicarse: mantengámoslas en una eterna tutela. ¿Será porque así lo establecieron algunas legislaciones antiguas? Para nosotros, cuando el único fundamento de una ley es el ejemplo de la antigüedad, cuando no tiene en su apoyo una base justa y natural que la sostenga, no vemos razón para mantenerla, mayormente si los principios de una época más avanzada en cultura, proclaman lo contrario. Quitar la libertad de afianzar a las mujeres es menoscabar el crédito, que debe fortalecerse por responsabilidad de los que pueden prestarla sin inconveniente. Mucho ganaría la seguridad de los contratos suprimiendo esa prohibición. La mitad de los asociados que hoy no pueden obligarse como fiadores, podrían responder mañana como tales, facilitando así la verificación de las transacciones con el aumento de la responsabilidad.

La fianza que excede a la obligación principal en la cantidad, tiempo y condición, era nula, según el derecho romano: omnino non obligari. La ley, título 12, P. 5ª, pronunció la nulidad sólo en cuanto al exceso de la cantidad de la fianza. En refutación de estas sutilezas citaremos las juiciosas palabras de un orador francés: "No se deben crear nulidades, sin un motivo real, y basta, sobra verlas donde realmente existen. El reinado de las sutilezas ha pasado, y mal puede dudarse que el que por favorecer a otro, quiso obligarse a más que él, no haya querido, al menos, garantizar su obligación".

Nos llama la atención que el señor Goyena, en su apreciable obra sobre los Motivos y Concordancias del Código Civil, exija la posesión de bienes inmuebles para que un individuo pueda constituirse fiador. ¿Por qué estas preferencias por los inmuebles? Un comerciante, un industrial, puede ser un hombre de crédito, tal vez un millonario, y tener sus bienes, mercaderías, artefactos, etc.; y, ¿sólo por estas circunstancias no podrá ser fiador? Ya es tiempo de dar a la riqueza mobiliaria el valor, la responsabilidad y la consideración que, en mala hora, le negaron muchas de las leyes antiguas.

Indistintamente usó el Derecho Romano de las palabras prenda e hipoteca: Inter pignus e hypothecam nominis sonus differt. Igual impropiedad se nota en el título 13, de la P. 5ª. El nombre peños que se emplea en dicho título es genérico, y ahora se aplica a la prenda, ora a la hipoteca. La legislación que ha de fijar de un modo preciso los términos, para lograr la claridad de las ideas, está en el caso de concluir con tales impropiedades del lenguaje.

Inadmisibles por las leyes de las Partidas las usuras o los intereses del dinero, era muy consiguiente que rechazasen el pacto anticrético. Los Códigos modernos aceptan la antichrésis, o entrega de la cosa al acreedor para que pueda aprovecharse de sus frutos, con la obligación de imputarlos en los intereses, si se deben, o de otro modo en el capital. Admitido el interés del dinero, más el interés libre, nos parece que la doctrina expuesta es muy razonable, aunque deje a un lado los escrúpulos de la ley de las Partidas.

Consultando a la seguridad de las terceras personas, sería conveniente no dar efecto a la prenda contra tercero, sino constase en instrumento público o privado de una fecha cierta e indubitable. De igual suerte, cuando la prenda consistiere en un título de crédito, que conste en escritura pública, o en una inscripción nominativa, no se le debería dar fuerza contra terceras personas, sino desde la fecha de su inscripción cn cl protocolo o registro matriz. Recomendaciones son éstas, que tienden a evitar los fraudes, tan fáciles de encubrir bajo la simulación de un contrato de prenda.

Las Partidas, siguiendo al Derecho Romano, figuran el caso en que se pacte que no se venderá la cosa empeñada. Este pacto es contrario a la índole y a los fines del contrato de prenda. Si se entrega ésta es para que sirva de garantía, y además, para que su valor satisfaga la deuda, en caso de insolvencia de la persona obligada. Pactar, pues, que no se venda la cosa, es desconocer los fines de la prenda.

El derecho establece que el acreedor no puede ser admitido como licitador en la subasta de la cosa empeñada. Prohibiciones por el estilo son harto comunes en nuestra legislación. Mas si atendemos a que no sólo está en la conveniencia del acreedor al comprar, sino en el interés del deudor el que haya mayor número de postores, no podemos menos de convenir en que la mencionada prohibición, carece de todo fundamento.

Es doctrina muy seguida entre los autores, y fundada en una ley romana del Código, y en otra de las Partidas, la de que, si existiendo la prenda en poder del acreedor, contrajese con él su deudor una deuda exigible antes de haberse pagado la primera, podrá el acreedor retener la prenda, hasta que se le satisfagan ambos créditos, aunque no se hubiere estipulado la sujeción de la prenda a la seguridad de la deuda posterior. Los A. A., acudiendo a ese comodín de las presunciones, que todo lo explica, y que satisface a cualquier doctrina de la antigua jurisprudencia, por infundada que sea, aseguran que existe la presunción natural, de que se quiso obligar al deudor con la misma garantía de la prenda, al contraer la segunda obligación. Tal vez nos equivoquemos; mas, a nuestro juicio, la presunción natural, es de que el hombre quiere obligarse lo menos posible, y que, si expresamente no constituye una garantía, es porque no le conviene, o no quiere constituirla. Esto es lo que se observa en el curso regular de las cosas, que es la mejor guía tratándose de interpretar los actos de los hombres.

Guatemala, 1871.

UNA CUESTIÓN DE DERECHO DE GENTES

CUANDO las autoridades subalternas del Estado agravian a un extranjero que tiene carácter oficial de su nación, si el Gobierno satisface cumplidamente al Gobierno del extranjero y el agraviado renuncia a toda acción a ser indemnizado, ¿habrá derecho para reclamar indemnizaciones por el Gobierno del extranjero ofendido?

"La historia de algunos de los señores diplomáticos de Europa y los Estados Unidos de Norte América quiere introducir en la América Latina un nuevo Código de Derecho Público para el uso de las naciones fuertes en sus relaciones con las débiles. El sistema de indemnización es el mismo que se ha explotado hasta hoy con más fruto: con lo que han pagado las Repúblicas Americanas en materia de indemnizaciones habrían tenido para hacer buenos caminos, carreteras, si no ferrocarriles y hoy su industria y su comercio se hallarían muy desarrollados y con ello habrían asegurado su paz y bienandanza. — J. M. Torres Caicedo".

La historia de las relaciones internacionales mantenidas por las Repúblicas latinoamericanas con las naciones del Viejo Continente, en su mayor parte, no es más que la historia del vencimiento de los débiles sometidos y aún humillados por la acción violenta de los fuertes. Los países latinoamericanos que se han iniciado en la vida política con un profundo sentimiento de justicia y de libertad y que tienen impresa en su genio la hidalga entereza de la Madre Patria, cuando han aparecido diferencias y conflictos internacionales han presentado en su abono, franca y lealmente, la fuerza del derecho; pero casi siempre se ha opuesto el derecho de la fuerza. Proyectos de arreglos pacíficos y diplomáticos se han contrastado, por lo común, con las amenazas; razonamientos sensatos y oportunos se han contrastado con el desprecio o el insulto; justos reclamos se han contrastado exhibiendo las bocas de los cañones; y protestas enérgicas se han contrastado con el anuncio de escuadras y bloques, y en definitiva con el cobro de cuantiosas indemnizaciones que, por la vía de aprecio, hacen pagar a los gobiernos débiles, los gobiernos fuertes de la culta Europa, cuya prensa para que nada falte prodiga a pueblos y gobiernos de nuestra América los calificativos de incivilizados, de semisalvajes. Tal es la ley de la fuerza, cuyo cumplimiento ha dado mucha utilidad a los gobiernos europeos, aunque en cambio ha deslucido su nombre y menguado la honra de las naciones que representan.

Para los gobiernos europeos basta que surja una dificultad, una cuestión con un país latinoamericano, para que, por ese solo hecho, se crean autorizados para resolver la dificultad a su antojo poniendo la cuestión que ocurre fuera de los dictados de justicia universal, fuera de los términos de la ciencia, fuera de la órbita de los principios del Derecho de Gentes, reconocidos y practicados en las naciones de la misma Europa. Con pocas y muy apreciables excepciones eso es lo que sucede y se observa siempre. Para los americanos se quiere un derecho aparte, una legislación excepcional, y digámoslo claro, se quiere un Código, cuyas prescripciones sancionen el ejercicio de la fuerza bruta.

Vengamos a citar y juzgar un ejemplo que nos duele como americanos y que nos duele muy particularmente como ciudadanos de la nacionalidad guatemalteca. Nos referimos al caso de la indemnización reclamada, de un modo apremiante, por el Gabinete de Saint James, al Gobierno de Guatemala con motivo de los ultrajes que el Comandante del puerto de San José hizo a Mr. Juan Magee, Vice-Cónsul de Su Majestad Británica.

Nos asiste la convicción de que el reclamo del gobierno inglés, ya atendido en fuerza de su carácter perentorio, es injusto por no ser la consecuencia de las negociaciones previas que para el efecto de la indemnización se convino en verificar, según consta en el Protocolo suscrito por el Encargado de Negocios de Su Majestad Británica el 19 de mayo del año que cursa. Es injusto, porque la indemnización en el caso especial que nos ocupa, no debe proceder, por oponerse a ello los principios más elementales de Legislación y de Derecho de Gentes y las prácticas recibidas por las naciones cultas en cuestiones más o menos análogas a la cuestión promovida por el deplorable atentado de que fue víctima el señor Magee.

Para verificar la exactitud de nuestras afirmaciones, presentemos la cuestión en sus antecedentes y en sus términos precisos.

El Vice-Cónsul Magee fue vapuleado en el puerto de San José por orden del Comandante José González.

El Gobernador, al saber tan horrible atentado, con una actividad extraordinaria procedió a salvar la vida de Magee amenazada por el Comandante, a capturar a éste y sus cómplices, para que fuesen castigados con todo el rigor de nuestras leyes, y a dar la más cumplida satisfacción al Encargado de Negocios de Su Majestad Británica a efecto de que la transmitiese a su Gobierno.

Los criminales fueron procesados y han sido sentenciados por los Tribunales de Justicia quienes les aplicarán, en todo su rigor, nuestras leyes penales.

El Vice-Cónsul Mr. Juan Magee, con una caballerosidad que lo levanta a grande altura, declaró oficialmente que renunciaba a todo reclamo y que deseaba que su Gobierno no lo hiciese.

El Secretario de Relaciones Exteriores en 19 de mayo del año corriente suscribió con el Encargado de Negocios de Su Majestad Británica un Protocolo en debida forma, en el que se pactó que el Gobierno Guatemalteco mandaría hacer un saludo en el puerto de San José, de veintiún cañonazos a la bandera británica y que en punto a la indemnización reclamada sin justicia, por el Encargado de Negocios en caso de que la pidiese el Gobernante inglés, el Gobierno de Guatemala entraría con el de Su Majestad Británica en las negociaciones convenientes a efecto de obtener un arreglo.

Presentados los antecedentes y término de la cuestión, es ya la oportunidad de juzgarla.

Estamos informados de que el Encargado de Negocios de Su Majestad Británica recibió de su Gobierno la instrucción siguiente: no discutir el punto de indemnización y presentar como ultimátum al Gobierno de Guatemala, la entrega inmediata de $50,000 que Lord Derby tuvo a bien señalar por vía de indemnización.

He aquí un procedimiento a todas luces irregular y atentatorio. ¿Por qué negar al Gobierno de Guatemala que en la cuestión Magee se ha portado digna y honradamente, hasta el derecho de discutir si debe o no pagar la indemnización reclamada? ¿Por qué arrogarse el Gobierno inglés la facultad de decidir por sí y ante sí, una cuestión que, habida con una nación fuerte, hubiera sido objeto de estudio y de dilatadas discusiones? ¿Por qué corresponder con un ultimátum a la buena fe de un Gobierno que se anticipó a satisfacer cumplidamente la dignidad ofendida del Gobierno Británico?

Por mala que fuera la causa de Guatemala, por responsable que quisiera suponerse su Gobierno, debieran oírse los descargos de éste. Aun a los criminales sometidos a la acción superior de un juez que los juzga, siempre se les oye, siempre se les reconoce el derecho de defensa. Y este derecho natural, tratándose de naciones iguales ante las leyes internacionales, no ha debido reconocerse en un Gobierno amigo que ha apurado los medios para satisfacer del modo más cumplido al Gobierno británico?

En los usos diplomáticos de las Cancillerías europeas está rescindido el imponer un gravamen a un gobierno amigo, cuando tal obligación ha sido discutida, cuando se han manifestado en pro y en contra las razones que abonan a procedencia de un reclamo, y cuando en definitiva, por motivos de justicia o de mera política, el Gobierno reclamado. Los usos diplomáticos no se permiten que los invoquen las naciones débiles de nuestra América. Para las Américas, el procedimiento es muy sencillo: es el ultimátum, es el exabrupto lanzado en nombre de la fuerza. O el inmediato pago o el bombardeo: he aquí las negociaciones que la Europa entabla con la América.

Según los principios de legislación, la responsabilidad de los individuos y de las personas jurídicas, en cuya categoría entran los gobiernos, se junta en la acción principal, o en la complicidad directa o indirecta que los individuos o personas jurídicas tienen en la comisión de un delito.

Mas en el caso que nos ocupa no hubo acción principal, pues el Comandante del puerto de San José no obró por órdenes del Gobierno al preparar y consumar su atentado. Tampoco hubo complicidad, ni aun indirecta, pues el Comandante del puerto al cortar las comunicaciones telegráficas con el Gobierno y proclamarse autoridad absoluta, dio a su delito un carácter sedicioso, como lo ha reconocido juiciosamente en un despacho oficial el mismo Encargado de Negocios de Su Majestad Británica.

A este propósito, el publicista Rutherforth dice en sus Instituciones de Derecho lo que sigue: "La negligencia de una nación que no impidiera que sus súbditos ofendiesen a los extraños, haría a la nación responsable de la ofensa, porque estando los nacionales bajo su poder se halla obligada a velar porque no dañen al resto del género humano. Pero una nación no es responsable de los actos de sus súbditos que se hallen en estado de rebelión y que han violado la fidelidad: en estas circunstancias los súbditos, sean lo que fuesen de derecho, no están de hecho bajo su jurisdicción."

Igual tesis sostienen Vattel, de Martens, Klüber, Hefter y otros muchos expositores de la doctrina internacional. Para el Gobierno, pues, de Guatemala, el atentado cometido en el puerto de San José fue un caso fortuito, un caso de fuerza mayor que no pudo atraerle ninguna responsabilidad, a no ser por denegación de justicia.

Los conceptos anteriores no pueden contestarse diciendo que el Comandante del puerto de San José era una autoridad legítima, nombrada por el Gobierno, y que el nombramiento constituye un principio de responsabilidad.

Nosotros preguntamos si a un Gobierno que no tiene malos antecedentes respecto de un empleado, se le puede hacer cargo porque no previó que el empleado podía rebelarse contra las leyes y cometer desafueros en perjuicio de nacionales o extraños. Nosotros preguntamos si los individuos y los gobiernos tienen en absoluto capacidad de prever los actos de los hombres, aun sin antecedente alguno.

Si se nos responde que sí, diremos que los hombres tienen la previsión de Dios, que los casos fortuitos son una mentira en la vida humana, y que las legislaciones de todos los países civilizados del mundo chocan con el sentido común al ocuparse de los casos imprevistos, de los acontecimientos ocurridos a consecuencia de una fuerza mayor.

¿A mediados de este siglo previó la Inglaterra que su Cónsul General Mr. Chatfield vendría a Centro América a cometer desafueros escandalosos, y a dar de sablazos a un prisionero inocente e indefenso? Creemos que no, hasta entonces no tenía el don de Dios.

Mas el rigor de los principios de la legislación interna, que son los mismos que el Derecho de Gentes aplica a las relaciones internacionales, ha venido modificándose un tanto por la práctica en los casos de delitos y ultrajes de que son objeto los agentes de gobiernos extranjeros que tienen un derecho especial a la protección del gobierno que los recibe.

Según la práctica a que nos referimos, se acuerda indemnización al agente extranjero que sufre un ultraje, cuando hace su reclamo, cuando pide ser indemnizado por los ultrajes sufridos o por los daños y perjuicios que ha experimentado. Este es el punto principal de la cuestión que nos ocupa.

En agosto de 1851 hubo en Nueva Orleans un motín que, en nuestro concepto, la buena policía del Estado pudo evitar. Los amotinados ultrajaron al Cónsul de Su Majestad Católica, entraron por fuerza en la oficina del Consulado, destruyeron los muebles, rompieron los retratos de la Reina de España y del Capitán General de Cuba, quemaron en la plaza pública el escudo de armas e hicieron trizas la bandera española.

Con motivo de tan horribles atentados, el Embajador de España, D. A. Calderón de la Barca, reclamó al Gobierno de Washington, y en nota de 14 de octubre, decía así: "Informado de lo ocurrido, el Gobierno de S. M. ha dado al infrascrito la orden de insistir en exigir, como exige de nuevo en nombre de dicho Gobierno, una completa satisfacción por los graves insultos hechos a la bandera española y al Cónsul de Su Majestad en Nueva Orleans, como también que se indemnice a los españoles residentes en aquella ciudad de las pérdidas que les ha hecho padecer una turba embravecida y licenciosa."

Daniel Webster, distinguido estadista y diplomático, como Ministro de Estado respondió en despacho de 13 de noviembre, en los términos siguientes:

"En todos los países se amotina la plebe, en todas partes estallan a veces violencias populares, ultrájanse las leyes, huéllanse los derechos de los ciudadanos e individuos y a veces de los empleados públicos y agentes de los Gobiernos extranjeros que tienen un derecho especial a la protección. En semejantes casos la fe pública y el honor nacional piden que no sólo se condenen esos ultrajes, sino también que sus autores sean castigados siempre que sea posible llevarlos ante la justicia y que además se dé plena satisfacción siempre que el Gobierno esté obligado a ello, según los principios generales de derecho, la fe pública y las obligaciones de los tratados".

"El infrascrito siente sinceramente que haya habido alguna mala inteligencia entre el señor Calderón y los empleados de este Gobierno sobre este desgraciado y desagradable asunto; pero al manifestar el

Gobierno su buena voluntad y su determinación de hacer todo lo que una Nación amiga tiene el derecho de esperar de otra en casos de esta especie, ha dado por sentido que los derechos del Cónsul español, empleado público, residente aquí bajo la protección de los Estados Unidos son enteramente diferentes de los pertenecientes a los súbditos españoles que han venido al país a confundirse con nuestros ciudadanos y a hacer en el país sus negocios particulares. El primero puede reclamar una indemnización especial; los segundos tienen derecho a la protección debida a nuestros ciudadanos".

Los términos del anterior despacho del Secretario de Estado Webster fueron admitidos por el Gabinete de Madrid y la cuestión quedó terminada.

Es de notarse en el último párrafo transcrito de la nota de Mr. Webster que el Gobierno de Washington consignó la indemnización como un derecho que podría reclamar la persona del Cónsul, pero no como un derecho del Gobierno español, a quien en su diplomático se dio una satisfacción cumplida.

Pero en el caso del Vice-Cónsul Magee, Lord Derby ha introducido una confusión de ideas y de principios que en presencia de la ciencia y de las prácticas internacionales, no pueden confundirse nunca. Mr. Magee renunció expresamente a ser indemnizado; y sin embargo Mr. Derby voluntariamente afirma que el carácter de persona privada de Mr. Magee tiene que confundirse con su carácter de servidor de Su Majestad Británica en el ramo consular.

¿En qué principio, en qué práctica puede fundarse semejante confusión?

Los agentes diplomáticos y consulares tienen derechos, tienen acciones que no pueden renunciar porque proceden de la naturaleza de su cargo, y están en relación con la dignidad y derechos del Gobierno que representan; pero también tienen acciones que pueden renunciar porque atañen a sus intereses particulares, esencialmente distintas de los intereses de su Nación. En la categoría de derecho renunciable está el derecho de indemnización que corresponde a un agente extranjero cuando la justicia demanda que se le reparen, en lo personal, los ultrajes y daños recibidos. Tal fue el principio que sirvió de norma a los Gobiernos de Washington y Madrid al convenir en que el Cónsul español y no el Gobierno, podría reclamar una indemnización.

Se nos dirá que el precedente de Nueva Orleans se refiere a un caso de fuerza mayor ejercida por amotinados y no por orden de una autoridad como en el puerto de San José.

A nada conduce razonar de esa suerte; pues queda demostrado que la deplorable ocurrencia del puerto de San José fue un caso fortuito para el Gobierno de Guatemala, tan fortuito que el mismo Encargado de Negocios de Su Majestad Británica califica justamente en un despacho oficial con el carácter de caso de rebelión.

En otros muchos precedentes relativos a indemnización acordada a extranjeros dañados aun por las mismas autoridades del país en que residen, nunca se ha considerado ni por los publicistas ni por los negociadores diplomáticos, ni por las Cancillerías, que la acción a la indemnización corresponde a los Gobiernos. Por el contrario, se ha conceptuado que cuando procede en justicia corresponde a los extranjeros agraviados, tengan o no carácter oficial de su Nación.

Confirmemos nuestros asertos con más casos prácticos de incuestionable verdad.

En 1862 se tomaron en consideración en el Parlamento inglés las pérdidas considerables causadas a Mr. Watson Taylor por actos incalificables de las libertades de Sicilia apoyadas por el Gobierno italiano; pero tal asunto se consideró como relativo a un derecho particular del súbdito inglés perjudicado. En ese caso no procedió la indemnización porque Lord Palmerston, de acuerdo con los Abogados de la Corona, opinó que el Gobierno italiano no era responsable de semejantes tropelías. En 1847 una población sediciosa, sostenida por los soldados griegos y por los gendarmes, invadió la casa de un inglés en Atenas y la saqueó en pleno día. La Inglaterra tuvo entonces pretensiones exageradísimas, y como dice Caicedo, más de un episodio escandaloso e indigno del Gobierno inglés. La Francia y todas las Naciones que garantizaron la independencia de la Grecia, mediaron en la cuestión y se opusieron a las pretensiones inmoderadas de la Gran Bretaña, y por deferencia al Gobierno inglés, se convino en que el Gobierno helénico atendiese a la reclamación del ofendido, indemnizándolo con la suma de 3,750 francos. En 1860 hubo un conflicto entre España y Venezuela con motivo de la persecución hecha y daños causados a los canarios residentes en la República venezolana. En el convenio celebrado en Madrid, que puso término al conflicto, se establece "que el Gobierno de la República de Venezuela indemnizará a los súbditos de Su Majestad Católica de los daños que les hayan causado sus autoridades, o las fuerzas que de él dependan con arreglo a las pruebas que aduzcan los interesados". Por los términos de este convenio se ve claramente que la indemnización procedió por el reclamo y pruebas rendidas por los interesados y no para que el Gobierno español pudiese hacerla efectiva sin la anuencia de los ofendidos.

Todos los principios que hemos invocado, todas las prácticas que hemos expuesto, evidencian la verdad siguiente: que el Gobierno inglés ha sido injusto reclamando una indemnización renunciada por quien únicamente tenía derecho de hacerla valer.

¡Siempre el mismo Gabinete inglés! En 1850, refiriéndose a él, decía el Barón de Gross, diplomático de Francia a su Gobierno: "Nada de discusión, nada de principios establecidos, jamás la menor explicación representada al Gobierno griego para tratar de ilustrarlo y de infundirle otras convicciones". La misma conducta ha observado el Gobierno inglés con el Gobierno de Guatemala. Lord Derby no ha querido ni discutir. ¡Siempre la misma política de imposiciones violentas cuando se trata con los débiles! Esto es ya una tradición inglesa que los progresos de la civilización aún no han podido desterrar. La Inglaterra fue injusta con Nápoles, con la Toscana en 1849, y para impedir sus avances fue necesaria la intervención de la Rusia y del Austria; fue injusta con la Grecia en 1850; y para poner coto a sus exageradas pretensiones, fue necesaria la mediación generosa de la Francia, fue injusta a mediados de este siglo tolerando que sus agentes hollasen los derechos más sagrados de Centroamérica: fue injusta en 1873 con la República de Honduras cuyo puerto de Omoa fue bombardeado sin que precediese ningún reclamo oficial dirigido al Gobierno hondureño; y por fin es injusta con el Gobierno guatemalteco por cuanto el Gobierno inglés, haciendo a un lado los principios y las prácticas internacionales, lanza un ultimátum que cierra la puerta hasta a la discusión, y arranca por este medio una indemnización que no es debida. La dignidad del Gobierno inglés ultrajada en su Agente Consular, fue ampliamente atendida por las sinceras satisfacciones que le ha dado el Gobierno de Guatemala. ¿Pero entrará en la reivindicación completa del honor nacional de Inglaterra el recibo de una suma de dinero? No lo creemos así, ni lo creeremos nunca. No podemos ni aun pensar que un país culto, grande y poderoso, vea en el valor de las libras esterlinas, la representación del honor nacional.

Un In-civilizado

1871.

ALGUNAS OBSERVACIONES SOBRE EL "PRÉSTAMO Y LOS TEÓLOGOS DE LA EDAD MEDIA"

"EL préstamo es la confianza, el crédito en acción; y ya se deja ver la funesta influencia de las leyes que contrarían ese gran motor del comercio y de la riqueza moderna. No estamos ya en los tiempos de odios y de rencores implacables, en que por hostilizar a los judíos, se veía con desprecio el interés del dinero, y se desatendían las seguridades del capital, porque este era el patrimonio de los hijos de Judea, de esa raza tan grande como desgraciada. No estamos ya en los tiempos de Aristóteles y de Cicerón, ni en la tristísima época de los Teólogos de la Edad Media, para decir que el dinero nada produce y que el interés es una usura condenable por la razón y la moral. Felizmente alcanzamos mejores días: el fanatismo político y religioso, ese sagrado contagio, como lo llama Voltaire, va perdiendo su asiento, y en su lugar, la libertad, savia fecundante de los pueblos modernos, va extendiendo su benéfica acción".

He aquí un párrafo de nuestros pobres artículos sobre LEGISLACIÓN EN SUS RELACIONES ECONÓMICAS, que ha sufrido, por decirlo así, una disección completa, bajo el cortante escalpelo de una extensa crítica, con la que se ha dignado honrarnos el estimabilísimo periódico que redactan los muy Reverendísimos Padres de la Compañía de Jesús. Semejante crítica, la apreciamos en mucho: ella es la obra de autorizadas personas que reverenciamos por su incontestable ilustración, y por sus grandes virtudes que nos revelan en todo la piedad cristiana. Mas si tenemos tan merecido concepto de las apreciaciones críticas de la "Sociedad Católica", eso mismo nos conduce a tomarnos la libertad de juzgarlas en sus fundamentos; no guiados por el estrecho espíritu de sistema, ni menos por la obstinación de una creencia irracional, sino tan sólo por examinar la consecuencia de ideas que creemos verdaderas, y que debemos sostener, como cumple a los principios que sinceramente profesamos.

Empieza la "Sociedad Católica" aplicándonos las palabras de un sabio, que tomamos en sentido adverso para nosotros, y hablando sin ambages, se reducen a decir: que no hemos tenido ni urbanidad ni fidelidad, ni favor, al tratar la cuestión del interés del dinero.

Respecto a urbanidad, hemos leído y releído, buscado y rebuscado, en el párrafo sujeto a censura, una sola palabra que falte al decoro y amaneramiento, que deben tenerse cuando se escribe para el público, y francamente, no la hemos encontrado. Mas después de reflexionar mucho hemos acabado por creer que las únicas palabras que hayan podido herir la susceptibilidad de los que no participan de nuestro modo de pensar, son aquellas en que calificamos de tristísima la época de los Teólogos de la Edad Media; son aquellas en que citamos las palabras de Voltaire, que llama sagrado contagio, a la perniciosa influencia del fanatismo político y religioso.

Si probamos que nuestras palabras están apoyadas en el testimonio de la Historia; si probamos que el sarcasmo volteriano es un pensamiento eminentemente filosófico, aceptaremos de buen grado la nota de inurbanos. Pero antes de escribir una sola línea acerca de la Edad Media, y para que mejor se nos comprenda, permítasenos decir que nuestras creencias filosóficas no nos consienten el desprecio de las épocas históricas. Todas las creemos necesariamente lógicas, todas fecundas, y enlazadas para cumplir un fin providencial; pues nosotros no vemos en la Historia un hacinamiento de hechos, sino acontecimientos relacionados con leyes, tan inflexibles como lógicas, y en estas leyes, contemplamos la acción visible de la Providencia. Los mismos errores, las mismas faltas y preocupaciones de una época, son tal vez el antecedente necesario de otra fecunda en felices resultados. Si la corrupción deplorable de las costumbres romanas no hubiese debilitado el Imperio, los bárbaros del Norte no se habrían repartido, hecha jirones, la púrpura de los emperadores; pero tampoco habrían sentado las bases de las robustas nacionalidades europeas, ni traído el germen de la civilización de nuestros días. Si la Edad Media no hubiese hecho sentir, con todo su peso, el ingrato predominio de la autoridad, del despotismo y de las preocupaciones, no se habría levantado esa vigorosa reacción, que saludamos con entusiasmo, porque ha traído consigo la libertad, savia fecundante de los pueblos modernos.

Pero si tenemos este modo de ver, no podemos menos de confesar también, que hay en la Historia épocas aciagas, de doloroso recuerdo;

y una de las más lamentables, es por cierto, el largo período que comprende la Edad Media.

Triste es recordar los pueblos sumidos en la abyección y en la ignorancia, y casi sin la conciencia de su dignidad y sus derechos: triste es recordar los siervos de la gleba, nueva generación de esclavos, encorvados bajo la inmensa pesadumbre de las más rudas faenas, regando con el sudor de su frente, y muchas veces, con la sangre de sus venas, los terruños de sus señores feudales: triste es recordar las frecuentes y desastrosas guerras de esos tiranuelos, en que se agotaban las fuerzas y la sangre de los pueblos, víctima del vasallaje: triste es recordar la época de los constantes duelos, de los torneos, de los juicios de Dios; de los tormentos, en que se prodigaba la cuña, los borceguíes, el potro, y el horroroso buey de bronce: triste es recordar el estado de las ideas, cuando los filósofos, convertidos en prestidigitadores intelectuales, jugaban hábilmente con ingeniosos silogismos, en vez de afanarse por resolver los grandes problemas de la ciencia, que deciden de la condición social y moral de los hombres: triste es recordar el estado de la naciente Química, que era mirada como un sortilegio; el atraso de las ciencias físicas, que hoy realizan las maravillas del progreso material de nuestro siglo: triste es recordar la deplorable decadencia de la industria y el comercio, encadenados por las restricciones del proteccionismo: triste es recordar las venerandas libertades de la conciencia y del pensamiento, y sólo contemplarlas al siniestro fulgor de las hogueras de la Inquisición: triste y tristísimo, en fin, es traer a la memoria el derecho divino de los reyes, de la doctrina la más absurda como la más sacrílega; pues que los reyes, en nombre de Dios, hollaron los derechos de los pueblos, consumando las más infames tiranías. Y todo esto, nos lo dice la Historia, y nos lo repiten, a cada paso, los escritores que han estudiado imparcialmente la época de la Edad Media. La Historia es, pues, muy inurbana, y también lo somos nosotros.

Pasemos adelante.

Si examinamos el fanatismo filosóficamente, encontraremos en él dos caracteres bien determinados: una creencia firmísima, ciega en sus fundamentos, y un sentimiento llevado hasta la exaltación del misticismo. Todo objeto que produce una creencia relacionada con un sentimiento exagerado y místico, tiene algo de misterioso, y todo lo

51

misterioso envuelve algo de respetable y sagrado para nuestras ideas. Por eso, la religión que nos relaciona con Dios, que es el misterio por excelencia, y la política, que es la religión social de los pueblos, conducen casi siempre al fanatismo, cuando no se invoca a la razón, que es la moderadora de los impulsos ciegos de la sensibilidad. Véase, pues, cuánto acierto hay en el epíteto de sagrado, con que Voltaire califica al fanatismo. Es también contagioso. A la manera que ciertas enfermedades contagian nuestra organización, comunicándose por el aire que respiramos, el fanatismo contagia los espíritus, transmitiéndose al alma, por la atmósfera moral que respira, si es que se nos permite este modo de expresarnos. En efecto, ¿qué cosa más transmisible, que aquella que se sostiene con todo el fuego de un sentimiento apasionado? Si se quiere convencer a la inteligencia con fríos raciocinios, o no se la convence siempre, o aunque esto suceda, estaremos lejos de la persuasión, que se apodera de todas nuestras facultades, que nos lleva a la acción, al sacrificio, y muchas veces, al martirio. ¿Cuál es la palanca de las revoluciones que estallan y de las religiones que se inauguran? El sentimiento. Y es, porque la sensibilidad es la facultad más comunicativa, más transmisible, más palpable en todas sus operaciones; la que tiene más afinidad con la imaginación, que embellece, que agranda, que exalta los objetos a que nos inclinamos. Que lo digan si no, los triunfos de la oratoria, obtenidos, no pocas veces, por la exaltación de ideas y sentimientos, que produce, primero, el entusiasmo, y tras el entusiasmo, el fanatismo de las creencias. Obsérvese pues, con qué sagaz finura ha calificado Voltaire de contagiosa a la influencia del fanatismo. Pero la filosofía que inspiró ese pensamiento al gran genio de Voltaire, es igualmente inurbana y también lo somos nosotros...

Pasemos a otra cosa.

Se nos dice que no hemos explicado las opiniones del modo más favorable. Desconocemos este lenguaje. Nosotros no entendemos de explicar las cosas favorable ni desfavorablemente. Cuando juzgamos una idea, una doctrina o un sistema, examinamos imparcialmente los hechos, y los relacionamos con un principio; y el resultado es, que decimos la verdad, o por lo menos, lo que creemos verdadero, ora lisonjee, ora amargue, a las creencias y afecciones ajenas. Usar del favor, ya en la conducta, ya en las ideas, es alejarse de la rectitud, prenda bien cara para los hombres de corazón y de conciencia. No se espere, pues, de nosotros que expliquemos de un modo favorable, por más que estas palabras, de sabor jurídico, hayan sido pronunciadas por la boca de un sabio.

Hemos hecho nuestros descargos, o más claro, hemos contestado a la parte personal del artículo de la «Sociedad Católica».

Ya es tiempo de entrar en lo impersonal.

Con extrañeza, decimos mal, con asombro hemos visto que se nos subrayen estas palabras: el crédito es el gran motor del comercio y de la riqueza moderna. ¿Habremos dicho un error garrafal o un solemne despropósito?

Que los hechos respondan por nosotros.

Interróguese a todas las clases sociales, que intervienen en negocios de comercio, desde el humilde mercader hasta el orgulloso banquero: pregúnteseles qué es lo que más estiman en su carácter comercial, y todos dirán: el crédito. Consúltense las obras de los mejores economistas, que han estudiado el fenómeno de la producción comercial, y en todas se encontrará, que el gran desarrollo del comercio moderno se debe a la influencia portentosa del crédito: que los individuos y los pueblos, a medida que tienen más crédito, son más ricos, pues con él centuplican sus elementos de prosperidad. Mas, ¿a qué razonar por extenso? Sería hacer muy poco favor a los Sacerdotes Redentoristas de la «Sociedad Católica», y a nosotros mismos, si discutiésemos una verdad, a todas luces evidente en el terreno de la ciencia y de los hechos.

Hay una raza diseminada en toda la faz de la tierra, raza que atesora los recuerdos del pasado, y que cuenta con las promesas del porvenir: raza que un tiempo fue el pueblo elegido de Dios, y que hoy es la única depositaria de la ley antigua, que Jesucristo vino a cumplir, elevándola a su mayor pureza, con su doctrina sublime, que ha regenerado al mundo: raza que tiene por antecesores a Abraham, Isaac y Jacob: que tiene por libertador a Moisés: la personificación de la edad bíblica, que aún contemplan los siglos con asombro: que tiene como juez a la ilustre y valerosa Débora, como Rey a Salomón, cuya elevadísima fama se levanta cual inmensa pirámide que desafía los embates de las oleadas del tiempo: que tiene por profetas a Daniel y Jeremías, cuyas predicciones fueron los tiernos acentos del dolor: que tiene entre sus cantores al santo rey David, que hizo vibrar el arpa con las armonías más divinas, que aún resuenan en nuestros templos como inspirados cantos, como exhalados de un alma poética que no se perderá jamás: que tiene un libro sublime, que comienza con el Génesis, que es un idilio, y que acaba con el Apocalipsis de San Juan, que es himno fúnebre. El Génesis que es bello como la primera brisa que refrescó a los mundos, como la primera aurora que se levantó en el cielo; como la primera flor que brotó en los campos; como la primera palabra amorosa que pronunciaron los hombres; como el primer sol que apareció en el Oriente. El Apocalipsis de San Juan que es triste como la última palpitación de la naturaleza; como el último rayo de luz; como la última mirada de un moribundo (1). ¡Ah! Cuánto de glorioso puede decirse de esa raza, tan admirable por sus antecedentes, tan elevada por sus ideas, tan poética por sus inspiraciones, tan simpática por sus largos infortunios, tan acreedora a la gratitud de la humanidad por el papel providencial que se le ha visto desempeñar gloriosamente en todas las épocas de la historia. Y sin embargo, varias veces se nos han subrayado las palabras grande y desgraciada con que hemos calificado a esa raza, como si hubiésemos lanzado una idea peregrina, ridícula ante la historia y ante la filosofía que juzga los pueblos en nombre de la razón y la justicia.

¿No será grande el pueblo, que en medio de las naciones idólatras, maniqueas o panteístas, fue el único que reconoció, con fe sublime, la unidad de un solo Dios, justo y providente? ¿No será grande el pueblo que reconoció la dignidad de la mujer, cuando todas las naciones gentiles la condenaban a la servidumbre doméstica y al ostracismo político y civil? ¿No será grande el pueblo que en medio de las borrascas de su azarosa existencia, salvó su libertad, considerándola como un derecho inviolable?

Yo no quiero citar, tratándose de la raza judaica, lo que han dicho escritores de mis ideas y de mis simpatías. No quiero citar las profundas páginas del sabio Laurent, ni los brillantes rasgos del elocuente Castelar: estos escritores inspirarían desconfianza; pero quiero copiar las palabras de Donoso Cortés, que llama al pueblo judío cl más libre de los pueblos y el más grande de los poetas. Y esta autoridad no es sospechosa; pues que Donoso fue teólogo ultramontano en religión, y retrógrado en política. Tampoco citaremos la historia para recordar las desgracias de los judíos, porque la historia cuenta muchos horrores que no queremos traer a la memoria. Citaré tan sólo a Baeza, que hablando de las miserias de los judíos, dice, que el insulto llegó hasta identificarlos con los perros. Y la autoridad de Baeza tampoco es sospechosa: fue presbítero, y enseñó ortodoxamente los principios de la religión en la Universidad Central de Madrid.

Verdad es que Cristo fue víctima de los judíos.

Lloremos este gran crimen, pero no execremos la raza que lo ha expiado. Los pueblos, como los individuos, pueden cometer faltas y hasta crímenes; pero si por otra parte, hay altas virtudes, levantadas ideas y acerbos sufrimientos que lavan las manchas, la historia los admira y les consagra el nombre de grandes. Ver sólo un detalle, y no el conjunto, para condenar a un individuo o a un pueblo, y llenarlos de ignominia, sin atender a sus virtudes y a sus méritos, que resultan del estudio armonioso de sus múltiples relaciones, es no conocer la filosofía de la historia, es ser injustos con los hombres, con los pueblos y con la humanidad. Hasta el sol tiene manchas: ¿dejará por eso de ser un astro luminoso?

Que la libertad es la savia fecundante de los pueblos modernos, es un aserto incontrovertible para el Siglo XIX. Y no obstante, esas palabras se nos han subrayado. Si con la historia contemporánea en las manos, los Muy Reverendos Padres nos demuestran que son una mentira las libertades políticas, religiosas, sociales, individuales, civiles e industriales; si con el estudio comparado y filosófico de la Edad Media, se nos demuestra que los pueblos no se han regenerado a beneficio de la libertad; si se nos demuestra que las libertades no están reconocidas y practicadas en Europa, que no son un hecho fecundísimo en las Repúblicas de Sudamérica, y especialmente en los Estados Unidos de la América del Norte, en esa República clásica, templo de la libertad y asiento de las más grandes ideas; si se nos demuestra todo eso, borraremos sin piedad nuestras palabras y nos condenaremos al ostracismo del silencio. Pero mientras tanto no se nos demuestre ese imposible, repetiremos siempre: LA LIBERTAD ES LA SAVIA FECUNDANTE DE LOS PUEBLOS MODERNOS.

Hay en la ciencia cuestiones seculares, que estudiamos con el mismo interés con que se contemplan ciertos monumentos antiguos, donde cada siglo

ha dejado su pensamiento, donde cada generación ha dejado su huella, y cada hombre prominente, una inscripción que nos recuerde su historia.

Tal es el problema del interés del dinero.

Dos mil años ha que se discute esa importantísima cuestión. Relacionada con los principios latino y germano, enlazada con creencias filosóficas,

políticas y religiosas, de diversas épocas, puede decirse que la historia de esa gran cuestión refleja las vicisitudes sociales, desde apartados tiempos,

en que la libertad era nada, hasta nuestros días, en que la libertad lo es todo, porque es la naturaleza del hombre manifestándose en la sociedad y en las leyes.

Cuando el principio latino de la centralización y del despotismo individual se veía magníficamente realizado en el Imperio Romano, la antigüedad autorizada con los nombres de Platón, Aristóteles, Plutarco, Bruto y Catón, declaró al dinero estéril, y al interés o usura, un delito infamante; cuando la Edad Media cifraba su grandeza en explicar las ciencias políticas y sociales, según las inspiraciones de la antigüedad, los Padres de la Iglesia, los teólogos y canonistas, y aun Gerson y Lutero, se empeñaron en mantener la misma preocupación, al propio tiempo que se declaraba infames a los judíos, a ellos que fundaban a la sazón las bases del crédito, y que contribuían poderosamente al progreso de la industria y del comercio; cuando en Inglaterra se proclamaba la reforma religiosa, el vasto genio de Calvino comenzó a atacar la rancia doctrina de Aristóteles, profesada hasta entonces sin contradicción alguna. Calvino demostró que el dinero es tan productivo como cualquiera otra mercadería, y que a este respecto no caben restricciones reglamentarias, sino el fecundo principio de la libertad individual; cuando la filosofía del siglo XVIII preparaba la regeneración de los pueblos, el ilustre Locke, en sus cartas sobre la moneda, examinó profundamente esta materia; y fue de dictamen, que de ninguna manera debían las leyes determinar el valor del dinero, sino dejarlo al arbitrio de la pública estimación. La misma idea encontramos en el autor del «Espíritu de las leyes», de quien tan justamente dice Voltaire, que ha encontrado los títulos perdidos de la humanidad; cuando por fin empezaba a desarrollarse ese grandioso drama de la revolución francesa, el célebre Turgot propuso la cuestión del interés del dinero a la Asamblea Constituyente de 1789. La ley que ésta dio admite por vez primera el libre préstamo, bajo todas sus formas, y avanza un poco más en las vías del buen sentido, como era de esperarse del Cuerpo que ha sentado los principios de libertad civil, política y económica, sólidas bases sobre las que descansan las modernas sociedades.

De esta época data la reforma de las leyes sobre usura.

Vése, por lo expuesto, que las leyes restrictivas del interés tienen su origen en el principio romano, de reglamentarlo todo, y que apenas aparece el dogma de la libertad individual, cuando se abre otra era que inaugura los destinos magníficos de la moderna industria. "Los romanos, dice Plutarco, no creían que se debiese dejar a cada particular la libertad de casarse, de tener hijos, de escoger un género de vida, de dar fiestas, y de seguir en fin, sus deseos y sus gustos". En efecto, el principio latino, que ha dominado las naciones, en tan largo período, ahoga en la vida humana lo que hay de real y positivo: el individuo, por mantener una abstracción: la sociedad. Ese principio hace del Gobierno un déspota necesario. Pero hoy la ley, en los países verdaderamente civilizados, no tiene un poder absoluto: respeta al individuo y le deja en libertad para que desarrolle sus facultades; y tenemos el gusto de ver aplicada esta doctrina a la cuestión que nos ocupa; pues bien sabido es que los principales Códigos modernos, han resuelto el problema del interés del dinero, en el sentido de la más amplia libertad.

Estas conclusiones, nos ocasionan la pena de decir a los Reverendos Padres, que hoy, los verdaderos sabios no se preguntan si el dinero produce.

Esta cuestión, como la de la libertad del interés, está resuelta: la ciencia ha pronunciado acerca de ella su última palabra.

¿A qué dudar sobre lo definitivo? ¿A qué conservar distingos teológicos sobre una idea demostrada, sobre un hecho consumado en la práctica, y robustecido por las experiencias de los sabios?

Vamos a demostrar a los Reverendos Padres que fuimos fieles al apreciar la doctrina de los Teólogos, y al consignar que la productibilidad del dinero, y la libertad del interés, es la doctrina predominante en las escuelas y en la práctica; doctrina que acabará, muy pronto, con funestas preocupaciones que entorpecen el adelanto industrial de los pueblos.

Planteemos la cuestión, en términos precisos, y en las diversas fases, bajo las cuales se nos pueda presentar.

1°—¿El dinero produce?

2°—Si produce, ¿debe remunerarse el uso que de él se haga?

3°—¿Esta remuneración, deberá fijarse por la ley civil?

4°—¿El abuso que alguna vez se cometa, no guardando la proporción entre la utilidad del servicio del dinero y el interés exigido, será objeto directo de la legislación civil?

Entremos en materia:

Parece ridículo preguntar si el dinero produce: sin embargo, hay quienes no hayan reconocido su productibilidad. ¿Qué es producir? Es crear un valor, o aumentar el valor existente. Un comerciante emplea una suma de mil pesos en mercaderías: al realizarlas gana muchas veces el ciento; poseo entonces una suma de dos mil pesos. Los mil pesos producidos, ¿cómo se obtuvieron? Por el empleo de los otros mil. ¿Se nos podrá negar este hecho?

Verdad es que intervino el trabajo del comerciante; pero también interviene el trabajo del agricultor al labrar la tierra, y esta circunstancia a nadie ha hecho pensar, que la tierra, porque requiera el trabajo del hombre, no sea un elemento de producción. Esto lo que prueba es, que los elementos para producir se necesitan mutuamente, y que de la combinación de los mismos resulta el valor, la producción de la riqueza.

Siguiendo nuestras observaciones, veamos lo que dicen los Teólogos. Estos piadosos escritores distinguen el caso en que haya en el préstamo la autorización de un título extrínseco, y el caso en que falte dicha autorización.

En el primer supuesto, es lícito el interés; en el segundo, es ilícito por derecho natural, divino y eclesiástico. La misma doctrina encontramos sancionada en una Encíclica de Benedicto XIV. Juzguemos.

¿A qué viene ese distingo teológico de extrínseco e intrínseco? Si nos fijamos bien en el significado que los teólogos y juristas han dado a la palabra extrínseco, concluiremos, que sólo cuando haya daño emergente, lucro cesante, peligro de la suerte o pena convencional, sólo entonces será lícito el interés del dinero. Pero esto es falso y contradictorio a la vez. Demostrémoslo. Es carácter intrínseco al dinero, como a todo elemento de producción, el tener la habilidad de producir un valor, una vez que se emplee. Vamos a la práctica. Todos los días vemos que el comercio de esta capital toma fuertes cantidades de dinero a interés; al recibirlas, no se acuerda el comercio de pactar pena convencional, hace a un lado el peligro de la suerte, y en la generalidad de los casos no existe lucro cesante, ni daño emergente, puesto que hay exactitud en el cumplimiento de las obligaciones; y sin embargo, el comercio progresa, el comercio produce con las cantidades tomadas a préstamo, pues que los comerciantes serían unos locos si pagasen intereses por sumas de dinero improductivas. No hay, pues, en lo general, para el comercio, la autorización del título extrínseco, y no obstante, hay producción mediante el dinero empleado. Ahora preguntamos. Si hay producción, si el servicio del dinero aumenta la riqueza del comerciante, ¿será ilícito, contrario al derecho natural, divino y eclesiástico, el que los prestamistas sean remunerados por el dinero, cuyo uso ceden en provecho de otros? Para cualquiera la conclusión es evidente, es lícito y muy lícito que se les remunere, por más que falte la autorización del título extrínseco.

Queda resuelta la primera cuestión; y plácenos la oportunidad de decir a los Reverendos Padres, que tuvimos muchísima justicia al manifestar que los Teólogos de la Edad Media consideraban al interés como una usura condenable por la razón y la moral.

Dijimos que la doctrina de los Teólogos, a más de falsa, era contradictoria, inconsecuente. Ellos establecen que cuando hay título extrínseco, por ejemplo, lucro cesante, es lícito el interés. Notemos su contradicción. Si uno cesa de lucrar, porque otro le retiene el dinero, por más tiempo del estipulado, no hay duda que pierde un producto, porque de lo contrario, no habría lucro cesante. Luego, al admitir los Teólogos este supuesto, reconocen que el dinero es capaz de producir; y si produce en un caso, ¿por qué no ha de producir en todos los demás? Mejor sería que los Teólogos no hubiesen admitido, respecto al dinero, el supuesto del lucro cesante; así su doctrina sería falsa, pero no inconsecuente.

Pocas, muy pocas palabras, diremos acerca de la segunda cuestión. La solución de la primera entraña la solución de la segunda. Si el dinero produce, lógico y natural es que se remuneren sus servicios productivos. Para afirmarlo así, basta el sentido común.

¿Debe fijarse la remuneración del servicio del dinero? Debatidísima ha sido esta cuestión. Afortunadamente, los raciocinios ineludibles de los maestros de la ciencia, y las conclusiones de la Historia, nos ponen ya en el caso de resolverla de un modo decisivo.

Es innegable que el dinero, a más de ser el signo representativo de los valores, es también una mercadería, como lo son los géneros de un comerciante, y los productos de la tierra. En tal concepto, el dinero, en cuanto al valor, a la estimación de sus servicios, está sujeto a la ley económica de la oferta y el pedido. Si hay mucho metálico y pocos empresarios de industria que lo soliciten, el interés disminuiría; si por el contrario, abundan los que solicitan el dinero, el interés subirá, en razón directa de la mayor demanda. Todo es, pues, relativo, todo variable, dependiente de los tiempos, de los lugares, de las personas, y de otras muchas circunstancias que vienen a determinar el diverso valor de las cosas, y por consiguiente, el bajo o subido interés del dinero. Sobre esto no hay regla fija.

Ahora bien. Si se establece una ley que tase el interés, pueden suponerse tres casos: o la ley, en una época dada, fija el interés recibido en el comercio, y entonces es una ley inútil, porque establece lo que ya está consentido en la práctica, teniendo además el inconveniente de variar según las oscilaciones comerciales; o la ley fija una tasa mayor o menor que la recibida en los usos del comercio. En el primer supuesto, la ley es también inútil, porque nadie por dar gusto al legislador pagaría más dinero que el acostumbrado en las transacciones corrientes, y si porque dando menos su conducta no sería antilegal, atendemos a que la tasa sólo se fija como el máximum del interés; en el segundo supuesto, la ley sería ruinosa y antieconómica, porque alteraría artificialmente el valor natural de las cosas, porque encarecería los capitales, retrayendo a los capitalistas, que nunca gustan de privarse de sus fondos, para obtener su dinero: en fin, una ley dada bajo el último supuesto, es una ley en teoría, pero no en la práctica, puesto que casi siempre se elude. Vemos con frecuencia que un individuo que necesita dinero, lo recibe tal vez con un interés crecido. Se otorgan documentos y escrituras, y conviene el prestamista y prestador, en concluir todo, o parte de los intereses en la suma del capital. Si se lleva un caso de éstos a los tribunales, ¿cómo puede hacerse efectiva la sanción de la ley, si no consta que haya sido violada?

Esto nos prueba, evidentemente, que no son las restricciones legales los intereses del individuo, de promover la industria, y de acarrear la abundancia del capital fáciles y baratos; esto nos prueba, que el único principio aplicable a este caso es el de la libertad individual, porque sólo la libertad sabe conciliar los intereses relativos a los hombres.

Tal es la idea de los mejores economistas.

Oigamos la elocuente voz de la Historia.

En la antigüedad, los pueblos que han dejado más libertad a la colocación de los capitales, son también los que han visto florecer entre ellos el comercio y la industria, y entre los cuales, los prestamistas han encontrado más moderación en los que dan a préstamo. Las naciones, que al contrario, no daban latitud a las transacciones del crédito, ni seguridad a los acreedores, han debido resignarse a pagar el dinero más caro que otras. La historia de Atenas y de Roma presentan tipos de este contraste, bajo el punto de vista más patente e instructivo a la vez.

"En Roma, un deudor, que al plazo no cumplía sus compromisos, se hacía esclavo del acreedor. Ese derecho del acreedor sobre la persona del deudor, fue abolido por las leyes de Solón, en Atenas. Solón no reglamentó el interés del dinero, y no se encuentra rastro de ninguna ley sobre usura en los anales de esa república comerciante. La tasa del interés varía en Atenas, según las seguridades, y siguiendo las garantías que ofrecían los prestamistas... El interés del dinero estaba en relación con los provechos del trabajo; y he aquí por qué la cuestión de deudas, esta causa permanente de agitaciones en el Imperio Romano, no existió jamás en Grecia, ni conmociones ni excitaciones políticas..."

Los mismos resultados en los tiempos modernos.

"Los pueblos protestantes deben ciertamente a Calvino la superioridad que han tomado, a partir del siglo XVI, sobre las naciones católicas, en materias de comercio y de industria. La libertad del préstamo a interés ha dado entre ellos nacimiento al crédito, y el crédito ha doblado su poder.

"Los Estados Unidos deben, en gran parte, la prosperidad de que gozan a la libertad del interés. Esta libertad no está en sus leyes, pero sí en sus costumbres."

Cualquiera puede convencerse de que la doctrina de los Teólogos no tiene a raya la doctrina moderna, como lo sientan los Reverendos Padres. No es un argumento decir que un sistema no es el verdadero ni el que predomina, porque haya opiniones contrarias. ¿Qué error no se sostiene, por uno que otro, aun en contra de los principios más ciertos, y más generalmente recibidos? No ha mucho tiempo que un publicista teólogo, dijo que el siglo XVI, con su Inquisición y sus frailes, era el ideal de la humanidad; no ha mucho tiempo que el antipático Gómez de Hermosilla, en su idea sobre el Jacobinismo, se empeñó en demostrar que la soberanía del pueblo era un absurdo. ¿Y por eso diremos que esas son doctrinas atendibles, que tienen a raya las contrarias? ¿Y por eso dudaremos en condenar la Inquisición, y en execrar la doctrina de Aristóteles, que juzgaba al pueblo nacido para la esclavitud? No: la libertad ha ganado mucho terreno en el siglo en que vivimos. Ya no es tiempo de retroceder: quede el pasado, quede la Edad Media, como una enseñanza de pocas verdades y de muchos errores, pero no como la inspiración del porvenir. Así lo comprende la civilización presente, y guiada por la libertad, sabrá cumplir sus grandiosos destinos.

Ocupémonos ya del último punto que nos hemos propuesto examinar.

Cierto es que, algunas veces, puede perderse el equilibrio, la ley de la proporción, en cuanto a lo que produce el dinero, y el interés exigido por el que lo presta; cierto es también, que algunos, abusando de las circunstancias del prestador, pueden exigirle, y aún le exigen un interés crecido, que no corresponda a la utilidad que le reporta el préstamo.

Estas son vicisitudes comunes a toda transacción comercial. También el comerciante puede encarecer sus géneros, de un modo tal, que el precio que recibe por ellos, no esté en relación con el provecho que reporta el comprador. También el arrendante de predios rústicos y urbanos, puede exigir arrendamientos subidísimos, que no compensen la utilidad del arrendatario, y que muchas veces lo arruinan, en vez de mejorar su condición.

Ahora bien. ¿Qué debe hacer la legislación en estos casos? ¿Deberá fijar el precio de los géneros, tasar los arrendamientos, y los intereses del dinero, para evitar los abusos?

Patentes son los funestos resultados del sistema proteccionista, que todo lo reglamentaba con la mira de favorecer la industria, y de ahogar la influencia de los abusos; pero la Historia nos demuestra que nunca la industria decayó tanto, que las miserias de los pueblos nunca fueron tan grandes, como cuando reinó ese antieconómico sistema, que borraba la libertad industrial, para crear una situación violenta, ficticia, cuyo cortejo inseparable fue siempre la inmoralidad, la pobreza y el oscurantismo.

Si las leyes no han de ser restrictivas, ¿qué deberán hacer entonces para reprimir los abusos, que ocasionan la ruina de tantos hombres infelices? Las leyes deberán rodear los capitales de sólidas garantías, creando buenas instituciones de crédito, procurando el valor y la movilidad de las cosas, alentando el trabajo, y persiguiendo la vagancia, derogando la mala legislación fiscal e hipotecaria, reformando, en fin, la administración de justicia, cuando es tardía, embarazosa y vejatoria de los derechos individuales.

Los países que han conseguido estos saludables fines, han visto aparecer en circulación los capitales nacionales y extranjeros; han visto realizarse la ley de la competencia, que aleja el monopolio de unos pocos prestamistas, que cobran crecido interés por el uso de su dinero, y por el riesgo probable a que lo exponen; han visto que a los empresarios de industria no se les impone la dura ley de la necesidad, porque la competencia trae la acumulación de capitales baratos, circunstancia cuyo resultado preciso, es la armonía de las clases capitalistas e industriales, que se necesitan mutuamente, que dan ocupación y trabajo al mayor número posible, alcanzando por este medio la conciliación de los intereses generales, sin ver el triste espectáculo de desgraciadas familias, que bajo un régimen restrictivo, se arruinan por la absorbente y desconsoladora influencia de los monopolios.

Si a pesar de reformarse en ese sentido la legislación; si a pesar de estar al alcance de todos, capitales baratos y trabajo bien remunerado, para que lucren y vivan cómodamente; si a pesar de todo esto, hay hombres tan simples que contratan préstamos ruinosos; ya tal extremo, no es de la incumbencia de la ley. Cada hombre debe saber cuáles son sus verdaderos intereses, y la ley no puede organizar los cerebros de los torpes, ni remediar los efectos de su torpeza. La misión de la ley es proporcionar garantías y medios para todos; el que no sepa aprovecharse de ellos, que se impute a sí mismo sus propias desgracias. Por otra parte, en un régimen amplio y liberal, las miras de algunos ambiciosos se ven contrariadas por la competencia de los demás capitalistas, y por el buen sentido que enseña a cada uno sus particulares intereses. La libertad bien comprendida, se garantiza por sí misma.

Hemos terminado nuestro examen; y séanos lícito manifestar que las observaciones expuestas nos conducen a repetir que la ley de 1840, sobre interés del dinero, es antieconómica, y por lo mismo digna de reformarse.

Los Reverendos Padres no trataron este punto, por no tener el mandato ni la competencia para entrar en la discusión de si el libre interés convenga o no a este país. Nosotros creemos estar en un pueblo republicano, donde debe decirse todo, y donde no se necesita que se declare previa competencia, ni se dé mandato alguno, para que cualquiera pueda externar lo que piensa acerca de los intereses sociales. Quede para los gobiernos opresores el decidir quiénes hayan de hablar de los asuntos públicos; quede para los publicistas retrógrados el enseñar la humillante política de la abstención y del silencio, pero no se quiera que los que no conocen ni el temor ni el egoísmo, sellen sus labios, renunciando al derecho de manifestar francamente sus ideas. En los Estados Unidos de la América del Norte, que es el país más bien gobernado del mundo, se publican centenares de diarios, en donde se discuten todas las cuestiones que ilustran al pueblo, y que le aseguran sus derechos, dándole a comprender sus intereses; y los yankees no han pensado nunca, ni en el mandato ni en la competencia, para hablar de los asuntos que a todos corresponden. Así creemos nosotros que debe ser en todo país libre. Que cualquiera externe ampliamente sus ideas: si verdaderas que se acepten; si falsas, que se combatan: que la verdad saldrá triunfante; porque así en lo moral como en lo físico; del choque brotará siempre la luz y la luz se refleja en el alma de los hombres para esclarecer la conciencia de los pueblos.[1]

Guatemala, 1871.

---

[1] Al escribir este artículo tuve a la vista los apuntamientos que sobre la materia ha formado mi primo y amigo don Marco A. Soto, con motivo de haberle pedido su dictamen por la Junta de Gobierno de la Sociedad Económica. Me reservo para el otro número citar en una nota la obra de los mejores economistas que proclaman la libertad del interés. La falta de espacio me impide verificarlo en el presente número.

CENTROAMÉRICA

Cuerdos de su pasado, sus hechos actuales, los presentimientos del porvenir. Pero este cuadro no ofrecería interés alguno, sería pálido e inanimado, si en la historia, en los sucesos de actualidad, y en las probabilidades del futuro, no viniese a trasparentarse, como el fondo eterno de la vida, ese principio de acción, esa ley providencial del progreso, aliento del hombre y consagración de la idea Dios sobre la tierra.

Lo que es verdad, tratándose del género humano, lo es igualmente, respecto de esas grandes asociaciones de individuos que, encerradas en los límites de un territorio, constituyen un pueblo, una nación. En esta confianza, nos proponemos hablar de Centro-América, nuestra patria común: en esta confianza, evocaremos sus tradiciones, sus hechos históricos; examinaremos la actualidad; presentiremos el porvenir; para evidenciar que las Repúblicas del Centro han atravesado el mismo largo camino, que han seguido las demás naciones de la tierra; para evidenciar así, que nunca es lícito desconocer la ley del progreso que, a despecho de dilatadas contrariedades y de acerbos infortunios, se ha cumplido en esta bella sección del continente y seguirá cumpliéndose para gloria nuestra y en honor de la gran familia latinoamericana.

Centro-América cuenta, en el largo decurso de su existencia, tres notabilísimos períodos, que podríamos caracterizar así:

Edad primitiva de la autonomía salvaje de los habitantes de estas comarcas:

Edad de la autonomía colonial de la España:

Edad gloriosísima de los Centro-Americanos; era de la Independencia y del Republicanismo nacional.

El comienzo de la primera época se pierde en la noche de los tiempos. Nos refiere la historia que en 1524, Centro-América se adormecía en la vida de la infancia, reposando tranquila en medio de la soledad de los Océanos. Su población la formaba un conjunto de tribus incultas, regidas por un cacique. Eran los tiempos de Chinavincelu, cuando se realizó esa grande epopeya de la Conquista de Méjico, en las que descuellan las majestuosas figuras de Hernán Cortés, Moctezuma y Guatimozín. Los habitantes de estas comarcas tuvieron entonces el presentimiento de su conquista. Sabedor Chinavincelu de la destrucción del vasto imperio mejicano, consultó a sus agoreros y sacerdotes sobre el inminente peligro en que tal suceso podría poner a sus Estados. Los sacerdotes respondieron que, según los oráculos, era llegado el tiempo en que, conforme a antiguas tradiciones, vendrían por la parte del Oriente unos conquistadores, que someterían las feraces regiones de nuestra América.

La predicción fue cumplida. Don Pedro de Alvarado, en el mismo año de 1524, penetró, por el lado de Soconusco, a la hermosa sección de Guatemala. Después de algunos encuentros habidos con los indígenas, llegó por fin a asegurar su conquista, alcanzando la victoria en las márgenes del río que conocemos con el nombre de los Esclavos: nombre fatídico, que conmueve dolorosamente nuestros corazones, pues nos recuerda la ignominiosa marca que sellara, desde entonces, la frente del indígena, convertido en esclavo de sus conquistadores.

Pero ¿había, en este desgraciadísimo acontecimiento, algún germen de porvenir para la raza conquistada?

Es indudable.

El gigantesco pensamiento del inmortal Colón, que creara a los ojos de la atónita Europa un nuevo mundo, debía dar todas sus naturales consecuencias. Ese pensamiento era el estallido de una poderosa civilización, que, exuberante en el viejo continente, no tenía ya cauce para encerrar las ideas elaboradas en el transcurso de los siglos. Esa civilización debía salir de madre y extenderse en un nuevo mundo —en el continente americano. Tal suceso no fue más que el cumplimiento de la ley histórica, que hizo que los habitantes de las poéticas riberas del Nilo, se trasladasen a la Grecia para civilizar la patria memorable de los Sócrates, de los Temístocles, de los Platón y de los Fidias; que hizo que los pobladores cultos de la Grecia se trasplantasen a Italia, para engrandecer esa bella península, para asentar los cimientos de Roma, la dominadora del mundo, el eterno resplandor de la civilización y de la Historia; que hizo más tarde, que los habitantes de las selvas de la Germania se esparciesen y desmoronasen en el siglo V, el Imperio de los Césares, para inspirarse en la alta inspiración del cristianismo y dar en cambio, a una sociedad decrépita y viciada, la sangre y el aliento del bárbaro del Norte, que desde entonces asentó la base de la autonomía individual, que es el alma de las modernas civilizaciones de Europa y América. Pues bien; Don Pedro de Alvarado conquistando al Centro de la América, no hizo más que ser el pobre instrumento de la idea del gran Genovés: idea que es la ley del progreso, porque tendió a dilatar en otro mundo el imperio de la cultura europea.

La conquista, abrumador es decirlo, trajo la esclavitud de cien generaciones; pero se necesitaron esos acerbísimos infortunios, para que brillase en nuestro suelo la luz esplendorosa del cristianismo y se aprendiesen, a la vez, los acentos majestuosos del habla de los Cervantes, de los Garcilaso, los Rioja y los Herrera. Sí: una religión y un idioma, adquirieron los conquistados, a trueque de su autonomía salvaje. El nacimiento de estos dos poderosos elementos costó en Centro-América penosísimos dolores, como cuesta el nacimiento del hombre, que sale del seno de su madre, para ser la imagen de Dios, según lo ha dicho el Génesis, en ese lenguaje arrobador, grande como el espíritu que lo inspira, sublime como la creación que desarrolla.

¿Qué era Centro-América antes de la conquista? Un territorio con una población inculta, que no daba otras señales de vida que las de la primitiva; que no tenía otro acento que el grito del salvaje; que tenía por dogma el sacrificio de víctimas humanas, inmoladas en aras de sus informes ídolos, y por horizontes, lo profundo de sus abismos, y las cimas de sus altísimas montañas. Apenas si se relacionaba con los pueblos del continente, y sus relaciones con la culta Europa no eran más que un triste presentimiento. Pero vino la conquista, y a par de las extorsiones, las crueldades y la humillante esclavitud, vino también a abrirse un nuevo horizonte para el sentimiento y para la inteligencia de los conquistados. La comunicación con la vieja Europa despertó otras ideas, y en medio de tan profunda noche, como fue la época de la conquista, se vio aparecer con el nuevo pensamiento, la brillante estela que alumbraría más tarde la senda inexplorada de la civilización Centro-Americana.

Con la conquista, empezó para Centro-América un segundo y dilatadísimo período: el del coloniaje. Deploramos vivamente que la España, madre de nuestros padres, haya tenido un pésimo sentido político y económico, para colonizar sus países conquistados. A esto se ha debido, en gran parte, su propia decadencia, y el vicioso espíritu que su gobierno legara a las colonias. Nada de autonomía para sus pueblos dependientes; nada de representación política; nada de libertad industrial y comercial: todo restricciones; todo centralización; todo encadenamiento de las fuerzas vivas de la sociedad. He aquí un aserto que ha sido reconocido por los mejores publicistas de Europa y América, al comparar el amplio y libre sistema colonial de la Inglaterra, con el estrecho y restrictivo de la España. Obvios son los efectos que tal gobierno debió producir en Centro-América. Pero siguiendo la ley del progreso, que nunca se detiene, diremos, que los mismos graves inconvenientes del sistema colonial de España… preparando lentamente los ánimos… memorable, debían rebelarse contra la opresión de tres siglos. ¡Qué mucho si los centroamericanos no practicaron un derecho político; si sus libertades económicas fueron completamente nulas, si en su suelo puso su planta la odiosa Inquisición; si por fin las leyes de Indias, llegaron hasta prohibir, bajo la pena de muerte, el que los americanos se relacionasen con los extranjeros! Errores tan lamentables retardaron el progreso de estas comarcas; pero no lo hicieron imposible, porque a pesar de las aberraciones y faltas de los gobiernos absolutos, y a despecho de la sanción de los tiempos, las leyes de la naturaleza humana viven siempre y nunca se borran del gran libro de la Historia.

El 15 de septiembre de 1821, se inauguró para Centro-América la era verdaderamente nacional. El antiguo Reino de Guatemala, llamado después Capitanía General, se hizo independiente y las cinco Repúblicas hermanas, Guatemala, Honduras, El Salvador, Costa Rica y Nicaragua, vinieron a formar el gran todo de la nacionalidad centroamericana. Descubrámonos la frente al recordar, con religioso entusiasmo, ese gloriosísimo día, alcanzado por el esfuerzo de los próceres de nuestra independencia.

¡Cuánto debe significar para nosotros ese acontecimiento, el más notable que se registra en las páginas de nuestra Historia! Sí, la emancipación política vino a significar la autonomía nacional, los derechos individuales, el sufragio de los pueblos, la explotación libre de nuestras inagotables riquezas, y la forma republicana, bellísima corona con que la joven América ciñó su frente, al rehabilitarse en el seno de la Justicia y del Derecho, al tomar asiento en el magnífico concierto de los países libres de la tierra.

Mas, desgraciadamente, todo lo que encerraba la revolución del año de 21, no debía cumplirse, sino después de tenaces guerras, del flujo y reflujo de las revoluciones y reacciones. Hay dos fenómenos en que debemos detenernos un momento, y que los publicistas Lastarria, Samper y Alberdi, han descrito maestramente al ocuparse de la América Latina: el fenómeno de la mera emancipación nacional y el fenómeno de la emancipación de la idea y del espíritu de la Metrópoli. Centro-América, como Méjico y las Repúblicas del Sur, logró realizar el primer fenómeno en el año de 21: dio un avanzadísimo paso; pero no consiguió, no podía conseguir, desde luego, el segundo resultado: el desprendimiento, el olvido de la idea colonial. Y no podía ser de otra suerte. Los hábitos de gobierno, las prácticas, las costumbres, las creencias y la educación de tres siglos, hacían completamente impracticable el triunfo definitivo de la Revolución de la Independencia. Tal sucedió en los demás países latinoamericanos. En el pensamiento y en los hechos, ha estado vivo el espíritu de los tiempos de la colonia. De aquí el punto de partida de las muchas y desastrosas revoluciones que registran nuestros anales; de aquí la raíz de nuestras desventuras políticas.

La grandiosa revolución del 29 fue la gran conclusión de la premisa de 21. El ilustre repúblico Morazán, de queridísima memoria, fue no sólo el héroe de los combates, sino también el verdadero intérprete del pensamiento americano, que aspiraba a dar cima a la Revolución de la Independencia. Como un contraste repugnante y fatídico, Carrera en Guatemala, fue el instrumento del espíritu español, encarnado en las instituciones que mantuvo apoyándose en la ignorancia de las masas, en los privilegios de los oligarcas, en el fanatismo que el clero ha derramado a manos llenas, y en la división de los centroamericanos, que se han visto como enemigos, cuando su origen, su suelo, sus intereses, su idioma, sus tradiciones y costumbres, todo les dice que son hermanos, que sus guerras son un crimen, y que si quieren grandeza y porvenir, sólo la comunidad de sus ideas, sentimientos y esfuerzos, podrá asegurarles el fruto de su gran labor y el desideratum de su común felicidad.

A grandes rasgos hemos trazado los períodos característicos de la Historia de Centro-América. En todos ellos hemos notado que nuestros pueblos han obtenido algún progreso. Mejorar es la noble condición de las asociaciones humanas. Hoy, para nuestra dicha, Centro-América alcanza una época de regeneración. Los baluartes de los tiranos están casi completamente demolidos.

¡Qué de perspectivas, qué de consoladoras esperanzas!

En esta fecha, contamos con el fondo de experiencia que nos legaran los batalladores del derecho, que en medio de sangrientas revoluciones, se propusieron plantar en Centro-América la verdadera República democrática. En esta fecha, contamos con republicanos ilustres y sinceros, como el Libertador García Granados, en Guatemala, y como el Mariscal González, en El Salvador; y si bien es cierto que Honduras, el país de la iniciativa, es el último punto negro en el horizonte político de la América Central, según lo ha dicho nuestro amigo el grandilocuente Doctor Adolfo Zúñiga; si bien es cierto, que en ese suelo querido de los Morazán, de los Cabañas, de los Herrera, de los Valle, de los Alvarado y de los Lindo, pesa con inmensa pesadumbre el absolutismo del Hombre-escándalo, del vulgarísimo tiranuelo; si bien es cierto, tan deplorable estado, no por eso debe desconfiarse, porque Honduras levantará la frente, y sus hijos no desmentirán sus nobles y gloriosas tradiciones.

Ejemplo de Guatemala nos alienta.

Guatemala fue, por largos treinta años, el elemento disolvente, y Guatemala será el lazo de unión;

Guatemala fue el asiento del privilegio y del refinado egoísmo; y Guatemala será la expansión de la idea republicana;

Guatemala fue el padrón de la tiranía en Centro América; y Guatemala será el símbolo de la libertad redentora;

Guatemala fue el caos profundo; y Guatemala será la suave luz del porvenir de Centro América.

Todo eso nos prometemos de esta cuna bellísima de nuestra independencia y libertades políticas; de esta patria inmortal de los Barrundia, de los Molina, de los Marure, de los Gálvez y los Padilla.

Pidamos más fe a nuestras creencias, más aliento a nuestras fuerzas, para confiar siempre en que los tiempos se acercan, en que las profecías de nuestros antecesores serán cumplidas, con la realización del halagüeño porvenir de Centro América. Ya lo hemos dicho: a impulso de las últimas revoluciones, alcanzamos una época de regeneración social; y todos y cada uno estamos en el deber de servirla. Asistimos a un movimiento revolucionario, que debe ser profundamente económico, radicalmente social; y queremos contribuir a la grande obra, llevando, como débiles obreros, nuestra pequeña piedra. He aquí explicado por qué nos lanzamos a la arena del periodismo. Hacer triunfar las ideas para realizarlas en instituciones: tal es nuestro propósito. Hacer justicia a los hombres y a los pueblos libres, y execrar siempre a los tiranos: tal es nuestra divisa.

Llenar satisfactoriamente nuestras miras, es obra de la capacidad y de la ciencia, y digámoslo de paso, al emprender nuestros trabajos, no nos seduce la pretensión de la necia vanidad: ningunos son nuestros méritos, escasos son nuestros talentos, pobre, pobrísima nuestra instrucción; y por eso, hemos contado con las ilustraciones centroamericanas, y con algunas extranjeras, que nos darán ayuda, coadyuvando a los fines que nos proponemos. En nuestro abono, no tenemos más que el entusiasmo, y esa chispa divina, que es el amor purísimo, y la devoción ferviente por la Patria Centroamericana.

¡Ojalá que nuestras esperanzas jamás las defraude el desengaño! ¡Ojalá que las cinco Repúblicas hermanas, llenas de vida, ricas de elementos, poseedoras de espléndidos destinos, y asentadas en medio del Continente, formen un día el joven corazón, inspirador generoso y grande de la América, de esa Virgen del Mundo, como plugo llamarla la musa celeste del inmortal Quintana! ¡Quiera Dios que el Centro de la América sea, en lo futuro, el centro de poderosa, de cristiana y elevada civilización!

Guatemala, 12 de Noviembre de 1871.

IMPORTANCIA DE LA INSTRUCCIÓN PÚBLICA

La Historia y la Filosofía de consuno se pronuncian contra la máxima tristemente célebre del soñador Rousseau: El estado natural del hombre es el estado salvaje. No: el estado natural del hombre es el estado de desarrollo y de cultura. He aquí por qué la instrucción, que es el alma que anima la existencia y el avance progresivo de los pueblos, ha sido desde remotos tiempos una necesidad imprescindible, manifestada bajo formas más o menos completas, más o menos prácticas, más o menos benéficas, pero siempre concurriendo al cumplimiento de los fines morales de las sociedades.

La instrucción, en sus orígenes, producía sus efectos, reduciéndolos a la enseñanza de la religión y del hogar doméstico. Tal la exigían las costumbres patriarcales y la índole teocrática de las naciones de remota antigüedad. La India, la Persia, el Egipto, la Grecia, la Italia y las Galias tuvieron por maestros a sus sacerdotes. Instrucción de ese género, tan de acuerdo con el carácter de los pueblos primitivos, aseguraba, a las nociones científicas, un depósito en las clases consagradas al sacerdocio. Aunque la enseñanza sacerdotal contribuyó a mantener funestas preocupaciones, y no pocas veces fue el apoyo del despotismo, no hay duda que tuvo el mérito indisputable de ser el elemento contrapuesto al retroceso de la inteligencia. Instruir ha sido siempre civilizar.

Esparta y Roma, pueblos profundamente dotados con las virtudes guerreras, proporcionaron la enseñanza en común, y ora en las riberas del Eurotas, ora en las márgenes del Tíber, se recomendaba a los jóvenes, como el mejor aprendizaje, el temor de los Dioses, el amor de la Patria y de la Libertad, el odio a los enemigos, el desprecio de los esclavos, la obediencia a las leyes, la sumisión a los padres y el respeto a los ancianos. Como puede juzgarse, tal linaje de instrucción nos patentiza ese conjunto asombroso de grandes virtudes y de grandes vicios, que constituyó la trama de la vida de los pueblos guerreros —Esparta y Roma— tan notables en los fastos de la Historia.

Desde que Roma llegó a obtener importantes adelantamientos, y en la época que precedió a la expulsión de los reyes, esa poderosa acción tuvo sus Escuelas en donde se enseñaban los primeros rudimentos de las ciencias. En esta época notamos un gran paso en la educación de los pueblos.

Cuando las costumbres de la antigüedad se adulteraron por la influencia de mil enormes vicios, operándose la tristísima transición de la libertad a la servidumbre, entonces la educación de los pueblos, como era natural, cayó en absoluto descuido; y las Escuelas de Atenas, Antioquía y Alejandría no fueron bastantes a disipar las densas nubes de la ignorancia y de los vicios que oscurecieron la conciencia de los antiguos pueblos.

Toda la civilización antigua fue conmovida, hasta en sus cimientos, por la irrupción de los bárbaros del Norte. Transformadas las sociedades por la influencia y resultados de ese cataclismo social, era necesario que las tribus bárbaras encontrasen una fuerza benéfica que moderase sus ímpetus desorganizadores, y que, modificando sus instintos, las hiciese hábiles para servir a los fines providenciales de la cultura de las naciones.

El cristianismo, que había derramado ya la fecunda savia de su doctrina sublime en el Imperio de los Césares, fue ciertamente el poder moral que se encargó de la educación de los bárbaros. El cristianismo, ingerido en el elemento bárbaro, impidió la completa ruina de la civilización antigua, y echó las sólidas bases de las nacionalidades modernas, que han vivido y se han desarrollado amparadas por la égida de la doctrina del Cristo, y por las inspiraciones de la libertad individual que brotó fecunda de las selvas de la Germania.

Llegan los siglos medios, y el cristianismo abre sus Universidades en donde se enseñaban la teología, la metafísica, la gramática y la ciencia de las leyes civiles y canónicas. La instrucción de la Edad Media, inspirada por el cristianismo de la Iglesia oficial, adoleció de graves y profundos defectos, hijos del espíritu de esa época. En tales tiempos, la instrucción permaneció cautiva y estacionaria en las Universidades: tuvo un carácter clásico que la alejaba del cumplimiento de uno de los más nobles y trascendentales fines de la enseñanza: la educación popular.

Insistimos: en la época que venimos reseñando, las naciones cristianas no conocieron propiamente la educación de los pueblos. Nadie recibía instrucción privada, fuera de las familias de los barones. En los colegios, la instrucción tenía por objeto cultivar el espíritu, casi siempre de una manera abstracta. En el hogar, la educación, por lo común, se reducía a la práctica de ejercicios, ya piadosos, ya corporales. En fin, los estudiantes aprendían a leer, a escribir y a argumentar, y las personas de distinción aprendían a montar a caballo y a batirse. Nula fue para los pueblos la enseñanza secundaria, ramo importantísimo que hoy proporciona los mayores beneficios de la instrucción pública.

Con el Renacimiento de las letras, con la Reforma y los efectos de la invención de la imprenta, vino a realizarse un cambio feliz en materia de instrucción pública. Desde entonces, la Filosofía de Aristóteles y la enseñanza servil y escolástica empezaron a caer en descrédito: sobre sus ruinas se elevaron nuevas cátedras que, dando lugar al libre examen, proporcionaron el aprendizaje de muy diversas facultades, hábiles para satisfacer las exigencias naturales de las múltiples aptitudes del hombre.

Tan singular movimiento en la vida moral de las sociedades, constituyó la verdadera restauración del espíritu humano, largo tiempo entrabado por el estrecho sistema de la autoridad eclesiástica.

De entonces acá, y a medida que las instituciones republicanas han ganado terreno, la instrucción pública ha venido en desarrollo altamente progresivo, tomando un carácter cada vez más práctico, y encaminándose a satisfacer las necesidades sociales, políticas, económicas y literarias de los individuos y los pueblos.

Por las ligeras observaciones apuntadas, es fácil comprender que la instrucción pública, en todas las épocas históricas, no ha sido ni debido ser otra cosa que un elemento eminentemente social, caracterizado según los siglos, la religión y costumbres de los pueblos, y las formas de gobierno de los diversos países.

Nosotros que vivimos en un siglo investigador por excelencia y profundamente apegado a todo género de adelantos; que nuestro mayor conato debe ser el de mejorar nuestras costumbres bajo la suave influencia de las luces; y que, por fin, nos ha cabido en suerte el planteamiento del sistema republicano, estamos en el caso de abogar por la instrucción pública en Guatemala, ocupándonos, desde ahora, de tan importante ramo, en el sentido práctico y liberal que se ve aceptado con aplauso en muchas naciones de Europa y de América, que tienen a honra exhibir los títulos de la instrucción pública como los más bellos timbres de su progreso y cultura.

Creemos haber demostrado la necesidad imprescindible de dar a la instrucción primaria un carácter legalmente obligatorio. Mas esto no basta: se requiere también que la instrucción tenga un carácter gratuito.

José Victorino Lastarria ha consignado un principio cuya importancia debe ser indiscutible, más que para todos, para los países latinoamericanos: la primera necesidad social de un pueblo es la instrucción primaria.

En presencia del principio asentado, surge la idea de cómo ha de satisfacerse la primera necesidad social de la instrucción. ¿Se satisfará merced a la actividad, esfuerzos y recursos propios de la sociedad? ¿Se satisfará mediante la acción del Gobierno que proporcione los medios de llevar a cabo el planteamiento y difusión de la enseñanza primaria?

En el terreno de los principios, el fin de la instrucción, el fin científico debe tener su esfera propia: no debe ser un asunto de Gobierno sino un negociado exclusivo de la sociedad, al que sólo deben garantizarse por el Estado las condiciones de su independencia y progreso, las condiciones puramente jurídicas.

Pero tal solución sólo cumple aplicarla a los países que por su avanzado desarrollo moral y material tienen la copia suficiente de inteligencia, de interés cívico y de recursos pecuniarios, para dar vida propia y creciente adelanto al fin científico de la sociedad.

En tesis general puede asegurarse que los países hispanoamericanos están lejos de realizar el organismo propio de la instrucción, lo que en el presente puede considerarse como un ideal, pero ideal que en lo futuro, no lo dudamos, será una venturosa realidad para los pueblos.

El publicista Lastarria, refiriéndose a la educación, se expresa en los términos siguientes, que vienen a confirmar nuestras ideas:

"Fue un tiempo en que ella (la educación) era administrada por los ministros de la religión, sus únicos depositarios. Más tarde la

Iglesia compartió con el Estado su tarea. ¿Y no habéis visto sublevarse en Francia la gran cuestión de la libertad en la enseñanza? ¿Qué otra cosa era esa cuestión, sino la reclamación formal que la sociedad hacía de esa idea fundamental para darle una existencia en la esfera que le pertenecía, y emanciparla de las leyes a que el Estado y la Iglesia antes la sometían?

Mirad cómo se ha operado eso mismo en los Estados Unidos del Norte. Allí la educación es ya un negocio de la sociedad y no del Estado ni de la Iglesia: la educación tiene su esfera que le es propia, y en ella se mantiene, se dirige y se desarrolla. El Estado no hace más que facilitar, como facilita a las demás ideas fundamentales, las condiciones de su desarrollo.

Más tarde sucederá lo mismo entre nosotros: hoy la educación es un negocio del Estado y casi no puede existir sin la ayuda poderosa de éste. Más tarde se constituirá en su esfera propia, y entonces deberá su vida y desarrollo a la actividad social, y no a la acción del Estado, la cual quedará limitada a facilitarle las condiciones necesarias a su independencia y progreso: entonces vendrá la organización y las condiciones especiales para su sostén.

Acaba de aparecer el primer síntoma de esta nueva era en Chile, desde que las sociedades espontáneamente se han puesto al servicio de esta idea fundamental, organizando, para promoverla, reuniones populares con el nombre de Sociedades de instrucción primaria. Síntoma benéfico que el Estado no debe combatir, sino ayudar en todo sentido, pero sin desnaturalizarlo y sin tomar otra parte que la muy necesaria para impulsarlo y llevarlo hasta sus últimos resultados, sin quitarle su carácter popular".

Si en la muy sensata y desarrollada República de Chile, a pesar del partícipe activo que toma la Nación creando Sociedades de instrucción primaria, ésta aún continúa siendo un negocio que mantiene y dirige el Estado; ¿qué diremos de nosotros, qué diremos de Guatemala, que más bien que un cuerpo vivo, parece un cadáver que sólo obedece a la influencia del galvanismo?

Diremos que aquí, más que en ninguna otra parte, es indispensable que el Gobierno tome por su cuenta la instrucción primaria, le dé organización y la dote con amplitud para que sea absolutamente gratuita, requiriéndose este esencial carácter no sólo por el deber que el Estado tiene de contribuir a la formación de ciudadanos —dadas nuestras circunstancias— sino también porque ese deber viene a ser absoluto para el Gobierno, si se atiende a que gran parte de los pueblos carece de los medios de proporcionar por su cuenta la instrucción primaria a sus hijos, y otra parte de aquéllos, aun poseyendo recursos, necesita ser estimulada para que la instrucción se obtenga, presentándola ésta, no sólo como obligatoria sino también como gratuita.

¿Deberá la instrucción primaria que proporciona el Estado tener el atributo de religiosa, o ser completamente seglar?

He aquí una grave y trascendental cuestión que separa a la escuela genuinamente liberal de la escuela conservadora, doctrinaria.

Pensemos con la fe más íntima, que el Estado es una institución en un todo seglar; que lo temporal, en orden al mantenimiento y práctica del derecho, es su dominio exclusivo; que lo espiritual le es completamente extraño, aunque este elemento debe ser siempre digno de consideración y respeto.

Bajo la influencia de tales convicciones, creemos que el Estado que proporciona instrucción religiosa, no sólo sale de la órbita civil que le está demarcada por la naturaleza del fin social que representa, sino que también causa con ese procedimiento consecuencias muy adversas al orden moral, político y aun doméstico.

Por compacta que supongamos una sociedad en creencias religiosas, en los tiempos que alcanzamos no puede menos que suponerse la existencia de disentimientos más o menos esenciales en materia religiosa.

Si el Estado a la instrucción civil agrega la educación religiosa, ésta por precisión debe tener algún sistema. ¿Y con qué derecho el Estado puede imponer su credo religioso a los maestros que se encarguen de la enseñanza? ¿Y dado el caso de que éstos, renunciando al ejercicio de su libertad de conciencia, aceptasen el credo religioso del Estado, con qué derecho, en calidad de maestros, podrían imponerlo por la enseñanza a sus discípulos, cuando los muchos alumnos de una escuela, ya por la nacionalidad a que pertenecen, ya por las diversas ideas y sentimientos que les inspiran las familias de que dependen, estarán dispuestos, ora sólo a recibir la educación religiosa en el sentido católico, ora en el sentido protestante, ora en el sentido librepensador, sentidos que encierran en su seno variedad indefinida de creencias, cuyos matices implican variedad indefinida de sectas?

Preciso es concluir que el Estado que no se limita a la instrucción civil tiene que violentar la conciencia de los maestros haciéndolos enseñar tal vez lo que no creen, convirtiéndolos de esta suerte en hipócritas, en fariseos: tiene también que atacar el respetable derecho de las familias, imponiendo a sus hijos una educación religiosa que a las veces repugnan, rechazan la fe y sentimientos de aquéllas. En consecuencia, la instrucción que del Estado dependa, sólo debe mirar al hombre como ser moral y civil, sin penetrar en el sagrado de la conciencia religiosa, pues que ésta, en obsequio de la misma religión y de la libertad, sólo debe formarse, sólo debe inspirarse bajo los auspicios del sacerdocio y del hogar doméstico.

Aun los doctrinarios coinciden en parte, aunque de una manera contradictoria, con nuestro modo de pensar.

M. Guizot ha dicho: el Estado no tiene obligación de enseñar o hacer que se enseñe en su nombre la religión. Pero incompetencia no es indiferencia; si no le incumbe la religión, tampoco debe desconocer su valor moral, su importancia social: antes, al contrario, por deber lo ha de tener en cuenta, y dar campo a la religión proclamando su libertad.

No es de su incumbencia enseñar la religión, pero deber suyo es llamar a los ministros de la religión, a los depositarios de las creencias religiosas, sacerdotes, pastores o padres, para que la enseñen, no sólo en sus propias escuelas sino en las aulas públicas, fundadas y sostenidas por el Estado.

Basta leer estos párrafos de jerigonza doctrinaria, para comprender a primera vista el tejido de contradicciones y de absurdos que contienen, por cierto muy indigno del alto y reconocido talento de su autor.

¿Qué quiere decir que el Estado no tiene obligación ni derecho de enseñar y hacer que se enseñe en su nombre la religión, aseverándose en seguida que tiene el deber de llamar a los ministros de la religión para que la enseñen en las aulas fundadas y sostenidas por el Estado?

Lo que quiere decir es que M. Guizot se contradice de un modo lastimoso, sosteniendo que el Estado tiene y no tiene el deber de dar la instrucción religiosa. ¡En este sentido es como resuelve la escuela doctrinaria los problemas políticos y sociales!

Por nuestra parte, convendremos de buen grado con el autor de la Civilización Europea en que es un deber del Estado dar campo a la religión proclamando su libertad; pero, según nuestro criterio, ese campo y esa libertad sólo se obtendrán por la no intervención del Estado en la instrucción religiosa.

Medios prácticos de llevar a cabo la Instrucción Primaria. Establecimiento de una Escuela Normal. Cambio radical en el sistema y textos de enseñanza. Fondos suficientes destinados exclusiva e irrevocablemente al sostenimiento y ensanche de la instrucción primaria.

Hemos explanado los principios generales que deben presidir a la organización de la instrucción primaria, para que ésta se obtenga en las mejores condiciones de eficacia, de amplitud y de verdadera libertad. Empero, por más que se evidencie la bondad de ciertos principios, no se consigue verlos cumplidos en la realidad de los hechos, si no se apuntan y llevan a cabo los medios prácticos que hacen factible y aun necesaria la aplicación de aquéllos.

Por poca meditación que se emplee al considerar el estado que guarda entre nosotros la instrucción primaria, salta a la vista que para lograr su acertado establecimiento y su difusión completa, es indispensable satisfacer tres grandes, palmarias necesidades: necesidad de buenos maestros; necesidad de nuevo sistema y nuevos textos; necesidad de recursos competentes para atender cumplidamente al mantenimiento y progreso de la instrucción.

La necesidad de buenos maestros sólo puede satisfacerse, por de pronto, siquiera con el establecimiento de una Escuela Normal, en la capital de la República. Inoficioso sería discurrir extensamente sobre la importancia y ventajas de un Instituto de este género: la más ligera consideración acerca de lo que entre nosotros pasa, basta para patentizárnosla de un modo satisfactorio.

El arte de enseñar es una ciencia aparte, tan aparte, que un individuo puede ser un sabio, y sin embargo, ser un inepto, un incapaz para transmitir sus conocimientos por medio de la enseñanza. Si esto puede ser así, aun tratándose de individuos familiarizados con el estudio y la ciencia, ¿qué opinión formaremos de la generalidad de los maestros de nuestras escuelas, quienes, por lo común, para ocupar una plaza en el magisterio, no exhiben más título de competencia que la solicitud para ser preceptores, pretensión motivada, en innumerables casos, no por la vocación, sino por el apremio de la necesidad?

Decimos la verdad: nos expresamos con entera franqueza, y en nombre de ésta manifestamos el vivo deseo de que se ponga término a situación tan adversa a la dignidad del magisterio, y a los intereses y fines legítimos de la instrucción de los pueblos. Entre nosotros cualquiera puede ser maestro, aunque no tenga reconocidas las condiciones de organización física, de carácter moral, de vocación y de competencia, cuyo conjunto da la verdadera y provechosa aptitud para ser maestro. Pues bien; el establecimiento de una Escuela Normal enseña el fecundo arte de enseñar, y al verificarlo de una manera concienzuda, depura, como en un crisol, las condiciones físicas, morales e intelectuales que deben reunir las personas que de la Escuela Normal salen a difundir en las ciudades, en los pueblos, en las villas y las aldeas, la luz bienhechora de la instrucción que ilustra, que moraliza y ennoblece al hombre.

Muy laudable es, a la verdad, la acción que ha desplegado el Gobierno estableciendo numerosas escuelas, y aumentando las dotaciones de los preceptores que las desempeñan. Mas como éstos, sin culpa, sin responsabilidad propia, no pueden, por lo común, corresponder a los fines de una enseñanza bien inspirada y difundida con provecho, aún queda en pie la dificultad que a nuestro juicio sólo podrá resolverse con la pronta creación de una Escuela Normal de donde puedan salir maestros de reconocida competencia. Un esfuerzo más estableciendo el Instituto a que nos referimos, y quedará satisfecha una de las necesidades más imperiosas de la instrucción primaria.

Nuestros asertos sobre la importancia y excelencias de la Escuela Normal son deducidos de los principios que profesan todos los hombres de buen criterio que han tratado de la materia que nos ocupa: son deducidos también de las instituciones y prácticas de las naciones civilizadas de Europa y América, en donde hoy día no se comprende cómo puede alcanzarse la instrucción pública sin haber verificado el trabajo previo de formar Escuelas Normales consagradas a ese grande y beneficioso objeto.

Un sabio hondureño, don José Cecilio del Valle, eterna honra, eterna gloria de Centro América, ya en el primer tercio de este siglo reconoció las verdades que venimos recomendando con encarecimiento.

El sabio Valle decía en 1829: "Si hay ciencias y artes para hacer aritméticos, geómetras, etc., ¿no habrá para hacer maestros, profesores o institutores? Y si se han abierto clases para enseñar las ciencias y artes, ¿no deberán establecerse para enseñar la que da impulso y hace progresar a todas las demás?".

Este raciocinio obvio y sencillo había escapado a los siglos. La Francia, que tiene tantas glorias, ha tenido la de concebirlo, perfeccionarlo y plantearlo. Que se establezcan, dijo, el año de 1795, Escuelas Normales, y en ellas no se enseñe la ciencia sino el arte de enseñar; que los sabios más eminentes, Lagrange, Laplace, Monge, Daubenton, Haüy, etc., sean los que ofrezcan en la República un sistema de enseñanza que por los principios que lo caracterizan, y por la uniformidad lógica de su aplicación, satisfaga a los verdaderos fines de una educación primaria, prácticamente provechosa. La conciencia del magisterio no está forzada todavía: no se conoce con exactitud, entre nosotros, cuánto encierra la misión del maestro de escuela en orden al desarrollo moral y social de los individuos y los pueblos; misión que ha de cumplirse en todos los ámbitos del país cuando se reconozca, uniformemente por los encargados de la enseñanza, cierta suma de principios morales y sociales que imprime, por decirlo así, un carácter fijo y reconocido en la educación, constituyendo el fondo de su verdadero sistema.

Por falta de sistema, la escasa instrucción primaria que se ha podido obtener en la República ha sido casi de ninguna consecuencia en la vida práctica de la sociedad. En las escuelas se ha descuidado formar el corazón, formar el carácter de los jóvenes, a quienes por lo mismo no se ha preparado convenientemente para que entren en los espaciosos campos de la vida práctica con el conocimiento necesario de sus relaciones morales, sociales, políticas e industriales, y consiguientemente, con la idea salvadora de los deberes y derechos que entrañan las naturales relaciones de que acabamos de hacer mérito. En las escuelas se ha creído que con enseñar, de un modo más o menos mecánico, los rudimentos de la lectura, de la escritura y del cálculo, ya está hecho todo; cuando en realidad nada se ha hecho, si se atiende a lo que debe ser la educación primaria, la más importante de todas, para que sea fecunda en beneficiosos resultados, de permanente y decisiva influencia en la suerte de los hombres.

El maestro de escuela ha de formar su conciencia de preceptor abrigando y fortificando más y más el íntimo convencimiento de que la instrucción que debe suministrar ha de ser sistemada por principios morales y sociales, y en consonancia con éstos, por trabajos concretos, prácticos, encaminados a procurar y obtener la perfección del individuo, considerando las múltiples y diversas relaciones en que ha de verse en el curso de su vida. Por rudimentaria que quiera suponerse la educación primaria, el maestro debe aprovecharse de las primeras impresiones del niño para fijar su inteligencia, siquiera sea muy elementalmente, pero siempre de una manera muy correcta y práctica, en los fines que tiene que cumplir como ser moral, como miembro de una familia, como individuo de una asociación política, como parte, en fin, del gran todo que constituye la humanidad. Así, y sólo así, la gran mayoría de los individuos, que por lo común no recibe otra enseñanza que la de la escuela primaria, saldrá dispuesta para reconocer en todo caso su dignidad personal, saldrá dispuesta para cumplir, bajo la inspiración de una conciencia recta, sus deberes morales, sociales, políticos y domésticos, y ejercer consiguientemente sus respectivos derechos.

Tal es el sistema eminentemente social, eminentemente moral que nosotros deseáramos ver presidiendo a la educación primaria. No dar a ésta una índole, una marcada tendencia social, es trabajar inútilmente en aislar, desde temprano, al individuo, del conocimiento de las relaciones necesarias que le corresponden en la vida, y si se quiere, incapacitarlo, desde el principio, no dándole habilidad para que sepa corresponder a esas mismas relaciones que implican el deber y el derecho, términos fundamentales en los que viene a resolverse la existencia moral del hombre y de la sociedad.

Varios publicistas sudamericanos se han ocupado ya del nuevo giro que debe tener la instrucción primaria en el sentido que queda expuesto; y a la difusión de sus ideas, y a los trabajos más o menos perseverantes de pueblos y gobiernos, se debe la regeneración social que hoy se nota, con general aplauso, particularmente en Colombia, Chile y Confederación Argentina. En estos países el espíritu de la colonia está casi para exhalar su último aliento, y es porque la educación ha tomado un carácter social, acorde con las modernas ideas, con las modernas instituciones.

A propósito del cambio que debe aparecer en la materia que nos ocupa, el publicista Lastarria emitió los siguientes juicios, cuya relación con nuestro escrito, nos hace reproducirlos:

"La instrucción primaria no es completa, no es social, si no comprende la educación moral del individuo, aunque no sea más que en sus elementos, habilitándole para adquirirla mejor y en mayor escala en el mundo, para dirigir a los suyos en el camino de la vida. De esto depende casi el porvenir del hombre y de la sociedad, porque, como decía aquella alma del Purgatorio al Dante, es preciso confesar que la mala dirección ha perdido al mundo, y no la corrupción de nuestras costumbres."

"Non Natura che invio sia corrutla".

No basta saber leer y escribir. En Prusia todo el mundo sabe, y lo que es más admirable, en el Paraguay también; y sin embargo, ya veis cuán lejos están esos pueblos de la verdad y de la justicia. ¡Tan cierto es que la sociedad puede ser ignorante y esclava del despotismo, aunque sepa leer y escribir!

Consecuencia lógica de lo que dejamos establecido refiriéndonos al sistema moral y social que, a nuestro juicio, debe introducirse en la enseñanza, es el cambio radical de los libros de texto que los maestros ponen en manos de la juventud, cuya lectura, cuyo conocimiento, sirven, por decirlo así, de punto de partida en cualquier género de instrucción que se trate de obtener.

Los libros de texto, y más los puramente elementales, por lo mismo que contribuyen de una manera principal y eficaz a formar las primeras ideas del hombre, son los que deben estar en mayor armonía con los principios y tendencias morales y sociales que constituyen el sistema fundamental de la enseñanza.

En la sucesión indefinida de los tiempos, cada época tiene su pensamiento científico, su pensamiento religioso, su pensamiento moral y social, y esas ideas trascendentales que dan la razón de ser a los períodos históricos y a las leyes que determinan el curso de la humanidad, vienen a manifestarse, más o menos tarde, en la educación de los pueblos que en la práctica refleja la conciencia de cada época.

Cuando las diversas actividades sociales, como por desgracia sucede entre nosotros, aún no tienen el desarrollo suficiente para estar emancipadas del Estado, entonces aparece la necesidad ineludible de que el mismo Estado, entre sus fines, tenga una misión educadora: pero misión que si se comprende y se cumple, ha de comprenderse y cumplirse, no haciendo retroceder las sociedades al pasado, para reducirlas a la inmovilidad y al atraso, sino haciéndolas avanzar, inspirándolas en las ideas de la época, y dándoles los móviles, los impulsos que las conduzcan progresivamente a un mejor porvenir.

Admitidas las ideas expuestas, y ya que hemos reconocido que, por las especiales circunstancias de Guatemala, el Estado debe encargarse de la instrucción pública, también debemos reconocer el perfecto derecho que asiste al Gobierno para regular las escuelas que paga y, en consecuencia, hacer que se cambien los textos adoptados hasta ahora para la instrucción de la juventud.

La innovación que apuntamos no es una innovación baladí, señalada por caprichoso influjo de innovar. El cambio radical de textos, en la primera, como en la segunda y tercera enseñanza, es una necesidad política, una necesidad social, diríamos que es una exigencia de la ciencia y del siglo.

No debemos olvidar que vivimos en la época moderna y en un país destinado a organizarse republicanamente y que tales condiciones reclaman fundar la ciencia en el libre examen que todo lo analiza, los sistemas de gobierno en el derecho, la religión y la moral en las ideas fundamentales de la conciencia y de Dios, y la vida práctica en el trabajo perseverante del hombre, encaminado a perfeccionar sus facultades, a vencer las resistencias que le opone la naturaleza, para dominarla, y hacerla servir, con sus fuerzas, con sus producciones, en beneficio de cada individuo y de la gran comunidad social que constituye la nación.

Mas las ideas que a la juventud inspira la mayor parte de los escasos e inadecuados textos adoptados entre nosotros, desde fecha remota, no satisfacen los legítimos fines que hemos indicado como únicos dignos de una educación verdaderamente moral, genuinamente republicana.

Aparte de las dificultades que ofrecen los viejos textos, por hacer la enseñanza embarazosa, embrollada y tardía, resalta en casi todos ellos, según su índole particular, ya el espíritu de superstición, en vez del espíritu moral; ya el principio de autoridad, en vez del principio de derecho y de libertad; ya el criterio teórico, contemplativo, para juzgar la vida, en vez del criterio práctico, de acción que hace de la existente no una teoría, sino un hecho constante en relaciones activas con la sociedad, con el universo entero. Y no podía ser de otra suerte. La mayoría de los viejos textos prohijados por los países jóvenes de América, nos fue importada de la metrópoli, de España, nación autoritaria que en todo ha dejado reflejarse el espíritu del fanatismo, del privilegio y de las restricciones.

Hora es de reaccionar activamente contra las viejas ideas y los innumerables vicios del pasado; como la educación bien inspirada es el principal elemento de que puede servirse el Estado para sacar la sociedad de la indolencia y del atraso y encaminarla a prósperos destinos, pensamos que el Estado daría un gran paso haciendo que por una cuerda designación se cambien los textos de enseñanza, de un modo radical, desde la simple cartilla de lectura y el catecismo de las escuelas de primeras letras, hasta los textos de las asignaturas más científicas de la República. Otros países, otros gobiernos, en mucha parte, han llevado a cabo tan hermoso y noble objeto. Los nombres ilustres de Sarmiento, de Lastarria y de Bello están indisolublemente unidos al nombre de la empresa regeneradora que tiende, en América, a obtener la educación republicana, innovando para este fin los textos de enseñanza.

1874.

DERECHO PÚBLICO

Artículo 22.- Ni los hondureños ni los extranjeros podrán, en ningún caso, reclamar al Estado indemnización alguna, por daños o perjuicios que a sus personas o bienes causaren las facciones.

Artículo 30.- Son hondureños por nacimiento:
1º. Todas las personas que hayan nacido o nacieren en el territorio de la República. La nacionalidad de los hijos de extranjeros nacidos en territorio hondureño, y la de los hijos de hondureños nacidos en territorio extranjero, será determinada por los tratados. Cuando no haya tratados, los hijos nacidos en Honduras, de padres extranjeros domiciliados en el país, son hondureños. (Constitución Política de la República de Honduras).

LA NUEVA Constitución Política de Honduras ha sido remitida oficialmente por la Secretaría de Relaciones Exteriores a los Secretarios de Estado y agentes diplomáticos de todas las naciones con quienes la República está relacionada.

Los representantes del imperio alemán, de la República Francesa, de la Gran Bretaña y España han objetado los artículos 22 y 30 de la Ley Fundamental, manifestando, en el fondo, que apoyarán las reclamaciones de sus connacionales motivados por daños y perjuicios causadas por las facciones (artículo 22, y que disienten la declaratoria constitucional (artículo 30), que establece que en falta de tratados se considerarán como hondureños los hijos nacidos en Honduras de padres extranjeros domiciliados en el país.

Causa extrañeza que se ponga en duda la justicia con que la Asamblea Constituyente de 1880 ha hecho las mencionadas declaraciones en los artículos 22 y 30 de la Ley Fundamental.

Que el Estado no es responsable de los daños y perjuicios que las facciones causan a los extranjeros, es una verdad no sólo admitida sin contradicción por todos los maestros de la ciencia del Derecho de

Gentes, sino también sancionada en la práctica por la jurisprudencia internacional.

Hacer responsable a un Estado de los daños y perjuicios causados por las facciones a los extranjeros, sería, según el voto unánime de los publicistas, crear dos privilegios injustificables: el uno, en el interior del Estado, a favor de los extranjeros que serían de mejor condición que los naturales; el otro, en el exterior, a favor de los Estados poderosos y contra los débiles. Estos no pueden hacer valer sus reclamaciones que, por lo común, son desatendidas por los gobiernos fuertes, al paso que tienen que dar satisfacción a los reclamos de Estados poderosos. Declarar, pues, tal responsabilidad es privilegiar al fuerte, y crear en el interior de los Estados una desigualdad monstruosa en detrimento de los naturales y en provecho de los extranjeros.

El Morning Post, órgano autorizado de la prensa inglesa, con motivo de la intervención europea en México, ha dicho en su número correspondiente al 7 de noviembre de 1862:

"Cuando un Gobierno cuya autoridad no está completamente asegurada en el interior, se muestra sin embargo propicio a hacer todo lo que pueda para proteger la vida y los bienes de los súbditos ingleses, sería demasiado rigor de nuestra parte exigir a favor de ellos una seguridad que es realmente muy difícil de obtener".

El London News, órgano no menos autorizado, dice en su número correspondiente al 15 de febrero del mismo año:

"Los hombres que marchan a otras tierras animados por el espíritu mercantil, deben ir dispuestos a sufrir juntamente con los naturales del país los peligros a que todos están expuestos por los desórdenes y perturbaciones políticas".

Las doctrinas enunciadas han sido reconocidas en la práctica. En 1849 el Gabinete de Londres hizo reclamaciones por daños y perjuicios que algunos súbditos ingleses sufrieron en el reino de Nápoles, y en el gran ducado de Toscana a consecuencia de trastornos políticos. Con este motivo el Gobierno de Austria protestó contra la conducta de Inglaterra. El príncipe Schwarzenberg, en nota de 14 de abril de 1850, decía sobre el punto en cuestión estas notables palabras:

"Por muy dispuestos que estén los pueblos civilizados de Europa a ensanchar los límites del derecho de hospitalidad, jamás lo harán hasta el punto de conceder a los extranjeros privilegios que las leyes del país no aseguran a los nacionales".

El Gobierno de Toscana, en el propósito de obtener un arreglo amistoso, trató de someter la cuestión al arbitramento de una tercera potencia, acudiendo para este fin al Gabinete de San Petersburgo. Mas el Gobierno ruso, en nota de 2 de mayo de 1850, dirigida a su Embajador en Inglaterra, declaró que la cuestión entre Inglaterra, Toscana y Nápoles, era tan evidente en favor de estos últimos Estados que no daba mérito a la aceptación de arbitramento, lo cual supondría cierta justicia en el fondo de las reclamaciones. A este respecto decía el ministro ruso, conde de Nesselrode:

"Según las reglas del Derecho Internacional, tales como las entiende la política rusa, no se puede admitir que un soberano forzado por la rebelión de sus súbditos a recuperar una ciudad ocupada por los rebeldes, esté obligado a indemnizar a los extranjeros que hayan sufrido por tal causa daños y perjuicios".

El ministro ruso agregaba:

"Que de no reconocerse este principio por Inglaterra, la presencia de los súbditos ingleses en una nación llegaría a ser hasta un azote, y podría servir de instrumento a los revolucionarios de todos los países para ocasionar embarazos al respectivo Estado de cada uno"

Las notas comunicadas al Gobierno de Su Majestad Británica en el sentido expuesto por los embajadores de Austria y Rusia, hicieron a la Inglaterra reconocer la justicia, y cejar en sus pretensiones.

En el año de 1851 se aplicó por el Gobierno de los Estados Unidos norteamericanos el mismo principio que hicieron prevalecer Austria y Rusia. Hubo en New Orleans un motín contra los españoles: el pueblo hirió a algunos, destruyó varias de sus propiedades, insultó la bandera de España, ultrajó al cónsul y allanó el consulado. El Gobierno español reclamó indemnizaciones para los perjudicados; pero Mr. Webster, Ministro de Relaciones de los Estados Unidos, contestó: "Que eran improcedentes los reclamos, porque los extranjeros que se establecían en el territorio de la República, para ocuparse en sus negocios, se sometían ipso facto a las mismas leyes y tribunales que sus ciudadanos, y que el Gobierno no podía ser responsable de las consecuencias de un motín". España se dio por satisfecha con esta solución; y únicamente se indemnizó al cónsul, por considerarlo Mr. Webster como funcionario que se hallaba bajo la protección especial de los Estados Unidos.

La misma jurisprudencia internacional se ha aplicado en numerosos casos ocurridos con motivo de la Revolución Francesa de 1789, de la insurrección polaca, y de la guerra civil sostenida por los Estados Unidos norteamericanos. Los extranjeros sufrieron gravísimos daños y perjuicios, y no obstante, ningún Estado exigió la responsabilidad a los respectivos gobiernos.

Es de notarse, además, que en la mayor parte de los Tratados con las naciones de Europa, y aún en las Constituciones de la América Española, se establece el principio de igualdad de derechos entre los extranjeros y los nacionales. Esta igualdad rechaza en términos implícitos el privilegio que se pretende en favor de los extranjeros respecto al pago de indemnizaciones.

He presentado los antecedentes que la ciencia y la práctica ofrecen en punto a indemnizaciones de extranjeros, para poner de manifiesto toda la justicia que asiste al Gobierno de Honduras para sostener en su integridad el artículo 22 de la Constitución, y para contestar a los agentes diplomáticos que lo objeten, manifestándoles que el Gobierno en ningún caso se apartará de lo prescripto por la Constitución.

El punto cuestionado es de grande importancia sostenerlo en el estricto sentido de nuestro derecho. El grave interés de sus consecuencias no sólo atañe a Honduras, sino también a la generalidad de las repúblicas latinoamericanas. En la América Española hay más poderosos motivos que en Europa y en los Estados Unidos para cerrar para siempre las puertas a injustas exigencias sobre indemnizaciones por daños y perjuicios, causados a los extranjeros por las facciones. Las repúblicas latinoamericanas tienen que ser pobladas por inmigrantes europeos. Además, las repúblicas latinoamericanas, en lo general, aún no son países definitivamente constituidos. Tan desacertado como injusto es exigirles el orden y la regularidad que se observan en naciones seculares. Los pueblos jóvenes de América tienen, no por mala índole sino por el influjo de leyes naturales y históricas, que estar sujetos, por mucho tiempo, para constituirse, a constantes y a veces bruscas y violentas evoluciones. Consecuencia lógica y natural de éstas son los daños y perjuicios que experimentan tanto los naturales como los extranjeros. Declarar el derecho de éstos a ser indemnizados, no sólo es crear en su favor un privilegio odioso, es también desconocer la posición y circunstancias de los países latinoamericanos que no pueden distraer su atención y sus recursos para satisfacer sus extrañas exigencias, cuando esa atención y esos recursos los necesitan urgentemente para emplearlos en consolidar su estado social, y llegar a obtener el arraigo definitivo de las instituciones republicanas que cada día se robustecen más y más, y bajo cuyos auspicios se cerrará para la América Latina la era dolorosa, pero excusable, de las facciones, de las revueltas políticas, que el extranjero, por desgracia, no juzga siempre con el criterio del buen sentido y de la imparcialidad.

El principio de que los hijos de extranjeros domiciliados son naturales del país en que nacen, no es una novedad introducida por nuestra Constitución. Ese principio lo encuentro establecido en la antigua legislación española. Las leyes de las Partidas y del Ordenamiento Real consideran como españoles a los hijos de extranjeros nacidos en España. Después, la ley 7.ª, título 14, libro 19, de la Novísima Recopilación, adoptando la restricción de un dilatado domicilio, declaró: que son nacionales o españoles los hijos de los extranjeros domiciliados en España por espacio de diez años. Y en América, una de las constituciones que se ha dado a Colombia, declara: que son colombianos los hombres nacidos libres en el territorio de la República, de padre extranjero que no se hallare en ella al servicio de otra nación o gobierno. La misma declaración hace, en términos generales, la Constitución de Chile, decretada en 1833.

Cierto es que muchos publicistas al hecho del nacimiento agregan el de la procedencia para fijar la nacionalidad de un individuo, aseverando que cuando esos dos hechos están en oposición, queda el derecho de optar a la mayor edad por la nacionalidad del nacimiento o de la procedencia, conservando el individuo en la minoría la nacionalidad paterna.

Pero los publicistas que así opinan, fundan esa doctrina en las exigencias de los principios del Derecho Civil y en la conveniencia interior de las familias. Mas esta razón, en mi sentir, nace de la antigua idea de que los extranjeros tenían distintos derechos civiles de los correspondientes a los naturales del país, derechos por lo común opuestos. Bajo este concepto es claro que los principios del Derecho

Civil y el buen orden de las familias exigen que no haya conflictos entre padres e hijos, que son consiguientes cuando hay oposición en sus derechos civiles. Pero como las legislaciones modernas han progresado, particularmente en América, teniendo un carácter más expansivo, más humano, más civilizado; como las legislaciones modernas, en su mayor parte igualan a los extranjeros a los naturales para el efecto de tener idénticos derechos civiles; como este principio ha sido plenamente declarado por el artículo 13 de la Constitución de la República, no hallé fundamento alguno para que las exigencias del Derecho Civil y el orden e intereses de las familias reclamen la adopción de la doctrina que requiere la procedencia unida al nacimiento para fijar la nacionalidad de un individuo. Aquí, teniendo todos los extranjeros los mismos derechos civiles que los naturales, no puede haber conflictos entre padres e hijos en el ejercicio de sus respectivos derechos.

Aparte de estas consideraciones ocurren otras muchas de un orden superior. En buena hora que los gobiernos de los diversos Estados aseguren con todas las restricciones posibles la nacionalidad de sus individuos que pasan a un país extranjero, llegando, si se quiere como Inglaterra, a declarar la nacionalidad como un vínculo indisoluble entre el nacional y el Estado. En buena hora que se hagan tales declaraciones, porque a lo menos están dentro de la órbita del derecho positivo, porque se refiere a individuos que han nacido en el Estado que legisla, que han recibido la protección y beneficios de sus leyes, que han vivido y se han formado en la tierra que les vio nacer, y que pasan a otro país, en su condición de extranjeros, y bajo los auspicios de las leyes del Estado de su procedencia. Pero tales consideraciones no pueden aplicarse, sino es en sentido inverso, a individuos hijos de padres domiciliados en país extranjero, y nacidos en el estado del domicilio de sus progenitores. Sobre tales individuos no puede recaer la legislación de un país extranjero, al que nada deben, al que no han estado nunca ligados personalmente. Por el contrario, esos individuos han recibido la vida en el lugar donde sus padres están domiciliados, donde hacen sus negocios, y tienen establecida su familia, donde reciben toda la protección y beneficios de las leyes del Estado que tiene derecho para considerar como nacionales a todos aquellos que desde el primer instante de la vida garantiza y protege. El instituto natural, que nunca se falsea, coincide con este modo de razonar; todo hombre instintivamente, se considera como individuo del lugar donde nace. Las instituciones de los hombres nunca serán bastante poderosas para enmendar la plana a la naturaleza.

Hay más: existe sobre todas las consideraciones expuestas una consideración capitalísima para sostener el principio proclamado en nuestra Constitución Política. En Honduras y en general en la América Latina, la prosperidad nacional depende, en mucha parte, de la inmigración extranjera. Pero si la inmigración, como empieza a suceder en algunos Estados, afluye considerablemente, se establece y prospera, y se declara que los hijos de los inmigrantes domiciliados en la América Española, son extranjeros, la nacionalidad extranjera se transmitirá de padres a hijos, de abuelos a nietos, de bisabuelos a bisnietos; y en un porvenir, no lejano, tendremos el resultado de que los países despoblados de la América Española, tendrán una inmensa mayoría de individuos sujetos a un estatuto extranjero, inmensa mayoría que acabaría por borrar el sello de la primitiva nacionalidad. Las naciones latinoamericanas deben abrir de par en par las puertas al extranjero. El elemento extranjero les asegura, en gran parte, su prosperidad y futura grandeza; pero a esos grandes intereses los Estados latinoamericanos no deben sacrificar la dignidad de su autonomía y su poder: deben tener siquiera una reserva: la de que no se pierda el sello de la nacionalidad primitiva, el que indudablemente se perdería admitiendo, de generación en generación, la transmisión de la nacionalidad extranjera, siempre privilegiada, y por lo mismo, siempre extraña a las ideas y peculiares intereses de los Estados Unidos Americanos.

1880.

LITERATURA OFICIAL

DECRETOS Y ACUERDOS

Decreto de Inauguración del Gobierno Provisional del Doctor Marco Aurelio Soto

MARCO AURELIO SOTO,
proclamado por los pueblos de Honduras Presidente Provisional de la República, y llamado al ejercicio del Gobierno Supremo por Decreto de 21 del corriente.

CONSIDERANDO: que los pueblos de Honduras, en actas y representaciones me han proclamado Presidente Provisional de la República.

CONSIDERANDO: que el ex-Gobernante provisional, General Don José María Medina, se ha adherido al voto espontáneo de los pueblos, llamándome al ejercicio del Poder Ejecutivo en su Manifiesto de 18 del corriente y en Decreto de 21 del mismo mes; y

CONSIDERANDO: que los más vitales intereses de los hondureños hacen necesario el establecimiento de un nuevo Gobierno que asegure, con firmeza, la paz de la República, y promueva su bienestar y progreso;

POR TANTO,
DECRETA:

Artículo 1. — Acepto el poder que me confiere la voluntad de mis conciudadanos, y en consecuencia asumo, desde hoy, el Gobierno provisional de la República.

Artículo 2. — Organizo el Gobierno provisional nombrando Secretario General del Despacho al Señor Licenciado Don Ramón Rosa, hondureño de reconocida ilustración y patriotismo.

Artículo 3. — El Gobierno ejercerá las facultades discrecionales que sean necesarias para mantener el orden público.

Artículo 4. — Oportunamente el Gobierno convocará a los pueblos para que elijan la persona que, de un modo definitivo y constitucional, deba encargarse de la Presidencia de la República.

Artículo 5. — El Gobierno llama a los hondureños que, por motivos políticos, permanezcan en la actualidad fuera de su patria, y les ofrece seguridad y protección.

Dado en el puerto de Amapala, a veintisiete de agosto de mil ochocientos setenta y seis.

MARCO A. SOTO

El Secretario General,
Ramón Rosa

LOS CÓDIGOS DE LA REPÚBLICA

Secretaría General del Gobierno Provisional.–La Paz, abril 26 de 1877.

CONSIDERANDO: que la legislación vigente en el país, en su mayor parte compuesta de las antiguas leyes españolas, es incompatible con las instituciones fundamentales que en lo político se ha dado la República.

CONSIDERANDO: que la enunciada legislación no sólo es contraria a la índole del sistema republicano, sino que, muy particularmente, opone graves y trascendentales obstáculos al desarrollo de los intereses económicos del país, que deben ser objeto de la atención preferente del Gobierno; y

CONSIDERANDO: que es de reconocida conveniencia, y si se quiere, hasta de decoro nacional, sustituir la incoherente, arbitraria y antieconómica legislación que hoy rige con leyes acordes con las necesidades e intereses peculiares del país, basadas en los principios de la ciencia moderna, y codificadas de una manera clara y metódica;

POR TANTO,
el Presidente Provisional
ACUERDA:

Que la Secretaría General quede desde luego autorizada para tomar las providencias conducentes a obtener los Códigos más notables en materia Civil, Penal, de Enjuiciamiento Civil y Criminal, de Minería y de Comercio; y que tan pronto como se obtengan los escritos y Códigos de que se ha hecho mérito, los que servirán de base a la redacción de los Códigos patrios, se nombren las comisiones de jurisconsultos que fueren necesarias, con el objeto de que se encarguen de redactar, en el menor tiempo posible, los Códigos de la República.

COMUNÍQUESE Y REGÍSTRESE.
Rubricado por el Señor Presidente.
ROSA

DECRETO PARA FOMENTAR LA AGRICULTURA

MARCO AURELIO SOTO, Presidente Provisional de la República de Honduras.

CONSIDERANDO: que la riqueza del país puede tener fácil y considerable aumento con el desarrollo de la agricultura, único ramo de industria que, por ahora, está llamado a asegurar la prosperidad de la República.

CONSIDERANDO: que el comercio, mientras carezca de productos agrícolas destinados a la exportación, permanecerá estacionario, y las más veces, en estado de verdadera decadencia, en atención a que se sostiene de una manera artificial proporcionando el consumo improductivo de mercaderías extranjeras, sin tener en compensación los consumos reproductivos que puede y debe dar la industria agrícola.

CONSIDERANDO: que el país abunda en terrenos propios para el cultivo del café, de la caña de azúcar, del jiquilite y del cacao, artículos que tienen mucha estimación y demanda en los mercados extranjeros, y cuya producción es fácil y económica debido a las concesiones de terrenos que el Gobierno puede hacer a los particulares, y a la baratura del trabajo de los jornaleros, circunstancias que no implican para los agricultores la necesidad de invertir en sus empresas grandes cantidades.

CONSIDERANDO: que los pueblos, por falta de empresas agrícolas, no encuentran una ocupación constante y productiva que los apegue a los hábitos de orden, de trabajo y de ahorro, agentes de moralidad práctica y de verdadera civilización; y

CONSIDERANDO: que el Gobierno, en justo aprecio a tan vitales y manifiestos intereses, debe dictar con liberalidad todas las medidas que conduzcan al positivo fomento de la agricultura;

POR TANTO,
DECRETA:

Artículo 1.° – Los empresarios de industria que se propongan formar fincas de café, caña de azúcar, jiquilite o cacao, en terrenos de propiedad nacional, los solicitarán del Gobierno en extensión proporcionada a la importancia de sus empresas, y el Gobierno les dará en propiedad dichos terrenos, expidiéndoles gratis sus correspondientes títulos.

Artículo 2.° – Cuando los terrenos en que los empresarios de industria se propongan cultivar cualquiera de los artículos indicados fueren de propiedad comunal o ejidos de los pueblos, y estuvieren incultos o sólo sirvieren para siembras temporales, en este caso, las municipalidades tendrán la precisa obligación de vender por su justo precio los referidos terrenos a los agricultores, o de dárselos a censo, si es que no optaren por verificar la venta.

Artículo 3.° – Los particulares que hubieren obtenido en propiedad terrenos nacionales o a censo tierras comunales o de ejidos, y que en el término de un año no emprendieren sus trabajos agrícolas, o en cualquier tiempo hicieren de ellos completo abandono, perderán sus derechos adquiridos, recobrando respectivamente el Gobierno y las municipalidades los terrenos dados en propiedad o a censo.

Artículo 4.° – Para los efectos de esta ley, deben considerarse como agricultores los individuos que, en un solo cuerpo de terreno, o sca una extensión continua formalmente cercada o zanjada, cultiven por lo menos cinco manzanas de café, diez de caña de azúcar, ocho de jiquilite o igual número de cacao. La extensión de cada manzana será de diez mil varas cuadradas.

Artículo 5.° – Los Gobernadores Políticos, en sus respectivos departamentos, formarán registros en que inscriban a todos los individuos que, según las prescripciones de esta ley, deban considerarse como agricultores; y cada seis meses remitirán al Gobierno, por el órgano del Ministerio de Fomento, un estado que exprese el número y condiciones especiales de los agricultores inscritos, la cantidad de terrenos que cultivan, y las clases y calidades de sus siembras o plantaciones.

Artículo 6.° – Sólo a los agricultores inscritos les corresponderán las ventajas y exenciones que en favor de la agricultura establece esta ley.

Art. 7.° – Los agricultores estarán exentos del servicio militar y de los cargos concejiles.

Art. 8.° – Estarán libres de pagar derechos de introducción y de depósito por las herramientas, maquinarias y materiales para construcción de casas de campo que importen para sus fincas por los diferentes puertos de la República. Se concede igual exención de pago de derechos de introducción y de depósito por toda clase de abonos, de semillas y vástagos que introduzcan con el objeto especial de emplearlos por sí en el cultivo de sus fincas.

Art. 9.° – Los agricultores en sus fincas estarán exentos de pagar el derecho de destazo de las reses que beneficien para proporcionar la manutención de los trabajadores, y obtener por este medio una economía en el pago de jornales.

Art. 10. – Los Gobernadores Políticos darán órdenes e instrucciones a los Gobernadores de círculo, a las Municipalidades y a las comisiones que tengan por conveniente nombrar, para que, en cada pueblo, formen un conocimiento completo de los individuos aptos para el servicio de jornaleros; y en vista de dicho conocimiento, los Gobernadores Políticos y de círculo, las Municipalidades y Alcaldes auxiliares proporcionarán eficazmente a los agricultores el número de jornaleros que necesiten para el sostenimiento de los trabajos de sus fincas.

Art. 11. – Los trabajadores que sean colonos de una finca, o jornaleros de permanencia diaria y constante en ella, podrán ser exceptuados por el Gobierno del servicio militar ordinario y de las cargas concejiles, entendiéndose que dicha exención se hará del número de colonos y jornaleros permanentes que sea necesario para el mantenimiento de los trabajos de una finca.

Art. 12. – Los agricultores pedirán a las autoridades locales, y éstas deberán extender las matrículas en que conste ser colonos o trabajadores permanentes de las fincas los individuos que tengan esa cualidad; pues el requisito de la matrícula es indispensable para que dichos trabajadores tengan un comprobante, en virtud del cual, el Gobierno pueda acordarles las exenciones de que trata el artículo anterior.

Art. 13. – Es deber especial de los Gobernadores Políticos, de los Gobernadores de círculo, de los Jueces de Paz, Alcaldes municipales y auxiliares atender a que los trabajadores sean pagados puntualmente y, a la vez, obligar a éstos a que trabajen por todo el tiempo estipulado, al precio justo y corriente establecido, y a que descuenten, con exactitud, las cantidades que como adelantos o habilitaciones hubieren recibido de los agricultores a cuenta de trabajo.

Art. 14. – Los Gobernadores Políticos darán órdenes e instrucciones a las Municipalidades para que, con fondos municipales, con los auxilios que proporcione la Gobernación Departamental, y con los que reciban directamente del Gobierno, hagan en los terrenos que sean propios para el cultivo del café y del cacao, almácigos suficientes, que se distribuirán entre los vecinos pobres que posean terrenos, a efecto de que formen individualmente, o en asociaciones, fincas capaces de darles un patrimonio.

Art. 15. – El café, el azúcar o mascabado, el añil y el cacao estarán completamente libres de todo impuesto relativo a su exportación.

Art. 16. – El Gobierno toma la industria agrícola bajo su especial protección, y los agricultores podrán dirigirle las solicitudes que les ocurran, en casos particulares no previstos por esta ley, en la confianza de que serán resueltas con la mayor liberalidad, acordándoles el Gobierno todos los beneficios que sean compatibles con la justicia y con los límites de sus atribuciones administrativas.

Art. 17. – Al individuo o sociedad que en el país, con fondos propios o con capitales extranjeros, funde un Banco Agrícola, se acordarán los mayores privilegios conducentes a favorecer y ensanchar el establecimiento de tan importante institución.

Art. 18. – Las garantías y ventajas que proporciona esta ley, en beneficio de la industria agrícola, son comunes a nacionales y extranjeros.

Art. 19. – Reglamentos especiales desarrollarán los artículos de esta ley de fomento que requieran disposiciones reglamentarias, para que su práctica sea completamente expedita.

Art. 20. – La presente ley surtirá sus efectos durante nueve años, término prorrogable si el Gobierno lo estimare conveniente.

Art. 21. – Quedan derogadas todas las leyes de fomento de la agricultura y las demás disposiciones legislativas y administrativas, en la parte que se opongan a lo prescrito en este Decreto.

Dado en la ciudad de La Paz, a los 29 días del mes de abril de 1877.

MARCO A. SOTO. – El Secretario General, Ramón Rosa. – Por disposición del Señor Presidente Provisional, imprímase y publíquese. – Rosa.

LA LECTURA DEL ACTA DE INDEPENDENCIA EN 1823

Secretaría General del Gobierno Constitucional. – Tegucigalpa, septiembre 7 de 1877.

CONSIDERANDO: Que el Acta de Independencia formulada por la Asamblea Nacional Constituyente, en 19 de julio de 1823, es el documento en que se expresan con toda fidelidad y extensión los sentimientos de independencia y las ideas y aspiraciones del Pueblo Centroamericano, gloriosamente representado por aquella Asamblea memorable;

POR TANTO,
el Presidente
ACUERDA:

Que en lo sucesivo, en cada aniversario de la Independencia Nacional, se dé pública lectura, por quienes corresponda, y en todas las poblaciones, al Acta de Independencia de 1.° de julio de 1823, para cuyo efecto la Secretaría General ordenará se haga, por cuenta del Gobierno, una nueva edición de la mencionada Acta, previniendo además se distribuya entre todas las Autoridades Municipales de la República.

COMUNÍQUESE Y REGÍSTRESE.
Rubricado por el Señor Presidente.

LA SECULARIZACIÓN DE LOS CEMENTERIOS

SECRETARÍA GENERAL DEL GOBIERNO CONSTITUCIONAL

Tegucigalpa, enero 14 de 1879.

CONSIDERANDO: que el Cementerio de esta ciudad fue construido a esfuerzos y con recursos del Municipio y vecindario de Tegucigalpa, lo que implica (aparte de otras razones de interés público), por derecho a los gastos invertidos en la obra, una administración e inspección municipal respecto a la conservación, mejoramiento del Cementerio y derechos consiguientes a los enterramientos:

CONSIDERANDO: que, no obstante lo expuesto, por circunstancias que no es del caso enunciar, la autoridad civil dejó de ejercer las naturales facultades referentes al sostenimiento e inspección del Cementerio:

CONSIDERANDO: que tal dejación de derechos ha dado por consccuencia quc cl Cementerio de esta ciudad, que ha permanecido por largo tiempo, y permanece en el más completo abandono, sea un foco perenne de infección, que ha llegado hasta el punto de cambiar, de la manera más adversa, las condiciones climatéricas de Tegucigalpa, y de destruir, en su mayor parte, debido a enfermedades gravísimas y mortales, el populoso "Barrio Abajo", que recibe inmediatamente la perniciosa influencia del Cementerio:

CONSIDERANDO: que en éste no se observan ni aun las reglas más elementales de higiene pública, con relación a las inhumaciones y exhumaciones, ni mucho menos con respecto a las condiciones, siquiera de decencia, que deben tenerse en cuenta hasta por respeto a los sentimientos de humanidad; y

CONSIDERANDO: que el estado actual, tan deplorable, del Cementerio, que ataca directamente la salubridad pública y que contraría la cultura, y aun el decoro de esta población, reclaman medidas eficaces que pongan término a los grandes males que se experimentan, y que promuevan y aseguren el establecimiento de un nuevo Cementerio construido e inspeccionado conforme a las prescripciones de la higiene pública y a las leyes de la regularidad y decencia que observa todo país medianamente civilizado, fines de alta importancia que la experiencia ha probado que sólo sabe cumplir la autoridad civil;

POR TANTO, EL PRESIDENTE

ACUERDA:

Que desde esta fecha la construcción, conservación e inspección de los Cementerios de esta ciudad, queden a cargo exclusivo de la autoridad municipal: que, en consecuencia, la parte administrativa y económica de los Cementerios corresponda, en todo, a la misma autoridad: que esta disposición sea extensiva, sin excepción alguna, a todas las poblaciones de la República, las que no reconocerán, en lo relativo a Cementerios, más disposiciones que las de la autoridad civil; y que la Municipalidad de Tegucigalpa, proceda desde luego, a tomar las providencias convenientes para construir, en el menor tiempo posible, y bajo las mejores condiciones higiénicas, un nuevo

Cementerio, para cuya obra el Gobierno coadyuvará con las medidas y recursos que debidamente se soliciten.

COMUNÍQUESE Y REGÍSTRESE.
Rubricado por el Señor Presidente.
ROSA.

DECRETO SOBRE ABOLICIÓN DE LOS DIEZMOS

MARCO AURELIO SOTO
PRESIDENTE CONSTITUCIONAL DE LA REPÚBLICA

CONSIDERANDO: que todos los pueblos de la República, por medio de sus Municipios, han presentado actas en que piden la abolición del diezmo, por ser una contribución injusta, desigual, y odiosa en los procedimientos que se emplean para hacerla efectiva:

CONSIDERANDO: que la contribución decimal pesa, casi exclusivamente, sobre la clase pobre del pueblo, clase menesterosa que demanda del Gobierno protección y amparo:

CONSIDERANDO: que la industria agrícola, que empieza a desarrollarse en el país, se ve atacada directamente por el gravamen antieconómico del diezmo:

CONSIDERANDO: que continuar cobrando el diezmo sería dar ocasión a nuevas y mayores arbitrariedades de los diezmeros y a públicas perturbaciones en los pueblos, sin que de tal situación la Iglesia reporte ventaja alguna; y

CONSIDERANDO: que es deber del Gobierno disponer todo lo que conduzca al bienestar y tranquilidad de los pueblos y a la conservación del orden público; y al mismo tiempo, cooperar al sostenimiento del culto nacional, como se ha verificado en otros países en que se ha sustituido el diezmo por una pensión o renta que el Erario satisface a la Iglesia;

POR TANTO,

DECRETA:

Art. 1.° – La contribución decimal se sustituye por una renta que el Gobierno pagará a la Iglesia para el decente sostenimiento del culto.

Art. 2.° – Para determinar dicha renta y la manera de efectuar su pago, el Gobierno se entenderá con el Ilustrísimo Señor Obispo y el Cabildo Eclesiástico.

Art. 3.° – En consecuencia, queda abolido el diezmo en la República y derogadas las leyes de la materia.

Dado en Tegucigalpa, a los treinta días del mes de enero de mil ochocientos setenta y nueve.

MARCO A. SOTO

El Secretario General,
RAMÓN ROSA.

CIRCULAR SOBRE EL MÉTODO FONÉTICO EN LA ENSEÑANZA DE LA LECTURA

Tegucigalpa, noviembre 10 de 1880.

Señor Gobernador Político del Departamento de....

La causa principal que en Honduras retarda el progreso de la instrucción primaria se halla en la falta de un método práctico y científico, por cuyos procedimientos la primera enseñanza se suministre a la juventud con economía de tiempo, de textos y de trabajo en el aprendizaje.

Para llenar el vacío que ocasiona la falta del método indicado, el Señor Presidente de la República, con su acostumbrada solicitud en favor de la difusión de las luces, después de juzgar los varios sistemas de instrucción primaria, ha elegido, como el mejor y el más propio para nuestras escuelas, el método de lectura fonética, y ha acordado imprimir mil ejemplares de Instrucciones para los maestros, y cuatro mil colecciones de cuadros de lectura para los alumnos, con el fin de distribuirlos entre las escuelas primarias, a efecto de que se plantee prontamente el nuevo sistema de enseñanza adoptado, sistema que, a mi juicio, uniformará el aprendizaje en todas las escuelas públicas, y hará que en pocos días se obtenga, sin esfuerzo, mayor instrucción que la que se alcanza en uno o más años, siguiendo los procedimientos rutinarios de los antiguos sistemas de enseñanza.

Convencido de las ventajas que proporciona el nuevo método, remito a U. ... ejemplares de instrucciones para los maestros, ... colecciones de cuadros de lectura para los discípulos, con el objeto de que, como obsequio del Señor Presidente de la República, U. los distribuya, con nota explicativa de remisión, entre todas las escuelas de ese Departamento, a razón de un ejemplar de Instrucciones por cada maestro, y de seis colecciones de cuadros de lectura por cada escuela, marcados con los números 19 a 21.

Al hacer la remisión recomiendo a U.:

1.º Que se ordene a los maestros hagan un estudio inmediato del nuevo método, y les encarezca su importancia y utilidad práctica.

2.º Que los instruya para que los cuadros de instrucciones y de lectura los adhieran a tablillas o gruesos cartones, a fin de que puedan conservarse por largo tiempo.

3.º Que hasta que sea inutilizada una colección de cuadros por el dilatado uso, se reemplace con otra nueva; y

4.º Que den quincenalmente informes a las municipalidades, para que éstas los transmitan a U. sobre los resultados del nuevo sistema de enseñanza, que tienen obligación de poner en práctica con exclusión de cualquier otro método.

Al comunicar a U. todo lo relacionado, le prevengo, finalmente, haga una visita general de inspección a todas las escuelas primarias de ese Departamento, a los dos meses de estar planteado el nuevo sistema, a fin de que personalmente se cerciore sobre el cumplimiento de lo prevenido por el Gobierno, sobre las ventajas de la enseñanza fonética, y al propio tiempo, con el objeto de que remita a esta Secretaría un informe minucioso sobre el resultado de sus observaciones.

Confiado en que U. tomará un decidido interés en el planteamiento de la reforma de la instrucción primaria, base de toda prosperidad pública, me es grato repetirle que soy su atento servidor.

ROSA.

ACUERDO DECLARANDO OFICIAL EL IDIOMA ESPAÑOL

SECRETARÍA DE ESTADO EN EL DESPACHO DE INSTRUCCIÓN PÚBLICA

Tegucigalpa, diciembre 18 de 1882.

CONSIDERANDO: que tanto en las escuelas del Estado, como en las publicaciones oficiales, no se observan, de un modo regular, los preceptos gramaticales prescritos por la Real Academia de la lengua castellana: que tal inobservancia produce una especie de perversión en nuestro idioma, que, a seguir enseñado y escrito de esa suerte, llegará a desnaturalizarse y convertirse en una verdadera algarabía: que el medio de precaver tan grave mal, y de coadyuvar, al propio tiempo, al progreso de nuestras letras, es adoptar, por regla fija, invariable, las prescripciones de la Real Academia de la lengua, única Corporación suficientemente docta y autorizada para fijar las reglas y los usos del habla castellana;

POR TANTO, EL PRESIDENTE

ACUERDA:

1.º En todos los colegios y escuelas de la República se enseñará el Español, con sujeción exclusiva al texto de la Gramática de la Real Academia de la lengua castellana, última edición de 1880.

2.º La Secretaría de Instrucción Pública proveerá a los colegios y escuelas de suficientes ejemplares del expresado texto.

3.º Todo documento oficial, cualquiera que sea su linaje, se escribirá conforme a los preceptos del texto enunciado; y

4.º La Imprenta Nacional devolverá a sus autores, para que los corrijan, los escritos que deban publicarse oficialmente, y que no estén en la forma gramatical prevenida en esta disposición.

COMUNÍQUESE Y REGÍSTRESE.
Rubricado por el Señor Presidente.
ROSA.

ACUERDO PARA REGALAR A NICARAGUA LA ESTATUA DE MÁXIMO JEREZ

SECRETARÍA DE ESTADO EN EL DESPACHO DE RELACIONES EXTERIORES

Tegucigalpa, enero 28 de 1883.

CONSIDERANDO: Que el partido liberal nacionalista de la República de Nicaragua aspira noblemente a levantar un monumento que honre, como es debido, la memoria del patriota centroamericano, General Máximo Jerez: Que para el logro de este fin, Don Pastor Valle, en concepto de Comisionado del Club Liberal de León, ha solicitado del Gobierno que contribuya a la realización de esa obra del patriotismo:

Que el Gobierno de Honduras ha estado y está en el propósito de cooperar a que se haga justicia y se honre el verdadero mérito de los centroamericanos que han sabido sostener con lealtad y firmeza elevadas y generosas ideas:

Que el General Máximo Jerez fue el más sincero propagandista, y el batallador más infatigable en pro de la capital idea de reorganizar a Centro América, constituyendo para nuestros pueblos UNA SOLA PATRIA Y UN SOLO GOBIERNO; y

Que servidor tan consecuente de tan noble causa, que es la causa de lo porvenir, así como en vida tuvo el aprecio del pueblo hondureño y de su Gobierno, después de sus días debe recibir un público testimonio de simpatía y de gratitud nacional;

POR TANTO, EL PRESIDENTE

ACUERDA:

1.º Por cuenta del Gobierno de Honduras encárgase a Italia, por medio del artista Francisco A. Durini, la estatua del General Don Máximo Jerez, la que será formada del mejor mármol de Carrara;

2.º En prueba de los sentimientos fraternales del Pueblo y Gobierno de Honduras, obséquiese la estatua del General Jerez al partido liberal nacionalista de la República de Nicaragua. Para este efecto, ordénese que la estatua se envíe directamente de Italia al puerto de Corinto; y

3.º La Secretaría de Relaciones Exteriores queda encargada de dar instrucciones al Señor Durini para la mejor ejecución de la obra de arte que se le confía; de cuidar de que se haga el correspondiente gasto; y de disponer todo lo conducente a la práctica del presente acuerdo.

COMUNÍQUESE Y REGÍSTRESE.

Rubricado por el Señor Presidente.

CORRESPONDENCIA

EL PACIFICADOR MARCO AURELIO SOTO

REPÚBLICA DE HONDURAS MINISTERIO DE RELACIONES EXTERIORES

Comayagua, octubre 18 de 1876.

Señor:

ALTAMENTE satisfactorio es para el infrascrito Secretario de Estado remitir a V. E. la carta autógrafa en que el Sr. Dr. Don Marco Aurelio Soto participa al Gobierno de V. E. la inauguración solemne del Gobierno provisional de Honduras, cuya Presidencia ejerce en virtud de motivos, sobremanera honrosos para el pueblo hondureño, y de importancia tan señalada y trascendental, que el infrascrito, apreciándolos en todo su valor, no puede conceptuarse dispensado del deber de ponerlos en el ilustrado conocimiento de V. E., relacionándolos, al propio tiempo, con los precedentes legítimos que han dado margen al establecimiento del Gobierno del Sr. Soto, y a la consiguiente situación de perfecta paz e inalterable confianza en que, por fortuna, hoy permanecen los pueblos de esta República.

A principios del año que transcurre, Centro América alcanzó una época difícil, colmada de serias complicaciones, y prometedora de tristes vicisitudes para lo porvenir; y, en particular, la República de Honduras experimentó una verdadera crisis, viéndose a punto de sentir las consecuencias de una completa disolución social. Entonces apareció, por vez primera, en relación con los negocios políticos de esta República, el nombre del Señor Soto, quien a la sazón era Secretario de Estado del Gobierno de Guatemala.

En el Convenio de Chingo, celebrado el 15 de febrero del corriente año, por los Sres. Presidentes, General D. J. Rufino Barrios y D. Andrés Valle, encaminado a evitar la guerra entre El Salvador y Guatemala, y a salvar a Honduras de la anarquía en que se veía envuelta, se estipuló que el Sr. Soto, hondureño de origen, y hombre imparcial en las cuestiones de este país, viniese a pacificarlo y a garantizar la libre elección de la persona que los pueblos quisiesen para Presidente de la República de Honduras.

Por razones que no es del caso traer a la memoria, la misión humana y civilizadora confiada al Sr. Soto no tuvo efecto; las armas decidieron las diferencias que había entre El Salvador y Guatemala, y en esta República se prolongó la guerra civil, cada día más empeñada y ardiente, cada día más fecunda en resultados adversos a la propiedad, a la seguridad y a la honra de los hondureños.

En presencia de situación tan anómala y penosa, personas notables de este país, secundadas por los sanos instintos de los pueblos, fijaron sus miradas en el Sr. Soto, sujeto de rectitud y de imparcialidad que, al aceptar y suscribir como pacificador el Convenio de Chingo, había demostrado su desprendimiento, su abnegación, en el hecho de renunciar a su reposo, a su alta posición y bienestar personal, para disponerse a trabajar sin tregua ni descanso, en pro de la paz, del buen nombre de los hondureños, y de la dignidad y concierto político de Centro América.

La mayoría de los hijos de esta República, reconocida por la conducta noble y patriótica del Sr. Soto, y aleccionada por las más dolorosas experiencias, comprendió que el exclusivismo apasionado de los partidos contendientes jamás daría por consecuencia un arreglo político prometedor de paz estable y de positivas garantías: comprendió que era necesario un hombre que, si bien siendo hondureño de corazón, careciese a la vez de antecedentes que constituyesen una amenaza para una y otra clase social; un hombre que, siendo absolutamente extraño a tradicionales odios y rencores, exacerbados por la lucha, fuese capaz, por su moderación y ánimo recto e ilustrado, de gobernar bajo el amparo de la paz y de la justicia a la Nación Hondureña, tan necesitada de reparar sus extenuadas fuerzas, y de fundar, sobre sus ruinas, un sistema de Gobierno coherente con los principios de estabilidad, de libertad y de efectivo progreso.

En fuerza de las consideraciones anteriores que han penetrado en la conciencia de este pueblo grande y generoso, la opinión del país se pronunció, con insignificantes excepciones, en favor de la candidatura del Sr. Dr. D. Marco Aurelio Soto; y al efecto, los pueblos, por medio de reiteradas comisiones y actas de proclamación presidencial, llamaron al actual Presidente al ejercicio del Poder Ejecutivo de la República, prueba de alta y merecida confianza que los Gobiernos de Centro América vieron con entusiasmo, excitando, a su vez, al Sr. Soto para que se encargase del Gobierno de Honduras, y ofreciéndole su amistad, su fraternal y decidido apoyo.

Cuando el Sr. Soto se convenció de que la mayoría del país cifraba en él sus justas esperanzas, juzgó que su conducta sería poco o nada inspirada por el patriotismo, y aun por los sentimientos de humanidad, si desatendía al voto general y espontáneo de sus conciudadanos, quienes veían en su advenimiento al Poder Público el ansiado término de sus fratricidas contiendas, de sus repetidos quebrantos, y de sus amargas desventuras.

Bajo la influencia de tales impresiones, el Sr. Soto, que no ambicionaba ni ambiciona el mando de este país, vino a la República; y el 27 de agosto del año en curso inauguró en Amapala su Gobierno provisional, llamando, desde luego, a todos los hondureños honrados para que rodeasen la nueva administración, excitándolos a la paz, al trabajo y a la concordia, inclinándolos a servir los intereses permanentes y legítimos del país, y haciendo completo olvido de un pasado doloroso que sólo deja en la memoria de los pueblos el recuerdo de ruinas y descrédito, recuerdo que forma una triste y práctica enseñanza del funesto poder que ejerce el extravío de las pasiones políticas.

Mas por fortuna el infrascrito puede asegurar a V. E. que los hondureños han manifestado notable buen sentido, correspondiendo con sus ideas y sus actos al liberal y reparador programa del Gobierno inaugurado en el puerto de Amapala. El Sr. Soto encuentra por doquiera el apoyo decidido y entusiasta de sus conciudadanos, quienes desde el aparecimiento del nuevo Gobierno han sentido la benéfica influencia de la paz. Después de una dilatada época de revolución en que se desviaron hasta las ideas más elementales de justicia y de orden público, es, por cierto, Sr. Ministro, un fenómeno singular el que se opera, verificándose la reacción más saludable en favor de los buenos principios y de los fueros de una sociedad moralizada y culta. El Sr. Soto ejerce un Gobierno verdaderamente republicano; y en medio de tanta libertad, de tan absoluto respeto acordado a los derechos individuales, el infrascrito se complace en decir a V. E., en honor de Honduras, que los pueblos no han cometido un solo abuso, y que, ávidos de paz, de seguridad y de trabajo, únicamente anhelan ver rehabilitado su nombre y garantizado el porvenir de la familia, de la sociedad, de la Patria.

Fiando en las buenas y recomendables disposiciones de los pueblos, tan pronunciadas en favor del orden y del crédito del país, el infrascrito no vacila en manifestar a V. E. las firmes y fundadas esperanzas que abriga, de que el nuevo Gobierno llevará a término feliz los propósitos que tiene de hacer todo el bien posible a la República, a cuyo fin está dispuesto a seguir, en el interior, una política sensata, de justicia, de trabajo y de reparación, y a cultivar en el exterior, las relaciones más francas, estrechas y durables.

El infrascrito, que tiene a mucha honra ponerse en relación con V. E., cree, Sr. Ministro, que hoy que la vida de las naciones es tan dilatada y expansiva, merced al prodigioso desarrollo de las ideas y de los intereses comerciales e industriales, no puede ser indiferente para ninguna nación la suerte, próspera o adversa, de un pueblo, cualquiera que éste sea. Así es que el Gobierno del infrascrito espera que el Gobierno de V. E. verá con noble y solícito interés la situación de Honduras, y los esfuerzos que hacen estos pueblos —poseedores de un vasto, rico y bello territorio— para volver por su honra y por su crédito, y para figurar dignamente al lado de las demás naciones de América, tan privilegiadas por la naturaleza y por la inteligencia de sus hijos, y llamadas, sin duda, a operar en el mundo una fecunda revolución económica, social y política, acorde con los fines providenciales de la civilización moderna.

Dígnese V. E. dispensar su benévola atención a los conceptos de este memorandum, y admitir las seguridades de alta y distinguida consideración con que se suscribe de V. E. su atento y seguro servidor.

CAMINOS... CAMINOS...

Noviembre de 1876

Señor Gobernador Político del Departamento de......

Empobrecidos y diezmados los pueblos de la República, y por consiguiente el Gobierno podría, en situación tan difícil, proporcionar algunos medios eficaces para abrir nuevas vías de comunicación y mejorar por completo los existentes.

Mas como el Gobierno se ocupa en la actualidad de organizar la Hacienda Pública, vital necesidad de Honduras, como no le es dable distraer la atención de ese importante objeto para aplicarla de lleno a otros ramos de la Administración que deben tener por base el arreglo y buen estado de las rentas, y como a la vez es debido aprovechar los meses de la presente estación para hacer en ellos todo lo que sea posible en orden a conservar y mejorar los caminos; por tales consideraciones me limito a dirigirme a U., previniéndole que, en su carácter de Inspector de las vías de comunicación departamentales, cuide de que, de conformidad con la ley de la materia, las Municipalidades de ese Departamento se ocupen con el mayor empeño de conservar, reparar y mejorar los caminos públicos.

Mientras el Gobierno organiza las rentas, señala en el presupuesto un fondo destinado exclusivamente a las vías de comunicación, y proporciona a los Municipios recursos y arbitrios seguros para el mismo objeto, mientras se satisface esa necesidad imperiosa, es conveniente que U. procure que las Municipalidades de ese Departamento cumplan la ley que reglamenta el ramo de caminos, y que les llame la atención sobre los esfuerzos que todos los ciudadanos, y en particular los Municipios, deben hacer para lograr la apertura de nuevos caminos y la conservación y mejora de los que existen.

Con motivo del encargo indicado, haga U. prevalecer en el espíritu de los Municipios y de los habitantes de ese Departamento la idea de que las tristes consecuencias de las desgracias que ha sufrido el país, provienen, en gran parte, de habernos ocupado de mucha

119

política en vez de ocuparnos de mucha administración; y que uno de los ramos más importantes, más vitales de la Administración Pública de Honduras, es el referente a la apertura y mejora de las vías de comunicación.

Pueden sucederse los Gobiernos de Honduras mandando arbitraria o no arbitrariamente, en nombre de éste o del otro principio político, pueden sucederse las generaciones discutiendo ideas políticas y aspirando siempre a ver realizado el progreso del país, puede verificarse todo esto; pero mientras los pueblos permanezcan casi incomunicados, poco o nada puede lograrse como resultado de la acción de los Gobiernos y de las sociedades. Pueblos que no se comunican fácilmente entre sí ni con el extranjero sólo pueden producir para satisfacer las primeras necesidades de la vida; mas no pueden ser productores para enriquecerse y ser grandes, ilustrados y cultos, porque el agricultor no puede exportar sus frutos, el comerciante no puede negociar con ventaja por impedírselo el caro y difícil transporte de las mercaderías, el fabricante o manufacturero no puede plantear beneficiosamente su industria, porque no puede introducir máquinas que le economicen el trabajo y le den buenos artefactos, y porque aún en la suposición de que pudiera introducirlas, emprendería un trabajo ruinoso produciendo artefactos que no saldrían del lugar de la producción, que apenas podrían tener consumo.

La consecuencia legítima que se desprende de las consideraciones anteriores, y que U. presentará de bulto a los Municipios y a los pueblos de ese Departamento, es que Honduras, sin buenos caminos, a pesar de sus valiosas riquezas naturales no puede tener Agricultura, Industria ni Comercio, no puede ser un país organizado y rico, y no siéndolo sus habitantes considerados individualmente, o formando Nación, no podrán tener verdadera independencia y libertad porque los individuos y los pueblos que no tienen cómo satisfacer cumplidamente sus necesidades, son muy débiles, y están expuestos a cada paso a perder su tranquilidad, y a ver conculcados sus derechos que no pueden sostener cuando una fuerza cualquiera se les opone. Los pueblos incomunicados, y por consiguiente pobres, tienen que ser víctimas de la anarquía más disolvente o del despotismo más completo.

El Gobierno, que da a las vías de comunicación una importancia capital, y que ve en ellas la solución de las más graves dificultades con que ha tropezado este país, encarga a U., por mi medio, que siguiendo las ideas que dejo expuestas, vaya preparando en el ánimo de los pueblos las mejores disposiciones relativas a secundar activamente la acción enérgica que, a su debido tiempo, desplegará el Gobierno, para sacar a esta República de su tradicional abatimiento, causado en su mayor parte por la falta de vías de comunicación, sin las cuales Honduras no puede aprovechar por sí sus grandes recursos naturales, ni tener inmigración que le proporcione brazos, capitales, hábitos de trabajo, enseñanza práctica de las artes y de las ciencias, y usos de la vida civilizada de que tanto necesitan nuestros pueblos para despojarse de sus viciosas costumbres coloniales.

Entre tanto le es dable al Gobierno dedicarse prácticamente al servicio de los fines indicados, atienda U. a que los Municipios hagan, en cumplimiento de la ley, todos los esfuerzos posibles para mejorar y conservar los caminos. Crea U., Señor Gobernador, que en la actual situación de los pueblos de Honduras, valen más las mejoras materiales que todos los planes políticos imaginables.

Quedo de U. atento y seguro servidor.

POLÍTICA DE CONCORDIA

SECRETARÍA GENERAL DEL GOBIERNO PROVISIONAL

Comayagua, 6 de noviembre de 1876.

Señor:

La paz de Honduras es un hecho que felizmente se ve consumado de uno a otro extremo de la República: desde el puerto de Amapala hasta el de la Bahía, y desde el cabo de «Gracias a Dios» hasta la frontera de Guatemala, está reconocida y acatado el Gobierno Provisional del Señor Soto, sin que para ello hayan sido parte la intriga y la violencia, medios completamente extraños a los Poderes Públicos que, como el de Honduras, se establecen confiando en la fuerza de las ideas, en la eficacia de los elementos de orden, y en un programa aceptado por la opinión general de los pueblos.

Ya que por fortuna se ha realizado la aspiración de los hondureños que proclamaron al Señor Soto para la Presidencia como a hombre extraño a las malas pasiones que han contaminado el espíritu público en el curso de nuestras luchas estériles (1), y como sujeto capaz de inaugurar un Gobierno recto e ilustrado, imparcial y justo, que difunda honra y beneficios entre los hondureños; ya que en recompensa a tan noble y patriótica aspiración se reciben en todo el país los inapreciables bienes de la paz, llegada es la oportunidad de que me dirija a U., cumpliendo instrucciones particulares del Señor Presidente Provisional, para manifestarle cuál es el pensamiento, cuáles los propósitos del Gobierno en orden al firme mantenimiento de la paz y de la confianza pública que, por cierto, necesitan considerable arraigo para que sea posible el bienestar y el adelanto de los pueblos de Honduras.

El Gobierno está profundamente convencido de que el principal medio de conservar la paz es el de que haya unidad en la idea y en la acción de las Autoridades de la República. De nada serviría que el Gobierno Supremo acordase de buena fe, como lo ha hecho, amplias garantías a los hondureños; que respetase, como ha respetado, la seguridad, la libertad y propiedad de los ciudadanos, si todas y cada una de las Autoridades de los Departamentos no correspondiesen, de un modo práctico, a esa mira justa y patriótica que entraña el pensamiento salvador de que haya paz permanente, para que haya trabajo, de que haya trabajo, para que los pueblos tengan patrimonio fijo, de que haya patrimonio fijo, para que tengan consistencia en el país instituciones verdaderamente progresistas, ampliamente libres y republicanas.

Para respetar y garantizar la seguridad, la libertad y propiedad, prendas de paz y de confianza pública, es indispensable que U. deseche, como desecha el Gobierno, el pésimo sistema que preconiza la política preventiva: es necesario que U. no juzgue a los hombres y a los partidos por lo que han sido, o por lo que se piensa que pueden ser: es preciso que U. los juzgue únicamente por los actos que cometan, si buenos, para recompensarlos, si malos, para castigarlos con imparcial y entera justicia. Si no se adopta este principio regenerador para Honduras, será forzoso labrar nuevos eslabones para agrandar más y más la extensa cadena de nuestros patrios infortunios: será forzoso elevar a la categoría de un sistema normal, en la República, el sistema de perseguir a los ciudadanos, de atentar contra su seguridad y propiedad, sólo porque así lo aconseja una medrosa y mezquina prevención política, sólo porque así lo aconseja la oscura y reaccionaria intolerancia del espíritu de partido.

Mas la práctica del sistema enunciado sólo puede traer la desorganización social, la perversión de las ideas, el completo caos. Si se constituye un Gobierno apoyado por una fracción exclusivista y recelosa que preventivamente hostiliza a aquella parte de la sociedad que juzga disidente, enemiga, el resultado lógico es que los perseguidos se hacen conspiradores a la fuerza, revolucionarios a la fuerza, disociadores a la fuerza: el resultado indefectible es que semejante Gobierno sólo tiene tiempo para vivir en medio de luchas que aniquilan los recursos del país, pero que, por lo mismo, no puede tener tiempo para crear hacienda pública, sin la cual no hay mejora posible ni respetabilidad para el Estado; no puede tener tiempo para cuidar de la educación de los pueblos, que es la primordial garantía del orden y del concierto público; no puede tener tiempo para servir los vitales intereses de la agricultura, de la industria y del comercio, elementos que dan ser a los pueblos, que les proporcionan crédito interior y exterior, que los sacan de la vida selvática para darles un puesto en medio de las naciones civilizadas de la tierra.

Tamaños beneficios no pueden obtenerse con el empleo de la política preventiva. Esta sólo podrá dejar ruinas y descrédito. Por esto el Gobierno la reprueba: por esto U., en el Departamento de su mando, debe desecharla, sin tener para ello vacilación alguna. Así hará U. mucho honor a su persona y al puesto que desempeña, y así también sabrá servir los intereses de nuestra pobre patria que tanto reclama un proceder ilustrado y noble de parte de sus buenos hijos.

En mérito de lo expuesto prevengo a U. que, políticamente, no prejuzgue a ningún hondureño: que a todos los ciudadanos los vea perfectamente iguales ante la ley, perfectamente iguales ante la protección que U. debe darles como Autoridad de ese Departamento: que lo que permita a los unos, en uso de un derecho, lo permita a los otros: que U. sea verdaderamente liberal consintiendo la manifestación pacífica de las ideas, de las opiniones: que U., en fin, sólo ejerza su autoridad sobre actos que tengan un carácter punible, por lastimar los derechos de los particulares o alterar el orden y el reposo público.

Cumpla U. fielmente las instrucciones que dejo expuestas. El espíritu de nuestros pueblos aún no está pervertido; y cuando la Nación se convenza, prácticamente, de que el Gobierno y sus Autoridades siguen la línea recta del deber, y no las sendas tortuosas a donde conducen el egoísmo y los intereses de partido, entonces ningún revolucionario de oficio encontrará el menor eco en la República, porque los pueblos no querrán perder un sistema político, benévolo y protector, porque sabrán estimar, por instinto o por educación, lo que valen las efectivas garantías, lo que vale el respeto a la propiedad, lo que vale el bienestar que proporcionan la paz, la justicia y el trabajo.

Pero si el Gobierno no quiere ni consiente una política preventiva, en cambio es de su deber proclamar y ordenar a U. el cumplimiento de los principios de una política estricta y serenamente represiva; esto es, que dada una falta, por leve que sea, un delito de cualquier naturaleza, se castigue pronta y eficazmente para reparar el daño causado. Mas para el castigo no deberán tomarse en cuenta ni la posición social, ni los nombres propios más o menos distinguidos de las personas que falten, ni los antecedentes políticos, ni las denominaciones de bandería relativas a los partidos. Todo lo contrario: se tendrá en cuenta el delito cometido y la ley que le señala una pena; pues forzoso es que la justicia no se revista de los caracteres del favoritismo o de la venganza; que se aplique, con todo rigor, pero sin inspirarse en un sentimiento personal o político.

Bajo los auspicios de una administración reparadora, el Gobierno está resuelto a probar que puede sostener a todo trance el orden público, observando procedimientos regulares: está resuelto a probar que puede conciliar los dictados de la justicia con los castigos más eficaces y ejemplares. Probará que puede haber imparcialidad cumplida, pero jamás impunidad alguna. Dígaselo U. así a todas las Autoridades y pueblos de ese Departamento, a fin de que ni la lenidad ni la arbitrariedad perjudiquen los intereses y derechos de los particulares, ni venga a ser motivo de desconfianza y alarma para la sociedad hondureña necesitada de cabal justicia y tranquilidad imperturbable.

He manifestado a U., con toda claridad y franqueza, los principios fundamentales que en política profesa el Gobierno, los que U. debe hacer efectivos en ese Departamento para mantener la paz y el decoro de Honduras. Al ponerlos en práctica U. encontrará obstáculos, porque toda reforma los tiene, y más en un país no acostumbrado a un régimen de imparcialidad y de severa justicia. Pero U. no vacile ni por un momento: firme y resuelto sea U. siempre consecuente con el programa de su Gobierno. Fíjese U. en que la época actual ofrece una grande y propicia oportunidad para Honduras, y que es debido aprovecharla haciendo el bien a la República, merced a los esfuerzos más generosos y perseverantes. Yo creo que serán fecundos en resultados de provecho permanente para el pueblo hondureño, y en altísima honra a los leales servidores de la Patria.

Con particular aprecio me suscribo de U. atento servidor.

ANTE LA CATÁSTROFE DE MANAGUA

REPÚBLICA DE HONDURAS.
MINISTERIO DE RELACIONES EXTERIORES

Comayagua, Noviembre 18 de 1876.

Señor:

Mi Gobierno y el pueblo hondureño han recibido con profundo sentimiento de pena la noticia de haberse arruinado la ciudad de Managua y algunas otras poblaciones, a consecuencia del temporal acaecido en esa República el 4 del pasado Octubre.

Deseara mi Gobierno haber encontrado este país, siquiera con algún bienestar, para promover suscripciones con cuyo producto se aliviase, aunque fuese en pequeña parte, a tantas y tantas familias desvalidas que, muchas de ellas, sufren en la orfandad, faltas de sus hogares y de todos los recursos que habían acumulado a fuerza de honradez y de trabajo.

Mas ya que este país, que ha sido víctima de los trastornos que causan los hombres, no puede dar un auxilio material a ese país vecino y hermano, víctima de un trastorno causado por la naturaleza, sólo me queda el penoso deber de manifestar al Gobierno de V. E., en nombre de mi Gobierno y del pueblo hondureño, el justo sentimiento que les inspiran las desgracias experimentadas por los pueblos de esa República.

Mi Gobierno, Señor Ministro, hace votos porque tengan pronto remedio tan acerbos males: tiene fe en ello al considerar la benéfica acción que despliega ese Gobierno, y la laboriosidad de la industriosa ciudad de Managua y de las demás poblaciones arruinadas: sólo los pueblos consagrados al ascetismo, cuando sufren una ruina, desaparecen y apenas dejan un recuerdo en la historia; pero los pueblos como Managua, en que han reinado la agricultura, la industria y el comercio, agentes de verdadera civilización, no pueden desaparecer nunca: tales pueblos de sus ruinas se levantan como gérmenes de nueva y mayor vida que hacen fecundos en las esferas de la libertad y del progreso social.

Sírvase V. E. manifestar a S. E. el Presidente de esa República los sentimientos de verdadero pésame que tengo la honra de hacer presentes a V. E., suplicándole, a la vez, los patentice al pueblo nicaragüense de parte de mi Gobierno y de los pueblos de esta República.

Reciba V. E. las seguridades de mi alta y distinguida consideración.

Al Señor Ministro de Relaciones Exteriores del Gobierno de la República de Nicaragua. Managua.

EL GOBIERNO VERDADERAMENTE NACIONAL

SECRETARÍA GENERAL DEL
GOBIERNO PROVISIONAL
DEPARTAMENTO DE
RELACIONES EXTERIORES

Comayagua, Diciembre 15 de 1876.

Señor:

Los apremiantes y continuos trabajos que, casi siempre, requiere el establemente, han impedido la atención del infrascrito, obstándole, muy a su pesar, cumplir el deseo que ha abrigado de contestar sin tardanza la Circular que, con fecha 5 de septiembre del año en curso, V. E., al encargarse de la Secretaría de Estado de esa República, se sirvió dirigir a los Gobiernos de Centro-América y a los de las Naciones imparciales con quienes Nicaragua está en relaciones, para pedir a los unos y presentar a los otros explicaciones claras, según lo expone V. E., sobre la situación anómala de estos países, sobre la absoluta irresponsabilidad de Nicaragua con respecto a los acontecimientos extraordinarios que determina V. E., y sobre la justificación de las medidas adoptadas, y que en lo sucesivo adoptase el Gobierno nicaragüense, a causa de creer seriamente amenazados los derechos de la Nación.

El infrascrito, cumpliendo instrucciones particulares del Sr. Presidente Provisional de la República, pasa a contestar la Circular de V. E., y, al hacerlo, se promete proceder con la mesura y el comedimiento propios de los usos diplomáticos, sin que para ello sean un óbice algunos conceptos de la Circular de V. E. que, por cierto, lastiman el buen nombre del Gobierno del infrascrito.

Al leer el notable documento diplomático de V. E., la primera idea que ocurrió al infrascrito fue la de que, refiriéndose a una suma tan considerable de hechos que, de mucho tiempo atrás, según el juicio de V. E., han constituido formales e injustificables amenazas para la seguridad y derechos de Nicaragua, la Secretaría de Estado de ese país, en presencia de tales hechos, no hubiese pedido desde el principio, autorizada por la justicia internacional que conceptúa de su parte, las explicaciones debidas a los Gobiernos de Centro-América, sino que más bien prefiriese que redoblasen, como lo ha creído el Gobierno de V. E., las maquinaciones y los trabajos revolucionarios contra Nicaragua, para pedir, en último resultado, explicación a los Gobiernos de Centro-América y apelar al juicio de las naciones imparciales, aún a riesgo de exhibir en el extranjero, como «hordas salvajes o comunidades ingobernables», los países centroamericanos por cuya honra e intereses V. E. se muestra muy celoso en su citada Circular de 5 de septiembre.

Por incidencia expone el infrascrito la reflexión que precede, la que sería de suma importancia en este despacho si el infrascrito tuviese el propósito de derivar de ella todas sus consecuencias lógicas, para demostrar que en la extensa serie de cargos, acumulados en la Circular de esa Secretaría de Estado contra los Gobiernos de Centro-América, puede o podría notarse cierto desvío, cierta exageración en el criterio con que V. E. juzga los hechos, criterio que el infrascrito está muy lejos de considerarlo hijo de un cálculo diplomático, sino que al contrario lo estima excusable haciendo justicia al acendrado amor patrio de V. E. y al especialísimo celo que manifiesta por la conservación e intereses de su Gobierno.

Mas no cumple al propósito del infrascrito entrar en la apreciación del valor que debe darse a todos los acontecimientos verificados durante el transcurso de cinco años, ni en el juicio relativo a la absoluta irresponsabilidad del Gobierno de Nicaragua, ni, por último, en la calificación de todos los actos hostiles que V. E. lamenta refiriéndose a la conducta observada por los Gobiernos de Centro-América.

Las Secretarías de Estado de las Repúblicas vecinas han patentizado que el espíritu de estricta neutralidad que V. E. asegura ha presidido a todos los actos de su Gobierno, durante las pasadas emergencias revolucionarias, no ha tenido un carácter real sino aparente, y han demostrado también que los muchos motivos de queja expuestos por V. E. no resisten el examen de una crítica desapasionada e imparcial. Mas sea de esto lo que fuere, el infrascrito deja al juicio de los hombres sensatos el pronunciar su fallo definitivo sobre si el Gobierno de Nicaragua posee o no títulos bastantes para abonar sus procederes como absolutamente irreprensibles, y para increpar, al propio tiempo, la conducta política de los demás Gobiernos de Centro-América. El infrascrito no tiene empeño alguno en desvirtuar las honrosas apreciaciones que V. E. hace con respecto a la política de su Gobierno, y, por lo mismo, se contrae especialmente a contestar, punto por punto, los conceptos de la Circular de V. E. que están en desacuerdo con la verdad de los hechos y que a la vez son desfavorables al buen nombre del Gobierno de esta República.

Ocupándose V. E. de la comisión confidencial que los Sres. Presidentes de Guatemala y El Salvador encomendaron al Señor D. Roderico Toledo para que la desempeñase ante el Gobierno del ex-Presidente, Licenciado don Crescencio Gómez, asevera V. E. que el encargo del Señor Toledo tuvo por objeto exigir que se entregase el Poder de esta República al actual Presidente, Señor Soto, y V. E. añade, tomando por fundamento la opinión pública de Centro-América, que la citada comisión, que califica de extraordinaria exigencia, tuvo por fin establecer en esta República un Gobierno decidido para las operaciones sobre Nicaragua, un Gobierno capaz de lanzar a una nueva guerra al desgraciado pueblo hondureño.

Yéndose a la inauguración del Gobierno del Señor Soto, agrega V. E. que, y da con el beneplácito de un caudillo, del General Medina, el nuevo Presidente de esta República ha tenido su séquito compuesto de los emigrados nicaragüenses, quienes «propalaban, con sobrados visos de razón, que llevarían la guerra a esa República con el apoyo de los cuatro Gobiernos de Centro-América».

En todos los conceptos anteriores relativos a Honduras, V. E. da a entender claramente que el Gobierno del infrascrito se estableció como resultado de una intervención, y con fines adversos a la seguridad y derechos de la República de Nicaragua.

Séale permitido al infrascrito recordar algunos hechos de los cuales V. E. tal vez no esté bien informado, cuya exposición verídica, a no dudarlo, hará que V. E. rectifique sus ideas y juzgue que el encargo confidencial del Sr. Toledo no fue una exigencia extraordinaria verificada con el objeto de imponer voluntariamente un nuevo Mandatario a esta República.

Desde el mes de mayo del corriente año, el señor Soto recibió representaciones de hondureños notables que con encarecimiento lo llamaban al ejercicio del Poder; a principios del mes de junio recibió el señor Soto un comisionado especial, el General D. Enrique Gutiérrez, quien de parte del ex-Presidente, Sr. D. Ponciano Leiva, le manifestó que éste estaba dispuesto a confiarle el Poder constitucional que aún representaba, como único medio de evitar mayores conflictos y desastres al país; el General Gutiérrez, en nombre del Señor Leiva, hizo igual manifestación a los Señores Presidentes del Salvador y Guatemala, excitándolos para que mediasen en los asuntos de Honduras, a fin de poner término a la guerra civil; poco tiempo después, en el mes de julio, en las principales poblaciones de la República —Tegucigalpa, Comayagua, Amapala, Santa Rosa, Juticalpa, &c.— se celebraron actos en que las personas más caracterizadas llamaban al Señor Soto a ejercer el Gobierno de este país, con el objeto laudable de salvarlo de la completa anarquía que por doquiera lo amenazaba de un modo inminente. Sin embargo, el Señor Soto rehusaba de continuo contraer compromisos con sus conciudadanos, pues, ajeno a toda ambición de mando, no deseaba mezclarse en los asuntos públicos de su país natal.

En ese estado las cosas, los Señores Presidentes de Guatemala y El Salvador, cuya mediación era requerida por muchas personas notables de la sociedad hondureña, guiados por los sentimientos más nobles y generosos en favor de Honduras, cuya desgraciada suerte les interesaba, se pusieron en acuerdo para mandar al Señor Toledo en comisión particular, no a que impusiese un mandato al Gobierno de esta República, sino a manifestarle de una manera recta, franca y amistosa, todas las fatales consecuencias que traería consigo la prolongación del estado de anarquía y pública desconfianza que alejaba hasta la probabilidad de que se verificasen las próximas elecciones bajo los auspicios de la imparcialidad y del sufragio libre; y a demostrarle, al propio tiempo, que el único medio de evitar tantos males, que acabarían de arruinar a Honduras, comprometiendo la tranquilidad y el honor de Centro-América, era el de que el Gobierno del Señor Gómez hiciese causa común con la voluntad de los pueblos, encargando el Gobierno al Sr. Soto, sujeto de antemano señalado por sus conciudadanos como el único capaz de salvar la difícil y excepcional situación de la República.

Tal fue el encargo confidencial que trajo el comisionado, y tales fueron los términos de las cartas particulares que, con referencia al encargo, se dirigieron de Guatemala y El Salvador al ex Gobernante de Honduras. Fijados así los hechos, bajo su verdadero punto de vista, V. E. se servirá observar que, conforme al Derecho Internacional, no puede considerarse como una exigencia extraordinaria la comisión confidencial que desempeñó el Sr. Toledo; V. E. se servirá notar igualmente que el objeto de ese encargo, lejos de entrañar un procedimiento poco honroso para los Gobiernos que lo determinaron, entraña por el contrario una mediación desinteresada y humanitaria en beneficio de un país destrozado por las facciones, y colocado en un estado tristemente excepcional —mediación que, en casos análogos, se ha puesto en práctica en países muy cultos, sin que nadie la haya visto como un atentado a los principios de justicia, o como una violación de los usos diplomáticos recibidos por los pueblos civilizados.

V. E., aceptando sin reserva los rumores de la opinión pública, en que asegura fundarse, conceptúa que el Gobierno del infrascrito se estableció decidido a llevar a cabo las operaciones sobre Nicaragua, lanzando, de esta suerte, a una nueva guerra al pueblo hondureño, necesitado de recobrar sus fuerzas en el seno de la paz y del más perfecto sosiego. El infrascrito se permite hacer notar a V. E. que el Señor Presidente Soto, el mismo día en que inauguró su Gobierno Provisional, dijo en su Manifiesto, de una manera explícita a los hondureños: que su programa era de paz, de justicia y de reparación, que no estaba ligado por compromisos interiores ni exteriores que lo desviasen del cumplimiento de esa política, y que en los Gobiernos de Centro-América veía verdaderas garantías para la paz y prosperidad de esta República. V. E., que tanto se duele por no encontrar siempre documentos formales en materias políticas y diplomáticas, ha debido tomar en cuenta las declaraciones anteriores contenidas en un documento que merece entera fe, y que fija, honrada y claramente, el programa de este Gobierno. Así es que el infrascrito sólo puede explicarse que V. E. haya aceptado sin reservas los rumores de la opinión pública, sin atenerse más bien a los términos del Manifiesto expresado, abrigando la convicción de que ese documento no era conocido por V. E. a la fecha en que dirigió su Circular, y que por lo mismo V. E. juzgaba los propósitos del Gobierno del infrascrito dando entera cabida a los rumores de la opinión y a sus propias suposiciones y conjeturas, fundamentos que, a la verdad, no siempre son bastante sólidos para basar en ellos un juicio formal, y más en un documento tan serio y notable, como lo es la Circular de V. E.

Con relación al beneplácito del Caudillo, General Medina, y al séquito del Señor Soto, compuesto de emigrados nicaragüenses, puntos a que se refiere V. E. como para fijar una circunstancia de sumo interés, el infrascrito debe decir a V. E. que el Presidente Soto fue llamado al ejercicio del Gobierno, primero, por una gran mayoría de sus conciudadanos, como queda expuesto, y después, no por caudillo, sino por quien representaba el Poder público de este país; que el Sr. Soto, desde que inauguró su Gobierno, ha estado rodeado por sus conciudadanos sin necesitar de un séquito extraño; que el nuevo Gobierno encontró en el puerto de Amapala a los emigrados nicaragüenses, quienes ofrecieron sus servicios, poniéndose a las órdenes del Jefe de la República; que éste aceptó los servicios de los emigrados, quienes, durante el poco tiempo que formaron una sección de la fuerza armada del país, siempre fueron obedientes a las órdenes del Gobierno, sin que pueda citárseles un solo acto de hostilidad contra el Gobierno de Nicaragua. Al infrascrito no le constan las palabras de amenaza pronunciadas por los emigrados contra el Gobierno dc V. E.; mas si las pronunciaron, cl infrascrito no vc motivo para extrañarse por esa causa. Si en esa República, «que lleva una larga carrera constitucional», V. E. debe ver como muy natural la facultad de escribir, de emitir las ideas por medio de la prensa, aunque sean contrarias a su Gobierno: ¿por qué no ha de ser natural, en Honduras, la facultad de hablar, de manifestar de palabra ideas favorables o desfavorables a un Gobierno?

Deber del infrascrito es también manifestar a V. E. que el Gobierno Provisional de este país no es, como indirectamente lo expresa V. E., el resultado de una violación del hecho de no intervención. Sobre este punto el infrascrito ha anticipado en este despacho la apreciación de algunos hechos que conceptúa bastantes a rectificar el ilustrado juicio de V. E. Con todo, el infrascrito desea dejar ese punto completamente esclarecido porque a ello lo mueve la dignidad de su Gobierno que ve lastimada: a ello lo determinan también los mandatos de la verdad y la justicia que nunca deben desatenderse, y menos tratándose de la honra de un pueblo, y un Gobierno.

Con legítimo orgullo puede decir el infrascrito a V. E. que el Gobierno de que forma parte ha sido desde su principio, y continúa siendo, un Gobierno verdaderamente Nacional, ajeno a toda imposición. Los Gobiernos que son hijos de la intervención, por lo mismo que se oponen, en mayor o menor parte, con el instinto o las ideas de independencia nacional, tienen que encontrar el tropiezo de la resistencia, y ésta tiene que manifestarse bajo el aspecto de una guerra formal, o por lo menos bajo el aspecto de una facción que resiste. ¿Sabe V. E. que el Gobierno del Señor Soto haya tomado posesión del poder valiéndose de un ejército extraño, o por lo menos de un ejército formado por los hondureños? ¿Sabe V. E. que el Gobierno del Señor Soto haya mandado librar una batalla, o siquiera a develar una facción? V. E. no puede saberlo, pues todo Centroamérica sabe y reconoce que el establecimiento del Gobierno Provisional del Señor Soto no ha encontrado la menor resistencia, y que la nueva situación política creada en este país no cuesta a los hondureños el derramamiento de una sola gota de sangre, ni una lágrima vertida a causa de una persecución, de un atentado cualquiera ejercido por el Gobierno o sus agentes. El infrascrito, al lado del Primer Jefe de la República, ha recorrido gran parte del país sin ejército, hasta sin la guardia de honor que es de costumbre. ¿Habría hecho esto un Gobierno impuesto por una intervención injustificable?

No extrañe V. E. que el infrascrito haya insistido en rectificar los conceptos que encierra su Circular diplomática adversos al buen nombre del Gobierno de esta República. A esta hora la Circular de V. E. debe ser muy conocida en el exterior, y más tarde ese documento podrá figurar en la Historia de nuestras desgraciadas vicisitudes políticas; y el infrascrito cree de su deber no consentir que en el exterior se juzgue que en esta República, que tanto necesita de fundar su crédito, no hay un Gobierno digno y honrado, ni puede consentir que más tarde la Historia inspirada únicamente en las apreciaciones contrarias al Gobierno hondureño, emita sobre él, por falta de aclaraciones oportunas, un juicio opuesto a la verdad de los hechos y a las exigencias de una severa justicia.

Por lo que respecta a las seguridades de paz y buena inteligencia a que V. E. aspira en interés de su patria, y en interés del honor y legítimas conveniencias de todo Centroamérica, el infrascrito cree que V. E. debe estar ampliamente satisfecho con las explicaciones francas y leales que le han dado los Secretarios de Estado de los Gobiernos vecinos, en sus respectivos despachos de contestación. En cuanto al Gobierno del infrascrito, apenas si tiene necesidad de decir a V. E. que su aspiración suprema es mantener la paz interior y exterior, convencido como está de que los pocos elementos y recursos que quedan a este pobre país, diezmado por tantas revoluciones, debe emplearlos exclusivamente en mejorar su condición, en reconstruirlo a fuerza de perseverancia y de trabajo, para que en lo de adelante el nombre de Honduras se asocie al nombre del crédito, al nombre de saludables y benéficas instituciones. Por otra parte, los hondureños, Señor Ministro, unidos por un sentimiento común, hoy quieren paz, trabajo y garantías, quieren progreso y honra para su patria, y de ningún modo aspiran a mezclarse en los asuntos políticos de los países vecinos, cualquiera que sea su carácter distintivo, sin que por esto sean indiferentes a la suerte de sus hermanos de Centroamérica cuya felicidad anhelan con el más vivo interés. El Gobierno del Señor Soto, verdaderamente nacional, está identificado con los sentimientos de sus conciudadanos, y por lo tanto, su política se contrae a hacer esfuerzos para labrar el bien de Honduras, y para contribuir, por su parte, al estable mantenimiento del concierto político, de la honra y dignidad de la América del Centro, nuestra Patria común.

Sírvase V. E. poner los conceptos expresados en el alto conocimiento de S. E. el Presidente de esa República, y admitir las seguridades de distinguido aprecio con que se suscribe de V. E. su atento y seguro servidor.

Al Honorable Sr. Ministro de Relaciones Exteriores del
Gobierno de la República de Nicaragua.

OFERTA A UNA MEDIACIÓN

La Paz, Marzo 26 de 1877.

Señor:

Oportunamente tuve el honor de recibir el despacho-circular de 17 de Noviembre del año próximo pasado, en que V. E., cumpliendo instrucciones de S. E. el Sr. Presidente de esta República, y en consideración a las estrechas relaciones que ligan a mi Gobierno y al de Costa Rica, se sirve participarme, para conocimiento del Sr. Presidente Provisional, los motivos que ha tenido el Gobierno de V. E. para suspender, por Decreto Supremo, las relaciones oficiales y de comercio con la República de Nicaragua.

El Sr. Presidente Provisional, a quien he dado cuenta con el precitado despacho de V. E., ve con verdadera pena que el curso de los sucesos que, de mucho tiempo atrás, ha acarreado algunos desacuerdos entre Costa Rica y Nicaragua, haya dado últimamente, por consecuencia, la cesación completa de las relaciones de ambas Repúblicas; y al propio tiempo que lamenta las desavenencias habidas entre esos países llamados a estrechar los vínculos más fraternales, le asiste la convicción de que, tanto el Gobierno de V. E. como el de Nicaragua, sobreponiéndose a las dificultades del momento, y haciendo uso de medios diplomáticos que satisfagan al interés y a la honra de ambas partes, pondrán término a la penosa y excepcional situación que tiene en suspenso sus relaciones, para cuyo importante y noble fin el Gobierno de V. E. puede contar con los amistosos y decididos oficios del Gobierno hondureño.

Tales son las ideas y amigables disposiciones que animan a mi Gobierno, las que tengo particular encargo de trasmitir a V. E. para que se digne ponerlas en el alto conocimiento de S. E. el Sr. Presidente de esa República.

Aprovecho con gusto la presente oportunidad para renovar a V. E. las seguridades de mi distinguida consideración.

A S. E. el Sr. Ministro de Relaciones Exteriores del Gobierno de Costa Rica.

(De la "Gaceta de Honduras", No. 16 del 18 de Abril de 1877)

CONTESTACIÓN A LA CIRCULAR

de 12 de enero de 1877 enviada por el Secretario de Relaciones Exteriores del Gobierno de la República de Nicaragua,

referente a los motivos expuestos por el Gobierno de Costa Rica, para decretar la clausura de las relaciones oficiales y de comercio entre ambos países

La Paz, Marzo 27 de 1877.

Señor:

Ha llegado a mis manos el estimable despacho de esa Secretaría de Estado, fecha 12 de Enero próximo anterior, en que V. E., por encargo de S. E. el Señor Presidente de la República, y para conocimiento de mi Gobierno, se sirve referirse a los motivos que ha manifestado tener el Gobierno costarricense para decretar en Noviembre último la clausura de las relaciones oficiales y de comercio de las Repúblicas de Costa Rica y Nicaragua, y en que, al propio tiempo, V. E. expone las razones que le asisten para estimar los enunciados motivos de la cesación de relaciones, como opuestos a la conducta conciliadora y pacífica del Gobierno de V. E., y a las prescripciones del derecho internacional.

Hace algunos días recibí instrucciones del Señor Presidente Provisional para dar respuesta al Señor Secretario de Estado de Costa Rica, cuyos conceptos han dado margen a las apreciaciones contenidas en el despacho de V. E.; y he manifestado al Señor Ministro costarricense: que mi Gobierno ve con pena que el curso de los sucesos haya creado entre Nicaragua y Costa Rica una situación excepcional que las priva de sus relaciones; que confía en que una y otra parte, sobreponiéndose a las dificultades del momento, procederán, justa y honrosamente, a poner término a los desacuerdos que por desgracia existen en la actualidad; y que para el logro de ese alto fin el Gobierno de Costa Rica puede contar con los amistosos oficios del Gobierno hondureño.

Iguales sentimientos me es grato manifestar a V. E. Mi Gobierno, con solicitud y fraternal interés, aspira a que se ejerza la acción de una diplomacia franca y conciliadora, para que a la cesación de las relaciones de Nicaragua y Costa Rica suceda un estado de perfecta inteligencia entre sus Gobiernos y de fructuoso comercio entre ambos pueblos llamados a estrecharse, y si se quiere, a confundirse en una misma aspiración, en un mismo esfuerzo para labrar su bien común. Para el logro de tan importantes resultados aseguro a V. E. que mi Gobierno está dispuesto a empeñar su buena voluntad y sus amistosos oficios.

Ruego a V. E. se sirva poner todo lo expuesto en el superior conocimiento de S. E. el Señor Presidente de esa República, y aceptar las seguridades de mi más alta consideración.

EL PASADO SOMBRÍO

La Paz, Abril 3 de 1877

SECRETARÍA GENERAL DEL
GOBIERNO PROVISIONAL
DEPARTAMENTO DE
GOBERNACIÓN

Señor Gobernador Político del Departamento de.

El sistema de Gobierno popular representativo, que hace más de medio siglo fue aceptado entre nosotros, habría hecho grande y floreciente a esta joven República si se hubiese puesto en práctica con discernimiento, firmeza y buena fe, y si, debido a su benéfica influencia, se hubiesen extirpado nuestros vicios coloniales, operando una transformación saludable en la vida moral, política y económica de los pueblos.

Para los hombres pensadores, manifiesta ha sido la conveniencia de obtener esos inapreciables resultados. Mas el pensamiento y la acción de una minoría inteligente necesita de duras y dilatadas pruebas para extenderse y llegar a constituir el pensamiento y la acción de la mayoría de un pueblo. Esta es una ley histórica que ofrece muy raras cuanto felices excepciones. Nuestra Patria no forma una de ellas: empobrecida, desangrada, y en varias ocasiones sujeta al vilipendio, ha pagado un costoso tributo, ya a la ignorancia, ya a la inexperiencia, y, ¡qué de veces!, a los deplorables extravíos de sus supremos Directores.

Entre el recuerdo de un pasado doloroso y la esperanza de un porvenir lisonjero, hora es ya de que los patrios infortunios, que nos dan a cada paso elocuentes y provechosas enseñanzas, hagan que entre nosotros se acallen los resentimientos personales, y se pongan diques a las pretensiones bastardas, para que en su reemplazo tengan su puesto la rectificación de las ideas, la práctica de las virtudes públicas que requiere nuestro sistema de Gobierno, y la franca abjuración de las mezquinas pasiones y lamentables errores que han

139

precipitado a la República de abismo en abismo, hasta reducirla a un estado tristísimo de abatimiento y de miseria.

Afortunadamente, de algún tiempo a esta parte, ha predominado el buen sentido nacional, y hoy se presenta la oportunidad de fortalecerlo, dando, en materia electoral, una prueba de honradez política que haga a los pueblos tener fe en su derecho, fe en los principios del sistema republicano, y confianza inquebrantable en los prósperos destinos de la Patria. Animado de estas ideas, el Señor Presidente Provisional de la República, al convocar a elecciones de Presidente Constitucional y de Diputados a un Congreso Extraordinario, ha manifestado que reprueba la intervención oficial que desvirtúa las garantías que debe tener, en un país libre, el voto de los ciudadanos. Si a los hondureños, pues, les ha sido dado recobrar la paz y el goce de sus garantías individuales, dentro de poco les será dable elegir el Gobernante que más les convenga, que más garantice sus intereses, que más satisfaga sus legítimas aspiraciones.

El Gobierno actual, que en política ha sustentado el sencillo principio de que los nombres no hacen las cosas, no se limita a preconizar la libertad electoral: quiere verla respetada en la práctica; quiere, por su decoro y para bien del país, que alguna vez los pueblos de Honduras sean dueños de sus destinos; y en consonancia con tales propósitos he recibido particular encargo del Sr. Presidente Provisional de la República para que me dirija a U. ordenándole: que en ese Departamento garantice con su autoridad el voto de los ciudadanos, y haga que en los Municipios se rechace toda influencia que tienda a sobreponerse al derecho de los electores.

La intervención oficial, Señor Gobernador, fácil es comprender que, en países sin educación política, puede dar el éxito más cumplido a las pretensiones de un Gobierno, cualquiera que éste sea. Pero tal éxito, alcanzado merced a la violencia o al fraude, no funda un Gobierno que tenga por base el asentimiento popular, no funda un poder sólido y estable, cual se requiere, particularmente, en nuestra sociedad enferma, que necesita de remedios heroicos para volver, llena de confianza, a la vida del orden, de la libertad y la justicia, y no experimentar una recaída que sería su irreparable ruina, su muerte inevitable...

Por lo que dejo expuesto, notará U. que esta Circular no es una Circular de estilo, como otras muchas. Todo lo contrario: es la expresión sincera de arraigadas convicciones inspiradas por la razón y evidenciadas por la práctica. Concluyo, pues, previniéndole, de nuevo, respete y haga respetar el voto de los electores. Secundando U. con firmeza el propósito del Gobierno, cualesquiera que sean los resultados de la libertad del sufragio, sacará U. ileso su nombre, y tendrá la íntima complacencia de haber formado parte de una Administración honrada, y de haber cumplido, como buen hondureño, un sagrado y alto deber de patriotismo.

Reitero a U. las seguridades de mi estimación, suscribiéndome su atento y seguro servidor.

TRES MAESTRAS DISTINGUIDAS

Tegucigalpa, D. C., Enero 3 de 1878

Señor Gobernador Político del Departamento de Comayagua:

Contesto su apreciable oficio fecha 19 de Diciembre anterior, referente a los adelantos que se han obtenido en los dos establecimientos de enseñanza de niñas que, en esa capital, dirigen las Señoritas María de Jesús y Catarina Bustillo, y Doña Rosa de Valenzuela, los que se han hecho notables en los exámenes públicos que se practicaron el 19 y 26 del mes expresado.

El Señor Presidente de la República, a quien di cuenta con su comunicación aludida, lo mismo que con las colecciones caligráficas y trabajos de mano que U. remitió, ha visto con verdadera satisfacción el aprovechamiento que en tan pocos días ha podido alcanzarse: y excita a U. para que continúe empleando todos los medios que le sean posibles a fin de que esos planteles en que la mujer, que tiene que desempeñar una nobilísima misión en la tierra, adquieran un merecido renombre por los satisfactorios resultados que den en provecho de la sociedad en general, y de la familia en particular.

La educación de la mujer, que tan descuidada ha estado entre nosotros, ocupa hoy de una manera preferente la atención del Gobierno, y se promete que, dentro de poco tiempo, merced a las medidas que ha dictado con oportunidad, se fundarán en el país Colegios que satisfagan de una manera cumplida las aspiraciones de nuestro bello sexo, muy capaz de recibir una instrucción sólida y provechosa. Por lo que hace a las escuelas de niñas de esa ciudad, el Gobierno está en la mejor disposición para ayudar a su sostenimiento, a fin de que por ningún motivo se paralice el aprendizaje de los importantes ramos que las Señoritas Bustillo y Señora Valenzuela enseñan con tan buen éxito.

Soy de U. atento servidor.

RENUNCIA DE ALTO HONOR

Tegucigalpa, Abril 3 de 1879

Señores Secretarios del Congreso Nacional:

He recibido el Decreto número 24 del Soberano Congreso, en que se declara que el Señor Presidente de la República y su Secretario General son acreedores a la gratitud nacional, y en que se previene que por cuenta del Erario público se hagan sus retratos, en número de diez y seis, para distribuirlos entre los municipios de las cabeceras departamentales y los establecimientos de enseñanza.

En nombre del Señor Presidente y en el mío, por el digno medio de UU., doy al Soberano Congreso las más cumplidas gracias por la honra que ha tenido a bien dispensarnos; mas debo manifestar a UU. que si el Gobierno, en cumplimiento de su deber ha sancionado todos los decretos del Cuerpo Legislativo, en esta ocasión, no puede menos que comunicar a UU. que no está dispuesto a cumplimentar el Decreto número 24, dictado por la benevolencia del Cuerpo Legislativo.

Respetuosamente ruego a UU. pidan al Soberano Congreso se sirva excusar al personal del Ejecutivo su denegación, fundado en motivos a que sabrá hacer justicia, motivos que refiriéndose únicamente a la falta de merecimientos personales, no entrañan, en manera alguna, falta de aprecio y de profunda gratitud que el Presidente y el infrascrito deben, por su benevolencia, al Soberano Congreso de la República.

Con la más distinguida consideración me suscribo de UU. atento y seguro servidor.

COLOMBIA Y EL ARBITRAJE

Tegucigalpa, Febrero 20 de 1881

SEÑOR MINISTRO:

Tan grato como honroso me ha sido recibir, junto con su interesante despacho de 11 de Octubre último, la copia auténtica de la Convención celebrada en Bogotá, el 3 de Septiembre del año próximo pasado, entre el Gobierno de Colombia y el de Chile, por virtud de la cual las dos Repúblicas se comprometen a perpetuidad a allanar cualesquiera dificultades o controversias que puedan suscitarse entre ellas, por el medio humanitario y civilizado del arbitramento, y a recabar de los demás pueblos hermanos, la celebración de Convenciones mutuas semejantes a aquella, con el objeto de eliminar para siempre del Continente americano las guerras internacionales.

Vuestra Excelencia, después de traer a cuento, con oportunidad y notable elevación y lucidez de ideas, las razones que ha tenido su Gobierno para celebrar la importantísima Convención ya referida, se sirve agregar que Su Excelencia el Señor Presidente de la República de los Estados Unidos de Colombia, deseoso de facilitar a todos los Gobiernos hermanos la adopción de tan humanitaria providencia, ha resuelto volver a Panamá a principios de Septiembre del año en curso, habiéndole ordenado recabar de mi Gobierno el envío de un Representante de esta República a dicha ciudad, con poderes suficientes para firmar la citada Convención, no solo con el Gobierno de Vuestra Excelencia, sino también con los demás de las Repúblicas Americanas que allí envíen sus Representantes.

Séame permitido manifestar a Vuestra Excelencia que, en concepto de mi Gobierno, hace honor a Colombia, hace honor a toda la América Latina, la adopción del grande, y por muchos títulos, trascendental pensamiento que ha iniciado el Gobierno colombiano, al concluir con el de Chile la citada Convención, y al proponer que sean adoptadas sus estipulaciones, por cierto de alcance incalculable para la paz y para la civilización de los países de Hispanoamérica, por

144

los Gobiernos de los Estados que en este nuevo Continente tienen el destino histórico de realizar, en su genuino sentido, el derecho para bien de la humanidad, y en honra de nuestro siglo.

Tales ideas que alientan la fe de los espíritus ilustrados en un porvenir de paz, de progreso, y de confraternidad para las naciones del Nuevo Mundo, son sin duda alguna las que han sugerido al Gobierno de Vuestra Excelencia el feliz propósito de poner término, a virtud de la mediación autorizada del derecho, a los conflictos y guerras internacionales que de antiguo vienen empobreciendo, desacreditando, y aun lastimando la honra de las Naciones de América que nacieron a la vida con un profundo sentimiento del derecho; que han efectuado reformas sociales y políticas las más dignas de encarecerse y que por su genio y por sus elementos de riqueza y de prosperidad, están llamadas, en no lejano día, por su unión, por su regularidad y su progreso, a atraer las más benévolas y respetuosas consideraciones del mundo civilizado.

Ha cabido en suerte al Gobierno de Vuestra Excelencia, al promover con alto espíritu humanitario, el afianzamiento definitivo de la paz de Hispanoamérica, servir a uno de sus más capitales intereses, y preparar el advenimiento de la unión latinoamericana que preconizó el genio del Libertador Bolívar, y que hoy tiene como objetivo la ilustrada política del Gobierno de Vuestra Excelencia; pues, a la verdad, asegurar la paz de los países latinoamericanos, vincular y robustecer sus intereses, hacer sentir, día por día, su confraternidad, es ir derechamente a la unión latinoamericana, es dar una realidad fecunda, trascendentalísima, al que un tiempo fuera el más hermoso sueño del hombre más grande de la América republicana.

Bajo la influencia de lo expresado por Vuestra Excelencia, y de las consideraciones indicadas que justamente inspiran legítimo entusiasmo, no puedo menos de manifestar a Vuestra Excelencia, con verdadera satisfacción, que mi Gobierno está dispuesto a enviar a la ciudad de Panamá, a principios de Septiembre próximo, un Representante, con suficientes poderes, para que con el Gobierno de Vuestra Excelencia y los Plenipotenciarios de las Repúblicas americanas, firme la Convención de arbitramento que ha de cerrar la época de luchas fratricidas en nuestro Continente, y abrir la era feliz de la paz y de la confraternidad de las naciones de Hispanoamérica.

Reciba el Gobierno de Vuestra Excelencia la más cumplida enhorabuena, de parte de mi Gobierno, por el gran pensamiento que ha iniciado en pro de la civilización, del porvenir de América; y acepte Vuestra Excelencia las seguridades de consideración muy alta y distinguida, con que me suscribo su atento y obsecuente servidor.

A Su Excelencia el Señor Don Eustacio Santamaría, Ministro de Relaciones Exteriores del Gobierno de los Estados Unidos de Colombia. Bogotá.

CONGRESO DE PAZ EN WASHINGTON

MINISTERIO DE RELACIONES EXTERIORES
REPÚBLICA DE HONDURAS

Tegucigalpa, Febrero 22 de 1882

Señor Ministro:

He recibido la comunicación de V. E., de 4 de Enero último, y adjunto el importantísimo despacho de S. E. el Señor Ministro de Estado de los EE. UU. de América, relativo a invitar, por medio de V. E., a mi Gobierno, para que concurra, representado por dos Comisionados, al Congreso de la Paz que ha de instalarse en Washington el 22 de Noviembre del corriente año.

Con los preindicados documentos oficiales, dignos de alto aprecio, he dado cuenta a S. E. el Señor Presidente de esta República, quien me ha instruido para decir a V. E.: que el Gobierno que preside abunda en los nobles sentimientos y elevadas aspiraciones que revelan los términos del despacho de S. E. el Señor Ministro de Estado de los EE. UU.; que acepta, con tanto placer como reconocimiento, la honrosa invitación que se le ha dirigido por medio de V. E.; y que oportunamente hará los debidos nombramientos para que lo representen dos Comisionados, suficientemente instruidos, en el gran Congreso de la Paz que, es de esperarse, para bien de la América Latina, y para honra de los EE. UU., resuelva las cuestiones que más interesan, en orden a su porvenir, a las naciones del Continente Americano.

Siento que a V. E. no le haya sido dado, por los quebrantos de su salud, venir a esta Capital, en donde mi Gobierno habría tenido mucho gusto en oír sus opiniones e indicaciones sobre el importante asunto que me ocupa; pero este sentimiento de pena se compensa en parte con el placer que tengo al felicitarlo por los elevados conceptos de la comunicación que se ha servido dirigirme.

Sírvase V. E. poner lo expresado en este despacho en conocimiento de S. E. el Señor Ministro de Estado de los EE. UU., y admitir las seguridades de distinguida consideración que le reitera su muy atento y seguro servidor.

A su Excelencia el Señor Cornelius A. Logan, Ministro Residente de los Estados Unidos en Centro América. Guatemala.

NUESTRO DESTINO HISTÓRICO

Tegucigalpa, Abril 10 de 1883

Señor Ministro:

He tenido la honra de recibir la atenta y estimable comunicación de V. E. fecha 3 del corriente, en la cual se sirve manifestarme que el Gobierno de esa República ha estado dispuesto a mandar a Santa Tecla sus Delegados a la Dieta centroamericana, no habiendo podido hacerlo antes, debido a las atenciones ocasionadas por el cambio de Administración; y en que, además, tiene la bondad de reproducirme su telegrama de 28 del mes próximo anterior, y de referirse al telegrama del Gobierno de Guatemala, remitiéndome copia adjunta, y a la comunicación del Honorable Representante de Costa Rica, que también en copia tengo a la vista, como agregada al despacho de V. E., documentos todos relativos al proyecto, desgraciadamente frustrado, de reunir en Santa Tecla, o en Ahuachapán, una Dieta encargada de hacer los preliminares arreglos para la unión de las cinco Repúblicas de Centroamérica.

Con respecto al telegrama de V. E. de 28 del mes próximo pasado, tengo el honor de confirmar mi respuesta telegráfica de esta fecha que literalmente dice así:

Tegucigalpa, Abril 10 de 1883. A S. E. el Señor Ministro de Relaciones Exteriores del Gobierno de Nicaragua. Hasta ahora tengo el honor de contestar el telegrama de V. E., de 28 del próximo pasado, a causa de que mi Gobierno, que ha secundado la iniciativa de los del Salvador y Guatemala, como era debido, tratándose de una causa común, consultó su parecer sobre la falta de anuencia de Costa Rica para mandar Delegados a la Dieta de Santa Tecla. La respuesta de los Gobiernos salvadoreño y guatemalteco hace muy poco tiempo fue recibida, y de acuerdo mi Gobierno con la opinión que expresan, manifiesto a V. E. que disintiendo Costa Rica, no tendrá resultado práctico la Dieta proyectada; y que lo oportuno es aplazar, indefinidamente, los importantes arreglos relativos a la Unión de

Centroamérica. Declaro a V. E. que el pueblo hondureño y mi Gobierno son sinceramente unionistas; que sienten profundamente tal aplazamiento; y que sólo lo aceptan cediendo a la fuerza, tan justificada como incontrastable, de las circunstancias. Sírvase V. E. poner los términos de este telegrama en el alto conocimiento de S. E. el Sr. Presidente de esa República. De V. E. atento seguro servidor.— Ramón Rosa.

Con relación a los demás términos del despacho de V. E., y a los conceptos de los documentos que en copia se ha servido remitirme, tan sólo puedo decir a V. E., que dada la separación de nuestros Estados, mi Gobierno, que no ha hecho más que secundar los patrióticos propósitos de los del Salvador y Guatemala, sin ver personas, y sólo en acatamiento a una gran idea, no puede menos de aceptar la opinión de los Gobiernos amigos, de quienes aceptó la iniciativa para unir a Centroamérica, bajo los auspicios del derecho y de la opinión pública, y de respetar el disentimiento que, interpretando el sentir nacional, ha mostrado el Gobierno de Costa Rica. Pero debo decir además, con toda sinceridad a V. E., que en cualquiera ocasión en que favorables circunstancias lo permitan, el pueblo y Gobierno hondureños, sea como iniciadores, sea como los últimos auxiliares del gran proyecto de Unión Nacional, estarán siempre dispuestos a contribuir de buena fe, dentro de los límites de la legalidad, y bajo la inspiración del sentimiento público, a la obra de unir a Centroamérica, obra que, tarde o temprano, será un hecho, porque este hecho constituye nuestro destino histórico.

Confiando en mejores tiempos, confiando en lo porvenir, y protestando la adhesión de este pueblo y de mi Gobierno a la gran causa nacional, me es grato repetir a V. E. las seguridades de mi alta consideración.

A S. E. el Señor Ministro de Relaciones Exteriores del Gobierno de Nicaragua. Managua.

RENUNCIA DEL PRESIDENTE SOTO

Tegucigalpa, Marzo 19 de 1883

Señor Ministro:

Su Excelencia el Señor Doctor Don Marco Aurelio Soto, Presidente de la República, debido a graves y profundas alteraciones en su salud, ocasionadas por una trabajosa vida política, durante el período de doce años continuos, se ha visto en el caso de renunciar la Presidencia ante el Congreso de la Nación.

El Congreso, a pesar de considerar como legítimas las causas de la renuncia de Su Excelencia el Señor Presidente, presentada en diez de este mes, no ha tenido a bien aceptarla, pero ha estimado justo y oportuno secundar el propósito del Primer Magistrado de este país, relativo a hacer un viaje al extranjero en busca de descanso y de salud.

Bajo tal concepto, y para el logro de tal propósito, en el mes de Abril próximo, Su Excelencia el Señor Presidente dejará depositado, conforme a la Constitución, el Supremo Poder que ejerce, y saldrá del país, primero con dirección a los Estados Unidos de América, y después a Europa.

Me apresuro a dar parte a V. E. de lo expuesto, tanto para anunciarle el cambio que, por algún tiempo, habrá en el personal del Gobierno de este país, como para manifestarle que Su Excelencia el Señor Doctor Soto, que ha de visitar las principales poblaciones de América y de Europa, no obstante su calidad de Presidente de esta República, viajará como persona particular que, en el cultivo de las relaciones que tiene, o con que sea favorecido en el extranjero, en ningún caso ha de presentarse con carácter oficial.

Lo que he tenido la honra de exponer a V. E., lo comunico en esta fecha, para su inteligencia, a nuestros Agentes Consulares, rogando a V. E. que a su vez se sirva poner los términos de este despacho en el alto conocimiento de su Gobierno.

Esta oportunidad me proporciona el placer de reiterar a V. E. las seguridades de mi alta consideración, con las que me suscribo de V. E. su muy atento y seguro servidor.

A S. E. el Señor Ministro de Relaciones Exteriores del Gobierno de...

NI ANARQUÍA NI DESPOTISMO

Tegucigalpa, Abril 10 de 1883

Señor Ministro:

He tenido la honra de recibir la comunicación de V. E. de 26 de Marzo anterior, en que se sirve exponerme: que provocada la discusión sobre la invitación de los Gobiernos de Guatemala y El Salvador para unir las Repúblicas de Centro América, el Gobierno de ese país ha podido, en despacho de 19 de Febrero último, expresar su anhelo por el restablecimiento de la Unión Centroamericana; pero que al mismo tiempo, ha podido convencerse de que todo paso encaminado a satisfacer esa aspiración requiere meditarse con toda calma y madurez, siendo por esto que, sin modificar los términos del despacho citado, V. E. me expone que mi Gobierno no lleve a mal que el de Costa Rica difiera la ejecución de su ofrecimiento relativo a la Dieta de Santa Tecla, hasta tanto que se ilustre la opinión de aquel pueblo con respecto a la oportunidad de llevar a cabo la Unión Nacional, sin que a ella se opongan los serios temores y desconfianzas manifestados por la prensa en varios de los Estados, lo cual, según el ilustrado juicio de V. E., deja entrever un antagonismo, una lucha que se prepara, en la que no está dispuesta a entrar Costa Rica, pues sólo acepta medios pacíficos y por todos reconocidos para realizar la grande obra de la nacionalidad centroamericana.

Sin entrar en la cuestión inoficiosa de si el despacho de 19 de Febrero está o no en oposición con las declaraciones hechas en el despacho de V. E., debo manifestar a V. E.: que mi Gobierno respeta, como el que más, la expresión de la voluntad nacional de ese pueblo; que mi Gobierno, como lo ha expresado oficialmente, aceptó la noble iniciativa de los Gobiernos de El Salvador y Guatemala, para realizarla en paz y en justicia; y que mi Gobierno, en fin, que se precia de ser digno y autónomo en sus resoluciones, de ser amigo de las ideas y enemigo de la fuerza, si ha adoptado el gran pensamiento de Unión Nacional, lejos ha estado, por sus sanos propósitos, de inspirar temores y desconfianzas al tomar la actitud de auxiliar para la realización del pensamiento más elevado y trascendental que puedan alentar nuestros pueblos: la Unión de Centro América.

Repito a V. E. que mi Gobierno acata la opinión de ese pueblo manifestado, con hidalga franqueza, por su Gobierno; y me es grato agregarle que el Gobierno y pueblo hondureños, si bien interesadísimos en la realización de la Unión Nacional, para ello, siempre estarán del lado del derecho y de la opinión pública, y siempre en contra de la fuerza y de las imposiciones.

Para concluir mi respuesta al despacho de V. E., debo protestar la adhesión de los hondureños y de mi Gobierno a la gran causa nacional, y asegurar igualmente al Gobierno de V. E. que, en cualquiera oportunidad en que las circunstancias sean propicias, Costa Rica y las demás Repúblicas hermanas encontrarán en el Gobierno y pueblo de Honduras agentes decididos, que, por medios pacíficos, por los medios de la civilización, trabajarán, sin egoísmo y sin reservas, en pro de la Unión Nacional, sin servir ni a ambiciones ni a personas, sirviendo tan sólo a los impersonales intereses de lo porvenir, al interés capital de Centro América unida, de Centro América fuerte, para ser digna y libre, para ser la Gran Patria en que no puedan vivir ni vergonzosas anarquías, ni odiosos despotismos de Gobiernos personales.

Soy de V. E., con distinguido aprecio, atento seguro servidor.

RAMÓN ROSA

A S. E. el Señor Ministro de Relaciones Exteriores del Gobierno de Costa Rica. San José.

MEMORIAS

MEMORIA DE RELACIONES EXTERIORES

Honorables Señores Diputados:

Felices los pueblos que, en el seno de la paz y de la legitimidad, ven a Vosotros, Representantes del pueblo hondureño, os ocupáis de tan importante y trascendental objeto. Séame permitido cumplimentaros por vuestro honroso encargo y, a la vez, demandar vuestra benévola atención, pues voy a daros cuenta detallada de los trabajos que, en el bienio transcurrido de Agosto de 1876 a Julio de 1878, se han llevado a práctica en el Departamento de Relaciones Exteriores.

Inaugurada la presente Administración en una época en que multiplicados y repugnantes desconciertos políticos habían hecho perder a Honduras su buen nombre y su crédito en el exterior, bajo auspicios tan desconsoladores, el nuevo Poder público, constituido en Amapala el 27 de Agosto de 1876, conceptuó como un alto deber de patriotismo formular una verdadera profesión de fe, en el sentido de mantener y estrechar francamente las mejores relaciones con las Repúblicas vecinas y hermanas y los países extranjeros. Al proceder de esta suerte el Gobierno, por tan justo medio, se propuso contribuir eficazmente al sostenimiento de la paz, e infundir en el exterior nueva confianza en las tendencias y procedimientos regulares en la administración pública.

Bajo la influencia de la consideración expuesta, al remitir a su destino la carta autógrafa fechada en 20 de Octubre de 1876, en que Su Excelencia el Señor Presidente participó a los Gobiernos de Centroamérica y de los países extranjeros su promoción a la primera Magistratura, la Secretaría de mi cargo dirigió a los Ministros de Estado de los respectivos Gobiernos y a los Agentes diplomáticos de la República, un Memorándum en el que, después de relacionar los verdaderos antecedentes del nuevo Gobierno, y la situación de perfecta paz en que permanecía el país, expresaba el firme propósito de mantener las relaciones exteriores sobre la base de un amistoso y solícito interés.

A la carta autógrafa de Su Excelencia el Señor Presidente, y a las bien intencionadas manifestaciones hechas en el Memorándum de 18 de Octubre, sucedieron el reconocimiento oficial del nuevo Gobierno, y las seguridades más benévolas de amistad dadas a esta Secretaría por los Ministros de Estado de los Gobiernos con quienes el de Honduras había iniciado sus relaciones oficiales.

La opinión pública, nada favorable en Honduras como en el extranjero, al sostenimiento de las Legaciones de este país en Francia e Inglaterra, determinó al Gobierno, en acuerdo de 7 de Noviembre de 1876, a suprimir temporalmente aquellos cargos diplomáticos. El Gobierno se anticipó así al reclamo que, por instrucciones de M. Decazes, Ministro de Estado de Francia, le dirigió al mismo tiempo el Encargado de Negocios francés en Centroamérica, M. de Cabarrus, sobre la inconveniencia de que Don Víctor Herrán continuase encargado de la Legación de Honduras en París.

En el mes de Octubre de 1876, la Secretaría de Estado recibió del Ministro de Relaciones Exteriores del Imperio Alemán, un despacho oficial acreditando ante este Gobierno con el carácter de Encargado de Negocios al Señor Wener Von Bergen. Oficialmente fue reconocido el carácter diplomático del señor Von Bergen; y me es satisfactorio manifestaros que, por su medio, el Gobierno ha cultivado amistosas relaciones con el Gobierno del Imperio Alemán.

Solícito el Gobierno en atender al ensanche de las buenas relaciones de Honduras con los países vecinos, constituyó por acuerdo de 11 de Noviembre de 1876, una Legación cerca del Gobierno de la República del Salvador, confiada al General Don Cruz Lozano, quien ha desempeñado de una manera satisfactoria su cargo de Ministro Residente.

El señor Lozano por justos motivos presentó la dimisión de su empleo, que le fue aceptada en 24 de Marzo de 1878. La Legación fue restablecida por acuerdo de 7 de Agosto del mismo año, habiendo sido confiado su desempeño a Don Enrique Soto, quien a la vez, por acuerdo de 22 de Julio de 77, tiene a su cargo, con el carácter de Enviado Extraordinario y Ministro Plenipotenciario, la Legación de Honduras en la República de Guatemala.

Las Legaciones en El Salvador y Guatemala no sólo satisfacen al fin de dar protección a los intereses de los muchos hondureños residentes en dichos países, sino también al importante objeto de estrechar con sus Gobiernos, cada día más cordialmente, las buenas relaciones que los ligan al Gobierno de esta República.

La situación, por varias causas excepcional, en que estuvieron en el año de 1876 las Repúblicas de Centroamérica; el estado consiguiente de vacilación y de dudas; y el poco conocimiento del programa político del nuevo Gobierno de Honduras, motivaron, en mi entender, algunos cargos que contra esta Administración hizo el Secretario de Estado del Gobierno de Nicaragua, en un despacho-circular de 16 de Septiembre del mismo año, dirigido a los Gobiernos de Centroamérica y a los demás Gobiernos relacionados con el nicaragüense.

Los conceptos del enunciado despacho, que tenían por principal fundamento la creencia de estar amenazados la seguridad y derechos de Nicaragua por los Gobiernos Centroamericanos y, entre éstos, por el de Honduras, fueron contestados por la Secretaría de mi cargo, en despacho de 15 de Diciembre de 76, en términos tan concluyentes en favor de la justificación de Honduras y de su Gobierno, que no dieron lugar ni a una sola rectificación, habiéndose creado desde entonces una situación clara y definida en el sentido de una confianza recíproca en los propósitos de paz y de amistosa inteligencia de ambos pueblos y Gobiernos. ¡Ojalá que siempre las situaciones dudosas, como en el caso enunciado, se resolviesen por medio de explicaciones presididas por el espíritu de la franqueza y la lealtad! (Anexo B.)

En las diferencias habidas entre Nicaragua y Costa Rica, que dieron por resultado la clausura de las relaciones oficiales y comerciales de ambos países, el Gobierno, a quien fueron comunicados por las partes disidentes los términos de la cuestión suscitada, se limitó, como era su deber, a manifestar su justo sentimiento por el desacuerdo ocurrido, y a ofrecer sus buenos oficios para alcanzar un arreglo satisfactorio.

El Gobierno, en los desacuerdos y vicisitudes de los pueblos y Gobiernos vecinos, no ha visto ni verá una oportunidad propicia para intervenir, constituyéndose, en su provecho, en un elemento de perturbación; al contrario, tiene por principio de su política exterior desechar ese ruin y atentatorio procedimiento que tanto daño y deshonra ha causado a Centroamérica, y, por punto de partida de sus actos, la firme resolución de poner su valimiento al servicio de la paz y la concordia de los países Centroamericanos. (Anexo C.)

En consideración a las circunstancias de la República, el Gobierno conceptuó conveniente suprimir la Legación de Honduras en Washington, lo que se verificó por acuerdo de 2 de Noviembre de 1877, a virtud del cual se enviaron sus letras de retiro al Señor don Vicente Dardón, que tenía el carácter de Ministro Residente. Con gusto os manifiesto que el Señor Dardón cumplió, en términos satisfactorios, las funciones diplomáticas relativas a su encargo.

La supresión de la Legación hondureña en Washington en nada ha alterado la amistosa inteligencia que preside a las relaciones que mantiene este Gobierno con el de los Estados Unidos de América.

Habiéndose dirigido a Europa el Señor J. Tallien de Cabarrús, que tenía el carácter de Encargado de Negocios de Francia en Centroamérica, lo ha sustituido con el mismo carácter el Señor Dabry de Thiersant. El Gobierno cultiva buenas relaciones con el nuevo Representante de la República Francesa.

La situación del país no permitió al Gobierno aceptar la invitación bondadosa que le dirigió el de Francia para que Honduras concurriese a la Exposición Universal; pero, en el deseo de tomar alguna parte en este acontecimiento, fecundo en enseñanzas, nombró al General Don Luis Bográn, con el carácter de Comisionado especial, para que representase a la República e hiciese útiles estudios susceptibles de aprovecharse en la promoción de nuestros intereses nacionales.

Seriamente llamaron la atención del Gobierno los términos inconvenientes de muchos de los Tratados y Convenciones que ligaban a Honduras con varios países de América y Europa. En esos pactos se ha notado la deficiencia de sus estipulaciones sobre puntos de grave interés para el país, como son los referentes a la procedencia de sus reclamos por daños y perjuicios causados a consecuencia de trastornos públicos, y a la extensión y límites de la acción de los Agentes Diplomáticos; se ha visto también consagrado, en los pactos de que me ocupo, el principio de reciprocidad, en muchos casos de ejecución imposible para Honduras, si se atiende a las circunstancias completamente diversas y aun opuestas de las partes contratantes.

Las obvias y justas observaciones que preceden motivaron el acuerdo supremo de 25 de Abril de 1877, en que el Gobierno hizo una formal denuncia de los Tratados cuyo tiempo hubiese terminado o estuviese por terminar. (Anexo D.)

Como lo expresa el citado acuerdo de 25 de Abril, en sus partes expositiva y dispositiva, el Gobierno está animado del deseo de sustituir los Tratados que han sido denunciados, con pactos que consagren el principio de una reciprocidad efectiva, que garanticen mejor los derechos de las partes contratantes, y que den más grande y beneficioso ensanche a las relaciones económicas de Honduras con las demás naciones. Por las comunicaciones recibidas por la Secretaría de Estado, el propósito del Gobierno ha sido acogido favorablemente por los Gobiernos de los países a quienes se manifestó oficialmente la idea de celebrar nuevos pactos internacionales.

Habiendo sido popularmente electo el actual Jefe del Estado Presidente Constitucional de la República, y declarada su elección por el Congreso extraordinario en 27 de Mayo de 1877, como es de estilo, se puso en conocimiento de los Gobiernos de los Estados el nombramiento constitucional de Su Excelencia el Presidente de esta República. Me es grato exponeros que, en respuesta a las comunicaciones de este Gobierno, se han recibido satisfactorias contestaciones, en las que predominan la expresión de la confianza que se abriga en el extranjero en la estabilidad y regularidad del actual orden de cosas, y la manifestación sincera del deseo de cultivar más estrechas relaciones con el Gobierno hondureño.

El Gobierno de Guatemala, en 12 de Febrero de 1877, acreditó ante este Gobierno una Legación encargada al Señor Don Felipe Márquez, nombrándolo al efecto Enviado Extraordinario y Ministro Plenipotenciario. Igual nombramiento dio a este caballero el Gobierno de la República del Salvador. El objeto de la Legación fue el de vincular más íntimamente las relaciones e intereses de Guatemala, El Salvador y Honduras. El 18 de Julio del mismo año fue recibido en audiencia pública el Señor Ministro Márquez, quien cumplió satisfactoriamente su honroso cometido.

Teniendo el Señor Márquez que dirigirse a Nicaragua para presentar al Gobierno de aquella República sus credenciales de Enviado Extraordinario y Ministro Plenipotenciario de Guatemala y El Salvador, el Gobierno le dio iguales poderes para que, en su misión amistosa, lo representase ante el Gobierno nicaragüense. Este, a su vez, y con la mira de dar incremento a las buenas relaciones de ambos países, en 30 de Julio de 1877, acreditó ante este Gobierno, con el carácter de Enviado Extraordinario y Ministro Plenipotenciario, al Doctor Don Adán Cárdenas, quien, por circunstancias ajenas a su voluntad, no pudo verificar su viaje a esta ciudad para ser recibido oficialmente.

Invitado el Gobierno de Honduras por el de la República del Perú para que acreditase un Representante a la Asamblea de Jurisconsultos establecida en Lima, con el laudable objeto de uniformar los principios de la Jurisprudencia de los países latinoamericanos, el Gobierno correspondió a la invitación nombrando, en 31 de Diciembre de 77, al Licenciado Don Domingo Vásquez, Plenipotenciario de Honduras ante el Congreso de Jurisconsultos.

De reconocida y grande importancia es hacer lo más expeditas e inmediatas las comunicaciones del pueblo y Gobierno hondureños con los pueblos y Gobiernos vecinos. Tomando por base ese valioso interés, la Secretaría de Estado, en despacho de 31 de Diciembre de 77, se dirigió excitando al Gobierno de Nicaragua para que trajese a la frontera un ramal de sus líneas telegráficas, con el fin de unirlo con el hilo telegráfico que de esta ciudad parte para el departamento de Choluteca, limítrofe del territorio nicaragüense. (Anexo E.)

Fue acogida la iniciativa sobre tan importante obra, para cuya realización ambos Gobiernos se pusieron de acuerdo. Por parte de Honduras se concluyó prontamente la línea que le corresponde, habiendo dejado el alambre, desde Agosto próximo pasado, hasta el río Guasaule, punto de unión de las dos líneas. El Gobierno está informado de que el de Nicaragua ha hecho laudables esfuerzos para concluir su línea. En la actualidad podemos felicitarnos por haberse efectuado desde el 19 de Febrero próximo anterior, la comunicación telegráfica entre Honduras y Nicaragua, la que constituye un nuevo vínculo de unión para ambos países. Este progreso en nuestras relaciones, Honduras lo ha visto también realizado con respecto a las Repúblicas de El Salvador y Guatemala, con las que estamos en instantáneas comunicaciones por medio del telégrafo.

El Gobierno nicaragüense, deseoso de promover eficazmente el desarrollo de los intereses de Nicaragua y Honduras, en 28 de Diciembre de 1877, acreditó ante este Gobierno al Licenciado don

Gilberto Larios, con el carácter de Enviado Extraordinario y Ministro Plenipotenciario.

Como resultado de la misión del señor Larios, se concluyeron en esta ciudad, a los 13 días del mes de Marzo de 1878, un Tratado de Amistad, Comercio y Extradición, y tres Convenciones relativas a los servicios telegráfico y postal y al tránsito de ganado por los respectivos territorios. Someto a vuestro examen y consideración los expresados pactos, para que, si lo tenéis a bien, obtengan oportunamente vuestra ratificación.

No puedo prescindir de llamar vuestra ilustrada atención sobre la igualdad de derechos políticos que acuerda el Tratado a hondureños y nicaragüenses, y sobre las estipulaciones en que se limita la acción de los agentes diplomáticos en cuanto a reclamo de particulares, al caso expreso de denegación de justicia, y en que, por reclamos por daños y perjuicios provenientes de trastornos públicos, se establece que el respectivo Gobierno será únicamente responsable de los daños causados por sus agentes, y que las cuestiones suscitadas por tal motivo serán resueltas por las leyes del Estado reclamado, sin que, en ningún caso, el reclamante de la otra República sea de mejor condición que los hijos del país.

La igualdad de derechos políticos de los hondureños y nicaragüenses, el Gobierno la estima como materia de trascendental interés: conceptúa que esa igualdad debiera ser un principio consagrado, sin excepción alguna, en el derecho público centroamericano: cree que la práctica consagración de ese principio conduce a preparar la unidad nacional de Centroamérica.

La prudente limitación de la acción diplomática y los justos límites fijados a las reclamaciones por daños y perjuicios, los considera también el Gobierno como de gran importancia: la determinación de estos puntos satisface a la buena armonía entre las partes contratantes, y ofrece la ventaja de ser un antecedente reconocido que es justo y deseable consignar en los tratados con las naciones poderosas: de esta suerte, la intervención diplomática y las cuestiones por daños y perjuicios —que algunas veces han sido fuente perenne de exigencias y aun de vejaciones injustificables— se verán clara y precisamente limitadas por una regla fija consignada en los pactos internacionales.

Respecto a las Convenciones, su objeto es de marcada utilidad; es evidente que se satisface a una necesidad de todos los días, de todos los momentos, estableciendo reglas fijas y de justa reciprocidad para los servicios telegráfico y postal, y para el tránsito de los ganados que en los respectivos países se destinan a la exportación. (Anexo F.)

Apenas concluidos los pactos celebrados con el Representante de Nicaragua, el Gobierno entró en nuevas negociaciones con el Representante de El Salvador, Licenciado don Salvador Gallegos, quien, en 16 de Marzo de 1878, fue acreditado ante este Gobierno con el carácter de Enviado Extraordinario y Ministro Plenipotenciario.

Sobre los mismos principios de perfecta reciprocidad e interés común que sirvieron de base a los pactos celebrados con el Representante nicaragüense, fueron concluidos por la Secretaría de Estado y el Representante de El Salvador un Tratado de Amistad, Comercio y Extradición, y dos Convenciones sobre los servicios telegráfico y postal, cuyos pactos, para los consiguientes fines, pongo en vuestro elevado conocimiento. (Anexo G.)

La cuestión suscitada entre los Gobiernos del Imperio Alemán y el de la República de Nicaragua con motivo de agravios hechos al Señor Eisenstück, Cónsul del Imperio Alemán, no pudo menos de inspirar un vivo interés al Gobierno de esta República, vecino y amigo del de Nicaragua. Cediendo a un sentimiento de amistosa solicitud, el Gobierno, por acuerdo de 22 de Mayo de 78, dio plenos poderes a Don Antonio de Aguirre y Asturias para que mediase en la cuestión, interponiendo los buenos oficios del Gobierno hondureño.

Felizmente, el penoso como grave desacuerdo ocurrido tuvo un término satisfactorio... (Anexo H.)

A causa de insistentes reclamos de súbditos ingleses, en 19 de Marzo de 1852, el Gobierno de Honduras, por medio de su representante en Guatemala, don Francisco Cruz, celebró con Don Federico Chatfield, Encargado de Negocios de Su Majestad Británica, una Convención en que, para satisfacer a las reclamaciones hechas, reconoció como deuda de la Nación la cantidad de $80,000 pagadera a la orden del Encargado de Negocios Británico, en anualidades de $12,000, desde el 19 de Abril de 52, y reconociendo el cinco por ciento anual de interés sobre la cantidad que quedara sin satisfacerse hasta la total extinción de la deuda.

El indiferentismo en materia de interés público y los repetidos desconciertos políticos de que el país ha sido presa en distintas épocas, han sido la causa de que en 26 años no se extinguiese, pero ni siquiera minorase en gran parte, la deuda contraída, no obstante haber pagado Honduras, aunque con irregularidad, una suma casi equivalente al monto total de la deuda. Hasta el año de 1873, el Erario Nacional había pagado $79,546.12 1/2 centavos. Mas como los pagos fueron irregulares y se capitalizaron intereses que fueron acumulándose, resulta que en 1876, en que se restableció la presente Administración, no obstante los pagos hechos casi por el valor total de la deuda primitiva, el Gobierno adeudaba la suma de $60,552.83 centavos. Tal responsabilidad es el resultado de las desatentadas y criminales revueltas políticas promovidas y consumadas impunemente en la República.

En vista del estado de la referida deuda, que se aumentaba día por día, y en consideración a los justos reclamos que, sobre su pago, hizo el señor Sidney Locock, ex-Ministro Residente de Su Majestad Británica en Centro América, el Gobierno, aprovechando las amistosas disposiciones del Señor Locock, le propuso un arreglo para que evitase nuevas dificultades para Honduras y que garantice, sin sacrificio, el pago de la deuda. Para este efecto, la Secretaría de Estado remitió detalladas instrucciones a Don Enrique Soto, Ministro Plenipotenciario de Honduras en Guatemala, quien, después de varias conferencias con el Señor Ministro Locock, concluyó el convenio de 25 de Febrero del año próximo pasado, en que la deuda que en el año de 76 ascendía a $60,552.83 centavos, quedó consolidada y reducida, sin responsabilidad sobre intereses, a la suma de $50,000 pagadera en cinco anualidades de a diez mil pesos por las Aduanas de Amapala, Trujillo, Puerto Cortés y Omoa.

El arreglo, cuyos términos os he expuesto, ha sido aprobado por el Gobierno y se ha empezado a darle su debido cumplimiento. De la primera anualidad se han pagado seis mil pesos, y está para efectuarse el pago de los otros cuatro mil que restan para el completo de los diez mil. El Gobierno conceptúa el citado convenio ampliamente beneficioso para el crédito y los intereses del país. (Anexo I.)

En el Tratado Wyke-Cruz, concluido en Comayagua el 28 de Noviembre de 1859, al estipularse la devolución a Honduras de las Islas de la Bahía y la terminación del protectorado británico en la Mosquitia, el Gobierno hondureño, entre otras obligaciones, contrajo la de pagar al principal de los Moscos, durante los diez años siguientes a la celebración del Tratado, una suma anual de $5,000 invertible en la educación y mejora de la condición social de los indios Mosquitos.

Del año de 1859 a esta fecha sólo se ha pagado, por cuenta de la expresada obligación, la suma de £500 o sean $2,500 que enteró en Londres el ex-Ministro de Honduras, Don Carlos Gutiérrez. La falta de cumplimiento en los pagos ha motivado, desde mucho tiempo atrás, varias reclamaciones hechas por el Representante de Su Majestad Británica en Centroamérica. El actual Gobierno, al ser reclamado, ha tenido el firme propósito de dar definitiva satisfacción al reclamo, promoviendo para ello un arreglo justo y practicable. Con este fin, durante el año anterior se cruzaron varias comunicaciones entre la Secretaría de mi cargo y la Legación de Su Majestad Británica, y últimamente, en despacho de 8 de Octubre próximo pasado, el Gobierno formuló sus proposiciones manifestando que estaba dispuesto a convertir la deuda de conformidad con la ley vigente en la materia: a entregar al principal de los Mosquitos —que puede conceptuarse como tal al Gobernador de la Mosquitia— los vales de la deuda convertida, equivalentes a la deuda de los subsidios, y a pagar anualmente al mismo principal las cantidades con que deben amortizarse dichos vales.

El Gobierno propuso, además, que en el caso de no ser aceptable este arreglo, pagaría al principal de los Moscos las diez anualidades de $5,000, renunciando a las quinientas libras entregadas en Londres a buena cuenta de los subsidios, pero sin reconocer obligación alguna respecto al pago de intereses. La cuenta de capital e intereses presentada al Gobierno hasta el 18 de Abril de 1878, asciende a $83,262.50 centavos.

El Representante de Su Majestad Británica, en despacho de 13 de Noviembre último, manifiesta haber recibido las proposiciones de este Gobierno, y haberlas puesto en conocimiento del Secretario Principal de Estado en el Despacho de Relaciones Exteriores del Gobierno de Su Majestad Británica. El Gobierno abriga la esperanza de que ha de llevarse a feliz término un arreglo conveniente sobre el cumplimiento de la obligación contraída en virtud del Tratado de 59. (Anexo J.)

Los demás reclamos de menor entidad que encontró pendiente el actual Gobierno, procedentes ya de deudas en favor de extranjeros, ya de daños inferidos en sus personas e intereses durante las épocas de turbulencias públicas, han sido atendidos y satisfechos bajo favorables condiciones, y con sujeción a las prescripciones del derecho y de la verdadera conveniencia del país.

El Gobierno, para dar ensanche y protección en el extranjero a los intereses comerciales de la República, ha constituido agencias consulares en Nueva York, Nueva Orleans, San Luis, Bélgica, Burdeos, Hamburgo, Panamá y el Perú. Se ha cuidado de que los sujetos nombrados sean, como en efecto lo son, personas de honradez y respetabilidad conocidas. De esta suerte, la República está a salvo de atraerse nuevo descrédito por motivo del discernimiento inconsiderado de su representación en el exterior. (Anexo K.)

El Doctor Carlos E. Bernard, que en acuerdo de 25 de Septiembre de 1877 fue nombrado Comisionado Especial en París y Londres, con el objeto de que viese por los intereses de la empresa del Ferrocarril Interoceánico, y promoviese lo conveniente para la prosecución de esa grande obra, hace algunos días que está de regreso en esta ciudad. Los informes del Señor Comisionado Bernard y las proposiciones que se le han hecho para el fin de continuar la empresa, en su oportunidad los pondré en vuestra alta consideración.

Me complace, Señores Diputados, la idea de que en el relato detallado que os he hecho de los trabajos habidos en el Departamento de Relaciones Exteriores, podréis notar, ya que no el fruto de ilustradas facultades en lo político y en lo administrativo, por lo menos el fruto de una voluntad perseverante, puesta al servicio de la paz y del crédito de Honduras, capitales intereses de nuestra patria.

Tegucigalpa, Marzo 11 de 1879

MEMORIA DE GOBERNACIÓN, JUSTICIA Y NEGOCIOS ECLESIÁSTICOS
(1879)

Honorables Señores Diputados:

Después de haber informado de la conducta observada por el Gobierno en el Departamento de Relaciones Exteriores, tócame ahora haceros una exposición de los trabajos administrativos que se han efectuado en los Departamentos de Gobernación, Justicia y Negocios Eclesiásticos.

Orden Público

A mediados del año de 1876 el restablecimiento del orden público fue el problema más arduo que se presentó ante la consideración del Gobierno: después de nueve meses de guerra civil implacable y sangrienta, el caudillaje estaba a punto de consumar su obra; el país tocaba al extremo de su completa disolución; los elementos de orden estaban anulados; el principio de autoridad había muerto en la conciencia pública; no había confianza en el presente ni esperanzas cifradas en lo porvenir.

En medio de tales dificultades y de perspectivas tan desconsoladoras, el Gobierno del actual Jefe del Estado, que acababa de establecerse, proclamado por los hondureños, trató resueltamente de restaurar el orden público, ofreciendo a los pueblos un programa político de paz y de conciliación: un programa de plenas garantías, acordadas sin miramientos a los antecedentes e intereses de los partidos en disidencia.

Los propósitos del Jefe del Estado tuvieron la más completa adhesión de los hondureños, y el Gobierno cumplió honrada y lealmente su palabra: merced al olvido de lo pasado y a la confianza en las garantías individuales, la anarquía desapareció como por ensalmo. La fuerza y las exacciones, usadas en los tiempos de transición, nada tuvieron que hacer para el restablecimiento y conservación del orden público; así es que, en la época más difícil, en la época de la organización del nuevo Gobierno, la paz y la tranquilidad reinaron en todos los pueblos de Honduras.

El Gobierno, animado del deseo de robustecer el orden restablecido, y de fortificar la confianza de los hondureños, hizo una confirmación de los principios que había puesto en práctica, consignándolos, de la manera más explícita, en una circular de 6 de Noviembre de 1876, dirigida por la Secretaría a mi cargo a los Gobernadores de los Departamentos. La imparcialidad y la justicia, la impugnación de la política preventiva, y la adopción de una política represiva, que se proclaman en aquel documento, han inspirado las ideas y regulado los actos del Gobierno.

El buen sentido de los pueblos y el religioso cumplimiento de las promesas hechas por el Gobierno, consolidaron el orden público, augurando una situación plenamente pacífica y bonancible para los hondureños. Pero ni la rectitud del Gobierno ni los más sagrados intereses del país fueron tomados en cuenta por los hombres avezados al desorden, por los hombres que, de los trastornos políticos, habían hecho una profesión lucrativa.

El General Don José María Medina, que aceptó la nueva situación creada por la Presidencia del Señor Soto, pero reservándose el propósito de subvertir el orden y reconquistar su poder personal, en una ocasión propicia, en el año de 77, creyó llegada la oportunidad: conspiró abiertamente en Comayagua, y no obstante las plenas garantías de que gozaba, y las particulares consideraciones de que fue objeto, en el mes de Julio del mismo año, en connivencia con trabajos revolucionarios en las Repúblicas vecinas, y en relación con sus parciales del interior, intentó, por medio de sus agentes, el asalto del cuartel de la ciudad de Santa Rosa. Como una manifestación de los trabajos revolucionarios de Medina, apareció, en las montañas de Santa María, la facción vandálica del indígena Calixto Vásquez; levantamiento fecundo en inauditos crímenes.

Al Gobierno no le fue extraña esa conducta: sabe muy bien que los procedimientos generosos y patrióticos, en países donde no ha reinado la moralidad política, son reputados por los hombres de la anarquía como una prueba de debilidad o como un testimonio de insulsa candidez. Tal fue el juicio del General Medina, cuando con los suyos se vio rodeado de garantías y consideraciones.

El Gobierno, con la frialdad propia de los poderes que sustentan ideas impersonales, estaba preparado para hacer frente a cualquiera eventualidad. Al ver perturbado el orden, y poseyendo el Gobierno pruebas irrecusables de la criminalidad del General Medina, sometió a éste y a sus cómplices al juicio de un Consejo de Guerra de Oficiales Generales, por ser militar el delito y militares de alta graduación, en su mayor parte, los individuos responsables. El Gobierno mandó también fuerzas suficientes al Departamento de La Paz para que debelasen la facción del indígena Vásquez. La facción concentrada en la montaña fue debelada por completo en menos de tres meses; y el General Don José María Medina, en unión de sus cómplices, conforme a las leyes, fue sentenciado por el Tribunal competente a sufrir la última pena.

La sentencia vino al Ejecutivo para el efecto de que se hiciese uso o no del derecho de gracia. A los sentimientos del personal del Ejecutivo repugnaba el no hacer gracia a los sentenciados: incidente tan extremo creó para los individuos del Gobierno una situación penosísima; pero la opinión pública reclamaba el justo castigo de los infatigables perturbadores del orden, y los más vitales intereses del país requerían, imperiosamente, una cumplida reparación y una garantía para el porvenir. El Ejecutivo denegó, pues, el uso del derecho de gracia para el General Medina y su principal cómplice, el Coronel Marín; a dos de los demás reos, muy culpables, les redujo la pena a la inmediata superior; y los sentenciados restantes fueron perdonados generosamente. Para vuestro conocimiento os acompaño la causa seguida y fallada contra el General Medina y sus cómplices.

Verificado el castigo ejemplar del incorregible trastornador de la paz pública, y debelada por completo la facción del indígena Calixto Vásquez, el país no ha tenido que lamentar nuevos desconciertos ni desgracias: la confianza en la conservación del orden se acrecienta más y más. En épocas pasadas la impunidad de los crímenes consumados por el caudillaje era un motivo de constante alarma y un presagio de trastornos e infortunios públicos; hoy la represión de los trastornadores es un motivo de confianza, y una garantía para el orden, para el bien y decoro de la Nación.

Aun en los países en que tienen firme arraigo la paz, la confianza y las instituciones, se legisla prudentemente en previsión de los estados excepcionales que traen consigo los disturbios públicos, fijando, para esos casos, las facultades y atribuciones de los Poderes encargados de mantener el orden. El Gobierno cree afianzada la tranquilidad de Honduras, y cree tener elementos bastantes para hacer que se conserve inalterable. Sin embargo, es de incuestionable conveniencia adoptar todas las disposiciones que conduzcan a robustecer las seguridades de la paz ulterior; y el Gobierno vería con satisfacción que, para el logro de ese alto fin, previendo en todo lo posible las circunstancias de los estados excepcionales del país, emitieseis una ley de orden público.

Consejo de Estado

Reconociendo el Gobierno la conveniencia de obtener, para la gestión de los negocios públicos, el concurso de los ciudadanos que por sus aptitudes y patriotismo son hábiles para servir los intereses de los pueblos, por tan atendible consideración, decretó el 30 de Octubre de 1876, el establecimiento de un Consejo de Estado.

El decreto que crea la institución del Consejo determinó a éste las atribuciones de emitir dictamen sobre asuntos administrativos, y de tomar iniciativa proponiendo al Ejecutivo las medidas y disposiciones de carácter local o general que estimase conducentes al bien y adelanto de la República. Debo manifestaros que, en los casos en que el Gobierno ha tenido que contar con el parecer de los Señores Consejeros de Estado, éstos han satisfecho cumplidamente al objeto de su institución.

Gobierno político de los departamentos

Desde que se estableció el actual orden de cosas, se ha cuidado de nombrar, para el desempeño de los cargos de Gobernadores Políticos, a individuos que, por su moderación, honradez y buena voluntad, fuesen capaces de secundar la acción reparadora de la autoridad Suprema del Estado. El Gobierno político de los Departamentos ha contribuido eficazmente a que éstos se conserven en perfecta paz, y a que desarrollen, en parte, los elementos de prosperidad con que cuentan.

La seguridad y propiedad de los ciudadanos han sido garantizadas, bajo los auspicios del Gobierno político departamental, por los agentes encargados de la policía, que han cumplido las prescripciones contenidas en las leyes de Policía Urbana y Rural.

En esta ciudad, por acuerdo de 30 de Diciembre de 1876, se estableció una guardia civil. Ese cuerpo de policía ha correspondido a su objeto, y es de desearse que la misma institución, sobre la base de reglamentos de policía más completos y eficaces que los vigentes, se establezca, por lo menos, en las principales poblaciones de los Departamentos. El arreglo de la Policía, que tiene grande importancia en los países más cultos, debe tenerla, en sumo grado, en nuestro país, en donde, por desgracia, predominan, ya el antagonismo, ya el indiferentismo social, y en donde, como consecuencia, se requiere una acción inmediatamente protectora de la seguridad y derechos de los asociados.

Municipalidades

La voluntad popular, verdadero y legítimo origen de los Municipios, ha constituido las autoridades Municipales.

Los Municipios, en sus respectivas localidades, se han dedicado, en cuanto les ha sido posible, a servir los intereses vecinales. Es de sentirse que, en este punto, no haya grande iniciativa ni considerables progresos. Este resultado se debe al desaliento natural que inspiraron a los pueblos los pasados trastornos, a la ruina o menoscabo de las propiedades particulares o comunales, y a la deficiencia de nuestras leyes en orden al arreglo de la Administración Municipal.

La confianza pública, que cada día aumenta, el ensanche de la prensa, que ilustra e impulsa a los encargados de la gestión de los negocios locales, y el perfeccionamiento de nuestras leyes Municipales, juzgo que serán medios eficaces para estimular la actividad de los Municipios, y desarrollarla en provecho de la mejora y prosperidad de los pueblos.

Con respecto a la administración de los fondos Municipales, que permanecía casi en abandono, el Gobierno juzgó muy conveniente darle un nuevo arreglo, estableciendo, en calidad de cargos fijos y de positiva responsabilidad, las Tesorerías Municipales, y fijando las reglas que conciernen a la recaudación, manejo y seguridad de los fondos. Con tan importante fin, se emitió el acuerdo de 27 de Octubre de 1877.

Merced al nuevo arreglo, hoy es dado saber cuál es el producto de los fondos Municipales de cada Departamento y, en general, de toda la República; y es posible deducir la responsabilidad que corresponde a los administradores de los fondos de los Municipios.

Como bien podréis notar, Señores Diputados, la administración local, como la departamental y la de la República, debe reposar sobre el conocimiento exacto de la situación de las rentas. Conocido el estado de éstas, los Municipios pueden, fácilmente, proveer a su aumento y tener un punto de partida seguro para ejercer su acción en mejorar, con sus recursos, la condición de los pueblos, fomentando la instrucción primaria, protegiendo empresas agrícolas, promoviendo establecimientos de beneficencia, y atendiendo a la policía, salubridad y ornato de las localidades.

Elecciones

El sistema de Gobierno adoptado en el país, como bien lo sabéis, tiene como elemento constitutivo de su organismo la libertad electoral. Esta preciosa garantía de los Gobiernos populares representativos, ha dejado, entre nosotros, de ser una teoría: se ha convertido en un hecho reconocido invariablemente en la práctica. La elección de Municipalidades, la de Diputados al Congreso y la de Presidente de la República han tenido, por único origen, el voto espontáneo de los ciudadanos.

Si mi aserto necesitase de confirmación, me bastaría agregar que en los Municipios han figurado y figuran individuos pertenecientes a los distintos círculos políticos en que permanecía dividido el país; que en el Congreso Extraordinario reunido en el año de 77, y en el Ordinario que formáis vosotros, han figurado y figuran individuos de diversos antecedentes, principios y tendencias; y que, en lo relativo a la elección presidencial, se verificó por mayoría de votos, formada por los sufragios de ciudadanos que han tenido y tienen distintas opiniones políticas. Estos hechos irrecusables prueban que, en Honduras, la libertad de sufragio no es una palabra que carece de sentido práctico.

Las opiniones y aun prescripciones del Gobierno, con referencia al amplio y regular ejercicio de la facultad de elegir —de ese derecho primordial de los ciudadanos— podéis encontrarlas muy explícitas en la circular de 3 de Abril de 1877, dirigida a los Gobernadores Políticos de los Departamentos con motivo de la elección de Presidente y Diputados al Congreso Extraordinario.

Congreso Extraordinario

Habiéndose interrumpido el orden constitucional a consecuencia de las perturbaciones públicas que, desde Diciembre de 75 hasta Agosto de 76, produjo la insurrección del General Medina, el actual Gobierno, que vino a restablecer la paz conmovida hasta en sus cimientos, juzgó debido y oportuno convocar, con el carácter de extraordinario, un Congreso que representase la genuina voluntad de los pueblos, y tuviese por objeto declarar la elección presidencial, acordar lo conveniente sobre el restablecimiento del orden constitucional, y resolver los asuntos que el Gobierno pusiese en su consideración.

Como efecto de tales propósitos, por decreto de 22 de Marzo de 1877, fue convocado el pueblo para que eligiese sus representantes a un Congreso Extraordinario. Este Alto Cuerpo se instaló en Comayagua el 27 de Mayo del mismo año, y pudo satisfacer, cumplidamente, a los fines de su cometido.

Entre las disposiciones principales emanadas del Congreso figuran el decreto de 2 de Junio, en que se rehabilita la Constitución de 1865, confiriéndose, a la vez, amplias facultades al Ejecutivo para el sostenimiento del orden y reorganización del país en todos los ramos de la administración; y el decreto de la misma fecha, en que se faculta al Ejecutivo que, cuando lo juzgue oportuno, convoque a elecciones de Representantes para una Asamblea Constituyente que emita la Carta fundamental en armonía con las necesidades e intereses del país.

El Ejecutivo se ha limitado a usar de sus facultades en la esfera puramente administrativa.

Después de tomarse en cuenta los vicios y defectos de la Constitución de 65, el Congreso de 77 acordó su reforma, y, como queda expuesto, facultó al Ejecutivo para que convocase la Constituyente. No obstante, el Gobierno, en el deseo de que se observen los trámites constitucionales, y se ilustre tan importante asunto con vuestras opiniones, tiene por conveniente presentarlo ante vuestra consideración.

Edificios Nacionales

Los pocos edificios que encontró el Gobierno en Comayagua, de propiedad de la Nación, estaban a punto de arruinarse debido a considerables deterioros. Una de las primeras atenciones del Gobierno fue proveer a su reparación y mejora, y, en efecto, fueron reparados y permanecen en buen estado la casa de Gobierno, la que hoy ocupan la Imprenta y las oficinas de correos y telégrafos, la que sirve a la Corte Suprema de Justicia, la destinada al depósito de aguardiente, y la que se emplea de cuartel para la guarnición de la plaza.

A pesar de las dificultades que ocurren en cuanto a fondos, el Gobierno, por razón de conveniencia, de economía y aun de decoro, se ha propuesto construir o adquirir para la Nación edificios en los Departamentos y puertos, para destinarlos a los distintos servicios públicos. Consecuente con esta idea, ha comprado dos casas en Comayagua; ha proporcionado fondos para la construcción de los edificios nacionales de Santa Bárbara y Amapala; tiene en construcción una casa nacional en La Paz; ha comprado en la misma ciudad una casa para las oficinas telegráficas; ha hecho la compra en esta ciudad de la casa que ocupa el Colegio de segunda enseñanza, la que se ha reparado por completo; ha reparado, igualmente, las cuatro casas que en esta ciudad se han tomado en arrendamiento para el Colegio Nacional de Señoritas, la Escuela de Bellas Artes y las Oficinas Generales de Correos y Telégrafos; ha ensanchado y mejorado la Casa de Moneda; y, últimamente, para el servicio de las

Oficinas públicas, ha comprado una casa en la ciudad de Choluteca y otra en Santa Rosa destinada a la Factoría de tabaco.

Como podéis notarlo, por construcción o por compra, el Gobierno ha proporcionado a la Nación, en varios Departamentos, edificios de su propiedad exclusiva, lo que redunda en provecho del arreglo del servicio público, y en beneficio de los intereses fiscales, que mucho se gravan con los considerables gastos que se hacen en alquileres y traslaciones de oficinas.

Las ventajas que dejo mencionadas determinan al Gobierno a perseverar en el propósito de construir o comprar, en los demás Departamentos, edificios capaces de contener cómoda y decentemente las oficinas públicas.

Las erogaciones que se han llevado a cabo en la construcción, compra y mejora de edificios, y en los alquileres de los que se han tomado en arrendamiento, figuran en las cuentas de los respectivos Departamentos, como también en las Aduanas por libramientos que se han hecho para efectuar los correspondientes pagos.

Imprenta del Estado

El establecimiento tipográfico de la Nación ha merecido del Gobierno un particular interés. Habiendo encontrado la Imprenta Nacional en condiciones muy desfavorables, el Gobierno se propuso hacer venir al país una buena prensa, de las de última invención, con todos los enseres suficientes para el arreglo completo del establecimiento de tipografía. Desde hace algunos meses, y a despecho de graves dificultades, llegó la prensa a esta ciudad. En breve, el establecimiento tipográfico del Estado podrá hacer excelentes impresiones, con notable economía de tiempo, de trabajo y de gastos.

Publicaciones periódicas

El periodismo, motor de los progresos modernos y signo inequívoco para juzgar el estado de un pueblo, va tomando entre nosotros muy notable incremento. Existen publicaciones periódicas no sólo en esta ciudad, residencia del Gobierno, sino también en varias de las capitales de los Departamentos. La libertad de imprenta, de derecho y de hecho, está reconocida y respetada en el país, sin que la licencia haya desvirtuado, hasta ahora, la dignidad e importancia de esa preciosa garantía de los países republicanos. Es de esperarse que, acatada como está la libertad del pensamiento, la prensa tome mayor ensanche, robustezca las sanas ideas, y ejerza por doquiera su influencia civilizadora.

Curaduría de las tribus selváticas de Yoro

Las tribus del Departamento de Yoro, por ministerio de la ley, estaban sujetas a la potestad de curadores encargados de velar por los intereses de aquellas. Mas los curadores hicieron degenerar su encargo, convirtiéndose en agentes de inicua explotación, de que han sido víctimas los selváticos. Estos, aunque sumisos, laboriosos y productores, estaban reducidos a la tristísima condición de siervos. Pesaban sobre ellos los duros tratamientos impuestos a los indios por los encomenderos de los siglos XVI y XVII. El Gobierno no pudo consentir en que, de tal suerte, se conculcase el derecho; no pudo consentir en que existiese, en un Departamento del país, la esclavitud disfrazada. Cediendo al deber y a la conveniencia, dictó el acuerdo de 25 de Abril de 77, en que se emancipa a los selváticos del poder de sus curadores; en que se garantiza a aquellos la propiedad del fruto de su trabajo; y en que, además, se coloca a las tribus bajo la inmediata protección de la autoridad suprema, y de las autoridades civiles y militares del Departamento de Yoro. Vosotros, Señores Diputados, haríais un gran bien dictando las medidas legislativas que más convengan para educar y proteger a los selváticos de Yoro, lo mismo que a los indios de la Mosquitia. Atraerlos al seno de la cultura social es realizar una obra de humanidad y civilización.

DEPARTAMENTO DE JUSTICIA

Poder Judicial

Al establecerse la actual Administración, el Poder Judicial se hallaba desorganizado. Uno de los primeros actos del Gobierno fue el de reconstituirlo y ponerlo en condiciones de que funcionase con regularidad. Posteriormente, el Congreso de 77 reorganizó definitiva y constitucionalmente al poder encargado de la administración de justicia.

La época de trastornos a que me he referido en esta exposición, aun después de reconstituidas las autoridades judiciales, causó gran retraso en sus trabajos, debido a la dispersión de los criminales que se habían fugado de las cárceles. A medida que el orden fue consolidándose, el Poder Judicial fue ensanchando su acción y encontrando medios de hacer efectiva la justicia. Hoy me es grato manifestaros que no hay retraso en los despachos de los tribunales, y que la saludable acción de la ley ha recobrado su perdido ascendiente.

La independencia del Poder Judicial, que es una de las garantías que más importan al derecho individual y al respeto público, ha sido plenamente respetada por el Ejecutivo. Los actos acertados o desacertados de los tribunales han sido obra exclusiva de su propia inspiración y autoridad. El Gobierno, estricto en el cumplimiento de su deber, no ha ejercido la menor intervención en materia de administración de justicia.

Códigos Patrios

Verdad palmaria es que la legislación vigente, compuesta en su mayor parte de las antiguas leyes españolas, inspiradas en las ideas y necesidades de otra época, no puede satisfacer a las necesidades e intereses de la sociedad de nuestros días. Este país joven, rico en elementos de prosperidad, no puede estar regido, sin notable inconveniencia ni aun sin desdoro, por las leyes de la antigua monarquía española, reaccionarias en lo político y antieconómicas en lo administrativo.

Penetrado de tales consideraciones, el Gobierno, en acuerdo de 26 de Abril de 1877, autorizó a la Secretaría a mi cargo, en el Departamento de Relaciones Exteriores, para que tomase las providencias conducentes a obtener los escritos sobre legislación, y los Códigos más notables en materia civil, penal, enjuiciamiento civil y criminal, de minería y de comercio, para que sirviesen de base a los trabajos de la Comisión Codificadora que oportunamente debería nombrarse.

La obsequiosa prestación de los Gobiernos de Europa y América, a quienes se dirigió el de Honduras, proporcionó los mencionados escritos y Códigos, preciosos materiales para la formación de los Códigos Patrios. Obtenido este resultado, en acuerdo de 26 de Febrero de 1878, se nombró en Comisión a los Señores Doctor Don Adolfo Zúniga, Licenciado Don Jerónimo Zelaya y Doctor Don Carlos Alberto Uclés, para que redactasen los proyectos de los Códigos Civil y de Procedimientos, Penal y de Procedimientos, de Minería y de Comercio; y últimamente se les encargó la redacción del proyecto de ley sobre Organización y Atribuciones de los Tribunales.

La Comisión, que durante once meses ha tenido un trabajo perseverante, merced a sus laudables esfuerzos, ha dado término a su obra importantísima. La Comisión, para llenar debidamente su objeto, ha tenido a la vista y estudiado los principales Códigos de Europa y América, y ha elegido, por modelo de la legislación patria, los Códigos de Chile, tan notable la conducta del Gobierno, manifestada en este informe, y sujeta a vuestras rectas e ilustradas consideraciones.

RAMÓN ROSA
Tegucigalpa, Marzo 13 de 1879
(La Gaceta No. 56, Noviembre 13 de 1879)

MEMORIA DE INSTRUCCIÓN PÚBLICA
(1879)

Honorables Señores Diputados:

Los elementos de progreso para los pueblos. La instrucción es el alma de las sociedades que revelan, en la esfera de los hechos, las instituciones de los países libres: la instrucción es también la fuente impalpable, pero viva, de la prosperidad y cultura de las naciones. El Gobierno, apreciando en su justo valor estas verdades, ha hecho cuanto ha estado a su alcance para sostener, mejorar y difundir la instrucción pública. Voy a presentaros un breve informe sobre el carácter y resultados de sus trabajos.

Estado de las escuelas de primera enseñanza en el año transcurrido desde Agosto de 76 hasta Julio de 77.

La mano cruel de la anarquía, que nada respeta, que todo lo destruye, en 1876 dio en tierra con las escuelas primarias y demás establecimientos de enseñanza. Los maestros de escuela, obreros pacíficos de la civilización, sólo pueden cumplir su alto ministerio bajo los auspicios de la tranquilidad pública. No es, pues, extraño que, en la época a que me he referido, las escuelas hayan estado desiertas.

Constituido el Gobierno en la Capital, una de sus primeras medidas fue la de prevenir, por medio de una circular, a los Gobernadores Políticos de los Departamentos, que tomasen todo empeño en restablecer las escuelas de primera enseñanza.

Debido a la acción administrativa y al interés de los particulares, se logró en el año de 77 abrir 274 escuelas primarias de niños, con 9,123 alumnos. Para el sostenimiento de las escuelas los Municipios erogaron la suma de $30,178.3 1/2 centavos, y el Gobierno, en subvenciones, la suma de $4,441.52 1/2 centavos. (Anexo A.)

Estado de las escuelas de primera enseñanza en 1878

El estado de la enseñanza primaria en el año próximo anterior es satisfactorio, comparado con la situación del 77. El número de

181

escuelas de niños ha ascendido a 309, con 10,978 alumnos; el de escuelas de niñas se ha elevado a 55, con 2,098 alumnas. Los Municipios han gastado en sostener esos establecimientos la suma de $39,560.78 1/2 centavos, y el Gobierno, en subvenciones, ha erogado la suma correspondiente. Comparada esta situación con la del año de 77, no puede menos de notarse un aumento considerable en el número de las escuelas y en los gastos invertidos en la instrucción primaria. (Anexo B.)

El Gobierno conceptúa que es deficiente el número de escuelas, y cree que es de alta conveniencia elevarlo cuanto más sea posible a fin de que los beneficios de la instrucción primaria alcancen, sin excepción, a toda la juventud hondureña. Para esto, la escuela primaria debe ser obligatoria y gratuita, y extender su enseñanza por doquiera: sólo de esta suerte podrá contarse en todos los pueblos con verdaderos ciudadanos: únicamente merecen el nombre de tales los individuos que, poseyendo por lo menos la instrucción primaria, son capaces de comprender y practicar las elevadas cuanto difíciles instituciones de la República. Ensanchar la instrucción, difundirla sin reserva, es una de nuestras necesidades más ingentes.

Yo veo los pasados triunfos del caudillaje, que han causado la ruina y el descrédito del país, como una consecuencia legítima de la ignorancia de los pueblos. Que estos se instruyan, y entonces el caudillaje disociador y rapaz no encontrará el menor eco en Honduras. Los pueblos, ilustrada su inteligencia con sanas ideas, e inspirado su corazón en enseñanzas morales, siempre darán la espalda al desorden, a la anarquía, y sólo estarán de frente prestando su concurso a los poderes representantes de la legalidad, de la honradez y del trabajo.

Al Gobierno no le ha sido dado, en medio de las dificultades que ha traído consigo la reorganización del país, llenar sus aspiraciones con respecto al desarrollo de la instrucción primaria; pero reconstituidos como están los principales intereses de la Nación, tiene el propósito de sistemar la enseñanza primaria, de atenderla con recursos suficientes, y de hacerla eficazmente gratuita y obligatoria en todos los pueblos de la República.

Mas no basta que haya escuela en todas las localidades; se necesita además que los encargados de la enseñanza tengan la moralidad y las aptitudes que se requieran para que sus funciones sean fructuosas.

Este objeto puede lograrse creando escuelas normales de donde puedan salir maestros moralizados y competentes. El Gobierno ha procurado establecer una escuela normal de cada sexo en las poblaciones principales de los Departamentos. Al efecto, la Secretaría de Instrucción Pública dirigió una circular a los Gobernadores políticos, excitando por su medio a las Municipalidades para que cooperasen al sostenimiento de las enunciadas escuelas. Los Municipios están dispuestos a contribuir con buena voluntad, pero los fondos con que coadyuvan no son suficientes para realizar el fin que se tiene en mira. Sin renunciar al propósito de fundar escuelas normales en los Departamentos, el Gobierno tratará por de pronto de establecer dos escuelas centrales para dar principio a la formación de maestros idóneos. (Anexo C.)

Por los datos que os he presentado se ve que es reducidísimo el número de escuelas de niñas. Aquí, como en los demás países de origen español, se ha tenido como asunto muy secundario la instrucción de la mujer: su educación se ha descuidado casi por completo, y nosotros tenemos de ello un testimonio elocuentísimo. En esta ciudad, una de las más importantes del país, aunque mal sistemada, ha habido instrucción primaria, secundaria, y aun universitaria para los jóvenes, y sin embargo, antes de la actual administración, no había para la mujer, ni una escuela de enseñanza primaria. Removiendo graves dificultades se ha empezado a reparar, en lo posible, tamaña injusticia: se ha comenzado a atender a la instrucción de la mujer por medio de establecimientos de enseñanza primaria y secundaria.

Para el Gobierno, la educación de la mujer es de la más grande trascendencia social, y lo anima el propósito de hacer que los establecimientos de enseñanza para el bello sexo, sean tan numerosos y bien sistemados como los que corresponden a la enseñanza de los jóvenes. La mujer es la maestra del hogar, y el Estado debe proporcionarle medios para que cumpla dignamente su santa y elevada misión.

Segunda Enseñanza

La segunda enseñanza, que debe ocupar un puesto muy importante en la instrucción pública, era casi nula bajo el régimen que encontró planteado el actual Gobierno. Algunas nociones de latín y metafísica, de inglés o francés, y de matemáticas puras, he aquí lo que constituía la segunda enseñanza. Como esta era muy limitada en sus materias, y muy teórica debido al sistema adoptado, la consecuencia legítima ha sido la de que los jóvenes obtenían sus títulos de bachilleres en ciencias sin poseer una instrucción sólida y variada, y sin que esta pudiese serles útil en los distintos usos de la vida práctica.

El Gobierno ha juzgado la segunda enseñanza bajo otro punto de vista; bajo el punto de vista positivo y útil. Sobre esta base, en el año anterior, fundó un Colegio de enseñanza secundaria, previniendo el aprendizaje de ciencias y artes de utilidad práctica, ampliando notablemente las materias de enseñanza, y fijando estrictas reglas para el buen régimen del establecimiento y para la concesión de grados literarios. El Colegio Nacional tiene un cuerpo completo de profesores: estos proporcionan la enseñanza de las materias del primer curso a 76 alumnos. (Anexo D.)

El Colegio de San Carlos, que en la ciudad de Santa Rosa proporciona la segunda enseñanza, continúa dando satisfactorios resultados. Cada día toma más proporciones y promete mayores beneficios. En 1877 el Gobierno gastó en ese establecimiento la suma de $3,405.23 1/4.

El Gobierno tiene la idea de promover el establecimiento de Colegios de segunda enseñanza en las principales poblaciones de los Departamentos, y de sujetar a un mismo plan de estudios los Colegios establecidos y que en lo sucesivo se establezcan.

Enseñanza Profesional

La Universidad Nacional, que tiene el mérito indisputable de haber formado en sus aulas a muchos hondureños distinguidos en el Foro y en la Iglesia, requiere que se introduzcan en su sistema de enseñanza, radicales innovaciones. En la Universidad sólo ha podido obtenerse el aprendizaje del Derecho y de materias eclesiásticas. De su seno sólo han salido Abogados y Clérigos. Es indispensable que la enseñanza universitaria sea más amplia, más variada y más práctica: es indispensable que en la Universidad se aprendan las ciencias sociales en toda su extensión, las ciencias médicas, y las ciencias prácticas aplicables a la industria, que tienen por base los conocimientos físico-matemáticos.

Se ha dado comienzo a la reforma en la enseñanza profesional, estableciendo un curso preparatorio para realizar con éxito la transición a los estudios prácticos en las ciencias de utilidades positivas. El Gobierno se propone proporcionar recursos a la Universidad, y alistar un cuerpo de profesores competentes para llevar a cabo, por medio de una ley, la reglamentación del nuevo plan de estudios que reclama la enseñanza profesional. (Anexo E.)

Escuelas y Colegio de Señoritas

Para atender a la enseñanza elemental del bello sexo, el Gobierno, el 13 de Diciembre de 77, creó en esta ciudad una escuela destinada a ese objeto, la que cuenta con 79 alumnas; con igual fin, en la Villa de Concepción, que tiene 38 alumnas. En ambos establecimientos se da gratuitamente y bajo un buen sistema, la enseñanza primaria.

Para la enseñanza en grado superior, se ha establecido un Colegio Nacional de Señoritas regulado por el sistema americano, y servido por profesoras extranjeras. Hay en el Colegio Nacional 37 alumnas, y en la actualidad se enseñan las materias correspondientes al segundo curso. (Anexo F.)

Escuela de Bellas Artes

Por acuerdo de 15 de Abril de 1878 se estableció una escuela de Bellas Artes, en la que se dan actualmente las clases de dibujo y pintura. Durante el día concurren a la escuela 32 alumnos, y 35 por la noche; entre los alumnos figuran algunos artesanos, que es indudable perfeccionarán sus oficios con el aprendizaje que hagan del dibujo lineal. (Anexo G.)

Tal es, Señores Diputados, el cuadro fiel que representa el estado de la Instrucción Pública en sus variados e importantes ramos. Fomentar la difusión de las luces es uno de los objetos más nobles que pueden tener vuestras sabias resoluciones.

Tegucigalpa, Marzo 20 de 1879.

MEMORIA DE HACIENDA, DE CRÉDITO PÚBLICO Y DE GUERRA

Honorables Señores Diputados:

Voy a ocuparme en el presente informe de relacionaros los trabajos habidos.

Aduanas

Han continuado rigiendo, para el cobro de derechos en las aduanas, las leyes arancelarias emitidas en el año de 1875. A este respecto se han hecho muy pocas modificaciones.

Estaba establecido que un tanto por ciento de los derechos pagaderos en las aduanas se satisficiese en papeles de la deuda interior que, por lo común, se cotizaban en el mercado del 5 al 10 por ciento. Notándose que este sistema de amortizar la deuda sólo beneficiaba a un reducido número de comerciantes, y no a los acreedores que sacrificaban sus papeles de crédito vendiéndolos a aquellos a un precio ínfimo, y observándose, por otra parte, que con tal sistema el Erario se veía privado de sus recursos, que podrían destinarse más tarde a una amortización general y justa de la deuda; por estas consideraciones, se emitió el decreto de 12 de Septiembre de 1876, en que se previene que los derechos sobre importación, exportación, etc., se paguen en su totalidad en moneda efectiva.

Con la medida expuesta, en el fondo, el Gobierno no aumentó los derechos, pues la Hacienda Pública recibía los papeles de crédito contra el Estado, no por el pequeño valor en que se cotizaban, sino por el valor intrínseco que les diera la ley. A esto debe agregarse que, para compensar al comercio la falta de sus ventajas en compra de papeles para el pago de derechos, éstos se le rebajaron en un 15 por ciento en los años de 76 y 77; y posteriormente, por negociaciones efectuadas con el Fisco, se han admitido en las aduanas, en pago de derechos, papeles de la deuda interior. En consecuencia, la innovación introducida por el decreto de 12 de Septiembre de 76, ni ha aumentado los derechos, ni ha perjudicado los intereses del comercio, y sí ha procurado efectivos recursos al Erario Público.

Por acuerdo de 28 de Noviembre de 1877 se estableció que desde el 19 de Enero de 78 se pagase, por el término de dos años, un 10 por ciento sobre los derechos de introducción, para hacer frente a los muchos gastos que ha habido y hay en el Departamento de Fomento. El 10 por ciento aumentado, hasta el 31 de Julio del año anterior, produjo la pequeña suma de $5,483.69 3/4 centavos. Esta subvención tan módica nada significa comparada con las subvenciones de guerra que pesaban directamente sobre el capital, con los empréstitos forzosos, y con los servicios gratuitos y forzados que se exigían a los pueblos; contribuciones que han arruinado, en particular, las fortunas de los pequeños capitalistas, y que el actual Gobierno suprimió, en absoluto, desde su aparecimiento en Amapala, emitiendo al efecto el decreto de 28 de Agosto de 1876.

En 3 de Enero de 1878 se decretó el pago de un 50 por ciento más sobre el total de los derechos causados por la importación de licores; pero en cambio se suprimió el impuesto de patente que antes se pagaba por las ventas de licores ultramarinos. Así es que el decreto de 3 de Enero, expedítando el negocio en la venta de licores, no hizo más que cambiar favorablemente la manera de satisfacer los derechos.

El impuesto que sobre la exportación de plata en pasta fijó el decreto de 9 de Septiembre de 1868, fue minorado en decreto de 26 de Octubre de 76, dando al marco de plata el aforo de $7 en vez del $8 que antes tenía.

Λ pesar de no haberse introducido, como queda expuesto, modificaciones sustanciales en las leyes arancelarias de las aduanas, para que estas produjesen mayores rendimientos, según los estados de la Tesorería General, en el año económico de 1877 en que empezaron a restablecerse los negocios, los derechos de importación y bodegaje produjeron $199,653.40 1/2 centavos, y en el año de 1878, $289,237.42 1/2 centavos. Resulta en la renta de aduanas, en el año de 78, un aumento de $89,584.02 centavos, como podréis verlo en el cuadro comparativo de productos de 77 y 78 que, sobre la base de los estados de la Tesorería General, ha formado el Tenedor de Libros del Gobierno. (Anexo A.)

El aumento obtenido en los productos de las aduanas se debe, indudablemente, a la paz que ha ensanchado las transacciones comerciales, y a la mayor diligencia que ha habido en la administración pública.

Las leyes arancelarias que rigen adolecen de graves defectos que redundan en perjuicio de la renta, y además se oponen mucho al progreso de ésta, los tradicionales abusos que se cometen por el contrabando, particularmente en los puertos y desembarcaderos de la extensa costa del Norte. El Gobierno cree que no es obra de poco momento desarraigar los inveterados vicios del contrabando, ni perfeccionar, como es debido, los reglamentos arancelarios, difíciles y complicados en su ejecución. No obstante, el Gobierno, guiado por la experiencia que hoy tiene sobre tales asuntos, escogerá los medios más oportunos para anular el contrabando y reformar los aranceles de aduanas. A este respecto, vosotros, con vuestro acertado criterio, podéis dar o indicar al Ejecutivo las medidas que juzguéis más adoptables y convenientes.

Renta de Aguardiente

El sistema de remates estaba establecido para la venta de aguardiente del país, y por la venta de licores ultramarinos se pagaba un derecho de patente, por año, cuyo valor era de $25 hasta $200. La renta de aguardiente y licores ultramarinos, según los datos que ha sido dado recoger, producía de $50 a $60,000 al año.

Renta de Aguardiente

Conceptuando el Gobierno que la renta de aguardiente podía aumentarse de un modo muy considerable, bajo un sistema en que, sin perjudicar a los productores del artículo, tuviesen iniciativa y acción constante los empleados de Hacienda, que eran pasivos en absoluto bajo el sistema de remates; tomando por base esa idea, en 19 de Diciembre de 1876, se emitió una ley orgánica del ramo de aguardiente, dando a éste una administración especial: la nueva ley estableció que el Gobierno comprase el aguardiente al productor, dejándole buena utilidad; que el Gobierno vendiese el artículo a los patentados, obteniendo ganancia, siendo éstos los vendedores del aguardiente a los consumidores: la ley previno, además, que en todos los casos en que no hubiere patentados el Gobierno vendería el aguardiente por su cuenta directa, por medio de sus agentes. Esta prescripción de la ley es la que está en práctica, ya por haber habido patentados en algunos lugares, ya por ser muy reducido su número en otros. Las prescripciones de la ley, relativas al precio fijo de 12 centavos por botella en que se compraba el aguardiente, y al pago de derechos de patente para la venta por mayor y menor de licores ultramarinos, han sido sustituidas por las disposiciones en que se previene que los cañeros de algunos Departamentos vendan por turno el aguardiente, siendo aceptado el más barato, y en que se suprime el impuesto de patente por la venta de licores ultramarinos, reemplazándolo con un 50 por ciento sobre los derechos de importación de licores extranjeros.

La inactividad del interés individual ha hecho que en muchos Departamentos no haya el aguardiente necesario para el consumo, lo que ha causado contratiempos y considerables pérdidas al Erario. A pesar de esta circunstancia, y de estar ensayándose el nuevo sistema, se han obtenido los resultados siguientes: en siete meses de nueva administración del ramo, en el año económico de 77 hubo un movimiento general de ingresos y egresos de la renta de $96,398.73 1/2 centavos, y un producto líquido de $74,735.73 1/2 centavos; y en el año económico de 78 hubo un movimiento general de ingresos y egresos de $245,279.96 1/2 centavos y un producto líquido de $186,315.38 centavos.

Para que se forme una idea más completa de la situación y últimos progresos del ramo de aguardiente os presento, además, la cuenta de sus ingresos, egresos y productos líquidos en los años civiles de 1877 y 1878. En 77 el movimiento general de ingresos y egresos fue de $197,125.47 1/2 centavos y el producto líquido $101,334.72 1/2 centavos: en 78 el movimiento general de ingresos y egresos fue de $270,395.50 1/2 centavos y el producto líquido de $147,086.12 1/2 centavos. En favor de la renta, en el año próximo pasado, comparado con el de 77, resulta en el movimiento general de ingresos y egresos, un aumento de $73,270.03 centavos y en los productos líquidos un aumento de $45,751.40 centavos. (Anexo B.)

Proveyendo de aguardiente a todos los Departamentos, que en muchos pueblos están desurtidos, desplegando más acción administrativa, y haciendo una persecución más eficaz al contrabando, es de calcularse, en vista del aumento obtenido por la renta en el año de 78, que en el año corriente puede lograrse un producto líquido de $200,000, y en el año próximo entrante de $250,000, que es el rendimiento anual y ordinario que conceptúo debe dar la renta de aguardiente.

El Gobierno tiene la convicción fundada en el estudio que ha hecho de las peculiaridades del país, de que el sistema de que la venta de aguardiente se haga por cuenta directa del Estado, es el que más favorece a los intereses fiscales y aun a los intereses de los productores del artículo que lo realizan bajo condiciones seguras y ventajosas, sin encontrar los estropiezos y eventualidades que ofrece la pluralidad de monopolios particulares. Los sistemas de patentes y de remates serían aceptables si hubiese iniciativa y espíritu de empresa que los hiciese productivos, y si a la vez, estuviesen menos arraigados de lo que están, los hábitos de contrabando, que en muchos casos los empresarios fomentan, y que cuando esto no sucede, son impotentes para resistirlos, teniendo, en cambio de su buena fe, la ruina de su negocio.

Conocido ya en la práctica el sistema que, por ahora, se adapta a la mejor organización de la renta de aguardiente, lo único que resta al Gobierno es reformar la ley de 19 de diciembre de 76, amoldando todas sus disposiciones al único principio de que la venta de aguardiente del país se haga por cuenta directa del Estado. En consonancia con la ley reformada, para complementarla, deben emitirse las disposiciones reglamentarias que corresponden. La renta de aguardiente es de gran porvenir, y el Gobierno pondrá todos los medios que estén a su alcance para darle una completa y definitiva organización.

Renta de Tabaco

Grande irregularidad había en la administración de la renta de tabaco: en unos departamentos era libre la venta de ese artículo, y en otros estaba sujeta a contratas con el Fisco: los agricultores pagaban el impuesto de $16 por la siembra de cada 8,000 matas.

En 15 de Marzo de 1877 el Gobierno emitió una ley dando nueva organización a la renta de tabaco: la ley suprimió el impuesto que pesaba sobre la siembra; creó una Factoría encargada de la administración general de la renta; y estableció que las cosechas de tabaco fuesen compradas, a precios equitativos, por cuenta del Gobierno para expender dicho artículo en el interior por medio de las Intendencias de Hacienda, y en el exterior por medio de contratas celebradas con la Factoría o el Gobierno. Tomando por base los datos que ha remitido el Factor, el Tenedor de Libros del Gobierno ha formado la cuenta de gastos y productos: calculándose un 50 por ciento de beneficio sobre el tabaco que se expende en el interior e incluyendo la utilidad que se calcula sobre las existencias que hay almacenadas en Factoría, resulta que la renta de tabaco desde su nueva organización hasta enero último, ha dado la utilidad de $119,936.31 centavos. Sin hacer referencia al producto de tabaco hasta enero último, ni al cálculo sobre las utilidades de las existencias, y haciendo relación únicamente a los productos de tabaco en los años económicos de 1877 y 1878, resulta que en los primeros meses de 77 hasta marzo, produjo el derecho sobre la siembra, que existió hasta entonces, $3,612.46 1/2 centavos, y la venta del artículo que empezó a regularizarse en dicho año en las Intendencias $9,026.61 1/2 centavos. En el año económico de 78 la venta en el exterior y en el interior produjo, líquidamente, $77,918.39 1/2 centavos. Como notaréis hay en el último año un considerable aumento debido a que en el interior se ensanchó y regularizó la venta de tabaco, y a que en el exterior se vendieron algunas cantidades de dicho artículo.

En la Factoría, según consta de los datos proporcionados por el Factor, hay almacenadas 239,965 1/2 libras de tabaco de primera clase; 105,159 libras de segunda; 7,378,000 puros, cuyas existencias tienen el valor principal de $30,955.50 centavos: sobre este valor, en la cuenta formada hasta el último de enero del año anterior, debe tirarse un 50 por ciento por las utilidades que se calculan en la realización del artículo. (Anexo C.)

La ley de 15 de Marzo que reorganizó la renta de tabaco, tiene por principal fundamento la idea de que el Gobierno puede expender con facilidad el tabaco en los mercados del exterior. Sólo de esta suerte el Estado puede hacer frente a los considerables gastos que causan la compra de las cosechas y el sostenimiento de la Factoría. En previsión de las dificultades que en alguno o más años pudiesen ocurrir respecto a colocar el tabaco en los mercados del exterior, dispuso la citada ley que el tabaco que no pudiese comprar el Gobierno, lo exportaran los cosecheros, pagando por derecho de exportación, $10 por carga. No habiendo encontrado últimamente mercado donde expender con beneficio el tabaco, el Gobierno ha acordado facultar por este año a los cosecheros, para que exporten su tabaco pagando el correspondiente derecho de exportación. Para el consumo interior se calcula que son suficientes las existencias almacenadas en Factoría. Como lo habréis observado, las prescripciones de la ley de 15 de Marzo se prestan a aprovechar las ventajas de la exportación si las circunstancias son propicias respecto a la demanda del tabaco en los mercados del exterior; y en el caso contrario, no gravan al Gobierno con la obligación de contraer compromisos de muy difícil cumplimiento, ni a los cosecheros con la prohibición de exportar el tabaco. Teniendo los cultivadores aviso previo de si el Gobierno es o no comprador, en nada se contrarían sus intereses ni aun sus cálculos relativos a sus negocios.

La deuda actual de la Factoría, a favor de los cosecheros de tabaco, que han hecho últimas entregas, asciende, según informe del Factor, a $8,849.39 centavos. Se ha dispuesto reconocer y pagar el uno por ciento de interés sobre esa cantidad adeudada, y amortizar su valor, casi insignificante, con el producto del derecho de exportación de tabaco.

Exportación de ganado e impuesto pecuario

El impuesto sobre exportación de ganado macho que importaba un peso, se dobló por decreto de 15 de Febrero de 1877; esta ley fijó el derecho de cuatro pesos por la exportación de cada cabeza de ganado hembra. En acuerdo de 6 de Marzo se elevó a $3 el derecho de exportación de cada cabeza de ganado macho. Con respecto al ganado hembra se acordó después el derecho de $8 por la exportación, y últimamente en acuerdos de 11 de Diciembre de 78 y de 19 de Enero del corriente año, se dispuso que por la exportación del ganado hembra se pagase $16 por cabeza, y por la de ganado macho $5 por los puertos de Trujillo e Iriona, y $4 por los demás puntos de la República.

Se han hecho los aumentos indicados sobre los derechos de exportación de ganado, tomando por punto de partida las circunstancias de los negocios en los mercados del exterior. El ganado es un artículo de primera necesidad en los países que lo compran a los exportadores de esta República. Cuando un artículo de primera necesidad tiene forzosa y creciente demanda en otro país, justo y razonable es sacar algunos provechos de las transacciones que se operan a virtud de esa circunstancia. Por este motivo el Gobierno ha aumentado el impuesto sobre exportación de ganado que, en último análisis, no lo pagan ni los hacendados ni los exportadores sino los consumidores del exterior. Este es un hecho incontestable, observado siempre en las relaciones económicas, relativas a los cambios de productos destinados al consumo. Si por los efectos que se reciben en el país, los consumidores de aquí pagan indirectamente los gravámenes que por la producción o por la exportación han tenido dichos efectos, siendo por esa causa de mayor valor para el consumidor, la misma razón hay para que los consumidores de otros países paguen indirectamente el aumento del valor de nuestros productos. En el caso de que me ocupo, los gravámenes fiscales deben ser progresivos hasta el punto en que no hagan imposibles o difíciles las transacciones. El Gobierno ha respetado ese límite, pues a pesar del aumento de los derechos de la exportación de ganado, las transacciones han sido mayores que cuando se efectuaban sobre la base de un insignificante impuesto de exportación.

Se ha aumentado notablemente el impuesto sobre la exportación de ganado hembra para impedir que se haga en grandes proporciones, lo que disminuiría de año en año la riqueza pecuaria. Con igual fin se ha restringido el destazo de ganado hembra capaz de reproducirse, estableciendo que se paguen derechos dobles cuando se beneficie, y aun el cuádruplo de los derechos cuando la hembra estuviese en estado de preñez. El aumento de derechos, en tales casos, no cede en provecho del fisco: se ha acordado que ingrese en las Tesorerías Municipales, como fondo destinado a la instrucción primaria.

El impuesto sobre destazo de ganado se aumentó en la ley de 15 de Febrero de 77 con la insignificante suma de cuatro reales por cada res. Mas posteriormente se dispuso que, en las poblaciones que no tuviesen 500 vecinos, en donde el beneficio de las reses no podía ser un negocio, se pagase únicamente la mitad de los derechos sobre el destazo. Esta disminución, pues, compensa sobradamente el pequeño aumento que estableció la ley de 15 de Febrero de 77.

La extracción de ganado en el año económico de 77 produjo $24,095.32 1/2 centavos, y en el año económico de 78, $46,426. Hay una alza en favor del Erario de $22,330.67 centavos. En 77 el impuesto pecuario produjo... $5,256.45 1/2 centavos, y en 78 $14,151.56 1/2 centavos. Resulta una diferencia de aumento de $8,895.11 centavos.

Situación de las demás rentas

Las demás rentas, que carecen de la importancia que tienen las ya referidas, no han sido objeto de innovaciones durante los años económicos de 77 y 78. Sin embargo, puedo asegurar que han mejorado notablemente: algunas se han duplicado y hasta triplicado. Podéis ver confirmado mi aserto en el cuadro comparativo de los productos de las rentas en los años de 77 y 78. En este cuadro aparece muy insignificante el producto de la alcabala terrestre por haberse suprimido esa anti-económica contribución, entorpecedora de las transacciones.

Cuenta General del Tesoro

Movimiento General de Ingresos y Egresos habidos en las Oficinas de Hacienda en el año de 1877.

Producto líquido de las rentas en 1877	$ 533.467.55-7/8
	$402,452.93–3/8

Diferencia entre ingresos y productos líquidos...$131,014.62 1/2

Esta diferencia se explica por las deducciones que deben hacerse de los ingresos que no representan productos de la renta; tales son los valores del aguardiente comprado que se han deducido para darlos en pago a los vendedores, los suplementos reintegrables, los que ha efectuado el Señor Presidente de la República, los depósitos, y los ingresos que, por traslaciones de fondos de unas a otras oficinas, figuran en distintas cuentas en el movimiento general de las entradas fiscales. Esta explicación puede verse detallada, partida por partida, en el cuadro anexo comparativo del movimiento general de ingresos y productos habidos en el año de 1877.

Movimiento General de ingresos y egresos habidos en las Oficinas de Hacienda en el año de 1878

Producto líquido de las rentas en 1878 $1,189,546.85
$692,793.50–5/8
_____

Diferencia entre ingresos y productos líquidos…$496,753.34–3/8

Debe tenerse en cuenta que en el movimiento general de ingresos aparecen las traslaciones de fondos hechas a la Tesorería Especial del Gobierno hasta el último de enero del año anterior, y no hasta el último de julio en que termina el año económico. Puede verse el estado correspondiente. Debe advertirse, además, que el movimiento general de ingresos de la renta de tabaco se ha considerado hasta el 6 de febrero del año corriente, incluyéndose así en el movimiento total de ingresos. Por haberse presentado en la forma expresada esas cuentas especiales, aparece muy elevada la cifra que representa el movimiento general de ingresos y egresos habidos en 1878. (Anexo D.

La diferencia entre ingresos y productos, que importa $496,753.34-8 centavos, se explica por las traslaciones de fondos de unas oficinas a otras, lo que produce ingresos de un mismo valor que se han tomado en cuenta en el movimiento general; por suplementos reintegrables; por los valores empleados en la compra de aguardiente; por los invertidos en la compra de tabaco; por el importe de la existencia de 77 que pasó a 78; por productos que figuran en cuentas especiales y que, a la vez, aparecen en el estado de la Tesorería General. La diferencia se halla explicada detalladamente, partida por partida, en el anexo cuadro comparativo de los ingresos y productos habidos en 1878. (Anexo E.)

Según se desprende de la cuenta general del Tesoro, comparado el producto de 77, de \$402,452.93-$\frac{8}{8}$ centavos, con el de 78, \$692,793.505 centavos, resulta en el último año un aumento de \$290,340.574 centavos, cuya diferencia importa más que el producto de todas las rentas que había en el país antes de establecerse la actual Administración; pues en la Memoria presentada al Congreso, en enero de 1875, por el Honorable Secretario de Hacienda de aquella época, consta que el producto total de las rentas se calculaba en \$259,032, que el presupuesto de gastos ascendía a \$331,949, y que resultaba un déficit de \$72,917.

Conclusión

Aunque se han aumentado considerablemente las rentas, el Gobierno no puede asegurar que la Hacienda Pública está definitivamente organizada, ni que los rendimientos de las rentas alcanzan para atender a los muchos y cuantiosos gastos que reclama la situación del país, pues aquí se necesita crearlo todo.

La cuestión financiera es la más difícil de todas las cuestiones, aun en los países en que la riqueza pública proporciona toda clase de elementos, y en que a los Gobiernos sólo les toca hacer oportunas y acertadas combinaciones para aumentar y regularizar las rentas del Estado. La cuestión financiera entre nosotros está en el período de transición. Se ha empezado a desarraigar los sistemas, hábitos y rutinas que producían el statu quo, que hacía, si se quiere, imposible el progreso natural que deben tener los productos de la renta. Pero la obra apenas está iniciada en medio de mil y mil dificultades. Su iniciación no ha podido hacerse por leyes, en lo que es posible perfectas y de un carácter definitivo, sino por disposiciones de carácter transitorio, que adolecen de todos los vicios y defectos consiguientes a los arreglos administrativos que se verifican para operar una transición radical y costosa. No obstante, la evidencia de los números ha comenzado a probar que el Gobierno ha tenido razón para iniciar la reforma en Hacienda.

Para que el ramo de Hacienda esté en las mejores condiciones posibles, se necesita por ahora introducir algunas reformas en las leyes emitidas por el actual Gobierno; organizar algunas rentas que pueden ser muy productivas, tales como las de exportación de maderas y la de venta de pólvora, que aún no han sido reglamentadas; modificar las leyes arancelarias, y sobre todo, reformar la ley de Hacienda y el sistema de contabilidad. Este último punto constituye una necesidad imperiosa. La ley de Hacienda vigente no satisface en la práctica a los fines de una buena administración; al propio tiempo, las administraciones especiales de algunas rentas que fue conveniente crear al principio han llenado ya su objeto transitorio. Hoy se requiere, pues, una ley que dé unidad a la dirección superior de todas las rentas, que proporcione medios eficaces de acción al poder directivo, que simplifique y regularice las operaciones de las Oficinas de Hacienda, y que prevenga la práctica de un sistema uniforme y preciso de contabilidad.

Para todo esto es indispensable establecer en el lugar de la residencia del Gobierno una Dirección General de Rentas que resuma las atribuciones de los Administradores especiales, y que tenga verdaderas facultades administrativas; es indispensable, además, crear una Oficina de Contabilidad central dividida en las secciones convenientes, que tenga por objeto regular la contabilidad en todas las demás oficinas, llevar la cuenta general de todas las operaciones del Tesoro, y examinar, y aprobar o no, las cuentas parciales de los Administradores de caudales públicos. A causa de no existir esa organización se toca con graves inconvenientes en la práctica. Las Oficinas Generales de Hacienda no tienen ni unidad ni eficaz acción en sus procedimientos, y los propósitos del Gobierno se ven con frecuencia entorpecidos o anulados, con menoscabo del progreso de las rentas. En materia de contabilidad, las cuentas tienen distintas separaciones en las Oficinas y distintas denominaciones, algunas de ellas absurdas; por otra parte, la manera de llevar las cuentas es desigual, o sujeta, más o menos, a la antigua rutina de contabilidad que no puede dar la claridad y exactitud debidas. Semejante cúmulo de defectos, que originan la confusión, sólo puede corregirse llevando a cabo las reformas que dejo enunciadas.

Para terminar mi Informe en el ramo de Hacienda debo manifestaros que en breve someteré a vuestra consideración el cálculo de productos de las rentas en los años de 79 y 80, y el proyecto de ley correspondiente al presupuesto de gastos.

Departamento de Crédito Público

En materia de Crédito Público, el Gobierno ha cumplido con los compromisos que ha contraído, y dado satisfacción en el interior y en el exterior a algunas deudas provenientes de las anteriores Administraciones.

De la deuda interna, hasta 31 de julio de 1878, se amortizó la suma de $131,196.96 centavos, que importa mucho más que la amortización que antes se hacía admitiendo, en todo caso, en pago de derechos y en un tanto por ciento, papeles de crédito contra el Erario Público. (Anexo F.)

En mi informe relativo al Departamento de Relaciones Exteriores os di cuenta del arreglo de la deuda contraída en virtud de la convención Chatfield-Cruz, la que, como sabéis, quedó consolidada y reducida a la suma de $50,000.

Por decreto de 28 de octubre último se dio un nuevo arreglo a la deuda interna, determinando la manera de efectuar su pago. Este se hará gradualmente, satisfaciendo cada año un tanto por ciento progresivo hasta extinguir la deuda. Calculada la deuda en un millón y medio de pesos, según el sistema indicado, puede amortizarse dentro de trece años siete meses. El sistema de amortización es lento pero seguro; favorece al Estado porque lo pone en aptitud de cumplir sus compromisos, y favorece a los acreedores, cuyos papeles tendrán un valor reconocido, y no un valor ilusorio como de antiguo ha sucedido en la práctica.

Para verificar el nuevo arreglo, la ley previene la conversión de la deuda. Los vales y cupones de la deuda convertida han sido grabados en muy buen papel en los Estados Unidos, con todas las garantías propias de esos documentos. Os presento, agregada a este Informe, una muestra de los vales. Dentro de poco se dará aviso al público de estar listas las oficinas de Hacienda, y de estar tomadas las medidas convenientes para llevar a cabo la conversión. El Gobierno se propone prorrogar el término en que debe efectuarse. (Anexo G.)

Como os he informado en la Memoria de Relaciones Exteriores, el Gobierno tiene abiertas negociaciones para arreglar del modo más satisfactorio que sea posible la deuda que contrajo la Nación a virtud del subsidio que, por el tratado de 1859, se ofreció pagar en beneficio de los indios de la Mosquitia.

Respecto a la deuda exterior consiguiente a los empréstitos del Ferrocarril, no se puede ni aun determinar su monto a punto fijo, porque el Gobierno cree que debe resolverse previamente qué obligaciones corresponden a la Nación en cuanto a los empréstitos, por haber sido autorizados por los Poderes competentes del país. En la Memoria de Fomento me he ocupado ya de esta materia, la más complicada y difícil. El Gobierno espera la primera oportunidad propicia para consagrar todos sus esfuerzos al arreglo de la deuda exterior. Sobre este particular, Vosotros podéis trazar al Ejecutivo la línea de conducta que os parezca más conveniente.

Departamento de la Guerra

Gran parte del escaso armamento que tenía el país cuando se estableció el actual Gobierno se hallaba disperso en manos de particulares. Para recuperar los derechos de la Nación, y para evitar desórdenes, el Gobierno, en decreto de 21 de diciembre de 76, previno, bajo la sanción de fuertes penas, que se entregasen las armas de propiedad nacional a las autoridades militares. Debido a la disposición adoptada, se recogió la mayor parte de las armas nacionales, que han entrado a los almacenes de guerra.

Para asegurar la paz interior y la dignidad y derechos de la Nación, el país necesitaba un armamento uniforme y moderno. El Gobierno ha satisfecho esta necesidad trayendo al país los elementos de guerra que ha conceptuado indispensables. Os presento anexo un estado general en que aparecen el número de armas y el de los demás enseres de guerra que existen en los almacenes nacionales. (Anexo H.)

Siendo parte integrante de la organización de un país la formación y el arreglo del Ejército, el Gobierno, por acuerdo de 4 de octubre del año anterior, previno el alistamiento de las milicias, fijando la obligación del servicio para todos los hondureños, desde la edad de 18 hasta la de 35 años, y determinando excepciones acordes con la justicia, y no con privilegios relativos a clases y categorías sociales. (Anexo I.)

Las milicias se están organizando con toda regularidad, según los informes remitidos por los Comandantes Generales de los Departamentos a la Secretaría de mi cargo. En vista de los informes, puede calcularse que no bajará de veinte mil el número de los milicianos de la República. Esta ha dado, y con buen éxito, el primer paso en la organización del Ejército, pero se necesitan dilatados y perseverantes trabajos para darle un carácter definitivo. El Gobierno no omitirá diligencia alguna para obtener ese gran resultado que atañe a la paz, a la seguridad y a la honra de la República.

Tegucigalpa, marzo 20 de 1879.

MEMORIA DE FOMENTO, AGRICULTURA Y COMERCIO

Honorables Señores Diputados:

TENGO la satisfacción de continuar los informes que os debo sobre la conducta administrativa del Gobierno. Voy a ocuparme del ramo de Fomento.

Telégrafos

La mucha extensión y la poca población del país hacían de primera necesidad el establecimiento del telégrafo, medio indispensable para una administración activa, y para el ensanche de las relaciones particulares y comerciales.

Por las enunciadas consideraciones, el Gobierno, en acuerdo de 9 de octubre de 1876, previno se diese principio a la construcción de líneas telegráficas. Esta obra tuvo los estropiezos de la falta de recursos, y, lo que es peor, de la ignorancia y la preocupación asidas a la idea pesimista de que en Honduras no puede hacerse algo de provecho. El Gobierno, en donde halló cooperación fue en los pueblos que aún no están maleados por pretensiones y ridículas ideas de oposición sistemática, y que, por lo mismo, se prestan gustosos a ayudar en cualquiera obra que importe un beneficio público.

El éxito ha correspondido a los esfuerzos del Gobierno. Hay construidas 692 millas de telégrafo: están en comunicación telegráfica los Departamentos de Tegucigalpa, Choluteca, La Paz, Comayagua, Santa Bárbara, Copán, Gracias y el puerto de Amapala; el país está en la misma comunicación con las Repúblicas de Guatemala, El Salvador y Nicaragua; hay funcionando 18 oficinas telegráficas; existen en Trujillo materiales de telégrafo para 100 leguas, los que serán aprovechados para unir aquel puerto con Yoro, Cedros y Tegucigalpa; los postes están colocados casi en toda la línea, y ésta ha llegado ya al Valle de los Ángeles; en Puerto Cortés hay materiales telegráficos para 50 leguas, y se utilizarán en unir a ese puerto y el de Omoa con San Pedro Sula y Santa Bárbara; la línea está en construcción; en breve llegarán a Amapala materiales para 100 leguas, que servirán para unir a Tegucigalpa con los Departamentos de El Paraíso y Olancho: para estas líneas se ha empezado a colocar los postes. La construcción de las líneas, el establecimiento de las oficinas, y los materiales empleados y existentes cuestan $104,169.2 centavos. Según el presupuesto formado por el Superintendente de Telégrafos, para concluir las líneas en construcción y establecer 50 oficinas más se gastarán $52,000. El Gobierno abriga la esperanza de que en todo este año quedarán en servicio 1,547 millas de telégrafo, con 68 oficinas: en todas direcciones quedará cruzado el territorio por el hilo telegráfico, en provecho del comercio y de la administración pública. (Anexo A.)

La construcción de las líneas se ha hecho con grande economía, debido a su cuenta directa, economizando así fuertes erogaciones en pago de contratistas, y debido, además, a que los pueblos, en algunas obras y en el corte y colocación de mucha parte de los postes, han contribuido con sus servicios gratuitos.

El movimiento de ingresos y egresos en las oficinas telegráficas es el que sigue: valor de los despachos oficiales $30,073.50 centavos; valor de los despachos particulares $4,672.50; total $34,746. El valor de los egresos importa $21,421.94 centavos: resulta a favor del telégrafo la suma de $13,324.06 centavos. (Anexo B.)

El Gobierno celebró con el Señor J. A. de Braam, en 7 de junio de 1877, una contrata por la que de Braam se comprometió a tender un cable telegráfico submarino desde Puerto Cortés hasta el cabo de San Antonio en la isla de Cuba, donde se unirá con las líneas que de allí parten para Europa, Estados Unidos de Norteamérica, Istmo de Panamá e Islas Antillanas. Últimamente se han recibido informes de que el contratista ha formado una compañía anónima para efectuar la empresa, y de que el Gobierno de España le ha permitido establecer en el cabo de San Antonio la estación para el cable submarino. Es indudable que se realizará esa grande empresa. Como para ello el Gobierno de Honduras ha tomado iniciativa y dio facilidades y recomendaciones para que la idea del empresario fuese acogida en algunas de las Repúblicas vecinas, en correspondencia a esos oficios del Señor de Braam, suscribió generosamente una obligación particular que hace nominal el pago de las anualidades de $10,000 con que el Gobierno se comprometió en la contrata a subvencionar la empresa. Si ésta se lleva a cabo, como lo espero, la República estará en comunicaciones instantáneas con el mundo sin erogar ni un centavo. (Anexo C.)

Correos

Por disposiciones dictadas en 31 de marzo de 1877, se introdujeron algunas reformas en la Administración de Correos, a la que se ha dado organización y regularidad. Antes de 1877 el comercio casi no aprovechaba las pocas líneas de correos que existían: no había ni prontitud ni garantía para el cambio de comunicaciones. Comúnmente preferían los particulares pagar por su cuenta correos que les llevasen o trajesen correspondencia.

Hoy existen seis líneas principales de correos y siete accesorias. Las comunicaciones en el interior y con el extranjero se verifican, desde dos veces por mes, hasta tres veces por semana. En las Administraciones de Correos, según el informe del Administrador General, el movimiento total de correspondencia y encomiendas ascendió en el año anterior a 95,994 piezas.

Los sellos postales que existían eran muy defectuosos, tanto por ser muy ordinarios en su clase, como por no prestarse a la división de varios y pequeños valores que se necesitan para el fácil pago de las distintas especies de correspondencia. Por este motivo el Gobierno dispuso hacer una nueva emisión de sellos postales: éstos están ya en uso y llevan el retrato del General don Francisco Morazán, según lo acordado por el Gobierno que, por tal medio, quiso dar un testimonio de aprecio a la memoria de aquel hombre ilustre que supo representar la causa más digna de la adhesión de los hondureños: la nacionalidad de Centroamérica.

Las oficinas de correos se encuentran convenientemente establecidas y bien provistas de la mayor parte de los enseres que necesitan. Para ello el Gobierno ha tenido que hacer considerables gastos, pues casi nada existía en el importante ramo de correos. Conocida ya en la práctica la nueva organización, y hechas las observaciones referentes a la manera de constituir definitivamente el servicio postal, el Gobierno, sobre la base de la experiencia obtenida, dará la ley que corresponde para el completo arreglo de la Administración de Correos. (Anexo D.)

Caminos y puentes

Los caminos y puentes han sido conservados y aun reparados. Para este efecto, cada año, la Secretaría de mi cargo ha dado a los Gobernadores Políticos las órdenes e instrucciones convenientes.

Notando que la reparación de los caminos se hacía muy imperfectamente, debido a que se carecía de herramientas y de un buen sistema para llevar a cabo los trabajos, y observando además que para abrir nuevas vías de comunicación nunca había acumulados fondos suficientes, a causa de que la contribución de caminos daba productos insignificantes que se gastaban en cada pueblo, no pudiendo formar de esta suerte un total considerable para hacer buenas reparaciones de los caminos, o para invertirlo en nuevas vías de comunicación, por los motivos expuestos, el Gobierno modificó el reglamento de caminos de 30 de enero de 1875, previniendo en acuerdo de 6 de septiembre de 1877, que los de la contribución en efectivo pasasen de las Municipalidades a las Intendencias para formar un fondo itinerario suficiente para atender a los gastos que deben hacerse en compra de herramientas, pago de ingenieros y apertura de nuevos caminos.

El fondo itinerario que ha ingresado a las Intendencias se ha dispuesto que lo inviertan los Gobernadores Políticos en compra de herramientas, para que los trabajadores de los pueblos que prestan su contribución personal puedan hacer buenas reparaciones en los caminos. Estos, en muchos Departamentos, se han mejorado notablemente, debido, en mucha parte, a la distinta inversión que hoy se da al fondo itinerario. (Anexo E.)

Con respecto a la apertura de nuevas vías de comunicación, a caminos carreteros de que tanto necesita el país, el Gobierno cree que por hoy para su construcción, que requiere grandes gastos, no puede bastar el fondo itinerario. Para tener buenas carreteras se necesita que se afecte una renta especial y de alguna consideración, si es que lo permiten las circunstancias del Erario, o que el Gobierno arbitre recursos extraordinarios por medio de alguna conveniente negociación. Parece indudable que uno de los medios citados ha de ponerse en práctica, pues ya es imperiosa la necesidad que se experimenta de poner en comunicación al comercio del interior con las costas del Sur y del Norte por medio de dos caminos carreteros. La formación de éstos implica el desarrollo del comercio y de la agricultura, y la venida de inmigrantes al país. Vivimos en el aislamiento, y debemos comunicarnos. El Gobierno espera que tomaréis en cuenta esa materia de vital interés.

Los puentes se han reparado, y construido algunos nuevos: entre éstos figuran los de los ríos «Chiquito» y «Guacerique». Se ha acordado la construcción de puentes en los ríos del «Hombre» y «Hernando López», pero no ha sido dado disponer de los recursos necesarios para realizar esas importantes obras.

Ferrocarril

En 26 de diciembre de 1876 se recuperó la vía férrea que había sido dada en arrendamiento a los señores Debrot y Kraft, y que permanecía casi en total abandono. En repararla se ha gastado, hasta el último de julio del año anterior, la suma de $78,817.76 centavos, incluyendo en esta cantidad el valor de los productos de la misma vía, invertido en las reparaciones, construcción de puentes, etc.

El camino de hierro fue hecho desde el principio bajo muy malas condiciones, así es que su buen estado para el servicio sólo puede ser relativo. Cada año requiere la sección del ferrocarril costosas reparaciones. Para el Gobierno ha sido y es verdaderamente oneroso distraer con frecuencia sus recursos para atender a la conservación de la línea férrea, y esto sin lograr que llegue a un perfecto estado; pero siendo muy útil la sección del ferrocarril para el comercio del Norte, el Gobierno ha creído de su deber sostenerla en las mejores condiciones posibles.

El señor Doctor Bernhard, que durante las Administraciones de los Señores Arias y Leiva tuvo para los asuntos del Ferrocarril el carácter de Comisionado Especial de Honduras en Londres, ha continuado con el mismo carácter. Hace poco tiempo que regresó de Europa, y ha presentado a la Secretaría de mi cargo un informe sobre el resultado de sus trabajos, y las proposiciones que se le han hecho para continuar la empresa del Ferrocarril. Para lo que tengáis a bien resolver, os presento el informe y las propuestas contenidas sustancialmente en dicho documento. (Anexo F.)

La cuestión del Ferrocarril es para Honduras la más difícil y trascendental. El malhadado asunto del Ferrocarril, que ha traído al país deshonra y descrédito que no merece, no sólo afecta los actuales intereses de la República, sino también, y lo que es más grave, los intereses del porvenir. Sabido es que el porvenir próspero de los países centroamericanos, y en particular de Honduras, se cifra en el crédito exterior, y éste no es posible mientras no se dé una solución satisfactoria y honrosa al negociado del Ferrocarril.

El Gobierno juzga que para obtener buenos resultados en la espinosa materia de que me ocupo, debe empezarse por inspirar confianza en el exterior, manteniendo en el país una situación sólida y regular que ofrezca eficaces garantías; debe continuarse esclareciendo los oscuros problemas que ofrecen los empréstitos del Ferrocarril, tanto para justificar al país que es inocente, como para definir la responsabilidad que en justicia le corresponde; y debe proseguirse haciendo convenientes arreglos para la ejecución de la empresa, que entrañen la extinción de la deuda y la no intervención del Gobierno como empresario. En la opinión del Gobierno, todo lo que no sea proceder de esta suerte, no es más que ahondar el abismo. A vuestra sabiduría corresponde resolver tan ardua y trascendental cuestión.

Casa de Moneda

De grande utilidad se ha considerado el establecimiento de un cuño nacional. Honduras es, por excelencia, país minero, y a la mano están los metales para la acuñación: ésta trae la ventaja de impulsar la explotación de las minas, como se veía prácticamente cuando se acuñaba moneda de cobre en esta ciudad. Por otra parte, la acuñación de moneda nacional evitará las pérdidas que muchas veces produce la extracción de la plata en pasta, y dará en cambio numerario suficiente para todas las transacciones. Hoy, el comerciante, el agricultor, el industrial, aun poseyendo crédito y propiedades, ven paralizadas o entorpecidas sus transacciones o empresas, a causa de las constantes crisis que ocasiona la falta de dinero en el mercado.

El Gobierno se propone que las condiciones de las monedas de la República sean tales que permitan una moderada circulación fuera del país, para que en el interior quede siempre el numerario suficiente para las transacciones. Acuñar mejor moneda que la que corrientemente circula en Centro América, es indebido, porque habría pérdida con su total exportación, y porque no se llenaría el objeto de que haya el dinero circulante necesario en el país. Acuñar moneda de inferior clase a la de las monedas corrientes en nuestros mercados, sería depreciar desventajosamente la moneda nacional, e impedir casi por completo su circulación en el exterior, lo que no es conveniente. El Gobierno, pues, a este respecto, tiene la opinión de que debe adoptarse un término medio.

La clase de moneda, su peso y su ley, a juicio del Gobierno, deben ser como sigue:

CLASE DE MONEDA	PESO EN GRAMOS	LEY EN MILESIMOS
1 peso 100 cts.	25.00	900 milésimos
50	12.50	"
25	6.25	"
10	2.50	835
5	1.25	"

Para las pequeñas transacciones se acuñarán monedas de cobre de un centavo y de medio centavo, con la ley de 1,000 milésimos, y peso de 4.50 y 2.25. Os presento las primeras muestras de la moneda, y en breve someteré a vuestra consideración un proyecto de ley monetaria.

La casa de moneda está bajo la dirección inteligente del Señor Don Juan Connor, con quien el Gobierno ha celebrado una contrata, en virtud de la cual por la mensualidad de $500, el contratista señor Connor se ha hecho cargo de dirigir el establecimiento y de dar la moneda acuñada, siendo de su cuenta los gastos de la acuñación. En la actualidad están para terminarse los trabajos de organización del cuño, y me es satisfactorio anunciaros que dentro de muy poco tiempo empezará a circular la moneda nacional. (Anexo G).

Agricultura

Con el restablecimiento de la confianza pública, y bajo el amparo de las efectivas garantías acordadas a la propiedad, el espíritu empresario ha despertado, y hace sentir su acción particularmente en la industria agrícola.

Hace pocos años que la agricultura estaba limitada en el país a pequeñas siembras de tabaco y de caña de azúcar, de maíz y frijol: de dos años a esta parte, casi en todos los Departamentos se han empezado a hacer grandes plantaciones de café, y se ha ensanchado notablemente la siembra del tabaco y de la caña de azúcar.

Convencido el Gobierno de que la prosperidad del país depende, en gran manera, del arraigo y crecimiento de la industria agrícola, en 29 de abril de 1877, decretó una ley en que se acuerdan las más amplias garantías y exenciones en favor de los agricultores nacionales y extranjeros.

La ley de fomento de agricultura ha empezado a proporcionar beneficios a los agricultores y a los agentes que éstos necesitan para el sostenimiento y éxito de sus empresas. La enunciada ley tiene un carácter fundamental, así es que la mayor parte de sus disposiciones necesitan de leyes reglamentarias para que su ejecución sea más fácil y eficaz. El Gobierno se propone llevar a cabo, oportunamente, la reglamentación que corresponde. (Anexo H).

Digna es la industria agrícola de fijar vuestra atención. Hoy el comercio del país se sostiene casi artificialmente. Un país cuya exportación de productos agrícolas y manufacturados no es equivalente o superior a la importación de los artículos o efectos que consume, no puede estar, económicamente, en condiciones regulares; no puede tener un comercio próspero que descanse sobre sólidas bases. Honduras, por largo tiempo, no podrá ser un país manufacturero; tiene que ser, por sus elementos y por las aptitudes de sus habitantes, un país esencialmente agrícola. Se necesita, pues, a todo trance, proteger y desarrollar la agricultura.

Comercio

El comercio de la República ha tomado mayores y considerables proporciones, como lo demuestra el aumento de los registros de mercaderías de las Aduanas. El comercio vive de la confianza del crédito, y a estos elementos, producto de la paz, se debe principalmente el progreso obtenido en las transacciones comerciales.

Como la suerte del comercio depende de que haya medios de transporte, fáciles y frecuentes para el cambio de los productos en los mercados, el Gobierno ha atendido, en todo lo que le ha sido posible, al establecimiento de medios de transporte. Ha continuado subvencionando la línea de vapores del Pacífico que tocan en el puerto de Amapala: ha pagado a la Compañía de dicha línea una fuerte suma que se le adeudaba por subvenciones no satisfechas: ha subvencionado con la suma de $2,000 anuales al vapor norteamericano «E. B. Ward», que tiene la obligación de arribar en las costas del Norte, a los puertos de Trujillo, Roatán e Iriona, y a los embarcaderos de Balfate y La Ceiba, y que está comprometido a prestar servicios al Gobierno en el transporte de correspondencia, empleados, colonos y efectos destinados al servicio público: ha concedido la exención de los derechos de puerto a la Compañía Anglo-francesa, cuyos vapores han comenzado a tocar en Puerto Cortés, y se trata de hacer un arreglo definitivo para la venida mensual, a los puertos del Norte, de los vapores de la expresada Compañía: últimamente se ha convenido con el Agente de la Compañía del Pacífico que toque en Amapala, cada mes, un vapor más, por la módica subvención de $1,200 anuales.

Es indudable que el nuevo vapor, que tocará en Amapala, dará mayores facilidades al comercio; y que el vapor norteamericano «E. B. Ward», que hará principalmente el comercio de frutas entre Honduras y los EE. UU., proporcionará considerables utilidades a los comerciantes y agricultores de la costa del Norte. Es un hecho comprobado que el comercio de frutas que se hace por medio de vapor, da más seguros y mayores rendimientos que el que se hace comúnmente en la costa por medio de buques de vela. Respecto a los vapores de la línea Anglo-francesa, es evidente que favorecerán en gran manera el desarrollo de los intereses comerciales del país. (Anexo I).

Los comerciantes de Puerto Cortés han dirigido al Gobierno una memoria sobre la situación y necesidades de la costa del Norte: contiene puntos de verdadero interés, y el Gobierno opina que es conveniente acordar en favor del comercio nacional justas medidas que lo apoyen y protejan. Os acompaño la memoria de que hago mérito, para que resolváis lo que estiméis debido. (Anexo J).

Con el fin de poner a los hondureños en contacto con el comercio de Cuba, para obtener la venta de ganado bajo las condiciones más ventajosas, el Gobierno, en 31 de marzo del año anterior, hizo una concesión para el establecimiento de un vapor «Correo nacional ganadero» entre los puertos de la Isla de Cuba y su adyacente de Pinos, y los de Puerto Cortés, Trujillo e Iriona, en la Costa Norte de Honduras. Es incuestionable que los hondureños reportarían mucho provecho teniendo un vapor que, con regularidad y frecuencia, transportase sus ganados al mercado de Cuba, para obtener allí todas las ventajas de que se aprovechan los agentes intermediarios en el negocio de exportación y venta de ganado. Para establecer ese medio de transporte, el concesionario, cuya empresa debía importar cuantiosos gastos, necesitaba o de una fuerte subvención, o de una protección indirecta y eficaz en favor de la empresa. El Gobierno optó por el segundo medio, por creerlo más conveniente para los intereses del país y del concesionario. La concesión ha caducado por no haberse puesto en servicio el vapor ganadero en la primera quincena de enero próximo pasado. No obstante, la necesidad y la justicia aconsejan insistir sobre tan importante asunto, escogitando los medios de dar libertad, facilidades y ventajas al comercio de los hondureños con la Isla de Cuba, a virtud del establecimiento de una línea de vapores ganaderos.

El Gobierno ha recibido propuestas para hacer venir al país colonos de las Canarias e inmigrantes de California. Es de primordial interés para Honduras promover una buena inmigración, pero sabido es que, para realizar satisfactoriamente ese fin, se necesitan recursos de alguna importancia. (Anexo K).

Medidas especiales para favorecer la Industria y la Agricultura

Siendo el tabaco uno de los productos más valiosos del país, el Gobierno ha atendido a mejorar el sistema de cultivo, lo mismo que a perfeccionar la elaboración de puros y cigarrillos. Para este efecto, en el año de 77 se celebró una contrata con D. Santiago Palacios, la que fue rescindida en el año anterior, por mutuo disenso, habiéndose celebrado nueva contrata con Don Anselmo Valdés.

Por cuenta del Gobierno, y bajo la dirección sucesiva de los contratistas mencionados, se ha establecido en la ciudad de Santa Rosa una manufactura de tabaco que ha servido no sólo para la mejor elaboración de dicho artículo, sino también como escuela práctica en donde han adquirido o perfeccionado sus conocimientos algunos manufactureros del país en el ramo de tabacos.

Como medida especial para ensanchar la siembra de café y dar patrimonio a los pueblos, se han comprado algunos terrenos que el Gobierno ha cedido a aquellos bajo la condición de que los cultiven en determinado tiempo. En el distrito de Sabanagrande, en breve van a ser distribuidas con el expresado objeto, 1,723 manzanas de tierra.

Exposición Nacional

Por acuerdo de 31 de marzo del año próximo pasado, se dispuso verificar una exposición de los productos naturales, agrícolas e industriales del país, en el mes de septiembre de cada año. La primera exposición se efectuó en septiembre último. Aunque fue muy poco el tiempo que se empleó para preparar la exposición, fue modesta por sus proporciones, pero muy significativa porque hizo ostensibles las aptitudes de los hondureños y las variadas riquezas de nuestro privilegiado suelo. Con motivo de nuestra exposición, el Presidente de la República inició la idea, la grande idea de realizar una Exposición Centroamericana. El pensamiento del primer Jefe del Estado ha sido acogido con aplauso por la prensa de los países vecinos y del exterior.

¡Ojalá que nos sea dado ver el día feliz en que Centro América se muestre unida en un gran certamen del trabajo y de la industria! (Anexo L.)

Tegucigalpa, marzo 20 de 1879.

MEMORIA DE RELACIONES EXTERIORES

(PRESENTADA AL CONGRESO ORDINARIO DE 1881).

Señores Diputados:

A la observancia de esta conducta, reclamada por el derecho y por los intereses de la Nación, es debido que sea dado presentarme ante vosotros para suministraros un informe, en mi entender satisfactorio, sobre el estado que guarda la República en sus relaciones con los países del nuevo y antiguo Continente.

Con los Estados de América el Gobierno ha cultivado, sin interrupción, amistosas y estrechas relaciones. Estas tienen un particular carácter de intimidad con las Repúblicas vecinas, la que felizmente se manifiesta en los trabajos realizados para aproximar y aun confundir, haciéndolos idénticos, los intereses de los pueblos centroamericanos.

El Tratado y convenciones celebradas con Nicaragua en 1877, en principios de 1879 todavía no habían sido objeto del canje de sus ratificaciones. Para este fin, y para afirmar con mayor solidez la buena inteligencia en Nicaragua, en 4 de agosto del mencionado año del 79, se nombró al General Don Enrique Gutiérrez Enviado Extraordinario y Ministro Plenipotenciario de Honduras ante el Gobierno de aquella República. Las ratificaciones fueron canjeadas, y el Señor Gutiérrez, en cumplimiento de su cometido, contribuyó a hacer más estrechas y constantes las relaciones de los Gobiernos de ambos países.

Cediendo a los nobles sentimientos que inspira la confraternidad de los pueblos de América, el Gobierno nicaragüense, en despacho de 19 de diciembre de 1879, excitó al de esta República para nombrar un Ministro que ofreciese la mediación de los Estados de Centro América a los Gobiernos de Chile, Perú y Bolivia, empeñados en una guerra bajo muchos conceptos digna de deplorarse. El Gobierno, animado del deseo de corresponder a la invitación de Nicaragua y de dar a las Repúblicas del Pacífico una prueba de su vivo interés en favor de la paz, de que tanto necesitan para reparar sus perdidas fuerzas y proseguir su marcha regular en la senda de las instituciones y de su mejoramiento social, contestó en despacho de 20 de diciembre del mismo año, adhiriéndose en un todo al propósito del Gobierno de Nicaragua. A éste se le presentaron algunos obstáculos para llevar a cabo su generoso intento, lo que ha impedido una mediación que, por lo menos, habría demostrado a las Repúblicas del Pacífico la solicitud amistosa con que Centro América ve todo lo que atañe a su bienestar y prosperidad.

La Secretaría de Estado del Gobierno de Nicaragua remitió en copia a la de mi cargo un despacho del Secretario de Relaciones de los Estados Unidos de Colombia, en que asegura que su Gobierno no ejercerá una política de reivindicación a mano armada, con motivo de la cuestión de límites que se ha suscitado por la prensa colombiana, que conceptúa que la República de Colombia tiene derecho a la zona territorial que se extiende por el lado del Atlántico entre el río Doraces o Culebras y el cabo Gracias a Dios; que los estudios hechos en la prensa sobre límites, son infundadamente atribuidos a sugestiones del Gobierno colombiano; y que tanto éste como el Congreso de aquella Nación desean que se obtenga un arreglo por la vía diplomática, y en caso de que esto no sea practicable, por sentencia arbitral.

Como el despacho del Secretario de Estado de Colombia más se dirige a contrariar inculpaciones que se le hacen por los periódicos; como el Gobierno juzga que la cuestión debatida no puede tener más importancia que la que corresponde a estudios teóricos publicados por la prensa; y como descansa en los títulos de legítima pertenencia que siempre ha correspondido a Centro América sobre la zona territorial disputada por la prensa colombiana; por tales consideraciones, el Gobierno se ha limitado a contestar al de Colombia, que le dirigió igual despacho que al Gobierno de Nicaragua; que no participa de la creencia de que el Gobierno de los Estados Unidos colombianos intente una reivindicación a mano armada, ni haya sugerido los estudios de la prensa sobre límites; y que le satisface su propósito de resolver, por medios conciliatorios, cualquiera cuestión o dificultad que llegue a suscitarse entre los Gobiernos de ambas Repúblicas. Esta respuesta ha sido comunicada en copia a la Secretaría de Estado del Gobierno de Nicaragua.

El Gobierno de Guatemala, buen amigo del de Honduras, acreditó en 10 de septiembre de 1879 ante este Gobierno al Licenciado Don Cayetano Díaz Mérida, quien fue recibido en su carácter de Enviado Extraordinario y Ministro Plenipotenciario. El Señor Díaz pasó a Nicaragua con la misma misión amistosa que trajo de Guatemala, y este Gobierno le investió de poderes para que, en cumplimiento de especial encargo, renovase al de Nicaragua las seguridades de la más perfecta inteligencia de parte de Honduras. La Legación hizo patente un testimonio más de las cordiales relaciones que ligan a esta República con la de Guatemala.

En julio del año próximo pasado, Su Excelencia el Señor Presidente de la República hizo un viaje a Guatemala en donde, con motivo de su permanencia, se hicieron las más expresivas manifestaciones de la amistad de ambos pueblos y Gobiernos. Durante la visita del Señor Presidente, por su acuerdo, el Representante de Honduras en aquel país celebró con el Ministro de Relaciones Exteriores un Tratado general que garantiza la paz y amistad de ambas Naciones: que da iguales derechos políticos que a los nacionales a los guatemaltecos que pasen a este territorio, y viceversa; que convierte en un solo territorio postal y telegráfico al de Honduras y Guatemala, para el efecto del pago de los derechos establecidos o que se establezcan por las tarifas de correos y telégrafos; que previene la circulación legalmente obligatoria de la moneda nacional de Honduras en Guatemala; y que reduce, en beneficio común de ambas partes, el derecho de exportación del ganado hondureño, suprimiéndose el impuesto que causaba su importación en aquel país. Tan importante Tratado que liga, en términos tan satisfactorios, los intereses políticos y económicos de una y otra República, ha obtenido la ratificación de la Asamblea Nacional Constituyente. Resta aún que se efectúe el canje de las ratificaciones.

Con la vecina República de El Salvador se han mantenido inalterables las relaciones de Honduras, cuyo cultivo continúa bajo los auspicios de una sincera amistad. Últimamente vino a esta Capital el Licenciado Don Salvador Gallegos, Ministro de Estado de aquel país, y acreditado ante este Gobierno desde el año de 1878 con el carácter de Enviado Extraordinario y Ministro Plenipotenciario. El

Señor Gallegos y el infrascrito han hecho el canje de las ratificaciones del Tratado y Convenciones celebradas en el referido año de 1878.

Encontrando deficiente el Tratado de amistad y comercio con El Salvador, se ha concluido con su Representante una Convención adicional a dicho Tratado, en la que se establece que además de los artefactos nacionales de uno y otro país, quedan libres de todo derecho de importación los productos naturales y agrícolas de ambas Repúblicas; que sea de circulación legalmente forzosa la moneda nacional de Honduras en El Salvador; y que los hondureños y salvadoreños que pasen al territorio vecino sin boleto de exención, con la mira de eludir el alistamiento o servicio militar, puedan ser alistados o aprovechados sus servicios, respectivamente, por el Gobierno a cuyo territorio se trasladen.

De antiguo, desde los tiempos de la dominación de España en Centro América, los pueblos fronterizos de ambos Estados —antes provincias— Santa Elena o Jucuarán y Arambala, Perquín y San Fernando han tenido cuestiones sobre propiedad de terrenos. También éstas han existido y existen entre los pueblos de la frontera, Opatoro y Polorós. Tales desacuerdos, fecundos en conmociones y desgracias, no han podido cortarse, no obstante las medidas que para llegar a un avenimiento se han adoptado en diversas épocas por las autoridades de Honduras y El Salvador. A estas circunstancias se agrega la de que los Gobiernos de uno y otro Estado no han podido estar conformes con la línea que debe dividir los territorios de ambas Repúblicas.

Con el fin de preparar la solución de las cuestiones pendientes sobre los puntos indicados, en julio del año anterior dos Comisiones, con sus correspondientes Agrimensores, autorizadas por este Gobierno y el de El Salvador, practicaron algunos reconocimientos en los terrenos cuestionados, y formaron un protocolo de sus conferencias y del resultado de sus trabajos. Las comisiones no pudieron ponerse de acuerdo, así es que la cuestión está en pie, tanto respecto a la propiedad de los terrenos que disputan los pueblos de la frontera, como respecto a la fijación de los límites nacionales de uno y otro Estado.

En tal situación las cosas, y penetrados ambos Gobiernos de la necesidad de hacer cesar conflictos entre los pueblos de la frontera, valiéndose para ello de los medios pacíficos que aconsejan el derecho y la civilización de nuestra época, el infrascrito, suficientemente autorizado, ha concluido con el Representante de El Salvador un convenio por el cual ambos Gobiernos se comprometen a someter a la decisión arbitral de Su Excelencia, el Señor Presidente de Nicaragua, las cuestiones sobre propiedad de terrenos de los pueblos de la frontera, y la fijación de límites nacionales.

Las bases del compromiso podréis juzgarlas con vista del convenio celebrado. Este y la Convención adicional al Tratado de 1878 quedan sujetos a vuestra ratificación.

En 25 de abril de 1879 se nombró al Señor Don Delfino Sánchez para que representase a Honduras ante el Gobierno de los Estados Unidos Mexicanos con el carácter de Enviado Extraordinario y Ministro Plenipotenciario. Por haberse retirado de México el Señor Sánchez, en 6 de marzo del año anterior, se encargó la Legación al Señor Doctor Don Manuel Herrera.

Por haber dejado su cargo el Señor Don Francisco Díaz Covarrubias, acreditado ante este Gobierno con el carácter de Enviado Extraordinario y Ministro Plenipotenciario de México, ha sido reemplazado por Don Manuel Díaz Mimiaga, nombrado Encargado de Negocios ad interim, con residencia en Guatemala. Por despacho de 15 de agosto último se reconoció al Señor Mimiaga en su carácter diplomático.

El Gobierno del Perú ha acreditado ante el de esta República al Doctor Don Tomás Lama con el cargo de Ministro Residente. El Señor Lama fue reconocido con tal carácter en despacho de 11 de noviembre de 1879.

Con motivo de la dimisión del Señor Geo Williamson, ex-Ministro Residente de los Estados Unidos en Centro América, el Gobierno de aquella República nombró con el mismo carácter diplomático al Señor Doctor Cornelius A. Logan, quien fue reconocido como Ministro Residente en despacho de 15 de octubre de 1879.

La Legación de Honduras acreditada ante los Gobiernos de Guatemala y El Salvador continúa prestando al país servicios importantes.

Con las demás naciones de América, no mencionadas en la parte precedente de este informe, la República no se relaciona por medio de Agentes Diplomáticos, cuyas legaciones son importantísimas para el frecuente cultivo y ensanche de su amistosa inteligencia. No obstante, puedo aseguraros que ésta existe bajo los auspicios de la más perfecta reciprocidad, y es de esperarse que de día en día sea más estrecha y fructuosa.

Por parte de las naciones de Europa continúa acreditado el mismo Cuerpo Diplomático con quien ha estado en relaciones el Gobierno de esta República desde hace algunos años.

Debo agregar, como excepción, que con motivo de haberse ausentado temporalmente de Centro América el estimabilísimo diplomático Don José Anfora, Duque de Licignano, Encargado de Negocios y Cónsul General de Italia, a su solicitud el Gobierno ha reconocido al Señor Werner Von Berjen, Encargado de Negocios del Imperio Alemán, como recomendado del Gobierno de Italia en lo relativo al ejercicio de buenos oficios en las relaciones de ambos países. El Señor Angello Mutini, Secretario de la Legación Italiana, ha sido reconocido como encargado del Consulado.

España ha constituido un Consulado General en Centro América, confiándolo al Señor Don Miguel Suárez Güanes. El Señor Suárez solicitó del Gobierno el correspondiente exequátur, que le fue concedido el 3 de abril del año próximo pasado.

La aplicación de las leyes políticas y administrativas de la República en las Islas de la Bahía ha sido reclamada por el derecho y por la general conveniencia del país, como una consecuencia ineludible de la soberanía del Estado en aquella parte del territorio de Honduras: empero, el ejercicio de tan incontestable derecho ha dado margen a reclamaciones de algunos isleños, las que en despachos de 5 de noviembre de 79 y de 24 de enero de 80 dirigidos al Gobierno, se han hecho valer por el Representante de S. M. B. en Centro América.

El Gobierno, firme en el propósito de que no se menoscabe la soberanía de Honduras en uno de sus departamentos, firme en la resolución de hacer que las leyes se respeten y cumplan en las Islas de la Bahía, antes sujetas al desorden y a la arbitrariedad, ha contestado al Representante del Gobierno de S. M. B. en despacho de 28 de agosto último, exponiéndole extensamente las razones que le asisten para que se apliquen en las Islas de la Bahía las leyes políticas y administrativas del país, y demostrándole lo infundado de los reclamos dirigidos, que están en pugna con la conveniencia y la justicia, y con los perfectos derechos de la soberanía del Estado, confirmados por el Tratado que en 1859 se concluyó por los Gobiernos de Honduras y de S. M. B. El Gobierno espera de la rectitud y justificación del Gobierno de S. M. B. que serán atendidas debidamente las razones que ha expuesto como fundamento de su derecho y como legítimos motivos de su conducta.

Continúa cumpliéndose con el convenio celebrado en Guatemala en 25 de febrero de 1878, por el que se redujo la deuda contraída a favor de la Legación inglesa, procedente de antiguos reclamos, a la suma de $50,000, pagadera en cinco anualidades. Satisfecho un pequeño saldo que aún adeuda y está para cubrir la aduana de Amapala, de este año en adelante sólo se deberá la suma de $20,000, único gravamen que pesará sobre el Estado como consecuencia de una deuda que por muchos años ha tenido comprometida la aduana de Trujillo, cuyos rendimientos se invertían en pago de intereses, y sin disminuirse siquiera la obligación principal.

Ha sido satisfecho el reclamo de la Legación francesa, motivado por la exacción de una suma de dinero que, cediendo a la violencia, entregó Doña Victorina Berlioz, del comercio de Comayagua, a Don Manuel Cuéllar, uno de los agentes del Gobierno revolucionario que intentó establecer en el país, en el año de 76, el General Don José María Medina. La Señora Berlioz ha recibido de la Dirección General de Rentas la suma reclamada. Cuando se ordenó el pago de ésta aún no estaba establecido por nuestro derecho fundamental que el Estado no es responsable por los daños que a los extranjeros causen las facciones.

Como resultado de la Convención hábilmente ajustada en 27 de octubre de 1864, por la que se dio un arreglo a la satisfacción de reclamos de súbditos franceses, el señor Encargado de Negocios de Francia ha pedido al Gobierno en despacho de 12 a 15 de marzo de 79 y 13 de agosto último, el pago de la deuda de $36,000 reconocida a favor de la familia Mercher.

Como la citada Convención tiene un carácter condicional que hace depender el pago de la referida cantidad de la previa satisfacción del crédito reconocido por el Tratado de 19 de marzo de 1852 a favor de la Legación inglesa; y como este crédito tiene prelación, y no ha acabado de satisfacerse, según lo dejo expuesto, el Gobierno, fundado en tan justas consideraciones, en despachos de 9 de julio de 79 y de 11 de noviembre último, ha contestado al Señor Encargado de Negocios en Francia manifestándole que satisfará la acreeduría de la familia Mercher tan pronto como acabe de pagarse la deuda preferente contraída a favor de la Legación Británica, lo mismo que los suplementos hechos por las aduanas de Amapala, Omoa y Puerto Cortés para la satisfacción de dicho crédito, a la de Trujillo, única que fue afectada al pago, primeramente de la deuda británica, y en segundo lugar de la que corresponde a la familia Mercher.

La nueva Constitución política ha sido remitida oficialmente por la Secretaría de mi cargo a los Secretarios de Estado y Agentes Diplomáticos de todas las naciones con quienes la República está relacionada. Los Representantes del Imperio Alemán, de la República Francesa, de la Gran Bretaña y España han objetado los artículos 22 y 30 de la Ley fundamental, manifestando, en el fondo, que apoyarán las reclamaciones de sus connacionales motivadas por daños y perjuicios causados por las facciones (artículo 22), y que disienten de la declaratoria constitucional (artículo 30) que establece que en falta de tratados se considerarán como hondureños los hijos nacidos en Honduras de padres extranjeros domiciliados en el país.

Causa extrañeza que se ponga en duda la justicia con que la Asamblea Constituyente de 1880 ha hecho las mencionadas declaraciones en los artículos 22 y 30 de la Ley fundamental.

Que el Estado no es responsable de los daños y perjuicios que las facciones causen a los extranjeros, es una verdad no sólo admitida sin contradicción por todos los maestros de la ciencia del Derecho de Gentes, sino también sancionada en la práctica por la jurisprudencia internacional.

Hacer responsable a un Estado de los daños y perjuicios causados por las facciones a los extranjeros, sería según el voto unánime de los publicistas, crear dos privilegios injustificables: el uno en el interior del Estado a favor de los extranjeros que serían de mejor condición que los naturales; el otro en el exterior, a favor de los Estados poderosos y contra los débiles. Estos no pueden hacer valer sus reclamaciones que, por lo común, son desatendidas por los gobiernos fuertes, al paso que tienen que dar satisfacción a los reclamos de Estados poderosos. Declarar, pues, tal responsabilidad es privilegiar al fuerte, y crear en el interior de los Estados una distinción monstruosa en detrimento de los naturales y en provecho de los extranjeros.

El Morning Post, órgano autorizado de la prensa inglesa, con motivo de la intervención europea en México, ha dicho en su número correspondiente al 7 de noviembre de 1862:

"Cuando un gobierno cuya autoridad no está completamente asegurada en el interior, se muestra sin embargo propicio a hacer todo lo que pueda para proteger la vida y los bienes de los súbditos ingleses, sería demasiado rigor de nuestra parte exigir a favor de ellos una seguridad que es realmente muy difícil de obtener."

El London News, órgano no menos autorizado, dice en su número correspondiente al 15 de febrero del mismo año:

"Los hombres que marchan a otras tierras animados por el espíritu mercantil, deben ir dispuestos a sufrir juntamente con los naturales del país los peligros a que todos están expuestos por los desórdenes y perturbaciones políticas."

Las doctrinas enunciadas han sido reconocidas en la práctica. En 1849 el gabinete de Londres hizo reclamaciones por daños y perjuicios que algunos súbditos ingleses sufrieron en el reino de Nápoles y en el Gran Ducado de Toscana a consecuencia de trastornos políticos. Con este motivo, el Gobierno de Austria protestó contra la conducta de Inglaterra. El Príncipe Schwarzenberg, en nota de 14 de abril de 1850, decía sobre el punto en cuestión estas notables palabras:

"Por muy dispuestos que estén los pueblos civilizados de Europa a ensanchar los límites del derecho de hospitalidad, jamás lo harán hasta el punto de conceder a los extranjeros privilegios que las leyes del país no aseguran a los nacionales."

El Gobierno de Toscana, en el propósito de obtener un arreglo amistoso, trató de someter la cuestión al arbitramento de una tercera potencia, acudiendo para este fin al Gabinete de San Petersburgo. Mas el Gobierno Ruso, en nota de 2 de mayo de 1850, dirigida a su Embajador en Inglaterra, declaró que la cuestión entre Inglaterra, Toscana y Nápoles, era tan evidente a favor de estos últimos Estados que no daba mérito ni aún a la aceptación del arbitramento, lo cual supondría cierta justicia en el fondo de las reclamaciones. A este respecto decía el Ministro Ruso, Conde De Nesselrode: "Según las reglas del Derecho Internacional, tales como las entiende la política rusa, no se puede admitir que un Soberano forzado por la rebelión de sus súbditos a recuperar una ciudad ocupada por los rebeldes, esté obligado a indemnizar a los extranjeros que hayan sufrido por tal causa daños y perjuicios". El Ministro ruso agregaba: "Que de no reconocer este principio por Inglaterra, la presencia de los súbditos ingleses en una nación llegaría a ser hasta un azote, y podría servir de instrumento a los revolucionarios de todos los países para ocasionar embarazos al respectivo Estado de cada uno".

Las notas comunicadas al Gobierno de S. M. B. en el sentido expuesto por los Embajadores de Austria y Rusia, hicieron a la Inglaterra reconocer la justicia, y cejar en sus pretensiones.

En el año de 1851 se aplicó por el Gobierno de los Estados Unidos Norteamericanos el principio que hicieron prevalecer Austria y Rusia. Hubo en New-Orleans un motín contra los españoles: el pueblo hirió a algunos, destruyó varias de sus propiedades, insultó la bandera de España, ultrajó al Cónsul y allanó el Consulado.

El Gobierno español reclamó indemnizaciones para los perjudicados; pero Mr. Webster, Ministro de Relaciones de los Estados Unidos, contestó: "Que eran improcedentes los reclamos, porque los extranjeros que se establecían en el territorio de la República, para ocuparse en sus negocios, se sometían ipso-facto a las mismas leyes y Tribunales que sus ciudadanos, y que el Gobierno no podía ser responsable de las consecuencias de un motín". España se dio por satisfecha con esta solución; y únicamente se indemnizó al Cónsul, por considerarlo Mr. Webster, como funcionario que se hallaba bajo la protección especial de los Estados Unidos.

La misma jurisprudencia internacional se ha aplicado en numerosos casos ocurridos con motivo de la revolución francesa del 89, de la insurrección polaca, y de la guerra civil sostenida por los EE. UU. Norteamericanos. Los extranjeros sufrieron gravísimos daños y perjuicios, y no obstante ningún Estado exigió la responsabilidad a los respectivos Gobiernos.

Es de notarse además que en la mayor parte de los Tratados con las Naciones de Europa, y aun en las Constituciones de la América española, se establece el principio de igualdad de derechos entre los extranjeros y los nacionales. Esta igualdad rechaza en términos implícitos el privilegio que se pretende en favor de los extranjeros respecto al pago de indemnizaciones.

Me he permitido la libertad de ocupar vuestra atención presentando los antecedentes que la ciencia y la práctica ofrecen en punto a indemnizaciones de extranjeros, para poner de manifiesto toda la justicia que asiste al Gobierno para sostener en su integridad el artículo 22 de la Constitución, y para contestar a los Agentes Diplomáticos que lo objetan, manifestándoles que el Gobierno en ningún caso se apartará de lo prescrito por la Constitución.

El punto cuestionado, Señores Representantes, es de grande importancia sostenerlo en el estricto sentido de nuestro derecho. El grave interés de sus consecuencias no sólo atañe a Honduras, sino también a la generalidad de las Repúblicas latinoamericanas. En la América española hay más poderosos motivos que en Europa y en los Estados Unidos para cerrar para siempre las puertas a injustas exigencias sobre indemnizaciones por daños y perjuicios causados a los extranjeros por las facciones. Las Repúblicas latinoamericanas tienen que ser pobladas por inmigrantes europeos. Además, las Repúblicas latinoamericanas, en lo general, aun no son países definitivamente constituidos. Tan desacertado como injusto es exigirles el orden y la regularidad que se observan en Naciones seculares. Los pueblos jóvenes de América tienen, no por mala índole, sino por el influjo de leyes naturales e históricas, que estar sujetos, por mucho tiempo, para constituirse, a constantes y a veces bruscas y violentas evoluciones. Consecuencia lógica y natural de éstas son los daños y perjuicios que experimentan tanto los naturales como los extranjeros.

Declarar el derecho de éstos a ser indemnizados, no sólo es crear en su favor un privilegio odioso, es también desconocer la posición y circunstancias de los países latinoamericanos que no pueden distraer su atención y sus recursos para satisfacer a extrañas exigencias, cuando esa atención y esos recursos los necesitan urgentemente para emplearlos en consolidar su estado social, y llegar a obtener el arraigo definitivo de las instituciones republicanas que cada día se robustecen más y más, y bajo cuyos auspicios se cerrará para la América Latina la era dolorosa, pero excusable, de las facciones, de las revueltas políticas, que el extranjero, por desgracia, no juzga siempre con el criterio del buen sentido y de la imparcialidad.

El principio de que los hijos de extranjeros domiciliados son naturales del país en que nacen, no es una novedad introducida por nuestra Constitución. Ese principio lo encuentro establecido en la antigua Legislación española. Las leyes de las Partidas y del Ordenamiento Real consideraban como españoles a los hijos de extranjeros nacidos en España. Después, la ley 7ª, título 14, libro 19 de la Novísima Recopilación, adoptando la restricción de un dilatado domicilio, declaró: que son nacionales o españoles los hijos de los extranjeros domiciliados en España, por espacio de diez años. Y en América una de las constituciones que se ha dado Colombia, declara: que son colombianos los hombres nacidos libres en el territorio de la República de padre extranjero que no se hallare en ella al servicio de otra nación o Gobierno. La misma declaración hace, en términos generales, la Constitución de Chile decretada en 1833.

Cierto es que muchos publicistas al hecho del nacimiento agregan el de la procedencia para fijar la nacionalidad de un individuo, aseverando que cuando esos dos hechos están en oposición, queda el derecho de optar a la mayor edad por la nacionalidad del nacimiento o de la procedencia, conservando el individuo en la minoría la nacionalidad paterna.

Pero los publicistas que así opinan, fundan esa doctrina en las exigencias de los principios del derecho civil y en la conveniencia interior de las familias. Mas esta razón, en mi sentir, nace de la antigua idea de que los extranjeros tenían distintos derechos civiles de los correspondientes a los naturales del país, derechos por lo común opuestos. Bajo este concepto es claro que los principios del derecho civil y el buen orden de las familias exigen que no haya conflictos entre padres e hijos, que son consiguientes cuando hay oposición en sus derechos civiles.

Pero como las legislaciones modernas han progresado, particularmente en América, teniendo un carácter más expansivo, más humano, más civilizador; como las legislaciones modernas, en su mayor parte, igualan a los extranjeros a los naturales para el efecto de tener idénticos derechos civiles; como este principio ha sido plenamente declarado por el Artículo 13 de la Constitución de la República, no hallo fundamento alguno para que las exigencias del derecho civil y el orden e intereses de las familias reclamen la adopción de la doctrina que requiere la procedencia unida al nacimiento para fijar la nacionalidad de un individuo. Aquí, teniendo todos los extranjeros los mismos derechos civiles que los naturales, no puede haber conflictos entre padres e hijos en el ejercicio de sus respectivos derechos.

Aparte de estas consideraciones ocurren otras muchas de un orden superior. En buena hora que los Gobiernos de los diversos Estados aseguren con todas las restricciones posibles la nacionalidad de sus individuos que pasan a un país extranjero, llegando, si se quiere como Inglaterra, a declarar la nacionalidad como un vínculo indisoluble entre el nacional y el Estado.

En buena hora que se hagan tales declaraciones, porque a lo menos están dentro de la órbita del derecho positivo, porque se refieren a individuos que han nacido en el Estado que legisla, que han recibido la protección y beneficios de sus leyes, que han vivido, y se han formado en la tierra que los vio nacer, y que pasan a otro país, en su condición de extranjeros, y bajo los auspicios de las leyes del Estado de su procedencia.

Pero tales consideraciones no pueden aplicarse, sino es en sentido inverso, a individuos hijos de padres domiciliados en país extranjero, y nacidos en el Estado del domicilio de sus progenitores. Sobre tales individuos no puede recaer la legislación de un país extranjero, al que nada deben, al que no han estado nunca ligados personalmente. Por el contrario, esos individuos han recibido la vida en el lugar donde sus padres están domiciliados, donde hacen sus negocios, y tienen establecida su familia, donde reciben toda la protección y beneficios de las leyes del Estado que tiene derecho para considerar como nacionales a todos aquellos que desde el primer instante de la vida garantiza y protege.

El instinto natural que nunca se falsea, coincide con este modo de raciocinar: todo hombre, instintivamente, se considera como individuo del lugar donde nace. Las instituciones de los hombres nunca serán bastante poderosas para enmendar la plana a la naturaleza.

Hay más. Existe sobre todas las consideraciones expuestas una consideración capitalísima para sostener el principio proclamado en nuestra Constitución Política. En Honduras y en general en la América Latina, la prosperidad nacional depende, en mucha parte, de la inmigración extranjera. Pero si la inmigración, como empieza a suceder en algunos Estados, afluyese considerablemente, se establece y prospera; y se declara que los hijos de los inmigrantes domiciliados en la América Española, son extranjeros, la nacionalidad extranjera se transmitirá de padres a hijos, de abuelos a nietos, de bisabuelos a bisnietos; y en un porvenir, no lejano, tendremos el resultado de que los países despoblados de la América Española, tendrán una inmensa mayoría de individuos sujetos a un estatuto extranjero, inmensa mayoría que acabaría por borrar el sello de la primitiva nacionalidad. Las naciones latinoamericanas deben abrir de par en par las puertas al extranjero.

El elemento extranjero les asegura, en gran parte, su prosperidad y futura grandeza; pero a esos grandes intereses los Estados latinoamericanos no deben sacrificar la dignidad de su autonomía y su poder: deben tener siquiera una reserva; la de que no se pierda el sello de la nacionalidad primitiva, el que indudablemente se perdería admitiendo, de generación en generación, la transmisión de la nacionalidad extranjera, siempre privilegiada; y por lo mismo, siempre extraña a las ideas y peculiares intereses de los Estados latinoamericanos.

El Gobierno cree, Señores Representantes, de suma trascendencia el importante asunto de que acabo de ocuparme. Por esto os he manifestado las principales razones en que se apoya para sostener con firmeza el artículo 30 de la nueva Constitución Política de la República.

Como complemento de mi informe os presento anexos los cuadros en que figuran el Cuerpo diplomático y consular acreditado ante este Gobierno, y el Cuerpo diplomático de Honduras, lo mismo que los Cónsules nombrados y admitidos por la actual Administración.

Señores Diputados: Os he manifestado en sus detalles de importancia el curso que han tenido los negociados concernientes a la Secretaría de mi cargo. Paz y buena inteligencia con el exterior son el resultado de los trabajos del Gobierno en orden a sus relaciones internacionales: justicia y dignidad nacional son los distintivos que caracterizan su espíritu y sus propósitos en orden a las cuestiones pendientes con los demás Estados.

Satisfechas serán mis esperanzas, colmados serán mis deseos, si después de juzgar imparcialmente los actos y proyectos reseñados, vuestro ilustrado juicio declara que el Gobierno, en su conducta para con el exterior, ha sabido cumplir con su deber.

Tegucigalpa, 30 de enero de 1881.

MEMORIA DE GUERRA

Señores Diputados:

En breves términos voy a informaros del estado en que permanecen los negociados correspondientes al Departamento de la Guerra.

Como bien sabéis, desde 1878 se previno la creación y organización de milicias bajo el sistema del servicio militar obligatorio. Este sistema es el único justo, el único que consagra el principio de la igualdad de los ciudadanos, y el único idóneo para obtener el fin de poseer un ejército respetable, instruido y disciplinado. Sin duda por las excelencias de este sistema ha sido adoptado por las naciones que tienen más perfeccionada su organización militar.

No obstante las dificultades que hacían creer, poco menos que imposible, el establecimiento y organización del ejército en Honduras, el Gobierno, debido a enérgicos y perseverantes trabajos, ha alcanzado un buen éxito en la organización y arreglo de la fuerza pública. Las milicias creadas se componen de 31,498 milicianos, que forman 79 batallones, divididos en 312 compañías, quedando un sobrante de oficiales y tropa de 108 plazas. En la organización de las milicias hay 1,653 oficiales, y 29,815 individuos de tropa. Es de advertirse, que según los estados de las Comandancias Generales de los Departamentos, que han servido de base al estado general de las milicias que os presento, hay algunas irregularidades en la formación de batallones; pues varios de éstos constan de un número mayor o menor que el fijado por la ley. El Gobierno dará las órdenes e instrucciones convenientes para que desaparezcan tales irregularidades en la formación de batallones.

Han estado en servicio activo 54 jefes, 124 oficiales, y 765 individuos de tropa. Este número está disminuyéndose, pues el Gobierno minora en la actualidad las guarniciones por estar la República en plena paz, y para que haya todas las economías posibles en el presupuesto militar.

Las milicias tienen sus ejercicios dominicales en todos los pueblos, y su instrucción y disciplina adelantan notablemente. Con el fin de que haya unidad en el aprendizaje, el Gobierno ha dispuesto que sirva de texto en todas las Academias militares, y en los ejercicios dominicales, la Táctica escrita por el Marqués del Duero.

Se ha aumentado el armamento nacional, cuyos principales almacenes existen en esta Capital y en la ciudad de Santa Rosa, cabecera del Departamento de Copán. Los almacenes están en perfecto arreglo, y custodiados como corresponde. Por el estado general del armamento que acompaño a este informe, podréis cercioraros de que el Estado cuenta con los elementos de guerra necesarios para garantizar el orden interior, y en cualquier evento, con respecto al exterior, para sostener la dignidad y derechos de la República.

Graves inconvenientes ofrecía la mucha amplitud del fuero militar. Para reducir éste a sus justos límites el Gobierno, en decreto del 7 de diciembre último, dispuso concretarlo a los casos en que lo demandan imperiosamente la disciplina en el ejército, y a altos y reconocidos motivos de orden público.

Se ha hecho sentir la necesidad apremiante de que el ejército tenga el Código y Ordenanzas militares que deben corresponderle para su completa organización y definitivo arreglo. El Gobierno, para satisfacer necesidad tan premiosa, nombró una Comisión encargándola de redactar el Código y Ordenanzas militares. La Comisión ha dado término feliz a sus importantes trabajos: el Código y Ordenanzas militares están imprimiéndose, y en breve sus disposiciones, acordes con la ciencia y con las peculiaridades de la práctica, vendrán a complementar, en honra y provecho del ejército, la organización militar de la República.

La nueva Constitución Política emitida en el año recién pasado, en su artículo 16, confirmó el sistema de servicio militar obligatorio, y previno el establecimiento de la reserva del ejército, que corresponde a los hondureños de 35 a 40 años. Terminada que sea por completo la organización del ejército activo, el Gobierno se ocupará de poner en ejecución el precepto constitucional, organizando la reserva del ejército.

Voluntad que ordene, y fuerza que ejecute, tales son, Señores Representantes, los elementos esenciales para el organismo del Estado. El Gobierno, después de subordinar su voluntad a un sistema político, impersonal y progresista, cree cumplir con uno de sus más altos deberes atendiendo al arreglo e incremento de la fuerza pública, que es la garantía del sistema político adoptado, que es el firme sostén del orden interior, y la salvaguardia de los derechos y respetabilidad de la Nación. Hago votos porque sus trabajos tengan el éxito más cumplido, favorecidos por vuestro apoyo importantísimo; y porque sean siempre fecundos en pro de la paz de Honduras, y de la estabilidad de sus nuevas y liberales instituciones.

Tegucigalpa, febrero 2 de 1881.

MEMORIA DE INSTRUCCIÓN PÚBLICA

Señores Diputados:

Satisfactorio y honroso me es proporcionaros el informe que me concierne emitir, para vuestro conocimiento, sobre los trabajos habidos en el Departamento de Instrucción Pública.

Se ha logrado sostener la instrucción primaria sobre bases regulares: se ha logrado que obtenga algunas importantes mejoras.

En 1879 hubo establecidas 316 escuelas primarias de niños, y 55 de niñas. A aquéllas asistieron 10,039 alumnos, y a éstas 2,426. El sostenimiento de las escuelas costó la suma de $55,143 erogada por las Municipalidades y el Gobierno.

En el año de 1880 hubo abiertas 377 escuelas de varones, 120 de niñas. A las primeras concurrieron 13,017 alumnos, a las segundas 3,896 alumnas. Se gastó en sostener las referidas escuelas la suma de $67,178, erogada también por las Municipalidades y el Gobierno.

En el bienio últimamente transcurrido el servicio de la instrucción primaria importó la suma total de $122,311.

En el año recién pasado remarcables progresos se habrían alcanzado en el aumento de escuelas, y en la concurrencia de alumnos de ambos sexos; mas por desgracia el mal invierno último redujo a la miseria a muchos de los pueblos en que hubo de paralizarse el progreso de la instrucción primaria. No obstante, comparados los datos relativos a los años de 79 y 80, notaréis que, a pesar de la vicisitud ocurrida, la instrucción primaria ha tenido un apreciable adelantamiento.

Para facilitar el aprendizaje de las primeras letras y unificar las bases de la enseñanza, el Gobierno ha introducido en todas las escuelas el método de lectura fonética. Este nuevo sistema comienza a dar sus saludables resultados. Los niños aprenden hoy en pocos días lo que aprendían antes en el transcurso de algunos meses. El aprendizaje se obtiene, pues, con grande economía de tiempo y de trabajo.

El Gobierno ha proporcionado a las escuelas primarias muchos de los textos que necesitan, y se propone hacer en la Imprenta Nacional una edición de todos los textos que sean indispensables para las escuelas de primera enseñanza.

Es satisfactorio el estado de la segunda enseñanza.

En 1879 proporcionaron la enseñanza secundaria cuatro establecimientos servidos por 18 profesores: concurrieron 241 alumnos. Se gastó en esos establecimientos la suma de $9,210.

En 1880 suministraron la segunda enseñanza cinco establecimientos servidos por 28 profesores: concurrieron 287 alumnos. Se erogó la suma de $10,483.

En el bienio costó la segunda enseñanza la suma total de $19,693.

La segunda enseñanza tiene en la actualidad el mérito de ser práctica, muy útil en sus resultados. Los alumnos aprenden las lenguas vivas, las ciencias exactas, la historia natural, la geografía y la historia, y todos los demás ramos que puedan dar al individuo no sólo aptitudes para estudios profesionales, sino también para proporcionarle medios de subsistencia, merced a sus conocimientos adquiridos. Utilidades positivas sustituyen, pues, en la segunda enseñanza, a ingeniosos pero infecundos silogismos.

La enseñanza profesional aún no ha sido objeto de la reforma que el Gobierno se propone efectuar; así es que la Universidad, conforme a su antigua institución, se ha limitado a conferir grados relativos a estudios mayores que los cursantes han hecho privadamente.

Sin publicarse la nueva legislación el Gobierno no podía constituir debidamente la Facultad de Derecho: sin competentes profesores europeos no puede organizarse, como corresponde, las demás Facultades. La nueva legislación está publicada y en práctica; pero se espera que vengan los profesores que se han pedido para efectuar con éxito positivo la reforma de la instrucción profesional. Las reformas deben acometerse cuando se cuente con elementos para llevarlas a cabo; y tales elementos requieren que se disponga de tiempo y de recursos.

Una vez efectuados todos los trabajos que preparen la reforma de la enseñanza, el Gobierno emitirá, y esto será en breve, el Código correspondiente a la Instrucción Pública. La Secretaría de mi cargo tiene ya listo el proyecto de Código cuyas disposiciones, basadas tanto en la ciencia como en la situación del país, organizarán, de la mejor manera posible, los tres grandes ramos de la instrucción primaria, secundaria y profesional.

Para promover la difusión de los conocimientos útiles, el Gobierno previno el establecimiento de una Biblioteca Nacional que se inauguró solemnemente el día 27 de agosto del año recién pasado. Ese establecimiento denota un nuevo progreso en el país, y a más de su práctica conveniencia, forma un signo inequívoco de la cultura del pueblo hondureño. Donde hay una Biblioteca no puede menos de haber luz.

Sucintamente, pero con la extensión debida, os he expuesto los trabajos que se han efectuado en el Departamento de Instrucción Pública. ¡Que vuestra solicitud patriótica, que vuestras ilustradas medidas los ensanchen y perfeccionen, para bien de la juventud estudiosa, en que la República cifra la suerte de sus futuros destinos!

Tegucigalpa, febrero 2 de 1881.

MEMORIA DE INSTRUCCIÓN PÚBLICA

Señores Diputados:

Con satisfacción os presento mi Informe sobre el Departamento de Instrucción Pública.

El sistema de enseñanza, en todos sus ramos, ha tenido un cambio radical, merced a la emisión y planteamiento del Código de Instrucción Pública, decretado en 31 de diciembre de 1881. La reforma la hallaréis definida en los artículos del Código y motivada en el discurso preliminar que sírvele de antecedente y de explicación. (Anexo número 1).

A pesar de las dificultades que en lo económico han tenido los pueblos, a causa de la carencia de víveres, consiguiente al último mal invierno, se ha sostenido en buen estado la instrucción pública.

En 1881 hubo abiertas 356 escuelas de varones, con 13,463 alumnos, y 116 escuelas de niñas, con 3,852 alumnas. En el año anterior, 1882, hubo abiertas 400 escuelas de varones, con 15,720 alumnos, y 133 escuelas de niñas, con 4,430 alumnas. Se ha gastado en sostener las escuelas primarias de ambos sexos, en 1881, $63,946.112, y en 1882, $73,646.071. Importan, pues, los gastos del bienio, $137,592.191. (Anexo número 2).

Puede notarse que en el último año del bienio hay un progreso apreciable, tanto con respecto al número de escuelas y de alumnos, como con relación a la suma de los gastos. Tal progreso puede notarse también, en mucha parte, si se comparan los datos expuestos con los que os presenté en mi Informe de principios de 1881.

El estado de la enseñanza profesional y secundaria ha sido el que sigue: La Universidad Central, recientemente fundada, ha tenido 34 alumnos que han cursado en las facultades de Jurisprudencia y Medicina; el Colegio Nacional de 2ª Enseñanza de esta capital, tuvo en 1881, 95 alumnos, y en 1882, 125; el Colegio Nacional de 2ª Enseñanza de Copán tuvo en 1881, 32 alumnos, y en 1882, 34; igual número ha tenido la Universidad Nacional de Occidente; el Colegio

Nacional de Santa Bárbara, tuvo en 1881, 53 alumnos y en 1882, 87; el Instituto de Gracias, tuvo en 1881, 45 alumnos y en 1882, 41.

En la segunda enseñanza, y en la profesional, se gastó en 1881 la cantidad de $27,193.29 y en 1882 la de $32,386.54. Ha importado el gasto del bienio $59,579.552. (Anexo número 3).

El Gobierno ha acordado últimamente el establecimiento de Colegios Nacionales de 2ª Enseñanza en las ciudades de Gracias, Juticalpa y La Paz, capitales de sus respectivos Departamentos.

Aún no ha sido dado establecer escuelas normales que son de absoluta necesidad para el progreso de la instrucción; pero su falta, aunque imperfectamente, se suple con la sección de enseñanza normal que hay organizada en los Colegios de 2ª Enseñanza.

El Gobierno ha hecho venir de Europa los instrumentos y útiles indispensables para establecer un Gabinete de Física y un Laboratorio Químico: además, ha costeado esferas, mapas e instrumentos matemáticos para la 2ª enseñanza, e instrumentos y aparatos para la enseñanza especial de la Escuela de Medicina, y para el aprendizaje de los estudios que constituyen la historia natural.

Últimamente se ha decretado la construcción de un edificio destinado especialmente al estudio de la Medicina y Cirugía y de las Ciencias Naturales. El edificio está construyéndose: en él hay departamentos para Museos, jardines botánicos y zoológicos, que hagan posible un práctico aprendizaje.

La Biblioteca Nacional continúa prestando sus servicios. Cuenta hoy con 1,306 volúmenes de obras importantes, y 444 folletos de interés. El valor de libros y folletos asciende a $2,151.25, y el de la estantería y mobiliario a $2,983.282. Total: $5,134.531.

Hay el propósito de hacer más útil la Biblioteca, enriqueciéndola con las obras más modernas en ciencias y letras.

Siendo bonancible la situación del tesoro público, ya será dado atender a la instrucción como se debe. Mientras no se gaste en Honduras, por lo menos, la suma de $100,000 al año, en sostener la enseñanza, no podremos tener seguridad de que tenga o pueda tener gran consistencia y sólidos y rápidos progresos.

Por el órgano de la Secretaría de mi cargo se han dado disposiciones para erigir una estatua al sabio Don José Cecilio del

Valle, para escribir la Biografía de hombre tan ilustre, y recoger y publicar sus obras, y para erigir un busto al Doctor José Trinidad Reyes, principal fundador de la Universidad de la República.

Los monumentos consagrados a la memoria de personajes tan distinguidos, tan recomendables por sus preclaras virtudes, están levantándose, y, dentro de poco tiempo, tendrán una solemne inauguración.

Tuve la inmerecida honra de ser nombrado para escribir la Biografía del sabio Valle: la he terminado y está publicándose. Me ocuparé también en publicar en los Estados Unidos sus Obras completas.

Tal encargo, y tal trabajo, son los que más cuadran con mis inclinaciones. Después de una larga vida pública, casi todo podré olvidarlo, menos la honra de haber historiado la vida de uno de nuestros hombres más ilustres, y de haber dado a conocer sus Obras, ejemplar enseñanza para la posteridad. Yo que lo pospongo todo a las ideas, aprecio como el más grande honor de mi vida haberme ocupado de la historia y de las obras de un grande hombre de ideas.

Termino mi Informe, señores diputados, encareciéndoos los altos fines de la instrucción pública, pero encareciéndolos, no como los únicos que han de dar la savia de la vida republicana. No: hay una falsa escuela que olvida la dignidad del hombre y que cree que con plantear escuelas y darle conocimientos, se ha hecho todo para educarlo y hacerlo republicano. Este es un sofisma, o un paliativo de la iniquidad. Se puede ser muy instruido, y no ser siquiera persona, hombre: se puede ser muy sabio, y a la vez ser muy abyecto, cuando se rompe con la causa del derecho y de la dignidad del ser humano. Si queremos, como debemos querer, ser republicanos; si queremos, como debemos querer, que la República sea una verdad y no una farsa, reconozcamos primero al hombre, en la integridad de sus derechos; respetemos y hagamos respetar sus derechos; fundemos o cumplamos verdaderas instituciones que los garanticen, y a la vez, cultivemos la inteligencia de los asociados, dándole útiles conocimientos. La inteligencia cultivada no es toda la personalidad, es algo que la integra, pero que no forma su carácter fundamental. Ante todo, y sobre todo, está la libertad, está el amplio uso del derecho: su límite sólo debe ser la justicia, y en ningún caso los límites arbitrarios que le imponen la demagogia, o el terror de la dictadura de un solo hombre. Bajo estos conceptos, a vosotros, Señores Diputados, que sois tan entendidos como patriotas, vuelvo a encareceros los altos fines de la pública instrucción.

Tegucigalpa, febrero 21 de 1883.

MEMORIA DE RELACIONES EXTERIORES

Señores Diputados:

En breves términos tengo la honra de daros el Informe que concierne al estado de las Relaciones Exteriores de la República.

Honduras ha sostenido con los países vecinos una paz perfecta y una amistosa inteligencia.

Se han canjeado los tratados concluidos con Guatemala y El Salvador. (Anexo número 1).

Aun no se ha resuelto la cuestión de límites con El Salvador, sometida a arbitramento. El Excelentísimo Árbitro, Señor General Don Joaquín Zavala, Presidente de Nicaragua, ha opinado que no debía emitir su laudo hasta que las legislaturas de Honduras y El Salvador ratificasen la prórroga que los Gobiernos de uno y otro país hicieron del término en que debían presentarse al Árbitro los documentos e informes de las partes comprometentes. La Secretaría de mi cargo opinó que este asunto era de la competencia del Gobierno, por referirse a un detalle administrativo, que no implica una cuestión de fondo; mas siendo atendible y respetabilísima la opinión del Excelentísimo Árbitro, os presento la convención en que se prorrogó dicho término para que, si a bien lo tuviereis, le deis vuestra ratificación. (Anexo número 2).

Ha habido nuevas cuestiones de límites con El Salvador, referentes a los pueblos fronterizos del Departamento de Copán. Deseosos ambos Gobiernos de resolverlas amistosamente, nombraron Comisionados que estudiasen los puntos cuestionados y que conviniesen en un arreglo. Las Comisiones no pudieron ponerse de acuerdo. La cuestión está en pie; y en el propósito de finalizarla, los Gobiernos de uno y otro país nombraron un agrimensor competente, que, en calidad de tercero en discordia, dé una resolución que sirva de base, siquiera sea para un arreglo provisional. (Anexo número 3).

Creado un nuevo modo de ser político en Costa Rica, el Gobierno ha tenido la oportunidad y la satisfacción de restablecer sus relaciones oficiales con el de aquella República hermana. (Anexo número 4).

Debido a las convenciones celebradas y a los arreglos ajustados, Centroamérica forma ya un solo territorio postal y telegráfico. (Anexo número 5).

Establecido el cable que nos pone en relación con todos los países civilizados, me es grato manifestaros que nuestros cablegramas se transmiten por las líneas de El Salvador y Nicaragua, para el efecto, franqueadas bondadosamente por sus respectivos Gobiernos.

El Gobierno ha recibido una iniciativa sobre Unión Centroamericana de parte de los de El Salvador y Guatemala. La iniciativa ha sido aceptada. Os presento los correspondientes documentos. La fuerza bruta desunió, en mala hora, a Centroamérica; la fuerza de las ideas deberá unirla. El patriotismo ilustrado, la buena fe y la abnegación han de lograr, algún día, ese noble y grande objeto. (Anexo número 6).

Se han ensanchado las relaciones de la República con las demás naciones de América.

Se concluyó un convenio sobre canje de publicaciones con la República de México: este convenio no implica derechos y deberes que lo eleven a la categoría de un tratado que deba ser objeto de ratificaciones.

El Gobierno de los Estados Unidos de Colombia acreditó ante el de esta República una Legación encomendada al General Don Rafael Aizpuru. Se han concluido con el Representante de Colombia convenciones sobre arbitraje, sobre propiedad literaria y canje de publicaciones, y sobre extradición. Las someto a vuestro examen y ratificación. (Anexo número 7).

El Congreso de Panamá destinado a celebrar una Convención de Arbitraje americano, desgraciadamente no tuvo efecto. Honduras, por enfermedad, a última hora, de la persona electa, no pudo mandar su Representante; pero manifestó, oficialmente, al Gobierno de Colombia que prestaría su completa adhesión al voto de la mayoría de los Plenipotenciarios. Sensible es que haya escollado tan elevado propósito, pensamiento tan trascendental.

Con pena os informo también que el proyectado Congreso de Washington, encaminado a asegurar la paz de América y la regularidad de las relaciones internacionales de sus pueblos, ha tenido idéntico aplazamiento. La idea es grande y fecunda: si se ha aplazado su cumplimiento, andando el tiempo, será una realidad. Esta es la suerte de todas las ideas benéficas que vivifican a los pueblos por la virtud incontrastable del derecho.

La Gran República de los Estados Unidos de América ha dado a su Representante, que era Ministro Residente, el carácter de Ministro Plenipotenciario. Debe satisfacernos que la Nación modelo de América tenga un Agente Diplomático de primer orden, acreditado ante nuestro Gobierno.

Como justo homenaje tributado a la memoria del General Simón Bolívar, blasón y orgullo de la familia hispanoamericana, el Gobierno ha acordado contribuir, con las publicaciones del país y con el donativo de diez mil francos, a la fundación de la Biblioteca Bolívar, que se está estableciendo en París para celebrar el centenario del Libertador de pueblos y Fundador de Repúblicas. Honduras no debe ni puede ser extraña a las inspiraciones patrióticas del sentimiento americano. (Anexo número 8).

Con las naciones de Europa se han sostenido amistosas relaciones, que de día en día han tomado incremento.

El Imperio Ruso, por vez primera, ha entrado en relaciones oficiales con esta República. Con el Reino de Suecia y de Noruega y con los de Rumania y Servia se han entablado idénticas relaciones.

El Representante de la Gran Bretaña, que reclamara sobre la práctica de nuestras leyes en las Islas de la Bahía, ya bien informado, ha felicitado a este Gobierno por el éxito de su legislación, y sus medidas han tenido en aquel Departamento, hoy verdadera parte integrante de nuestro territorio nacional. (Anexo número 9).

La deuda inglesa, arreglada por convenio del año de 1877, se acabó de pagar en el año próximo pasado. Ha desaparecido ese antiguo gravamen que por muchos años fue onerosísimo para el país.

Con la noble nación española se proyecta concluir un tratado de amistad y de comercio. Nunca serán demasiados los vínculos que nos unan a la que fuera nuestra Madre Patria.

Se han procurado ensanchar nuestras relaciones con los demás países europeos, nombrando nuevos Agentes consulares, conocedores del país y de las expansivas tendencias de su Gobierno.

Con el objeto de arreglar el servicio consular, que fuera casi nulo, se han cancelado, salvo justas excepciones, las patentes de los

Cónsules nombrados antes de la inauguración del actual Gobierno. Con Agentes conocedores del país, y solícitos en el desempeño de sus funciones, ya es dado decretar, con éxito, un Reglamento que determine y haga eficaces los servicios diplomáticos y consulares. (Anexo número 10).

Se han cancelado las patentes de navegación que, sin el necesario discernimiento, y aun sin noticia del Ejecutivo, se han expedido por Agentes Diplomáticos o Consulares del país; y se ha fijado un término prudente para renovar, si fuere debido, dichas patentes: se ha prevenido, en fin, que en lo sucesivo sólo el Ejecutivo, de manera directa, pueda expedirlas. Esta medida, a no dudarlo, pondrá a salvo los intereses del comercio, y eximirá al país de inmerecidas responsabilidades. (Anexo número 11).

Todos los reclamos procedentes de daños y perjuicios causados a extranjeros durante los pasados trastornos políticos, anteriores al establecimiento del actual Gobierno, han sido arreglados de un modo satisfactorio. En la actualidad la Secretaría de mi cargo no tiene por arreglar ningún reclamo.

Os presento el cuadro del Cuerpo Diplomático y Consular acreditado ante el Gobierno de la República, y el correspondiente a sus Agentes en el exterior. (Anexo número 12).

Fielmente os he expuesto, Señores Diputados, la situación que ha tenido la República durante el último bienio en sus Relaciones Exteriores: réstame tan sólo presentaros los votos que hago porque, con vuestras ilustradas deliberaciones y atinadas medidas, deis a Honduras mayores elementos de honrosa paz y de amistosa armonía, en orden al cultivo de sus relaciones internacionales.

Tegucigalpa, febrero 27 de 1883.

MEMORIA DE DE GUERRA

Señores Diputados:

Tengo el honor de daros mi Informe sobre los trabajos habidos en el Departamento de la Guerra.

En 31 de mayo de 1881 fueron promulgados el nuevo Código y las nuevas Ordenanzas militares, que empezaron a regir desde el 27 de agosto del mismo año.

Carecíamos de leyes que en lo militar satisficiesen a la debida organización y disciplina del Ejército. Antiguas leyes españolas e incompletas y discordantes leyes patrias, eran las que regían sobre tan importante materia. El Código y las Ordenanzas hoy vigentes, que se han calcado sobre los principios de la ciencia moderna, han venido a sustituir a aquellas leyes y a formar un cuerpo ordenado de legislación que cuadra con el mejor arreglo y con la mejor disciplina del Ejército. La carrera militar, bajo los auspicios de las nuevas leyes, se ha regularizado y ennoblecido.

Como parte necesaria e integrante de la legislación militar, se emitieron, en 25 de julio y 27 de agosto de 1881, respectivamente, el Reglamento para el servicio militar obligatorio, y la Ley de organización del Ejército. (Anexo número 1).

Conforme al Reglamento, en enero de 1882, se hizo una nueva inscripción de las milicias. La inscripción, aunque no completa, debido a las dificultades que trae consigo el planteamiento de un nuevo sistema de organización, ha dado el resultado que sigue: 35,344 soldados para el servicio activo, y 6,648 para la reserva. Los milicianos inscritos forman en la composición del Ejército 102 batallones que contienen 408 compañías. Los registros de inscripción y la organización de la fuerza es de esperarse que de año en año vayan perfeccionándose.

El servicio activo se ha hecho con 14 oficiales generales, 39 superiores, 99 inferiores, y 755 individuos de tropa.

En el bienio han importado los gastos militares $369,982.421. (Anexo número 2).

Las nuevas leyes han hecho desaparecer el fuero militar. El Código trata tan sólo de los delitos militares, habiéndose efectuado de esta suerte una reforma conforme con las justas exigencias de las instituciones republicanas del país.

La contrata celebrada en 3 de marzo de 1882, con el Señor Don Gustavo Stam, ha dado excelentes resultados. La música marcial, que cuenta hoy con nuevos y suficientes instrumentos, ha hecho progresos notabilísimos bajo la dirección del mencionado Señor Stam. (Anexo número 3).

Os presento el estado que corresponde a los elementos de guerra que existen en los almacenes nacionales. Como podréis notarlo, son suficientes, en cualquier evento, para la defensa del país y para hacer respetar sus derechos. Pasaron ya los tiempos en que Honduras, sin Hacienda, sin Ejército y sin armas, estaba expuesta, uno y otro día, a ser la víctima de ambiciosos en lo interior o de criminales atentados del exterior. Aunque amo sobre todas las cosas la dignidad de mi país y me enorgullezco con sus antiguas glorias militares, hago votos porque no llegue el día en que Honduras pueda dar una prueba de que sabe defenderse con ventaja, y escarmentar a agresores de criminales ambiciones. (Anexo número 4).

El General Don Francisco Morazán, el guerrero fundador y mantenedor de instituciones, y el General Don Trinidad Cabañas, el héroe de las virtudes más insignes, han sido objeto de un justo homenaje del Gobierno. Este ha decretado se erijan monumentos para honrar la memoria de esas dos gloriosas personalidades, cuyo recuerdo es como viva inspiración que anima los sentimientos más nobles y generosos de la Nación hondureña. Enaltecer la memoria de Morazán y de Cabañas no es para los hombres pensadores hacer la apoteosis de militares triunfos; es más que esto, es hacer la apoteosis de dos grandes personificaciones de ideas, de principios y de instituciones que, si en mala hora escollaron, aun forman, por la virtud de su ascendiente imperecedero, el más bello ideal de los adversarios de la fuerza bruta, de los sinceros amigos de la República. (Anexo número 5).

Concluyo, Señores Diputados, haciendo un voto íntimo, que tal vez en un lejano porvenir tenga su cumplimiento, el voto porque llegue un día en que desaparezca de los Departamentos del Gobierno, el Departamento de la Guerra; en que, bajo los auspicios de instituciones libres, arraigadas en la inteligencia y en el corazón de los ciudadanos, sólo se operen pacíficas y progresivas evoluciones sociales, en vez de revoluciones destructoras que hagan derramar sangre y lágrimas. Pero entre tanto que llega época tan venturosa, que sólo se presiente como un lejano ideal, resignémonos a vivir en el presente, en el presente que aún requiere la fuerza; y dado este concepto, haced, como lo espero de vuestra ilustración y patriotismo, que la fuerza del Estado sea siempre la fuerza del derecho, la fuerza que, sin medir su alcance, en todo y por todo, ponga a salvo la paz, las instituciones y la dignidad de la República.

Tegucigalpa, Febrero 28 de 1883.

PROSA LITERARIA

EL POETA PALMA

No he visto a Cuba, pero me la imagino. Durante algunas excursiones de este eterno viajero, mi pensamiento me la ha representado, a la entrada del Golfo de México, como suspendida sobre las espumosas ondas del océano, a manera de encantado, flotante jardín de Oriente, propicio para las voluptuosidades sin término, para los sueños de infinito amor; me la he representado con sus cimas coronadas de agrestes y murmuradores pinares; con sus valles sombreados por gentiles y entrelazadas palmas criollas; con sus llanuras cubiertas de cañaverales que semejan mares de movibles esmeraldas; me la he representado con su caudaloso Cauto y poético Yumurí, con sus numerosos ríos que parecen anchas y ondulatorias cintas de plata, sobre las que se posan, blandamente, morenas y blancas garzas; me la he representado con su atmósfera transparentísima, poblada de bandadas de bulliciosos tomeguines; saturada de marinas y lascivas brisas, y perfumada con las emanaciones de las sencillas flores del café, de los nevados jazmines de la Persia y de soberbios y fresquísimos rosales; me la he representado con su sol de fuego, con su luz tórrida que se derrama a torrentes; con su cielo limpio y sereno como la azul pupila de castísima virgen, y a veces, de improviso, nublado y tempestuoso como la ceñuda frente de Júpiter Olímpico, al lanzar el rayo de su divina cólera; me la he representado con sus noches, con sus tropicales noches, en que la irradiación luminosísima de innúmeras estrellas hace más opaca, suave y melancólica la luz de la argentada luna, que así se reviste de mayores y poéticos encantos, para inspirar a los bardos que, al pie de la española reja, cantan enternecidos desvelos de amor y ensueños de un alma despierta siempre para exhalar las dulces quejas de intensísima pasión; me la he representado con sus criollas de mediana y graciosa talla, de color trigueño pálido, de sedosa y profusa cabellera de ébano, de negros y decidores ojos, de pronunciadas ojeras, de acoralados labios, de pie brevísimo, de movimientos ligeros, y en el reposo, de languidez oriental, de arrebatadora e indecible voluptuosidad y de comunicativo genio, dado

247

a las armonías de la música, a las deleitosas danzas y a las recreaciones ideales de la poesía; me la he representado, en fin, con todos sus murmurios, con todos sus colores, con todas sus transparencias, con todos sus perfumes, con todos sus arreboles, con todas sus melancolías, con todos sus cantos, con todas sus voluptuosidades, con todos sus amores; bullendo en todo exuberante vida, en todo el calor tropical; palpitante en todo la fecunda, la divina inspiración.

En aquella hermosa tierra de Cuba, tan propia para enardecer el sentimiento y abrillantar la fantasía, se ha operado, si decirse puede, a modo de una grande incubación de grandes poetas. Como las mariposas que, a la luz del sol, se coloran en las flores en que se posan y toman de las blandas auras la suavidad de sus aleteos, así los hijos de Cuba toman de la exuberante naturaleza tropical de su suelo, múltiples y bellísimos colores para matizar las alas de su genio, y sonidos y murmurios, y ecos misteriosos para dar extraño y arrobador encanto a la palabra poética, a la más alta expresión del arte.

No de otra suerte se explica, en cierta manera, la celebridad que en el mundo literario han alcanzado José María Heredia, el cantor del Teocali de Cholula y de la Catarata del Niágara, no más imponente, majestuosa y espléndida que el genio de su grande admirador; Joaquín Lorenzo Luaces, el autor de las odas Al trabajo y Al Cable submarino, producciones sin rival, que vivirán mientras viva la literatura americana; la Avellaneda, la seductora Tula, tal vez la más fecunda poetisa del siglo, que tiene los atrevidos vuelos del águila y los arrullos y las dulces ternezas de la paloma; Luisa Pérez de Zambrana, que ha puesto su corazón en sus versos, y que parece predestinada a hacer sentir y amar, pulsando la lira del ingenuo y puro sentimiento; Miguel Tolón, el proscrito, el enfermo de incurable nostalgia, que cantó doliente las bellezas de Cuba, y lloró, sin consuelo, las desventuras patrias; Gabriel de la Concepción Valdés, el infortunado Plácido, el poeta de más estro, cuya Plegaria a Dios, en concepto de un eminente escritor europeo, "es el grito más alto que ha lanzado un alma cristiana"; Juan Clemente Zenea, el inimitable imitador de Alfredo de Musset y Enrique Heine; José Fornaris, el popular autor de los Cantos del Siboney, y José Jacinto Milanés, el poeta de las más amables sencilleces, que son en el arte, las más difíciles sublimidades.

Pero en el concierto de tantos y tan renombrados poetas faltarían, sin duda, las más dulces notas si no las diera la lira de oro de José Joaquín Palma, del poeta simpático cuya personalidad y cuyas obras me mueven, grata y espontáneamente, a externar en estas líneas, no un literario juicio crítico, que ni intentar pudiera, sino más bien las impresiones íntimas que han causado en mi ánimo las artísticas cualidades del literato y las seductoras poesías del cariñoso amigo.

Quien no conozca a Palma puede figurárselo, fácilmente, evocando el recuerdo de los trovadores de los tiempos caballerescos de la Edad Media. Imagínese a un joven de treinta y seis a treinta y siete años, de regular estatura, de gallardo continente, de aire melancólico, de abundante, larga y castaña cabellera, de frente espaciosa, pálida y meditabunda, de grandes ojos azules, de mirada intensa y perspicaz, de correcta boca, de cuyos labios fluyen, como la miel, dulces palabras, de luenga y poblada barba, surcada ya por canas prematuras, y de cierto natural abandono, de cierta dejadez poética en el vestir, en los movimientos y en los modales. Tal es, en su exterior, José Joaquín Palma; es el tipo del trovador de las caballerescas leyendas.

Debo decir que cuando en reuniones íntimas le he oído recitar, y recitar admirablemente, algunas de sus serenatas o de sus cuentos de amores, me ha forjado la ilusión de hallarme en las lejanas épocas feudales; he creído ver los profundos fosos, las cenicientas murallas, los altos torreones de señorial castillo y la luz de sus sombrías estancias traspasando las rendijas de góticas ventanas; escuchar la caída del puente levadizo, los relinchos de los impacientes corceles de batalla y los lúgubres ladridos de los fieles perros; percibir, en vaga confusión, las idas y venidas de recatadas dueñas y picarescos pajes; oír los acentos del laúd de melancólico y fatigado trovador, y, en medio de todo esto, contemplar la forma indecisa de amante castellana, que aparta de los lánguidos ojos las adormideras del sueño, para soñar despierta con los tiernísimos cantares de triste y enamorado trovador que la enamora.

¡Qué tal es el poder de la verdadera poesía, que acrecienta la vida, que de lo actual distrae la mente y la espacia en las vastas regiones de los recuerdos o en las imaginadas perspectivas de lo porvenir!

Mal podría formular mi idea sobre el carácter de Palma, su vocación poética y sus peculiares cualidades de artista, si no recordara, aunque brevemente, el lugar de su nacimiento, sus años juveniles, sus estudios, sus trabajos y las vicisitudes de su larga proscripción.

San Salvador de Bayamo, la segunda ciudad que fundó el adelantado Diego Velásquez en la Isla de Cuba, ha tenido el privilegio de ser cuna de grandes hombres: de Manuel Socorro Rodríguez, el célebre bibliotecario de Santa Fe de Bogotá, y fundador del periodismo colombiano; de José Antonio Saco, autor de la Historia de la esclavitud, que, al decir de un escritor neoyorquino, es, en la materia, la obra más importante del siglo; de Tristán de Jesús Medina, el primer orador sagrado de Cuba; de los poetas Zenea y Fornaris; del heroico y malogrado Carlos Miguel de Céspedes; de Francisco V. Aguilera, Tomás Estrada Palma y Pedro Figueredo, y de otros distinguidos varones que sería prolijo enumerar.

En tan privilegiada ciudad, que la revolución del 68 ha hecho histórica, el día 11 de septiembre de 1844, nació José Joaquín Palma, en una modesta casa, situada en la calle de San Vicente Ferrer, y contigua al extinguido convento de Santo Domingo, a la sazón ya en ruinas, habitadas por los reptiles que, al mediodía, asoman perezosos por las grietas de ennegrecidas piedras, y, de tiempo en tiempo, por las andariegas golondrinas que parecen animar, con su bullicio de colegialas, la triste vegetación de aquellas ruinas cubiertas de amarillento jaramago.

Los primeros años de Palma no pudieron menos de dejarle poéticas y melancólicas impresiones. La vista de Bayamo, irregular y sombría, dominando la pintoresca vega del río que lleva su nombre; el aspecto de sus casas de antigua y pesada arquitectura española, y de sus templos poblados de sombras y de misterios; el correr monótono de las limpias aguas del Bayamo, en cuyo líquido espejo se reproducen las frondosas ramas de las corpulentas ceibas, y las trepadoras campanillas que, sobre los espesos matorrales, forman flotantes cúpulas, arcos cimbreadores y variados y floridos conos; los estremecimientos, los sonidos de los elegantes bambúes agitados por el viento, cuyos gemidos van a perderse en la espesura de las verdes palmas; los melodiosos cantos del dorado solibio, y las notas monótonas y adormecedoras del tocororo, del ave silenciosa, avezada al esquivo apartamiento; todos estos detalles de localidad empezaron desde temprano a nutrir la imaginación del poeta, dándole, por decirlo así, los gérmenes de sus dulces y melancólicas poesías.

Palma, después de haber aprendido las primeras letras y de haber tomado afición a las lecturas bíblicas en que lo hacía ejercitarse su buena madre, pasó a vivir en el campo con sus padres, don Pedro Palma y doña Dolores Lasso. Allí concibió el ideal, dejando vagar su mirada por las vastas y verdes llanuras que, como las inmensas superficies de la mar, hacen que el alma se eleve, que traspase los estrechos límites del horizonte visible y busque un más allá, un algo desconocido y perfecto, un algo infinito; ese algo es el ideal. Allí también comenzó a familiarizarse con la poesía de los hombres; tenía las obras de Arriaza, y se encantaba leyendo los versos de ese poeta agradable, cuyas composiciones amatorias, que son idilios, le han dado cierta popularidad en América.

A los doce años de edad regresó a Bayamo para obtener su instrucción elemental, de la que se encargó, en el convento de San Francisco, el padre Ramírez, venerable octogenario y piadoso creyente, cuya bondad y gracia infantiles aún recuerda Palma con esa viva y dulce emoción que nos inspira siempre la memoria de nuestros primeros años.

Algún tiempo después, Palma entró en el Colegio de San José, dirigido por el educador don José María Izaguirre. En el colegio estuvo como alumno y también en calidad de profesor de instrucción primaria. Por ese tiempo formó su gusto con estudios literarios, bajo la dirección de don Ignacio Martínez Valdés, hombre de edad provecta, amigo y protector de Plácido, y gran conocedor de las literaturas latina y española. Palma tuvo desde entonces profundo apego a su maestro y a las letras, de tal suerte que, encarcelado Valdés, cuéntase que por obra de una calumnia, Palma hacía compañía al preso, desde las seis de la tarde hasta las nueve de la noche. Encerrados en los húmedos y estrechos muros de lóbrega y sucia cárcel, se olvidaban de la opresa libertad, para dar libre y completo vuelo al pensamiento; y así, contentos, en descuidada y sabrosa intimidad, leían y juzgaban a Calderón, a Moreto, a Rioja, a Herrera, a fray Luis de León, a los Moratín y a Tirso de Molina. ¡Las letras han sido y serán siempre su gran consuelo en las adversidades de la vida, un bálsamo inapreciable para las heridas del alma!

A los veinte años, Palma salió del colegio y se ocupó en el periodismo, publicando, en colaboración de Francisco Maceo Osorio, La Regeneración de Bayamo, hoja fugaz que empezó a dar a conocer los primeros ensayos poéticos del ingenio que, a no dudarlo, salvará los límites de una efímera celebridad.

No puedo, no me es dado seguir paso a paso la vida de Palma, y traer a cuento sus pasiones de joven, sus engaños y desengaños, sus trabajos por la independencia de Cuba, su vida de insurrecto al lado del heroico Céspedes. Sólo diré que después de haber amado mucho, con el amor encendido de los trópicos, después de haber sufrido las vicisitudes de diversas y grandes aventuras, después de haber luchado, sin fruto, por la libertad y por la patria, salió de la tierra natal, desvalido y proscrito, llevando a los Estados Unidos, después a la América del Sur, y por último, trayendo a la América Central, la gemidora lira bajo el brazo; la divina inspiración en la mente, y en el alma, un dolor incurable, el dolor del genio atormentado por la nostalgia de la patria y por la más horrible nostalgia del ideal. ¡Pero bendito sea este inmenso infortunio! Sí, consuélate, pobre Palma, que cada uno de tus sollozos se convierte en un verso divino; consuélate, que si no tienes dicha, tienes gloria; consuélate, soñador desterrado, que tus versos honran a la literatura americana.

En mi concepto, Palma tiene aptitudes para cultivar diversos géneros de poesía; pero el género que ha ensayado, la poesía lírica, es el que mejor cuadra con su naturaleza delicada, espiritual. Palma cultiva el género lírico, tal como lo comprendo, tal como creo debe preceptuarlo el arte. En las poesías de Palma el lirismo no está en las palabras, por dulces y armoniosas que sean, ni en la variedad y combinación de metros, por artísticas que se muestren: está más bien en un profundo sentido estético, en un profundo sentido espiritual que se deriva del conocimiento íntimo de los afectos, de una conciencia clarísima, hasta en las más pasajeras impresiones, de un fondo de amor y de ternura, propio de privilegiados organismos y de una casi adivinación de los más recónditos secretos que guarda ese grande abismo que llamamos alma. El poeta épico estudia, analiza a su héroe; el poeta epigramático estudia, analiza los lados ridículos de la vida, y el poeta lírico debe estudiar y analizar algo más subjetivo, algo más íntimo, algo más difícil, algo que causa vértigos, algo que está debajo de todo y sobre todo; debe estudiar las profundidades del alma humana.

Yo no sé por qué, de un modo absoluto, se encarece en algunas escuelas la supremacía del género épico, y por qué tanto y tanto se hace alarde de las dificultades y excelencias del género dramático. ¿Se quiere que diga cuál es el héroe más extraordinario, de más profundas caídas y de más grandiosas elevaciones; el héroe de más vicisitudes, sacrificios y sublimidades? ¡Ay! Es un héroe oculto, es nuestro propio corazón. ¿Se quiere que diga cuál es el drama interesante, más íntimo, en que no hay fingimiento; en que penas y alegrías son ciertas; en que lágrimas y sonrisas son verdaderas; en que tramas, desenlaces y catástrofes son hechos, y en que el actor se identifica, eternamente, con el espectador? ¡Ay! ¡Ese drama es el de nuestra alma!

El hombre de sentimiento, de inventiva y de inspiración, que llega a conocer así las fuentes de donde nace la verdadera poesía lírica, por precisión tiene que ser un gran poeta lírico. Por esto lo es, a mi juicio, José Joaquín Palma. Él no busca y rebusca palabras de efectos y combinaciones métricas de vistoso relumbrón, pobres recursos de los versificadores vulgares; él tiene una alta concepción del arte, y una grande espontaneidad para darle el ropaje de las formas; él conoce a su héroe, que es su corazón, y su escena, que es su alma; y se concentra, y se encierra, y se oculta en los pliegues de su propia conciencia, para recordar, para presentir, para reflexionar, para amar, para llorar, para sonreír, para gemir, para cantar interiormente, y después dar expansión a sus penas y alegrías, en espontáneos versos, que llevan impregnado el puro aliento de su alma, y que por esto son tan tiernos y conmovedores: son la voz de un corazón que penetra en otro corazón que la recoge y la repite con entusiasmo y con amor.

Prueba palmaria de mi aserto es que hay innumerables rimadores, con pretensiones de poetas líricos, que escriben versos intachables por la sujeción a los preceptos de la Métrica y a las reglas de la Gramática; que hablan de sus sentimientos, y los expresan con frases castizas y correctas y con el ritmo del verso, y que, sin embargo, no son ni pueden ser leídos si no es, de vez en cuando, por el vulgo de las gentes. ¿Por qué este fenómeno? Es que les falta el supremo ritmo, les falta la divina cadencia del corazón.

Los prodigios de la Mecánica hacen que los mercaderes vendan en sus tiendas ruiseñores de metal que cantan saltando sobre sus cajitas de oro; pero nunca esas notas, producidas por admirable maquinaria, serán las notas dulcísimas del ruiseñor de la montaña que, al sonreír del alba, enamorado, canta saltando sobre las ramas floridas de la verde espesura. Todos pueden escribir versos, pero muy pocos tienen una organización delicada y aptitudes superiores para hacer transparentes las tinieblas y los esplendores del alma.

He aquí por qué hay indiferencia y olvido para la inmensa mayoría de los pretensos poetas líricos; y hay recuerdos indelebles, y reconocimiento y ternura indecibles, por los hombres raros, extraordinarios, que han hecho vibrar las cuerdas del íntimo y verdadero sentimiento. ¡¿Quién no llora con Byron y con Espronceda los desencantos de la vida?! ¿Quién no olvida, hasta sus enormes faltas, al sentir el dardo envenenado de las crueles desventuras de su alma? ¡¿Quién no medita, ama, adora y espera, con Lamartine, el poeta de las celestes meditaciones?! ¡¿Quién no siente los vértigos de lo maravilloso, el horror de lo sublime, con Dante, el poeta de las extraordinarias visiones?! ¿Quién no mezcla la risa con el llanto, con Campoamor, el poeta filósofo de las Doloras? ¡¿Quién no delira con el delirio de Núñez de Arce?! ¿Y quién, con José Joaquín Palma, el poeta de las cantinelas de los trópicos, no entra, a la moribunda luz del crepúsculo de la tarde, en los vergeles encantados o en los mágicos palacios de los sueños?

No sólo revela Palma los verdaderos afectos del alma, no sólo domina el género, eminentemente subjetivo, de la poesía lírica, sino que también, como distintivo que es propio de sus composiciones, hace sobresalir, en la música de sus versos, penetrantes notas de honda y dulcísima melancolía.

Y la tristeza que respira en sus cantos no es la cómica tristeza de la ficción, que apela a las cuitas y a los ayes para arrancar, como de por fuerza, lágrimas y suspiros. No: la melancolía de Palma es natural, es la hija afligida y llorosa de su genio, vestida siempre de luto, y ornada de pálidas rosas blancas y fúnebre ciprés.

Y es que Palma ama, en todo y por todo, y con amor entrañable, el ideal; y nada más triste que un amor así. Sentir el ideal, amarlo, verlo resplandecer en la mente, y querer, con delirante afán, su objetividad, su realización en la mujer, en la familia, en la amistad, en las instituciones, en la sociedad, en la patria, en la humanidad, en las creencias religiosas, en las ideas, en los afectos todos, y luego tocar, día por día, hora por hora, la impura y repugnante realidad, llena, casi siempre, de limitaciones, de pequeñeces, de falsedades, de engaños, de miserias, de podredumbre, de asqueroso cieno.

¡Tal contraste entre lo puro y lo abyecto, entre lo sublime y lo rastrero, es un contraste horrible, muy horrible; es el mal incurable de que padecen las almas elevadas; es la sublime enfermedad del genio!

Este combate y lucha, sin tregua ni descanso, entre las fuerzas antagónicas del ideal divino y de la grosera realidad; y en ese combate, y en esa lucha, el genio, desesperado, arranca pedazos de su alma, y los lanza al mundo, todavía humedecidos por el vapor de eternas lágrimas; y el mundo, despiadado, apenas si los mira indiferente; pero llega un día en que los recoge, los guarda y los venera, con santo y religioso amor, porque aquellos fragmentos de martirizado espíritu son las obras inmortales de la ciencia y del arte, son el patrimonio y el consuelo de la pobre y doliente humanidad.

Caracterizado, brevemente, el fondo que, en mi sentir, tienen las poesías de Palma, tócame hablar de la forma de sus producciones literarias.

Diría mal, si dijese que Palma no carece de descuidos en sus composiciones; pero diré bien, si digo que la forma, que la expresión que sabe dar a sus poéticos pensamientos, por lo peregrina, por lo delicada, por lo vagarosa, es casi indefinible, casi imposible de sujetarla a los consagrados calificativos del arte.

Semejante dificultad proviene de que Palma tiene una refinada sagacidad para ver, en lo moral y en lo físico, lo que muy pocos ven, para percibir esos delicadísimos detalles, esas fugaces exhalaciones de la belleza que se escapan siempre a la mirada vulgar, y para hallar, en nuestro opulento y armonioso idioma, las palabras más propias, precisas, expresivas y dulces, que son, para los que leemos sus versos, como perfectas fotografías de su pensamiento, elaboradas por magos artistas, en misterioso laboratorio y a la tenue luz de las estrellas.

La casi ideal belleza que Palma sabe dar a la forma de sus composiciones hace que éstas sean tan populares. ¿Quién, donde Palma escribe o recita, no aprende y recuerda sus cantos? ¿Quién no graba sus versos en la memoria y en el corazón?

Y es que Palma tiene el privilegio de los grandes poetas: convierte la palabra en magnífico pincel; y pinta con fidelidad, pureza, novedad y brillantez.

Sus cuadros, engalanados con marcos de primoroso y arabesco trabajo, tienen lienzos que reproducen escenas seductoras, llenas de suave y celeste colorido, que me hace recordar la suavidad del pincel con que Murillo dio vida a sus inmortales vírgenes.

Empero, yo deseo, y deseo de veras, por la gloria del amigo y la honra de nuestras letras, que Palma tome el pincel de Miguel Ángel y legue a la posteridad cuadros grandiosos.

¡Cuánto me he recreado con tus versos, buen amigo! Leyéndolos, he visto la mirada soñolienta, cariñosa y lánguida del lucero del alba; he visto cómo se coloran, de instante en instante, las mejillas de la temprana aurora; he sentido el despertar de las plantas, y percibido sus amores y alegrías, al fecundarse con el polen, temblando de placer; he sentido las puras y frescas emanaciones que se exhalan en las serenas mañanas de abril, y los trinos y gorjeos de las parleras aves que se cuentan, indiscretas, las dichas que gozaron en sus ocultos nidos; he visto los pasos de la luz del sol que camina altiva, hollando las sombras que huyen presurosas; he visto cómo se alzan las corolas de las flores, al mediodía, y cómo en los nevados nardos, en las pálidas azucenas y en las encendidas rosas, se evaporan las gotas de rocío, las lágrimas de la aurora; he sentido los desmayos de la apacible tarde, y los movimientos pudorosos de la sencilla violeta que se oculta, como avergonzada, bajo sus verdes hojas; he sentido la tristeza que inspira el crepúsculo de Occidente, que parece ángel de luz que nos sonríe, agonizante, en su aéreo y afiligranado lecho; he percibido el tardo paso de las sombras de la noche que traen, sigilosas, secretos y misterios; he visto cómo se entretejen los tenues rayos de las estrellas, formando encajes vaporosos, propios para cubrir la forma ideal de los querubes, y cómo se quiebran los trémulos rayos de la luna melancólica, sobre los empolvados mármoles de las desiertas tumbas; he visto cómo se duermen, voluptuosas, las flores que dejan escapar, en su sueño, la más rica esencia de sus embriagadores perfumes; he sentido todos los vagos y misteriosos ruidos de las tibias noches de estío, y entre ellos, las palpitaciones del corazón de púdica doncella que, ardiendo en desconocidas ansias, sueña, ¡ay, infeliz!, con los amores de los ángeles; y he visto y sentido mucho, mucho más, y sobre todo, Palma, ¿por qué no he de decirlo? He visto "las tinieblas de tu alma".

Aunque la poesía es para Palma una vocación de su vida, no es, empero, el cultivo de gaya ciencia un ejercicio constante de su actividad. Palma escribe poco, muy poco, y sólo cuando la amistad le pide sus versos con instancia, o cuando la voz interior de la inspiración embarga toda su alma, y se ve obligado a darle salida, para su propio desahogo, y para común solaz de sus amigos. Verdad es que aquí Palma casi no tiene estímulos. ¿Qué grandes estímulos, qué digno galardón tienen entre nosotros las bellas letras? Mas abrigo la grata esperanza de que, siquiera sea por apego a su buen nombre, ya esclarecido por la fama, Palma dejará su especie de indolencia criolla, y aprovechará las vigorosas facultades que, a maravilla, le prodigan su juventud, su genio, para emprender obras de largo aliento, y servir, por medio del arte, a los intereses de nuestra América, y coadyuvar al desarrollo y vulgarización de las altas y civilizadoras ideas de los hombres pensadores de nuestro siglo.

Hermoso y dilatadísimo campo ofrece al genio de Palma esta tierra de Colón, que tiene todavía la novedad de un hallazgo y el valor de un casi fabuloso y aún no apreciado tesoro. La poesía, que es de las artes la que alcanza más extensa y simpática publicidad, debe decir a la caduca Europa, debe decir al universo entero, lo que vale el hallazgo, lo que importa el tesoro de un Mundo Nuevo; debe cantar su exuberante, maravillosa naturaleza, de elementos y recursos inagotables para la industria, para el comercio, para la ciencia, para las bellas letras, para todas las múltiples actividades cuyo desarrollo y armonioso concierto encarnan el verbo de la civilización; debe cantar, y en himnos inmortales, la florescencia de humanitarias ideas y progresivas instituciones que, en este afortunado Continente, promete a los pueblos todos de la tierra ópimos e inacabables frutos de libertad y de gloriosa rehabilitación. Sí: grande es la América y sublime sus consoladoras promesas. La Europa, tan culta, tan experimentada, tan docta, cuenta con el pasado, con una célebre historia; pero dígase lo que se quiera, el porvenir de Europa es la catástrofe. Y América, tan joven, tan prodigiosamente rica, tan inexplotada, tan poética, tan amante de la libertad y tan exenta de pavorosos problemas sociales; dígase lo que se quiera, su porvenir tiene que ser una redención para todas las razas que habitan su privilegiado suelo, redención por el trabajo que da vida al cuerpo, y por el derecho que da vida feliz al inmortal espíritu.

El arte tiene además un destino, si no más elevado, más santo. Como pensador, debes comprender, dulce Palma, la santidad de este destino excelso. En América, en donde la instrucción popular se difunde con la celeridad de la luz, y en donde no existen, como en Europa, muy arraigados y tradicionales intereses religiosos, que dan poder y privilegios a numerosas clases sociales; en nuestra América, en donde la libertad de conciencia es ya una conquista definitiva; todas, todas las religiones positivas tienen que desaparecer, en no remoto día, con sus artificiosos y contradictorios dogmas, con sus litúrgicos aparatos teatrales, con sus sangrientas historias, con sus egoístas y mal disfrazados intereses mundanos, con sus hipócritas santidades, con sus privilegiadas y ensoberbecidas castas, con sus execrables tiranías, que diz que pesan hasta sobre la yerta criatura que sólo conoció el claustro materno, que atormentan al hombre en todo el curso de la vida, y que lo siguen, ¡ay!, y martirizan aún más allá de los lindes del sepulcro. Y bien; cuando las religiones positivas desaparezcan, en cumplimiento del fallo definitivo e inapelable de la razón y de la ciencia, ¿qué quedará entonces? Quedará para los pueblos, ya ilustrados, lo que ya tienen los hombres de honrado corazón, de propias y elevadas ideas, de rectitud moral y de palabra franca. Quedará la purísima religión del deber, inteligible, humana, buena, tolerante, con la voz serena de la conciencia por guía, y por Dios, con el ideal invisible de la verdad, el bien y la belleza.

Pero esta religión tan sencilla, inmaculada y benéfica, que realizará la verdadera fraternidad de los hombres, necesita un culto, puesto que somos materia de un externo culto. ¿Quién se lo dará? Se lo dará el arte, y, en primer término, la poesía; pero no a la materialista usanza pagana, en que los símbolos de innúmeras divinidades se confundían, para el vulgo, con los imaginados dioses, llenos de todas las pasiones y miserias de los hombres, sino, al contrario, bajo un sentido puramente racional, y bajo la inspiración de la belleza, de la sentida y amada belleza que, al decir de Platón, es el celeste resplandor de la verdad.

Poseído de tales ideas, yo me he sentido humillado, malo y colérico, leyendo el Syllabus; pero he pensado en Dios, y he enaltecido mi espíritu y he reconocido ser bueno, leyendo al Petrarca, a Lamartine, a Goethe, a Castelar y a Víctor Hugo. No hay que dudarlo. En lo porvenir los ágapes de los primitivos cristianos, mucho mejores que los modernos católicos, serán sustituidos con la divina comunión del arte, que los hombres buscarán solícitos, como medio de darse un ósculo de paz, en fe de su igualdad y de su fraternidad consagradas por el eterno Evangelio de la razón y la justicia. ¡Qué sublime religión, qué bello culto! Sí; amar lo bello es orar; y esta oración ferviente y purísima ha de aceptarla, rebosando de amor y de ternura, la Fuerza oculta, el Arquetipo indefinible de la verdad y del bien.

¡Qué fecundas y grandiosas inspiraciones tienes para tu numen, sensible Palma: las maravillas y el futuro de América, y el culto de la religión del porvenir! Eres joven y tienes atrevida fantasía, y tienes palabra brillante y seductora. Mi amistad te dice que, en vigorosos y sentidos cantos, lleves por doquiera los resplandores y los ecos de América, que son los resplandores y los ecos de un gran porvenir que se acerca.

Mi amistad te dice que hagas de tu divina poesía un sacerdocio, y prepares, por el arte, el culto noble y bello de la consoladora religión del porvenir.

No pares mientes en las alturas a donde debes remontar tu vuelo. ¡Canta, canta, ruiseñor del trópico encendido! Y si cumples tu misión elevadísima, y tengo vida, y llego a viejo para ver y ensalzar el éxito de tus triunfos, ¡ay!, no olvides, buen amigo, que doquiera nos arroje la ola del destino, allí tendrás mis votos y mi sincera admiración, y que, hasta cuando suene mi última hora, cuando esté casi cegado mi oído por la mano helada de la muerte, todavía entonces percibiré, como postrer consuelo, dulcísimos acordes: serán los ecos de tus cantares, las vibraciones de tu lira de oro.

21 de noviembre de 1881

("La Patria", Bogotá; y "Poesías" de J. J. Palma. Colección Los de Ayer, Ediciones "El Libro de Guatemala", Guatemala, 1950, pág. XIII-XIX)

HISTORIA DE LAS "TINIEBLAS DEL ALMA"

Era el año de 1869.

En Cuba se operaba una tan esforzada como desgraciadísima revolución de independencia.

Entre los insurgentes, que recibían el poderoso aliento del alma inmensa de Céspedes, había dos hombres, queridos amigos míos, de altas inteligencias, dos cabezas luminosas.

En el campamento nómade de la insurrección estaban unidos por la amistad y por el amor entrañable a una misma causa, J. J. Palma, el primer poeta, y Antonio Zambrana, el primer orador de aquella hermosa isla cubana, punto intermedio entre las civilizaciones europea y americana, pedazo de tierra enriquecido por los más preciosos dones de la naturaleza, pero ¡ay! empobrecida por los errores y las injusticias de los hombres.

Ni el interés, ni la amistad, ni la patria unen tanto a los hombres como una común desgracia. La desgracia unía a Palma y a Zambrana, y la desgracia, tras memorias desgarradoras del hogar lejano, de perdidos amores y de esperanzas defraudadas, hace que los corazones amigos, en razón directa de la intensidad de sus pesares, tengan confidencias más íntimas.

Palma y Zambrana se hacían sus confidencias. ¡Y qué confidencias! Para mí no eran tan sólo las de fraternidad; eran las de dos almas unidas por un vínculo que no tiene nombre; pues los vocabularios de todas las lenguas no tienen expresión propia para decir cómo se corresponden, se unen y se explican dos almas compenetradas en el seno de una suprema desventura. Esto es algo más que la fraternidad de la naturaleza.

En el cuartel general de La Ceiba, del Camagüey, y a 30 de agosto de 1869, Palma, casi olvidado de sus dulcísimos cantos, y Zambrana, casi olvidado de su gran palabra, hacían vida de soldados insurgentes; pero a veces se olvidaban de que su brazo estaba armado para defender en todo momento su causa, y cometían el sacrilegio de robar algunos instantes al culto de la patria, para entregarse al culto íntimo de sus tristes recuerdos, de sus hondos pesares, y de sus acibaradas esperanzas.

En uno de tales momentos, Palma, tentado por la inspiración, sacó de su chamarreta su maltrecha cartera de insurrecto, para decir por escrito a su amigo del corazón cuánto sufría por la evocación de caras memorias, edenes malogrados de un alma sensible; cuánto sufría por desengaños y desvanecidos amores, que ¡ay!, al desvanecerse sólo dejaron en el gran lírico de los trópicos, las densas, las infinitas tinieblas del alma.

Los versos de la modestísima, y hasta fea cartera de Palma, que tengo en mis manos, pasarán a la posteridad, de generación en generación, como pasa una preciosísima joya, de familia a familia. Los versos, o más bien las quejas íntimas de Palma, tenían este epígrafe: "A mi querido Antonio Zambrana". Pero he aquí que el verdadero sentimiento poético se extiende con la celeridad con que se extiende la insurrección cubana; las confidencias de Palma se hicieron populares; pero he ahí que después de quedar grabadas en la memoria de los insurgentes, por una de las vicisitudes de la guerra, Palma salió en comisión para la ciudad-imperio, para Nueva York; y en voluptuosísima noche de primavera, en una de esas noches en que parece que fuerza extraña, misteriosa, arrebata los instintos del organismo y las inspiraciones del alma, al departir Palma, en Madison Square, con el distinguido literato cubano don Juan Ignacio de Armas, a la luz radiosa de un farol, en una de esas expansiones propias de los hombres no avasallados por el cálculo, sino por el corazón, confió al literato de su nativa tierra las quejas que depositara en el corazón de Zambrana. El clásico escritor Armas, justamente entusiasmado, a la luz artificial de Madison Square, reprodujo con su lápiz las naturales, sentidísimas expresiones de la espontánea inspiración de Palma; e hizo más: les dio el nombre de Tinieblas del Alma.

¿Habrá perdido algo Zambrana con la sustitución del nombre? No: porque hoy se escribe la historia de las Tinieblas del Alma, y al escribirse se dice, afirmando en nombre de la verdad y del sentimiento más amistoso, que versos tan dulces y conmovedores fueron consagrados, por uno de nuestros más simpáticos y queridos amigos, el primer orador de Cuba.

Juan Ignacio de Armas, a lo que yo sé, cediendo al legítimo empeño de dar publicidad a lo que uno siente que es bueno y hermoso, publicó, por primera vez, en Nueva York, en 9 de febrero de 1872, en el periódico La América Ilustrada, las Tinieblas del Alma, que yo me atrevería a llamar, con la infinita tristeza con que miro al cielo: Exhalaciones de una alma celeste.

Después que Juan Ignacio de Armas publicó, a virtud de su bautismo, las Tinieblas del Alma, éstas, aunque parezca paradójico, se hicieron luminosas: la prensa, que es luz, se apoderó de ellas, y fueron reproducidas con grandes aplausos, en los más importantes periódicos de los Estados Unidos, de México, de la América del Sur, de la América Central y de las Antillas. Mi querido Palma, desde entonces, casi ha perdido su nombre propio: ha tenido el nombre de Autor de las Tinieblas del Alma.

Jamás quisiera yo perder mi oscuro y humildísimo nombre, ni aun como lo pierden en cierta manera los reyes y los papas; pero quisiera perderlo de mil amores en el bello estadio de las letras, como hasta cierto punto lo ha perdido Palma.

No me extraña, pues, que el gran poeta argentino Olegario Andrade, el sublime cantor de La Atlántida, en su alma, receptáculo inmenso de las más grandes inspiraciones de América, haya recogido las notas no aprendidas y no imitables del poeta de la encantada Cuba, de la perla de las Islas de la Virgen América; no me extraña, pues, que Olegario Andrade, hombre conocedor y apreciador del movimiento literario de nuestro Continente, se haya deleitado con las Tinieblas del Alma, y las haya copiado para su solaz, y las haya guardado cuidadosamente en su escritorio, como se guardan manuscritos, que son para el poeta, para el filósofo o para el sabio, lo que son para el avaro tesoros escondidos, que aunque ocultos, se ven a veces, y forman el deleite del corazón y el encanto de la vida.

Al avaro materialista se desprecia, se condena; al avaro literario y científico, muchas veces se le honra y se le glorifica. ¿Quién hubiera dicho a Olegario Andrade que después de su laboriosa y fecunda vida, su avaricia de guardar en lo más recóndito de su escritorio la poesía más bella de Palma, habría de dar tema para glorificarlo?

¿Glorificarlo? ¿Y por qué?, dirán las críticas necias. ¿Será porque el Diario de Buenos Aires calificó como la mejor estrofa de Andrade la última de las Tinieblas del Alma, por haberla encontrado un reportero, manuscrita y ya amarillenta por el tiempo, en una de las gavetas del escritorio del autor de La Atlántida y del Prometeo?

No; la glorificación de Andrade no es ni debe ser porque sea suyo lo que no le pertenece: es porque fue uno de los poetas de concepción estética y de pensamiento más trascendental que haya tenido la América Latina; y es, en segundo término, porque supo guardar las estrofas de J. J. Palma, como se guarda en el alma todo lo que es bello y noble. Quienes saben hacer tales depósitos no pueden menos de ser reverenciados y enaltecidos como guardadores de lo grande y lo sublime.

¿Qué de grande y qué de sublime tienen las Tinieblas del Alma?

De grande, la inspiración que se impone, que avasalla por la virtud mágica del poder del sentimiento. De sublime, el elevado carácter, el sello de la poesía, que marca, que revela todo el modo de sentir del corazón de un hombre, todo el modo de expresarse en su peculiar idioma.

Así como las estrofas de La Atlántida revelan la altísima concepción poética de Olegario Andrade, así las Tinieblas del Alma hacen transparentarse el fondo, casi insondable, de melancolía y ternura que guarda el corazón de J. J. Palma. Léanse las poesías del poeta argentino y, al leer La Atlántida, aunque no se lea la firma de su autor, se pronuncia espontáneamente esta palabra atractiva: "Andrade". Léanse las poesías del poeta cubano y, al leer las Tinieblas del Alma, aunque no se vea la firma del poeta, brota de los labios, irresistiblemente, este nombre simpático: "J. J. Palma". ¡Felices los poetas, los verdaderos poetas, que saben personificarse con sus versos!

Y las Tinieblas del Alma tienen una singularidad notable: no sólo expresan el dulcísimo, y a la vez doloroso e íntimo sentimiento de Palma: tienen, además, una combinación métrica, inspirada y sentida por su corazón necesitado de buscar nuevas rimas, nuevos modos de expresar sus tristes recuerdos, sus hondas melancolías, y sus confidencias, expansiones del alma. Hasta ahora el arte métrico está sujeto a las combinaciones de la escuela. ¡Quién sabe si más tarde sólo estará sujeto al verdadero sentimiento estético y a la espontánea inspiración!

Escrita, aunque muy mal escrita, está la breve historia de las Tinieblas del Alma. Ahora sólo me resta suplicar al ilustre biógrafo de Olegario Andrade, don José Nicolás Matienzo, que, en obsequio de la verdad, no tenga como la mejor estrofa del insigne poeta argentino, que lloran las letras hispanoamericanas, la última estrofa de las Tinieblas del Alma.

Esta súplica no la hago ni en pro de Palma ni en contra de Andrade; la hago en acatamiento a la justicia. Palma no necesita de sus Tinieblas del Alma para ser uno de los más dulces poetas líricos de Hispanoamérica; Olegario Andrade no necesita de las Tinieblas del Alma para ser uno de los poetas más intencionados y profundos de nuestro continente.

Entre el glorioso poeta que yace en el sepulcro, y el poeta inspirado que puede dilatar su gloria en hermosos horizontes de lo porvenir, sólo puede levantarse una voz tan respetuosa como amiga: esta voz amiga proclama, en nombre de la justicia histórica, que Olegario Andrade fue tierno, y hasta piadoso, al guardar las estrofas íntimas de Palma, y que Palma fue el poeta de la inspiración más feliz, al producir las estrofas que fueron dignas de ser conservadas con cariño, y guardadas con religioso respeto, por el inmortal autor de La Atlántida.

¡Qué honor para Andrade! ¡Qué honor para Palma!

A ANTONIA CAÑAS

¡Qué deseo el tuyo, niña espiritual, de corazón en primavera, de alma en florescencia!

¡Qué deseo tan simpático, para mí tan digno de obsequiarse, es tu deseo, graciosa niña, florida rama de un tronco querido, hija de Cañas, del poeta, de mi amigo!

¡Qué mensajero has buscado para enviarme la expresión de tu deseo! La has confiado a Palma; y al hacerlo, me parece que la inspiración exuberante de la juventud, que se anida en esa amada tierra tropical de Cuscatlán, ha confiado su cariñoso mensaje a su benéfico rayo de luz, de aurora de poética mañana, que venga a decir al pobre prosista de estas montañas: "Antonia, que es vida, que es juventud, que es poesía, quiere conservar en su álbum algo del pensamiento, algo del corazón del amigo de su padre, del triste joven-viejo que lanza al mundo sus tristes pensamientos, al compás de la música melancólica de los pinares que coronan sus montañas".

Guardar algo de mi pensamiento, tener algo de mi corazón, en las bellas páginas de tu álbum; éste es tu deseo, dulce niña. Si así no me lo hubiera dicho Palma con su ingenuo lenguaje de amigo, yo lo habría adivinado; pues sé que eres hija sensible de sentimentalísimo poeta; y sé que los brotes del rosal dan tiernos botones perfumados que, antes de abrirse, al beso de la aurora, con sus formas delicadas, con sus bellos tintes y con su suavísima fragancia, hablan ya el misterioso y dulce idioma de las flores, y atraen a las abejas zumbadoras, a las inquietas y brillantes mariposas, y a los pájaros cantores...

Sin tener la miel de las abejas, que pueden atraer tus virginales labios; sin tener los suaves aleteos de tan multicolores mariposas, que pueden atraer tus cabellos, cual si fueran enredaderas perfumadas; sin tener los arpegios de canoros pájaros que puedes atraer a tu ventana como atractiva Musa de la Armonía; sin tener nada de esto, voy a decirte lo que es un álbum.

¿Has reflexionado sobre lo que es un álbum? ¿Para qué preguntarte esto, querida niña? La reflexión es el fuego del pensamiento que abrasa las ilusiones del alma. ¡Tú vives entre ilusiones! ¿Para qué hacerte tal pregunta? El lirio que, entreabierto, recibe en la fresca mañana las caricias de las puras auras, ¡ay!, no sabe que ha de marchitarse bajo los rayos de un sol abrasador. ¡Tú eres cual el lirio acariciado por las auras matinales! Tú, dulce niña, no puedes reflexionar... Deja que te hable de reflexiones quien, con vejez prematura, sabe mucho de la vida, porque sabe mucho de dolores y pesares...

¿Es el álbum un producto de la moda frívola?

¿Es el álbum una manifestación de insustancial vanidad?

¡Ah, no! El álbum es la página de lo pasado, la página del placer perdido, que ensancha la vida por la virtud de los recuerdos. El álbum es el libro íntimo, el libro del corazón, el libro que guarda, como en círculos concéntricos, los pensamientos, los afectos y los amores de todos los seres queridos que han rodeado, ya con una flor, ya con una sonrisa, ya con un suspiro, ya con un sollozo, ya con una lágrima, nuestra fugaz existencia.

El álbum, niña espiritual, es la diminuta y casi privada historia de la vida de los benévolos y sociales afectos de nuestra alma. La humanidad tiene su universal historia, las naciones tienen sus particulares historias; los grandes hombres, sabios y conquistadores, tienen sus biografías. ¿Por qué no ha de tener el corazón expansivo, que tiene amigos, que siente mucho y mucho, que atesora recuerdos y esperanzas, una propia, una íntima y particularísima historia? Esa historia, Antonia amable, es el álbum, es la historia de los afectos íntimos de nuestro corazón; es la dilatación ingenua, pura y cariñosa de nuestro verdadero sentimiento; y el sentimiento es y será siempre la más bella y sonora nota en el concierto de la vida.

Has hecho bien en mandarme tu álbum. Cambiando confianza por confianza, te digo que no me han conmovido las páginas gloriosas de historias de conquistadores; pero me han conmovido, han hecho palpitar mi corazón, y casi asomar las lágrimas a mis ojos, las sencillas páginas de tu álbum. ¿Sabes por qué? Porque veo en ti el apego a buscar recuerdos y a vivir de recuerdos; porque veo ya en ti el germen de grandes desilusiones, de grandes dolores.

¿Qué es el presente? Momento fugaz, impalpable, que ilusiona.

¿Qué es el porvenir? Quimera que mucho engaña. ¡Ay! Sólo es permanente y cierta la vida de los recuerdos...

¡Dilata tu vida, criatura predestinada al dolor! Dilátala, dilátala siempre en la esfera de los pensamientos y de los afectos de todos los que te quieren sincera y lealmente. Conserva en las páginas de tu álbum algo de las palpitaciones del corazón de tus amigos, algo de los efluvios de sus simpatías, algo de las alegrías y de los dolores de su alma, algo de las sonrisas de sus labios, algo de los sollozos de su pecho, algo de los pensamientos de su cerebro, algo de las inspiraciones de su mente. Conserva, conserva todo esto, que es vida y calor, para que lo pasado te aliente, y vivas al dulce calor de los recuerdos. ¡Ve que el presente es casi nada, ve que el porvenir es mentira!

Te he dicho lo que es tu deseo, y lo que es un álbum. Me falta decirte que hoy que estás en el abril florido de tu vida, que hoy que te halagan enjambres de ensueños, de esperanzas e ilusiones, leas de prisa, y muy de prisa, estas líneas que te dedica el amigo de tu padre. ¡Hay en ellas mucho de desencanto, mucho de amargura! ¿Por qué he de entristecerte, dulce niña? ¿Es justo tronchar la azucena en flor, que empieza a recibir la vivificante luz del alba, las caricias de las auras, y los cantos del ruiseñor de la enramada? Lee de prisa, muy de prisa, estas líneas.

Pero cuando el peso de los desengaños te haga entrar en la cruda estación del invierno de la vida; entonces, niña espiritual, lee despacio, muy despacio, estas páginas de tu álbum; y leyéndolas, tendrás consuelo, porque vivirás de los recuerdos íntimos, afectuosísimos de la amistad que no engaña.

Ojalá que entre tus recuerdos gratos, viva siempre en tu memoria el recuerdo de las palabras que te dirige tu cariñoso amigo.

1883.

¡ADIÓS A LA PATRIA!

La causa que hoy representa el Gobierno no le pertenece de un modo exclusivo, puesto que corresponde a la República, puesto que concierne al bien, al honor y a la felicidad de todo Honduras. Que los recuerdos penosos y los rencores, que nos han traído nuestros infortunios, no sean para ello un obstáculo. Al contrario, que nos den vigor y entereza para salvar el abismo de miserias que ha separado el bien de los unos y de los otros, para dar término a una situación que aflige al individuo, a la familia y a la sociedad, y que, en el extranjero, aparece marcada con el sello del escándalo; y para lograr, en fin, el premio de afán tan noble: intereses e instituciones que honren a Honduras. Patria de nuestros padres, suelo querido donde vimos la luz primera, y punto de la tierra a donde dirigirán sus miradas y esperanzas hasta los hijos de nuestros hijos.

Pueblo hondureño: ¡Que Honduras se salve a fuerza de trabajo, de honradez y de abnegado patriotismo!

Tales fueron mis sinceras y sentidas palabras, tales fueron mis votos del alma, patria mía, cuando en 25 de octubre del año 1876, tras dilatada y deshecha borrasca revolucionaria, me hice cargo de dirigir la prensa oficial, confiando, no en mi inteligencia, pero sí confiando mucho en las aspiraciones de mis sentimientos, que han sido y serán los del hijo amantísimo que convierte en objeto, de los más desinteresados y puros afectos, a la patria, madre sublime, digna siempre del amor, de los esfuerzos y de la abnegación de sus hijos.

Va a hacer siete años que vivo de tu vida, y que tú recibes el calor de mis pensamientos; va a hacer siete años que, como leal y como bueno, pienso y trabajo para ti; va a hacer siete años que nos confundimos en un estrecho y amantísimo abrazo; va a hacer siete años que, cual vibraciones que forman un solo eco, nuestras almas unidas han formado la expresión de los grandes ideales de paz, de libertad y de progreso, que viven y palpitan en el seno de tus ideas y de tus aspiraciones.

Tanta adhesión y tan entrañable apego no me dan derecho, patria mía, para decir que algo me debes como promotor de tus bienes, de la paz que disfrutas y del progreso que te honra. El hombre extraordinario, inteligente y patriota que rige tus destinos, es el autor de tan inestimables bienes. Pero si nada me debes, patria mía, como útil promovedor de tu engrandecimiento y de tu prosperidad, algo me debes como a hombre de corazón. Te he amado mucho, muchísimo, y espero que, noble y generosa, no olvidarás mi oscuro nombre, que es el nombre del más adicto de tus hijos.

Perdona, patria mía, si alguna vez en esta hoja periódica, que expresa el pensamiento oficial de tu Gobierno, ha habido alguna ilógica en mis ideas; ha habido algo que no cuadre con tus ideales y los míos. Cualquier ilógica en mis escritos ha podido obedecer a altas razones de política, pero nunca a móviles egoístas contrapuestos a mi conciencia y a las inspiraciones del patriotismo.

Sin pretender que me absuelvas, porque, como todo hombre, tengo mis defectos y mis errores, debo recordarte —y tú lo sabes— que han presidido a mis pobres pensamientos y a mis pobres escritos principios de justicia, de libertad y de civilización; principios que, con su benéfica influencia, alguna vez han de labrar tu sólido engrandecimiento y tu glorioso porvenir. Decidido amigo de la verdadera República y de sus genuinas instituciones, yo he escrito en pro del Gobierno republicano y de los principios democráticos; yo he opuesto mi fe, mi conciencia, tal vez al poder del odio y la venganza. ¡Que tales títulos me sirvan, patria mía, para que excuses mi incapacidad y olvides mis errores!

Estas palabras, que no nacen de los labios, sino del corazón, serán las últimas que haga estampar en tu prensa oficial. Sé que traerán la risa de los escépticos y de los hombres positivos; pero sé también que, si no el aplauso, merecerán el respeto de los hombres de conciencia y de sentimiento. ¡Conciencia y sentimiento! He aquí los más grandes y poderosos resortes de la vida moral y republicana. ¡Conciencia y sentimiento! He aquí lo que yo quisiera en todos tus hijos. ¡Patria mía, para que siempre fueras digna, siempre noble, siempre grande, siempre próspera y feliz!

Voy a dejarte, ¡patria mía! ¡Nada hay más triste ni más desgarrador que el adiós a la patria! Amada patria mía: recibe mi adiós y oye mis votos: no son los votos de teatral y engañoso sentimentalismo; son los votos de tu hijo que te respeta y te quiere con el alma.

¡Oye mis votos!

Que hoy que tienes la base de la paz y de la regularidad, tus hijos se empeñen en dar profundo arraigo a las instituciones, para que tu suerte, patria mía, nunca dependa de la vida, del poder, ni del capricho de los hombres, y en cambio, dependa siempre de la influencia durable y benéfica de las leyes;

Que hoy, que las circunstancias son propicias, se olvide hasta el nombre de odios personales, y se aumente y fortifique el respeto a la legalidad y a la justicia, que hace vivir a los republicanos hermanados en el seno de la humanidad y de la civilización;

Que no reaparezcan insanas, destructoras y tenebrosas pasiones de partido, ¡ay!, que desgarran tus entrañas maternales; y que sólo sentimientos benévolos y generosos te den vida, aliento y esperanza;

Que tus hijos, sin egoísmo, sin odio y sin envidia, se olviden de sí mismos, para ennoblecerte y elevarte, para acelerar el cumplimiento de tus grandes destinos;

Que seas siempre digna y respetable, cifrando tu bien, no tanto en el poder y la riqueza, como en el cumplimiento de las republicanas virtudes;

Que las ideas, que los principios de libertad y de justicia, sean la luz que alumbre tu camino para que no caigas, ¡infeliz y deshonrada!, en los abismos de la torpe anarquía o de las brutales y envilecedoras dictaduras;

Que tus hijos se apeguen a tu derecho y a tu dignidad, como los náufragos se apegan a su tabla de salvación;

Que ames, con amor entrañable, la paz, la paz que es comercio, agricultura, industria, progreso, civilidad; paz que forma dulces venturas particulares y públicas;

Que acaricies el ideal republicano, y día por día, lo contemples y a él te acerques, hasta verlo realizado en esta hermosa tierra;

Que vivas para la República, y si es preciso, luches heroicamente por la República;

Que si sucumbe en contienda con propios o extraños, caigas con gloria al pie de tu bandera;

Y que, en fin, patria mía, patria muy amada, patria de mis recuerdos, de mis ensueños y esperanzas, que, feliz o desgraciada, que, triunfante o vencida, nunca olvides que en extranjera playa, con el alma llena de amor y de fe, trabajará y pensará por ti, tal vez el último, pero, sin duda, el más amante de tus hijos.

Tegucigalpa, 3 de marzo de 1883.

CONSEJEROS Y CONCEJEROS

Tegucigalpa, 21 de abril de 1883.
Señor General don Eduardo Viada.
Trujillo.

Mi muy estimado amigo:

Con satisfacción doy respuesta a su apreciable carta, fecha 6 de marzo próximo pasado, en la cual usted se sirve, con suma benevolencia, consultarme sobre si debe o no aplicarse, a los individuos que aconsejan a nuestras Municipalidades, el nombre de Consejeros o el de Concejeros.

En obsequio de sus deseos, en breves términos, voy a darle mi opinión.

Usted está en lo cierto al afirmar que no es castizo el nombre concejero, aplicado como sustantivo al individuo que aconseja a una Municipalidad.

La palabra concejero, con c, no existe hoy en español: se usó antiguamente, pero no como nombre sustantivo, significando la persona que aconseja o el individuo de un Concejo o Ayuntamiento, sino como nombre adjetivo en la significación de público o manifiesto. Este adjetivo ha caído por completo en desuso, y usarlo sería, en la actualidad, emplear un arcaísmo imperdonable.

Creo, pues, que el amigo de usted, de quien, en parecer, disiente, está muy equivocado al juzgar que existe la palabra concejero, y al afirmar, bajo este concepto, que debe aplicarse a las personas que aconsejan o dan su parecer a nuestras corporaciones municipales.

Si bien los Ayuntamientos españoles, reemplazados por nuestras Municipalidades, han tenido, tienen y pueden tener el nombre de Concejos, dada nuestra organización municipal, nuestros consejeros, como usted bien lo nota, no forman parte esencial del Ayuntamiento, de la Municipalidad o Concejo. Prueba de esto es que decimos siempre, siguiendo la letra y el espíritu de nuestras leyes, la Municipalidad y su Consejo. Pero aun en el supuesto de que nuestros consejeros formaran parte esencial de la Municipalidad,

Ayuntamiento o Consejo, para darles nombre propio, no puede derivarse de la palabra concejo la palabra concejero, lo uno, porque tal derivación nunca ha sido admitida por los buenos hablistas ni se halla aceptada por ningún diccionario, y lo otro, porque tal nombre derivado es innecesario, pues tenemos en castellano la palabra concejal, como derivada del Concejo, que significa al individuo o miembro de algún Concejo, Ayuntamiento o Corporación Municipal.

En resumen: si el amigo con quien usted cuestiona, opina que nuestros consejeros municipales forman parte de la Corporación Municipal o del Consejo, debe llamarlos concejales; si llega a adoptar la opinión de usted, que es la mía, de que nuestros consejeros únicamente son individuos que, sin constituir el organismo de la Municipalidad, le dan sólo su parecer, opinión o consejo, debe llamarlos consejeros. Consejero es el sustantivo derivado de Consejo, concejal es el sustantivo derivado de Concejo: esto es castizo, esto es castellano puro.

A propósito de la consulta que usted me dirige, viene a mi memoria la graciosa ocurrencia que pasó en España, hace algunos años, con motivo de la palabra consejo. Gobernaba el Reino la reina doña Isabel II, y un cajista, al formar las palabras: "la reina y su consejo", formó las siguientes, que salieron en el periódico oficial: "la reina y su conejo". Por este error, algunos impresores fueron despedidos, y con razón, pues usted, que es español, sabe lo mal que es un conejo en España, y más un conejo de Isabel II, que, a buen seguro, no merecía ser la víctima de la torpeza de un cajista, de la negligencia de un corrector de pruebas y del descuido de un director de imprenta.

Después de pedir a usted me perdone la digresión anterior, debo agregar que, para resolver su consulta, he tenido a la vista los diccionarios siguientes: Diccionario de la lengua castellana, por la Academia Española, 8ª edición, 1836; Diccionario de Salvá, 2ª edición, 1837; Diccionario de J.B. Guim, 4ª edición, 1868; Diccionario enciclopédico de la lengua española, edición de 1872, y Nuevo Diccionario de la lengua castellana, arreglado sobre la última edición publicada por la Academia Española, edición de 1815. Tanto estos diccionarios, como otros que he consultado de buenos hablistas que he leído y vuelto a leer, dan, a mi juicio, un sólido fundamento a la opinión que he tenido el gusto de exponerle.

Aunque usted, con su genial galantería, me conceptúa como una autoridad en materias filológicas y gramaticales, crea usted, amigo mío, que soy muy desautorizado, y que tan sólo soy amigo de estudiar asiduamente tan importantes ramos. Bajo este concepto, siempre como ahora, me será grato darle mi desautorizada opinión. Me suscribo de usted, como otras veces, su afectísimo y seguro servidor.

A MARÍA ARRIVILLAGA

No habrás olvidado ni podrás olvidar, tu blanca casita de Ciudad Vieja, ornada, en su parte posterior, de bosquecillos de cipreses, de verde muy oscuro, que le dan un aspecto propio para sentir profunda, dulce e indefinible melancolía.

En ello pensaba, años ha, en hermosa mañana de mayo, cerca de tu hogar campestre, aspirando el olor grato y penetrante que se exhala de la tierra, por la caída de las primeras y tempranas lluvias, cuando vi salir de tu estancia a unas monjitas, cargadas con el peso de los años, encorvados sus cuerpos, nublados sus ojos, cubiertas sus temblorosas cabezas con viejas y arrugadas tocas.

Me dije, con mi habitual tristeza: qué buen retiro han buscado esas esposas del Señor para vivir fuera del bullicio del mundo, para orar, sin interrupciones, para pensar en Dios contemplando este limpio cielo azul, y para meditar sobre la muerte, viendo tantos y tantos cipreses, emblema de la nada, plantas creadas para dar sombra a los sepulcros...

La escena, en mi ánimo, cambió de manera repentina. Mis tristes reflexiones tornáronse en risueños pensamientos sugeridos por la impresión que dan la rica vida, la juventud bulliciosa y los encantos de la dulce primavera.

¡Tú eres la vida, la juventud, la primavera!

Te vi salir con dirección al baño de tu casita. Ibas vestida con un sencillo traje de indiana color de rosa, tus cabellos finísimos eran presa de las juguetonas auras, tus ojos de tierna paloma, estaban animados y húmedos, reías con esos labios color de flor de granado, y con esa risa inocente que sólo es dada a la virginidad y a las ilusiones de los primeros años; y en el inclinado plano que conduce al baño, donde murmuran aguas frescas y cristalinas, saltabas con la gracia juvenil de una zagala que sólo podrían describir las plumas de Virgilio, el Cisne de Mantua, y de Garcilaso, el soldado-poeta de los tiempos de Carlos V.

Que no pueda, ¡oh María!, ¡oh María!, ser poeta para hacerte un idilio en que te vean rodeada de los tenues y tembladores rayos de la aurora, acariciada de auras tan sutiles como perfumadas, y saludada, como a dueña legítima del cetro de la hermosura, por rosas entreabiertas que se inclinen a tu vista, y por nardos que, al verte pasar, dejen caer, a tus diminutos pies, sus perlas, sus transparentes gotas de rocío.

Con esa vaguedad del que sueña despierto, sentí al verte esa sensación de frescura del alma cuando se comunican, aunque sea de lejos, la cansada vida, que se va, con la exuberante vida que comienza. La áspera ortiga no necesita estar muy cerca de la candorosa azucena para recibir el perfume de sus emanaciones. Yo la ortiga; tú la azucena. Si hablaran las plantas y sus flores, en el lenguaje de los hombres, ¡qué de cosas nos dirían!

¡Oh María!, ¡oh María!

Así pensaba cuando, de improviso, encontré al cuidador de los baños vecinos a tu casita blanca.

—¿Cómo se llama esa niña? —le pregunté.

Me respondió: María.

Casi lo había adivinado, dije para mí. Tiene el dulcísimo nombre de la Madre de Dios, tiene las seducciones de la Virgen que santifica, y tiene las nacaradas alas de un ángel.

Te he visto, y te he hablado después, y nada te he dicho de mis recuerdos, en que hay lo cierto de la verdad, y lo santo del puro cariño de un padre que puede dejar la huella de un beso sobre la frente inmaculada de su hija.

No hay voto más seguro que el voto del corazón. Cuando he gozado de tu amable trato, he confirmado los juicios que formé, a la claridad de poética mañana de mayo, en los campos de Ciudad Vieja. Tienes la pureza y los atractivos de María; tienes la ingenuidad y la dulzura de la Virgen, y tienes los resplandores y los aleteos de un ángel.

No creas que cuanto te digo es producto de frívola galantería. ¿Por qué y para qué? Tú emprendes el camino a la vida; yo voy a rendir la jornada; tú estás en luminosa mañana; yo en la lóbrega noche; tú te quedas, con tu juventud; y yo me voy con mi vejez prematura.

¿Sabes qué deseo? Que con el calor del ala maternal, salgas, por muchos años, festiva y alegre, a correr por los campos que rodean tu blanca casita de Ciudad Vieja; que tengas espontáneas risas y sonrisas; que halles quien te ame y te comprenda; y que Dios derrame sus bendiciones sobre tu cabecita de ángel, sobre aquel que elijas por compañero de tu vida, y sobre tus buenos padres, que, no lo olvides, son tu providencia aquí en la tierra. ¡Oh María!, ¡oh María!

Extraño a rencillas, a odios y ambiciones, que lucen como el oropel, dejaré en breve esta tierra muy amada, para volver a mi nativo pueblo. Cercano a mi cuna quiero que esté mi sepulcro. Hay por allá, cerca de mi pueblo, un cerro elevadísimo, dominante, de hermosa figura, azul, muy azul, y le llaman Cerro de Hule. Desde su cima se ven las blancas y apiñadas nubes que forman los vapores del Mar Pacífico, que llevan sus salobres aguas al bello Golfo de Fonseca; y se ve también la pequeña ciudad, nido de genios y talentos, donde descansan mis mayores, durmiendo el sueño de que jamás despertarán...

Voy a descansar en el cerro azul, muy azul. Pero ve si soy exigente. Te pido que de tus cipreses de tu casita blanca de Ciudad Vieja, me mandes una ramita; y cuida que no llegue seca. La distancia es larga, muy larga. Para que llegue fresca te ruego que la humedezcas con una de tus lágrimas. Mas no; si la mandas, que llegue amarillenta y seca. No deseo que el llanto, ni por los tuyos ni por tus amigos, empañe, alguna vez, el limpio cristal de tus divinos ojos.

¡Oh María!, ¡oh María!

Guatemala, 9 de noviembre, 1889

ARTÍCULOS DE FEDERICO PROAÑO

Ingenioso y picaresco, como siempre, dices que tu Colección de artículos…

Yo deseara, humanista como tú, y elogiado por nuestro inmortal amigo Juan Montalvo y por otros célebres literatos, escribir artículos, a estilo tuyo, aunque no valiesen un pito, ni se vendiesen a cuatro reales. ¡Son tan buenos, tan castizos, tan instructivos y tan ingeniosos!

Como soy aficionado a los clásicos, que tú has estudiado y recuerdas mucho, te digo, al partir, imitando a Cervantes:

Puesto ya el pie en el estribo
sin las ansias de la muerte,
mi buen Proaño, ésta te escribo.

Te escribo para expresarte que tus artículos serán solaz de entendidos lectores, y por lo ingeniosos y castizos, honra y prez de las letras hispanoamericanas; te digo que tus artículos pasarán, de mano en mano, como se afirma de cosas tradicionales, entre las gentes que hablan nuestra castellana lengua, y gozan con las invenciones y donaires del ingenio.

Grande es tener genio, como Homero, como Virgilio, como Dante, como Shakespeare, como Calderón y como Víctor Hugo. Pero los genios son para pocos. Lindísimo es tener ingenio como tú, Lesage, Larra, Juan Martínez Villegas, Leopoldo Alas y Joaquín Pablo Posada. Sin que aventajes, en muchas de sus dotes a los escritores citados, tienes el privilegio de los ingenios que avasallan a las mayorías. Prueba de esto tu preciosa Colección de artículos literarios. Me deleito leyéndote, y espero que de igual manera se deleitarán todos tus lectores.

Ya que eres tan correcto escritor, ya que tienes ingenio tan agudo y fecundo, busca, como te he manifestado siempre, la escuela del Derecho, para que si en tu bello Ecuador y en nuestro grande istmo de Centro América no prevalecen las verdaderas instituciones republicanas, al menos se recuerde por la Historia, que los que sienten y los que piensan, y tienen lenguaje y propio estilo, protestan contra los atentados de la fuerza bruta, ya provenga de la negra teocracia, ya provenga de la churrigueresca canallocracia.

Detesto la inquisición de los frailes que se valía del brazo secular; pero más detesto la inquisición civil que se vale de su propio brazo para cometer enormes crímenes en nombre de la República!...

Me dirás, Proaño, que a nada conduce lo que te expongo, pues tus artículos son literarios, y no tienen que ver con Libertad ni con República. Equivocado estás si así juzgas. ¿Por qué emigran, en nuestra América Latina, los que representan industrias, ciencias, artes y letras? Porque el despotismo, bautizado con distintos nombres, no les deja atmósfera respirable. Todo se relaciona y se mezcla en el mundo social y político: las letras con la ciencia; la ciencia con el derecho; y el derecho con la fuerza que debe servirle, no más, que de garantía: cuando no se sabe, o no se quiere hacer distinción de tales cosas, tú, que eres entendido en ciencias y letras, podrás conceptuar que para nuestras sociedades sólo quedan dos extremos: o la teocracia o la canallocracia. ¡Mil veces felices los pueblos que, como los Estados Unidos y la Suiza, dan ancho campo al individuo, a la familia, a la patria, a la humanidad, a la religión, a la ciencia, al arte y al estricto cumplimiento de las leyes! Si tú vivieras en tales países, escribirías mucho mejor que lo que escribes. Tendrías toda la espontaneidad de tu ingenio, y todo el vigor y brillo de tus inspiraciones. Podrás afirmarme que poco me he ocupado en tus artículos que, en mi sentir, son lindísimos, y afirmarás lo cierto, si tal afirmas; pero mi dejación, tal vez culpable, proviene de que deseo que tu claro y cultivado talento lo dediques a abogar por el triunfo legítimo de las instituciones del Ecuador, y de instituciones estables en este hermoso istmo de Centro América.

Que vuelen, en alas de la fama, tus selectos artículos literarios, que nunca desdecirán del nombre que has adquirido por la virtud del trabajo, del estudio y del talento; y que guardes en tu corazón, conservando estas breves e improvisadas líneas, un recuerdo de tu viejo amigo que regresa mañana a sus nativas montañas.

Guatemala, 30 de diciembre de 1890.

MI MAESTRA ESCOLÁSTICA

(Fragmentos de un cuadro de costumbres)

Yo sentí una fuerte sacudida en mi débil cuerpecito de seis años. Un día, a eso de las seis de la mañana, lo recuerdo como si ayer fuera,

un fenómeno fue producido por las gruesas y velludas manos de mi ayo Julián Patojo, que tal era su apodo, quien tomó empeño en despertarme a toda prisa, y en hacerme dejar mi caliente camita de cedro, y la sabrosa colcha de Juticalpa que me cobijaba, proporcionándome un bienestar indefinible.

Julián, que mucho me amaba, por lo menos así me lo decía, me habló entrecortado, casi perplejo.

—Levántate, vamos a la escuela. Mi maestro lo manda.

Su maestro era mi padre, cuyas órdenes respetaba y cumplía como un buen español del siglo XVI, los reales mandatos de Carlos V o de Felipe II.

—¿A la escuela? —contesté yo sin comprenderle bien.

—Sí, a la escuela.

Como tenía plena confianza en Julián, que me llevaba, en Navidad, a ver los nacimientos y los títeres; en principio de Cuaresma a tomar ceniza; en Semana Santa, a visitar los monumentos; en Corpus, a contemplar los altares; y en las fiestas de Mercedes y de San Miguel, a admirar las churriguerescas mojigangas, dispuestas por los gremios, y los horribles diablos vencidos por la espada de nuestro Patrono: como gozaba tanto y tanto en las correrías y espectáculos que me facilitaba mi ayo, no hice resistencia para dejarme vestir e ir a la escuela, que supuse cosa divertidísima, excelente, puesto que Julián me conducía; él, que era para mí, a usanza de la antigua Roma, una especie de tribuno de las delicias; él, que en materia de gusto, tenía para mí tanto prestigio y tanta autoridad, como autoridad y prestigio tuvo Aristóteles para los escolásticos.

Me vistieron de gala. Me pusieron unos calzoncitos de dril pardo que me daban hasta los tobillos —en aquel tiempo no usaban vestidos cortos ni los niños ni las chicuelas—, una limpia y muy planchada camisita de olán, abotonada por detrás, y con revuelos en las mangas;

me calzaron suaves y negrísimas cutarras de polvillo; y me taparon con un sombrerito de vicuña, que era mi mayor lujo, que era más que dominguero, pues sólo salía a luz cuando nuestra argentina campana del reloj daba estrepitosos repiques en las grandes y solemnes festividades.

Ya vestido y emperendengado me dieron mi chocolate con mascadura, consistente en rosquetes de ña Cipriana y panes de manteca de las niñas Vásquez. Entonces no se tomaba café. Se tomaban tragos..., al decir de las viejitas, se entiende, de chocolate. El café se recetaba para curar las indigestiones y dolores de estómago. Análoga suerte corría el té de Castilla (de la China), que servía como sudorífico cuando alguien era víctima del costipado, y por ende se apelaba a los parches de Vigo, aplicados a los sentidos, y a los endiablados sorbitorios de orines con sapoyolo, que desollaban las narices, aun las de piel más dura, de los más animosos pacientes.

Cediendo quizá a la misteriosa influencia de un presentimiento, volví los ojos, con el alma oprimida, al corredor, patio y corral de mi casa; a los naranjos cargados de fragantes azahares y de doradas frutas, a los hojosos y verdes piñones, a las extendidas y lujuriosas ayoteras, y a la milpa susurradora, ya en jilotes, cuyas finas cabelleritas de oro flotaban agitadas por el viento. Julián, silencioso, me tomó de la mano, caminamos una cuadra, torcimos por el callejón de la Casa de Moneda, llamada todavía Caja Real, aun sin haber tal Caja ni tal Rey, pasamos por la talabartería del maestro Lorencito, y bajamos la empinada cuesta de la Hoya o de la Joya, verdadero orificio para los transeúntes.

—Julián, ¿te quedarás conmigo en la escuela?

—Sólo voy a dejarte —me contestó concisamente—; mi maestro me necesita.

—¡Pues no voy a la escuela!

—¡Pues vas!

—¡Vuelvo a mi casa!

—No te vuelvas, mi maestro lo manda.

Pronunció la última palabra, y, aunque sin desarrollo reflexivo, comprendí por instinto que se me presentaba un ultimátum.

Apelé a la fuga, diciendo: "¡Me vuelvo!, ¡me vuelvo!" Pero Julián, como el más hábil de nuestros militares, me cortó la retirada, me echó sobre sus hombros, o me cargó a tuto, como se dice en esta tierra, y todo fue concluido. No me quedó ni lo último que se pierde: la esperanza. Aún resuena en mis oídos la frase sacramental de mi ayo, triste y conmovedora por lo que tocaba a mí, respetuosa y cumplida por lo que tocaba a mi padre: "¡Mi maestro lo manda!"

Ya capturado, mis gritos fueron horribles: sólo podrían compararse con los chillidos de los lechones que, de cuatro a cinco de la mañana, se degüellan en nuestros corrales, empleando muy lentos y muy bárbaros procedimientos, con el fin humano de darnos alimento sabroso y gran solaz, particularmente en las pascuas de Navidad y de Resurrección.

Seguimos la vía dolorosa; caminamos dos cuadras de la callejuela principal del barrio, dimos vuelta por la casa del manteísta Coello, presbítero en cierne, subimos por un callejón estrecho, húmedo y nauseabundo que conducía a la casa del violinista maestro Pablo, que estaba en su puerta, abrigado voluptuosamente con su capote de barragán; y de allí, cayendo que levantando sobre un tosco y desigual empedrado; y bajo los aleros de la casa del maestro, que ostentaban sus tejas enmohecidas y verdosas, y sus parásitas cabezas de viejo, llegamos a la puerta de la escuela, en donde si hubiera sabido los sublimes tercetos del Dante, habría dicho con terror: ¡Dejad toda esperanza!

Yo no entré: me entraron; era un cuerpo superpuesto en las anchas espaldas de Julián. Me dejó casi botado en el duro suelo, formado de viejos ladrillos llenos de profundas grietas, único asiento para los discípulos. Mi ayo, al dejarme, me miró con toda la ternura de que era capaz, y dio un suspiro. Me equivoco. No suspiró, bufó. Por esto creo a veces que mucho me quería. ¡Fácilmente se puede fingir un suspiro; con dificultad se puede bufar con la desesperación de un bruto, de un irracional! ¡Como si sólo los hombres fuésemos racionales! Razón hay en todo lo que existe, y mucho más en todo lo que vive.

Me hallé de improviso en un nuevo mundo, y no me refiero al del inmortal descubridor Colón, que me permite escribir en este obscuro rinconcito de tierra; me refiero al nuevo mundo de mi escuela, al áspero y despiadado mundo de mi maestra Escolástica.

Mis desaforados gritos y mis violentas contorsiones cesaron al ver a mi maestra, severa, imponente, avasalladora como el Dios de los ejércitos; sólo que en vez de estar sentada en un trono, lo estaba en un butaque forrado de suela negra y lustrosa, por el antiguo uso, y sostenida por tachuelas doradas en otros tiempos y en mejores días, pero entonces de color gris y plomizo, y con los polvillos visibles del óxido.

La divinidad escolar me sorprendió y me impuso. No grité, sollocé, y con mis ojos empapados por las lágrimas, me fijé en que mi maestra era una mujer de treinta y cinco a cuarenta años; encorvada por su penoso oficio de costurera; de pómulos salientes y rojizos por la tisis que la acechaba; de cejas pobladas y fruncidas; de ojos redondos como los del búho, vivísimos y amarillentos por la irritación de la bilis; de gran lunar canelo y cercano a su chata nariz, lleno de numerosos y ásperos pelos negros; de pronunciado y grueso bozo, que parecía escaso bigote de indio; de labios morado obscuro que nunca tenían una sonrisa; de dentadura de blanco y purísimo esmalte; y de tal expresión, en todo su conjunto, que me hace decir, por la dureza y el rigor que revelaba, que era, sin hipérbole, mi temida y temible maestra, un Rufino Barrios con enaguas.

Si la vista de mi maestra me causó extraordinaria y dolorosa impresión, también me la produjo el aspecto de pobreza, rayana en la miseria, que mostraba la honrada casa de mi escuela. La pequeña sala, que estaba entre dos cuartitos llenos de lobreguez, tenía las paredes revocadas con tierra blanca, y su techo estaba cubierto de mal ajustadas tablas, blanqueadas con cal, podridas por las goteras, y en las que no escaseaban telarañas de todas formas, que bien hubieran podido servir, tomadas como objeto de estudio, para dar un curso de geometría.

En cuanto al mobiliario, aparte del butaque de mi maestra, atenuadas las primeras emociones que me sobrecogieron, bien puedo formar el pequeñísimo inventario que sigue: una antigua banca de ocote fino, como de cuatro metros de largo por medio de ancho; en ella ponían las discípulas sus pañuelones y los discípulos sus sombreritos. Sobre la banca, y en medianía de la pared, pendía de un clavo gemal una imagen de Nuestra Señora del Carmen, que, en buena ley eclesiástica, no debió ser bendita, y que, en manera alguna, hacía recordar los pinceles de Rafael y de Murillo; la silla de alto respaldo de cuero crudo, de largos pies y de extendidos brazos, propiedad de ña Encarnación, hermana mayor de mi maestra; y una mesa de pinabete, que a duras penas podía sostenerse, y que entre dos reglas carcomidas tenía un cajón o gaveta que se abría tirando de una cabuya en forma de gasa o agarradera.

Al pie de las paredes que formaban el cuadrilongo de la sala, se hallaban sentadas mis condiscípulas, con sus canastas de costura, y mis condiscípulos con sus cartillas de San Juan, sus catecismos por el padre Ripalda, sus catones cristianos y sus cartas manuscritas, según el grado de su aprovechamiento. Allí estaban, con sus juveniles sentimientos, comprimidos por severísima inquisitorial disciplina, Rosa, Luisa, Chica y Lupe Fiallos, Juana Lardizábal, Luisa Vásquez, Rosa Guerrero, Moncha Agurcia, Isidra Estrada, Toña y Lola Coello; y entre los alumnos, recuerdo los nombres de Alejandro Molina, Ramón Jereda, Jesús Bustillo, José Antonio Carías, el famoso Chémala y su hermano que, por el gran desarrollo de sus posaderas, ha recibido, no sé si bien o mal, el apodo de Taburete. Algunos y algunas han muerto, encontrando en el seno de la eternidad la igualdad de los que fueron; otros y otras viven, con varia fortuna. De todos hago la dulce memoria que despiertan siempre en el alma las relaciones de compañerismo de los primeros años.

Por lo que llevo referido se deja ver que mi escuela era mixta, al estilo norteamericano, pues vivíamos bajo el mismo techo escolar niños y niñas de todas clases sociales. También era gratuita. Mi desinteresada maestra no cobraba ni un centavo por su enseñanza. Si los padres de familia le hacían algún obsequio, lo recibía con agrado y reconocimiento; si nada le obsequiaban, quedaba tan satisfecha como si le hubiesen hecho los mayores presentes. Igual carácter tenían las demás escuelas primarias, por lo común dirigidas por señoras y señoritas solícitas y virtuosas, entre las cuales se contaban la maestra Bernardita, las maestras Borjas, la maestra Isidra Díaz, y la maestra Eustaquia Gío. ¡Que en alguna parte reciban la recompensa de sus trabajos en pro de la enseñanza de los pobres niños de su pueblo!

Mi llegada a la escuela fue acogida, en mi entender, con un verdadero, pero reprimido sentimiento de simpatía. ¡Mi maestra no daba lugar a sus discípulos para grandes expansiones del alma!

A poco de haber sido echado al suelo, mi maestra me llamó:

—Vení acá, charoludo, llorón.

En el lenguaje de mi maestra, plagado de provincialismos, charoludo quería decir de ojos grandes y muy feos. Convengo con mi maestra en lo de feos y muy feos; pero en lo de grandes no puedo convenir, pues nunca los tuve tales, ni espero tenerlos, mientras Dios me preste la vida, pues ha mucho que pasé el período de mi completo desarrollo físico.

Por toda respuesta acudí tembloroso y dolorido al lugar que ocupaba mi maestra. Me llevó al extremo opuesto en que estaba la banca.

Me puso de rodillas frente a la Virgen del Carmen, y me juntó las manecitas, colocándolas en actitud de implorar. Yo dejaba hacer, con la docilidad con que una pura e indolente niña deja a un joven retratista, a quien tiene vergüenza, que le dé postura adecuada para sacarle su fotografía.

Colocado convenientemente, mi maestra agregó, dándome un empujón:

—Rezá el Bendito...

Un copioso sudor frío corrió sobre mi cuerpo. No podía rezar el Bendito por la incontestable razón de que no lo sabía. Guardé un silencio que tenía toda la elocuencia de un supremo dolor.

Vista mi aflicción, de los frescos labios de una de mis condiscípulas, salieron cual una tierna y débil súplica, estas palabras compasivas:

—¡Si no lo sabe! ¡Pobrecito! ¡Tan chiquito!

—¿¡Qué!? —replicó mi maestra, irguiéndose indignada.

Ante aquel horrible ¿qué?, todas las juveniles cabezas se inclinaron, como movidas por un solo resorte, y no se oyó ni el más leve rumor.

Pudo percibirse el aleteo de una mariposa.

Recobrada la disciplina, a tan poca costa, mi maestra me dijo el "Bendito y alabado sea el Santísimo" tres o cuatro veces; y yo seguía su fuerte y llena voz con mi triste vocesita ahogada por los sollozos.

Después añadió, menos enojada:

—Mañana será otro día, ñor quejitas. Ahora vamos a ver la lección.

Tomó de la banca la cartilla que me había dejado Julián, y me dio, muy despacio, las tres primeras letras del alfabeto, y me despachó, diciéndome:

—Ahora a sentarse y a estudiar.

Volví algo repuesto a mi asiento, es decir, al suelo; puse la cartilla sobre mis juntas piernas; y fijé con empeño la mirada en las letras del alfabeto, para grabarlas en mi cerebro con alma, vida y corazón.

Casi siempre me ha perdido el sentimentalismo, que en vano he tratado de dominar a fuerza de estudio, de reflexión y de cálculo.

Cuando Natura non dat, Salmantica non prestat.

Este aforismo, de muy baja latinidad, es un aforismo de sabios.

He aquí, pues, que me hallaba medio consolado, aprendiendo mi lección, cuando, al tomar dos bocados de mi almuerzo, que se me atragantaron, me conmovió el recuerdo de mi hogar, de mi paraíso perdido. Recordé mis juegos infantiles al aire libre, los sonoros violincitos que fabricaba con las cañitas de maíz, las flautas y clarinetitos que formaba con los tallos huecos de las ayoteras, y los globitos que lanzaba al espacio, sirviéndome de pequeños carrizos que, con levísimo soplo, empujaban el líquido espeso, amargo y corrosivo del piñón.

Hacer tales recuerdos y volver al llanto, todo fue uno. Sin que yo lo advirtiera, cayó silenciosamente sobre la primera página de la cartilla.

San Juan y su corderito, y el alfabeto fueron inundados. Cuando me di cuenta de tan horrible desgracia, quise salvarlos, pero mis medios de salvamento, que consistían en grandes frotaciones, fueron contraproducentes. El Bautista en mis manos, no sólo perdió la cabeza, perdió todo su cuerpo; el cordero pereció con su santo precursor..., y a la vez no quedó legible ni una sola letra del alfabeto.

Serían las cuatro y media de la tarde, cuando mi maestra me llamó para que diera la lección.

Hice un esfuerzo, y la di como oidista aprendiz de música, de memoria. Mi maestra, que era muy ladina, no cayó en el lazo. Me hizo repetir la lección, y se fijó en la cartilla, cuya primera página era una completa ruina. Sentí su enorme dedal de plata sobre mi cabeza, y aturdido oí estas palabras aterradoras:

—¡Conque me engañas, charoludo! ¿Qué se hizo San Juan? ¿Qué se hizo el abecedario?

Casi inconsciente, repuse:

—Sí..., sí yo no fui...

—¿Y quién tiene la culpa, quién la tiene? —replicó, aplicándome un nuevo dedalazo.

No supe ya qué contestar.

Y sin embargo, la respuesta era sencilla:

La culpa es de mis lágrimas.

En la vida todo tiene compensación. Si así no fuera, el alma no tendría fuerza bastante para el dolor ni para el placer. Compensé las amarguras del primer día de mi escuela oyendo, en mi hogar, al amor de la lumbre, los sabrosos cuentos de Nina, que era una de aquellas buenas y fieles criadas, tan sólo conocidas en el tiempo viejo.

Lo maravilloso del Pájaro del Dulce Encanto, los horrendos crímenes de la Reina Envidiosa, las hazañas y diabluras de Pedro Urdemalas, las travesuras y porquerías del astuto Tío Conejo y las candideces y desdichas del imbécil Tío Coyote; narraciones tan variadas e interesantes, ora me hacían abrir la boca, lleno de admiración, ora me hacían desternillarme de risa. Nina era una gran narradora, a quien hubiera puesto muy por encima de Hoffmann y de Andersen, y de los mismísimos Alejandro Dumas y Edmundo de Amicis.

Nina era, en mi concepto, un portento de sabiduría, de habilidad y de gracia en el decir.

¡Pobre Ñina! Si vivieses, me distraerías en mis largas noches de insomnio, como me deleitabas con tus cuentos cuando niño.

Al día siguiente, convencido de que por la razón o la fuerza, como dice la leyenda de las monedas chilenas, de que tanto carecemos, debía ir a la escuela, con el valor de un héroe y la resignación de un mártir, fui con Julián, muy temprano, a comprar una nueva cartilla en la "Achinería de Monsiur", situada en el mentidero, o sea en nuestra pequeña Calle del Comercio.

Monsiur era un laborioso, amable y decidor negro antillano, de blanquísima dentadura, como los de su raza, y por más señas, cojo como el autor de este cuadro. Monsiur era nuestro Appleton; era el librero de Tegucigalpa. Proveía a las escuelas de textos, cartillas, catecismos y catones; y su establecimiento era tan notable, que en él se hallaban la Aritmética, por Domínguez; la Moral, por Escoiquiz; la Historia de la Religión, por el padre Mazo; novenas escogidas para las viejas, La voz de la naturaleza para las niñas, Bertoldo y Bertoldino para los literatos y ¡qué adelanto!, ¡los últimos Almanaques de Guatemala...!

El programa de enseñanza de mi escuela, lo mismo que el de sus congéneres (entiéndase de las escuelas más adelantadas), era muy corto y elemental:

Lectura, en letra de molde; lectura, en letra de carta; doctrina cristiana; tabla de multiplicar; escritura, con pluma de ave, o con pluma de acero.

En cuanto al sistema disciplinario y penal, puede asegurarse también que era sencillo, aunque no corto, y un tanto pesadito; faltas levísimas, uno o más dedalazos en la cabeza; faltas leves, hincarse sobre gruesa arena o granos de maíz, por una o más horas; faltas más graves, la misma pena, con la añadidura insignificante de tener los brazos en cruz y con un "tenamaste" en cada mano; faltas más graves, palmetazos en las manos y disciplina en la espalda; faltas gravísimas, palmeta o chirrión en las posaderas descubiertas.

Por reincidencia en las faltas graves, más graves y gravísimas, sentar al criminal en una silla, con la cabeza enflorada y con dos enormes orejas de burro. Esto equivalía al sambenito de la Santa Inquisición o a la vergüenza pública decretada por las antiguas leyes españolas.

Estímulos, premios o recompensas, en la escuela, 0, 0, 0.

Pero es necesario ser justo. Cuando uno concluía la cartilla, el catecismo o el catón, había recaudo de la maestra para que diesen al discípulo, en casa, melcochas, horchata y agua de canela.

Pasaban los días, las semanas y los meses, y yo seguía penosa y lentamente el programa de enseñanza de mi escuela. Como el esclavo llega a habituarse a despiadada servidumbre, así llegué a acostumbrarme, triste y resignado, al régimen impuesto por mi maestra. Desde la infancia sentí las más grandes opresiones del corazón. No tenía la amplia y dulce libertad de que tanto necesita el niño para jugar, para saltar, para hablar con desparpajo, para ser comunicativo y alegre. Sin duda de aquí proviene que haya en mí un fondo de tristeza y de amargura que me fuerza a apartarme de los hombres, de los aparatosos espectáculos y públicos paseos; del bullicio del mundo. A veces esa tristeza, esa amargura, degeneran en una verdadera enfermedad, que más me enferma cuanto más la estudio.

Esa enfermedad es la cruel misantropía.

Casi todas las escenas que presenciaba en mi escuela, tenían subidos tintes de melancolía. ¡Cómo recuerdo el campanazo de las doce! Ña Encarnación, recta y delgada como un fino espárrago, salía de la cocinita con un sartén de frijoles brutos, un plato desportillado con seis tortillas y dos tajadas de queso, de muy notable transparencia.

—Colaca, Eugenia, está el almuerzo.

Mi maestra dejaba su costura y ña Eugenia, su hermana menor, de dulce carácter y de bella presencia, con las mejillas encendidas por la tisis pulmonar, salía tosiendo de su lóbrego cuartito.

Aquellas tres mujeres tomaban en la mano sus dos tortillas, les echaban unos frijoles, que sazonaban espolvoreando las tajaditas de queso; y sin hablar, ora de pie, mirando vagamente al cielo, ora sentadas en el umbral de la puerta de la salita, almorzaban tranquilamente.

Si en algo pensaban, ¡sólo Dios lo sabe! ¡Honradas mujeres! ¡Con qué resignación cargaban la pesada cruz de la pobreza! Durante años, jamás las oí manifestar un deseo, exhalar una sola queja, rebelarse, en algún modo, contra la suerte que les imponía las mayores privaciones. El almuerzo sólo era interrumpido, algunas veces, por un golpe de tos de ña Eugenia, que dejaba sus tortillas a medio comer, porque la pobre se asfixiaba.

—¿Sufres, Eugenia? —preguntaba mi maestra.

—Sí, Colaca.

La Encarnación daba un profundo suspiro y llevaba la sartén y el plato a la cocina; mi maestra conducía del brazo a su hermana y se fijaba, como sin interés, en el suelo, para ver si había mucha sangre en los esputos de la enferma. Ña Encarnación, abatida, iba a apagar el fuego que causaba gasto y a buscar chiribiscos para renovarlo; mi maestra volvía a su butaque, y sombría y firme seguía cosiendo para ganar el pan de cada día. Ña Eugenia, con calentura e intenso dolor en su pulmón izquierdo, seguía tosiendo, sin quejarse, sin pedir nada.

Puesto que nada pedía, pensaba de la Providencia o, supongo, en la Fatalidad. ¡Tales escenas me desgarraban el alma!

La monotonía en los usos y prácticas de mi escuela, sólo se interrumpía los viernes de Cuaresma en que mi maestra, al amanecer, se bañaba con sus discípulas en el Río Grande; y los días en que llegaba maestro Pablo con su violín o don Bernardo Filiche a tomar chocolate a eso de la siesta.

—Mi maestra está fresca —decíamos los viernes llenos de alborozo; y, en efecto, la frescura de su cuerpo como que refrescaba su alma, tornándola en suave y bondadosa. En días tan felices no había rezongos ni coscorrones, podíamos jugar algunas horas Cucumbé y Nana abuela, en el patiecito de la casa, y la maestra hasta nos dirigía la palabra con cariño, por lo común, para contarnos alguna anécdota picante, como dice el padre Balmes, o algún divertido chascarrillo del linaje de los de mi amigo Federico Proaño, tan celebrado por el inolvidable Juan Montalvo.

El maestro Pablo llegaba de ordinario, por la mañana, después de haber oído misa entera, y con devoción, en la iglesia de Nuestra Señora de las Mercedes. Era recibido con inusitadas muestras de alegría, se repantigaba en el sillón de cuero, templaba su violín, y nos hacía oír los más caprichosos preludios. En nuestras aflictivas circunstancias, ni el célebre Paganini nos habría dado tantos goces como nuestro admirado maestro Pablo. La animación crecía y crecía a medida que el artista multiplicaba sus preludios; y, al fin, mi maestra daba la anhelada voz de mando diciendo:

—¡Vaya, muchachas!

Era de ver el júbilo retratado en todos los semblantes, como transfigurados por el arte divino de la música.

Unas cantaban:

> Flor dorada que entre espinas
> tienes trono misterioso.

Otras:

> ¿Perdí mi corazón o lo habéis hallado,
> ninfas del valle en que penando vivo?

Y otras:

> No quiero que a otras mires, ángel mío,
> mi bello trovador.

Pero el entusiasmo rayaba en delirio, cuando el maestro rascaba casi con furia su violín e iniciaba, para coro, el cantarcillo popular, de legítima procedencia española, o de abolengo:

> Mañanitas, mañanitas
> ¡como que quiere llover!
> Así estaban las mañanas
> cuando te empecé a querer.

> Eres clavel, eres rosa,
> eres clavo de comer;
> eres azucena hermosa
> cortada al amanecer.

> No soy clavel, no soy rosa,
> no soy clavo de comer;
> no soy azucena hermosa
> sino una infeliz mujer.

Hasta Chémala, agitando piernas y brazos, unía su vozarrón al concierto o desconcierto, y se hacía sobresaliente, y daba un do de pecho en aquello de:

> Ya tocaron la diana,
> mi Coronel lo mandó;
> abrí tus ojitos, mi alma,
> Chatilla, ya amaneció.

De repente un olor a chorizo asado y a frijoles y queso fritos se transmitía de la vecina cocinita del maestro a la sala de escuela. El maestro, que tenía muy buenas narices y muy buen estómago, cosa extraña entre los músicos, lo percibía en el acto. Guardaba el violín en el bolsón, se levantaba a toda prisa, y decía, dominado por su apetito, con la precipitación de un derrotado:

—Adiós, Colaca, la Dolores me espera; voy a almorzar.

Y nosotros quedábamos con la mayor de las tristezas, con la tristeza que deja el exceso del placer. Yo, casi muerto en vida, como Carlos V en el monasterio de Yuste, ¡bien pude hacer la exclamación que puso en los regios labios del monarca el inmortal Mariano José de Larra:

¡Idos, mis días de dicha y de ventura!

Cuando llegaban visitas, hacíamos una rápida evolución, girando sobre nuestro propio cuerpo, para presentar la espalda a la visita y tener la cara frente a la pared. Evolucionábamos de esa suerte para no ver lo que nos importaba, ni acostumbrarnos a tragar palabras, según decía mi maestra. En esto tal vez andaba un tanto desacertada, pues con el rabo del ojo lo veíamos todo, y como no nos tapaban los oídos, y la distancia era muy corta, nos poníamos al corriente de la conversación. Se verá, por lo dicho, que mi maestra no era muy fuerte en materia de óptica, y mucho menos en materia de acústica.

La evolución era, de ordenanza, hacerla con la mayor presteza cuando entraba de visita don Bernardo Filiche, el grande y buen amigo de mi maestra. Don Bernardo no era tal Filiche, sino Reyes, pero a su cuerpo delgadito y pequeño y a su cara seca y muy blanca, los hacedores de comparaciones le hallaron semejanza con el cuerpo y la cara de un señor Filiche, uno de los primeros cómicos de la legua, que allá por los años de treinta y tantos, vino de España con su compañero Carballo, quienes llegaron sin jembras a este Real de Minas, hicieron subir a las tablas, con empeños del ilustrado público, a la preciosa Eusebia Manzano, madre del histórico Machetón, y a la linda Marta Bustillo, madre del Dulce Teo. Por comparación, pues, mis desocupados paisanos, tan dados a decir y a maldecir, para eterna memoria, filicharon (y perdone la Academia Española, de la cual soy individuo), a nuestro don Bernardo.

Después de cariñosísimo saludo, y de hablar del calor, o del frío, o del tiempo, mi maestra preguntaba dulcificando su voz, cuando le era posible:

—¿Ya tomaste tragos, Bernardo?

—No, Colaca; vengo a tomarlos con vos.

Mi maestra se levantaba contentísima, salía presurosa bebiéndose los vientos, y hablaba unas pocas palabras con ña Encarnación, encargada del arte culinario. Acto continuo Chémala salía a todo escape, cual un caballo de bombero, con dirección a las pulperías de don Camilo, y a poco regresaba bañada en sudor, jadeante y maloliente, trayendo en un plato con ramajes verdes o cachurecos, dos tablillas de cacao Guayaquil, dos panes de yema o dos cemitas, y una onza de mantequilla olanchana, bien envuelta en una áspera tusa.

¡Momentos felices para nosotros!

Mi maestra tomaba sus tragos o el chocolate, con Filiche, platicaba con vivísimo interés, y hasta con fruición no pecaminosa, como dirían los teólogos, y nos olvidaba por completo.

¡Qué dicha!, podía respirar con libertad. Dios me perdone: pero aunque Filiche era casado y velado, según la ley de las Cortes de Toro, y aunque mi maestra era refractaria a los tiernos sentimientos, sospecho que en aquellas dos almas había algo así como el germen de un amor...

1892.

A BLANCA ROSA

Con mis coplas, Blanca Rosa,
tal vez te cause cuidados,
por cantar
con la voz ya temblorosa
y los ojos ya cansados
de llorar.

—Ramón de Campoamor.

(Dolora: ¡Lo que hace el tiempo!)

Inmóvil, enclavado en el lecho del dolor, con el enflaquecimiento y el cerebro por cruel insomnio y, durante fugaz sueño, por aterradoras pesadillas; desacordes los nervios por horribles convulsiones, imposible, hija de mi alma, salvar el estrecho espacio que me separa de tu humilde estancia, para darte, rebosando de amor y de ternura, yo el primero, el primer beso, en el primer día aniversario de tu venida, ¡ay infeliz!, a este valle de lágrimas.

Si el cuerpo decaído y postrado no corresponde al querer de la voluntad, que lucha y lucha entre desmayos, ni a los impulsos del corazón que, lento en sus palpitaciones, parece que se rompe cuando hace un esfuerzo, no para amarte, sino para expresarte su amor; si nada, nada puedo para estar a tu lado, aun puede, sí, buscarte y llegar hacia ti mi pensamiento.

Recibe a ese cariñoso y triste mensajero. Es un fuego fatuo que sale de mi alma, envuelto en espesas sombras sepulcrales, para posarse, amoroso, en tu tierna pupila, en la que empieza a reflejarse tu alma envuelta en la gasa sutil y luminosa de la aurora de la vida.

Acariciadora se siente esta mañana de florido mayo, con su tibia y perfumada atmósfera, y su crepúsculo apacible que, como delicado artista de la naturaleza, viene dorando las lomas y caseríos que, al pie de elevadas y agrias montañas, se asientan en nuestros pequeños y poéticos campos de Oriente.

Sin duda te ha dado una sorpresa la mañana. Debes tener, en tus párpados, que semejan franjitas de hojas de rosa, cortadas por manos de hadas, el llevadero peso que produce el largo, profundo y tranquilo sueño de la edad de la inocencia.

A mí no me ha sorprendido la mañana. Enfermo y calenturiento, la he esperado, con esa impaciencia punzadora del prisionero que quiere algo del ruido de la vida, algo del rayo de luz del sol que vivifica.

Y aun cuando estuviese libre de las garras del dolor, te protesto, idolatrada niña, que habría esperado ansioso el despuntar de este nuevo día, para enviarte mis pensamientos, y con ellos, puras y santas bendiciones.

¡Bendecirte! ¿Para qué?

¡Bien hayas tú, hiedra que amante aprisionas a este olmo viejo! ¡Bien hayas tú, que no necesitas de mis votos ni mis bendiciones!

¿Acaso no sé lo que pasa?

Comienzas tu dulce jerigonza, que a veces parece delirante gorjeo de pajarito enamorado que ofrece la miel de las primeras flores que en la enramada se abren, a las que hace sus reclamos y dice mil ternezas; y oigo también un suavísimo aleteo que te circunda y te acaricia, entre auras matinales y entre indecisos resplandores de la estrella de Oriente que se oculta.

Todo lo comprendo, hablas con tu buen ángel que, en la primera fecha aniversaria de tu natalicio, te contempla y te aguarda. Se dicen muchas cosas del cielo. Es un diálogo entre dos ángeles, inspirado por el aliento de Dios. Y así, ¿así necesitarás de mis bendiciones?

El rumor de las alas va haciéndose más tenue, apenas lo percibo, se aleja, se pierde. Tu ángel se va para traerte nuevas de lo infinito, y siento golpecitos de tus manecitas nacaradas que se agitan y que dicen: ¡Adiós!, ¡Adiós!

Cuando tu ángel vuela, para darte alegrías, a la hora del crepúsculo de la tarde que me sumerge en el mar muerto de las indecibles tristezas, dile de mi parte muchas cosas, muchas cosas. Tú, pedacito de mujer, no las comprenderás. Tú, ángel, viva emanación de Dios, todas, todas las comprenderás bien.

Dile que después de sus caricias de la mañana, aumente tu cuelga, cumpliéndote encargos que le harás de buena niña y de hija tierna y piadosa.

Que por amor a tu inocencia y por compasión a mí, no pliegue jamás sus alas, y nunca te vea yo salir en un cajoncito forrado de blanca tela, con molduritas doradas y con una palma de hojas de verde tierno, estremeciéndose entre pálidas azucenas.

Queda formada y fortalecida por la virtud, aunque inmensa pesadumbre del dolor te abrume, me veas salir en modesto cajón, forrado de tela negra, pero salpicado de muchas perlas, que no tengan el valor que les da la vanidad del mundo; que serán las lágrimas de la que amorosa te llevó en su seno, de tus inocentes hermanitos que amantísimos te miman y recrean, y de ti, ¡blanca flor de mis amores! ¡blanca flor de mis amores!

Dile, además, a tu ángel:

Que el mío ha mucho que se fue, tal vez por culpas que, por negras, no pudieron cubrirse con sus blancas alas; que le he esperado, y que no vuelve; y que por una de sus divinas artes, interceda para dejarte a mi lado, haciendo las veces de mi ángel que se fue.

Si logras al precio de tu cuelga, agregar tan valiosa adehala, tú, muñequita con alma, con travesuras y caprichos, saltando sobre mis entumecidas rodillas, me mostrarás cándidamente lo puro y consolador de lo divino; y yo, con mis reservas de viejo y mis insistencias chocheras, te mostraré lo impuro y desconsolador de las humanas flaquezas.

Y así, así, como todo concluye; cuando duerma el eterno sueño, tú me despertarás, algunas veces, en el día de tu natalicio; y las cenizas de mi pobre corazón se moverán con suave y grato movimiento, porque habrá una voz misteriosa y celeste que le diga:

Sobre estos palmos de ignorada tierra que te alberga, derrama sus lágrimas de hija amante y compasiva, tu muñequita con alma, tu ángel tutelar, tu idolatrada Blanca Rosa.

6 de mayo de 1892.

MI CUMPLEAÑOS

Una mesa circular, que es la forma simbólica de la eternidad; sobre la que es madre común; sobre el pañol una calavera iluminada por un viejo candil de incierta y vacilante luz; y por único adorno una rama tronchada de lloroso sauce. ¡Tal es el monumento con cuya contemplación, en espíritu y en verdad, los hombres pensadores deberían celebrar la fecha aniversaria de su venida a este mundo!

Como la católica Iglesia, con alto sentido filosófico, dedica un solemne día a recordar a la humanidad que es polvo, y en polvo ha de convertirse, así los pensadores debieran dedicar las horas de sus cumpleaños a la conmemoración de lo triste y fugaz de su existencia...

Sin ser pensador, de mí sé decir que el más amargo día de los amargos días de mi vida, es el de mi cumpleaños. En él recuerdo que me alejo mucho de todo lo que he amado, y que estoy más próximo a dejar todo lo que amo: que la fecha de mi partida y de mi último adiós se acerca...

Casi siempre, en mi cumpleaños, he sido un prófugo, he huido de la sociedad, he dejado hasta mi hogar, para refugiarme en solitarios lugares, y oír tan sólo las misteriosas voces de la naturaleza que suscitan y alientan tristes reflexiones. Las alegres músicas, los deleitosos cantares, los perfumados bouquets, los animados brindis, los galantes obsequios y las finas felicitaciones, me producen el efecto que me hace el bullicio de las costureras que forman un blanco y elegante traje, y de las floristas que acopian múltiples y lindas flores, para vestir y engalanar a la pálida niña que, tendida en el lecho, con el estertor de la agonía, va a cerrar sus ojos para siempre, al contacto del dedo de la muerte.

Hace algunos años que en mi natalicio no puedo huir. Tengo cuatro niños que me ponen sitio y que acaban por aprisionarme. Como conspiradores preparan en secreto sus cuelgas, y me observan y me espían, y esperan, ¡ay!, el día feliz, para rendirme con su afecto, ofreciéndome sus presentes. ¡Cómo sustraerme al asedio de mis pequeñuelos! ¡Cómo libertarme de las ligaduras con que me aprisionan! ¡Ah!, un padre no puede romper esas cadenas de flores.

Hoy los chicuelos desfilaron en mi presencia, con el orgullo y el júbilo de los triunfadores.

Paca me ha presentado un gorro turco, obra de sus manos.

Dije para mí:

—Para cubrir la calvicie que me ha dejado la seca y desarraigada vegetación de mis antes negros y profusos cabellos.

Adriana, unas finas y holgadas babuchas, producto de sus labores.

—Bien: para comodidad de mi pie desviado y enfermo por la cojera.

Ramoncito, una plana.

—Muy bien: tú podrás, como amanuense, en la intimidad, escribir mis tristes Memorias.

Isidorita, unos versos.

—Magnífico: si llegas a ser poetisa, lo que no te deseo, compondrás mi epitafio.

Recibí mis cuelgas, y hablando conmigo mismo, exclamé en lo interno:

—¡Dios mío, si todo es a propósito! ¡Si todo yo soy una ruina!

Como llamada al conjuro de mi lastimera queja interior, entró Blanca Rosa, mi muñequita con alma, en brazos de su nodriza, y me obsequió un ramilletito perfumado.

—¡¿Flores a mí?!

Y le di un ardiente beso en su tersa frentecita, y a la vez sentí el helado beso del tiempo sobre mi corazón.

Beso que mata de frío a las hijas más queridas del alma, que se llaman Fe, Ilusión, Esperanza.

Enternecido di las gracias a mis chicuelos.

—Gracias, hijitos míos, voy a guardar mis cuelgas.

Y di la vuelta más que para guardarlas, para reprimir dos lágrimas que se me escapaban.

—¡Papá!, ¡papá! —exclamaron con amantísimo llamamiento.

—Sí, gracias, gracias —repetí—, por sus festejos por mi gran paso...

¡Inocentes y amadas criaturas, no saben lo que celebran!

Concluí la frase en el fondo de mi alma. Sólo la oyó mi conciencia.

Un gran paso, sí. Hoy es 14 de julio, día de mi cumpleaños.

¡He dado un gran paso hacia la tumba!

EN NOVIEMBRE

¿Te acuerdas, dulce amiga, de aquel tiempo en que las horas se deslizaban como instantes, en que hablábamos a veces de las estaciones del año, y en que tú me decías, con todo el sentimiento que sabes dar a tu expresión: noviembre es el mes de mis predilecciones, porque es triste y muy triste?

Entonces te decía que a mi ánimo embargaban tus mismas impresiones; que noviembre conmovía todo mi ser; que despertaba todos los recuerdos de mi imaginación, dejando mi alma sumergida en un mar de profunda e indecible melancolía.

Y pasaron aquellas horas, dulce amiga; pero en mi espíritu, llama que el soplo del infortunio debilita y extingue, aún brillan últimos resplandores que iluminan, con pálida y mortecina luz ¡ay!, los recuerdos del pasado.

Antes que la llama mortecina de mi espíritu se apague para siempre, quiero decirte, dulce amiga, todas las impresiones que me trae noviembre, ese mes de tu predilección, ese mes de los recuerdos, ese mes de profundas, de infinitas tristezas.

Brilla entre las brumas un sol de luz pálida y triste; la atmósfera es fría, y a intervalos, menuda lluvia deja percibir ruidos monótonos y misteriosos; luego el viento del Norte se desata, y con sus penetrantes y lúgubres silbidos, hace imperceptible el caer uniforme de las gotas de agua. Entre la lluvia que azota, el viento que gime, se oye el fúnebre clamor de las campanas que evoca el recuerdo de la muerte; el corazón se siente oprimido por la idea aterradora de la nada; se piensa en los que fueron; y en medio de un mundo de recuerdos, parece que se alza el velo de la eternidad, y que las tumbas se abren para decir a los vivientes los secretos, los misterios que se encierran, ¡ay!, en la silenciosa mansión de los sepulcros.

Y es que principia el mes de noviembre: estamos en el día de difuntos...

¡Qué día tan triste es el día consagrado a la memoria de los muertos; pero qué día tan grande por los recuerdos que despierta, y por los sentimientos que inspira! ¡Ay!, los que no podemos llorar, unas lágrimas de nuestro corazón, lágrimas que nadie ve, que nadie enjuga, y que son las más sentidas, las más dolorosas, porque al resbalar dentro del pecho, se llevan pedazos de nuestra alma.

En el día de difuntos, dulce amiga, yo siento que esas lágrimas inundan mi pobre corazón. En ese día, el mundo implacable y cruel, tal vez me obliga a posar en mis labios la sonrisa; pero el mundo no sabe, no comprende, que esa sonrisa es la contracción que produce un inmenso dolor.

En ese día yo recuerdo a todos los que me amaron y a los que amé en la tierra, y reanudo los lazos que rompió la mano despiadada de la muerte. En ese día recuerdo también esos seres invisibles que tanto y tanto amé, que acaricié entre dichas y placeres; recuerdo esos seres queridos que en un tiempo se agitaban risueños llenando de encantos la hermosa mañana de mi vida, y que ahora son cadáveres que encierra la urna de mi pecho, y que se llaman, dulce amiga, esperanzas perdidas e ilusiones muertas.

Alguien ha dicho que hay éxtasis en la agonía, y creo que para las almas delicadas también hay un secreto y extraño placer cuando el espíritu se abisma en una tristeza infinita.

¡Cuántas veces, dulce amiga, en el día de difuntos, yo he huido de las miradas de los hombres, y he buscado las grandes soledades, y he buscado las desiertas ruinas para pensar a solas, para recordarlo todo, todo, para sufrir mucho, mucho, para apurar la copa del dolor hasta las heces, para entregarme sin reserva al oleaje de esa mar insondable de los recuerdos dolorosos!

Y es que los supremos dolores, dulce amiga, y es que el sufrimiento infinito, tienen una voluptuosidad que sólo sienten y comprenden los grandes corazones.

¡Ah!, yo comprendo que se haya amado el martirio.

¡Ah!, ¡yo comprendo que por la fe y el sentimiento sin límites se haya encontrado cierta voluptuosidad en los horribles tormentos del potro y de la hoguera!

Los últimos ecos de las campanas, que parecen tiernos lamentos por los que fueron, por los que no existen, se debilitan, se amortiguan, se pierden. Ha pasado el día de difuntos; el mundo de los vivos va a olvidar el mundo de los muertos.

¡Qué verdad tan amarga, dulce amiga!

¡Todo se olvida! ¡Todo se olvida!

Y siguen los días de noviembre, y al despuntar el alba, en las frías mañanas, cruzan por las encrespadas cimas de nuestros cerros, vaporosas neblinas, blancas como el armiño, que semejan sutiles gasas en que parece han de envolverse las bellas formas de una virgen.

Y luego los primeros rayos de majestuoso sol coloran las neblinas con una lluvia de polvo de oro y púrpura; pero si el sol las embellece, también su calor las disipa; y las vaporosas neblinas desaparecen, se pierden, y sólo quedan en las arboledas de los cerros las blancas flores del niño, que parece que se ruborizan, y que dejan caer sus perlas de rocío, porque les falta el blanco y tenue velo que ocultara sus encantos.

Es muy triste ver pasar como exhalaciones las blancas neblinas de la mañana.

Es muy triste que el sol que las colora, las pierda, las disipe.

Así se pierden también las ilusiones.

Así se van también las esperanzas...

¡Tienes razón, dulce amiga!

¡Son tristísimos los días de noviembre!

Y avanzan los días del mes de tus predilecciones, del mes de las indecibles tristezas; y al mediodía, en el cielo, las nubes, pobres perseguidas del viento, cruzan fugaces; y aquí en la tierra, las hojas de los árboles, que empiezan a secarse, ¡ay!, por el soplo letal del otoño, comienzan a caer una a una, amarillentas, secas, y el aire se las lleva, y se alejan, y se alejan del tronco que les diera la savia de la vida.

Aquellas hojas tan frescas y lozanas, que en la primavera embellecieron el árbol y recrearon nuestra vista, y prometieron flores y frutos, se van para no volver jamás, y serán polvo, seco polvo que huelle indiferente nuestra planta. ¿No es verdad, dulce amiga, que las hojas secas que se lleva el viento, y que huellan nuestros pies, son la imagen de las dichas y esperanzas de la vida?

Noviembre toca a su fin; y hay más melancolía en las escenas de la naturaleza. La tarde está muy fría; el calor se concentra en el organismo; el corazón late con violencia, y el alma está triste como un poema de Osián. La mirada inquieta, desasosegada, no se satisface con fijarse en las escenas de la tierra, y se fija en lo alto, y se dirige al cielo. ¡Triste tarde de noviembre, ya no oigo tus rumores, ya no oigo ni los tristes lamentos de que pueblan la atmósfera las zumbas vibradoras de las cometas con que los niños se entretienen en sus juegos infantiles! Tarde de mis contemplaciones, sólo me fijo, poseído de infinita tristeza, en los celajes de tu cielo.

¡Qué caprichosos en sus formas, y cómo exaltan mi fantasía, y cómo dilatan mis pensamientos, y cómo aumentan más y más la profunda melancolía de mi alma!

¡Qué múltiples colores, qué variadas perspectivas! Veo que se forman inmensos castillos de piedras cenicientas con sus pórticos, sus torreones y sus ventanas góticas, a las que se asoma pálida y llorosa, mísera cautiva; y los castillos se desploman, se arruinan, desaparecen.

¡Pobre cautiva, tu pérdida tiene un eco doloroso en mi triste corazón!

Veo alzarse arcos triunfales matizados con todos los colores del iris; y al llegar los triunfadores valerosos, erguidos, con sus penachos ondulantes, los arcos se estremecen, y se tuercen, y se caen.

¡Héroes de la atmósfera engañosa, vuestros crueles desengaños tocan una fibra sensible de mi pobre corazón!

Veo las danzas, que en loca y amorosa profusión, forman en su delirio mancebos y mancebas que, lindos cual Febo y cual la aurora, bullen entre amores, al reflejo suavísimo de la luz de la alegría; y las aéreas parejas de súbito se tornan desdeñosas, y las sombras las cubren, y se sumergen en negra oscuridad, y se separan, y se separan para siempre.

¡Hermosos compañeros del placer, vuestra despedida eterna encuentra un eco doloroso en mi pobre corazón!

Tienes, ¡ay!, mucha justicia, dulce amiga.

Son tristes, muy tristes, las tardes de noviembre.

Y llegan por fin los últimos días del mes de nuestras hondas impresiones, y en sus noches iluminadas por amarillenta luna, el sueño con sus mil adormideras, cierra mis párpados; pero, ¡ay!, suena el viento impetuoso, y despierto sobresaltado, lleno de vagos temores.

¡Qué sonidos tan varios y tan significativos para mi alma!

El viento gime, gime con acentos lastimeros, y me hace sollozar porque recuerdo todos los dolores de mi vida de infortunios. El viento produce sonidos monótonos y uniformes; parece que se calma en su desesperación, y me digo: resignación, alma cristiana; son muchas las miserias de la vida.

Y luego el viento se enfurece, y semeja gritos de angustia y de dolor irremediable, y mi alma se inquieta, se exaspera, y me digo: son los crueles gritos de la desesperación, del desencanto de la vida.

¡Así concluyen todas las cosas, dulce amiga: quejas, desesperación, desencanto... y luego nada, nada!

Cuando mi existencia no sea más que un recuerdo, y ¡ay!, tal vez ni una memoria, ni un átomo perdido en los corazones que me olviden; cuando al llegar el día de difuntos, el clamor funeral de las campanas haga brotar de tus hermosos ojos una lágrima de ternura por los seres que amaste en la vida; cuando en las frescas mañanas de noviembre veas, emocionada, cómo se forman y se van las blancas neblinas que semejan las ilusiones del alma; cuando al mediodía, entristecida, veas caer, irse y perderse las secas y amarillentas hojas de los árboles, imagen de las esperanzas que se van para siempre; cuando al aparecer la tarde melancólica, de contemplaciones y misterios, vague errante tu mirada en las perspectivas del cielo, y contemples los caprichosos celajes, tan instables como las dichas de la vida, y camine, y camine tu joven pensamiento, y se abisme sin reposo en la inmensidad de lo infinito; y cuando en las últimas noches de noviembre, despiertes sobresaltada, y oigas en las regiones del viento tristes quejas, lamentos dolorosos, crueles gritos de desesperación; y pidas a tu Dios quietud para tu espíritu, y esperanza y consuelo para los que sufren, para los que lloran; ¡entonces, dulce amiga, acuérdate de mí!

1892.

DISCURSOS

DERECHO PÚBLICO CONSTITUCIONAL

DISCURSO QUE EL LICENCIADO
DON RAMÓN ROSA,
Catedrático de Derecho Público Constitucional y de Gentes
PRONUNCIÓ

En los exámenes públicos que sobre las materias expresadas y sobre Jurisprudencia Criminal y Mercantil sostuvieron los pasantes de Derecho, el 6 de diciembre de 1871.

Señores:

Los actos públicos que vais a presenciar tienen, en mi sentir, grande y legítimo interés para la juventud estudiosa y para el Colegio de Abogados. Corporación dignísima de la República, ha puesto al servicio de la enseñanza del derecho en sus aplicaciones a la jurisprudencia criminal y mercantil, internacional y política: revelan también los trabajos de nuestra juventud, de este bello germen del porvenir de la patria, que viene hoy a rendir las pruebas de sus conocimientos adquiridos, más bien que en fuerza de las lecciones de sus maestros, en fuerza de sus talentos y de su noble consagración al estudio.

En esta reunión literaria, que impresiona tan agradablemente, echaréis de menos, Señores, la palabra autorizada del señor Decano del Colegio de Abogados, y del señor Catedrático de Derecho Teórico-Práctico y Administrativo, verdadera ilustración del foro guatemalteco. Su alto carácter los obliga a ocupar sus puestos presidenciales de Jefe de nuestra Corporación, y de Regente de la Suprema Corte de Justicia; y por una deferencia, que me honra sobremanera, me han encargado manifestar lo que a ellos corresponde decir en este día solemne para el Colegio de Abogados, y para los jóvenes académicos que cultivan la hermosa cuanto vasta y difícil ciencia del derecho.

La Junta de Gobierno del Colegio de Abogados, conocedora de sus importantes e imperiosos deberes, no ha desmayado en el empeño que siempre ha tenido porque el Colegio, en orden a la enseñanza, corresponda a los altos fines de su institución. Empeño tan laudable ha encontrado un firme sostén en el Gobierno de la República que ha prestado su concurso para el mantenimiento de las clases, y que, sobreponiéndose a las preocupaciones vulgares, y a la práctica restrictiva de los otros tiempos, ha dejado libertad completa a la cátedra del profesor.

Puedo asegurar que la cátedra, que inmerecidamente desempeño, ha tenido amplitud para discutir creencias e ideas, desde aquellas que santifican la Inquisición, hasta aquellas que constituyen el credo de la Sociedad Internacional que hoy forma la gran preocupación del mundo europeo.

Para mí la libertad de la cátedra es una de las primeras libertades. La enseñanza en nombre de la autoridad no sólo es infecunda para el bien, sino que degrada y envilece: mata en flor la dignidad y los talentos de la juventud. La ciencia, cuyos progresos nos admiran, nada fuera en la culta Europa sin la cátedra libre, cuya enseñanza es la única que puede formar hombres de convicciones sólidas, independientes y sinceras.

Extensas e importantísimas son las materias sobre que ha de recaer el examen de los Señores Académicos que representan aquí las clases del Colegio, como sustentantes de los actos públicos.

Nunca, como en la época presente, se ha dado tanta consideración a los estudios del derecho penal; y es, Señores, que los adelantos de la ciencia hoy hacen apreciar mejor la dignidad del hombre, aun del hombre que se desvía del camino recto de la vida, y, por su mal, recorre las tortuosas sendas del crimen.

El hombre que así lastima su digno carácter, por su misma desgracia es más acreedor al examen imparcial, rigurosamente crítico, de su índole, de los atributos y circunstancias de sus actos punibles, y de la influencia más o menos perjudicial que ejercen en la sociedad.

He aquí el punto de partida de la ciencia y de las legislaciones modernas que en ella buscan su inspiración y su modelo; ciencia y legislaciones que han acabado, en mucha parte, con la idea disociadora, anticristiana, que hacía de la pena no una reparación moral, sino una venganza ejercida en nombre de la sociedad.

Felizmente alcanzamos mejores tiempos: la filosofía del derecho juzga ahora, con el criterio más severo, el grado de responsabilidad del individuo que delinque, aconseja la aplicación de penas proporcionadas a la gravedad de las faltas y delitos, y reconoce, como fin moral y social del castigo, la enmienda y corrección del hombre que, bajo la influencia de un buen sistema penal, lejos de degradarse, se levanta y dignifica, se moraliza y ennoblece.

Desgracia nuestra es, Señores, que los principios enunciados, que tan bien reflejan el espíritu civilizador de nuestra época, no tengan asiento ni en nuestras leyes ni en nuestra práctica; pero en la actualidad esos principios se derraman en la inteligencia virgen de la juventud, como se derrama la simiente en la tierra para que después germine, florezca y fructifique.

A no dudarlo, cuando las sanas ideas que hace concebir la ciencia del derecho criminal se hayan extendido entre nosotros, y poseamos Establecimientos Penales que hagan factible la aplicación de un buen sistema, entonces recogeremos el fruto de los conocimientos que adquiere la juventud, satisfaciéndose así, con resultados tan precisos, a una de nuestras más ingentes necesidades, satisfaciéndose también a la justicia que en la sociedad no quiere poderes vengadores, sino tan sólo poderes que reparen las faltas y delitos cometidos, y que mejoren el carácter de los hombres para bien de los mismos, para bien de los pueblos, y para honra de la humanidad.

Indiscutible es el valor y extensión que debe darse, entre nosotros, a los estudios de Jurisprudencia Mercantil. Notad el organismo de los pueblos modernos, y encontraréis que para ellos comerciar es vivir. Hoy el sentido práctico de las naciones rechaza aquel funesto sistema restrictivo, hijo del pésimo sentido económico que creaba el aislamiento de los pueblos y dificultaba, entorpecía las transacciones mercantiles. La América Latina maldice todavía el régimen excepcional que la mantuvo incomunicada con el resto del mundo, consumiendo su actividad en la impotencia y la miseria consiguientes al reinado de injustificadas y odiosas restricciones.

Mas por un contraste providencial, a la América toca en la actualidad representar uno de los primeros papeles en el comercio del mundo. Nuestra prodigiosa naturaleza es fecundísima en producciones hábiles para alimentar el cambio más vigoroso y continuo; y circunstancia tan favorable para la América entera y, en particular, para este país privilegiado, trae por consecuencia la necesidad de que las transacciones comerciales se multipliquen cada día más y más, y el deber de que la Jurisprudencia Mercantil se aplique a ellas, fijando con exactitud los derechos y obligaciones de los individuos que consagran su actividad al comercio, garantizando la buena fe y el crédito que le dan vida, regularidad y progreso, y señalando fáciles y breves procedimientos para resolver las diferencias que ocasionen los intereses encontrados de los que litigan sobre asuntos comerciales.

En materia de Derecho Internacional, nosotros, hijos de una nación débil a la par que honrada y generosa, debemos ser muy empeñados, más que ningún otro pueblo, en conocer y practicar los derechos que corresponden a nuestra nacionalidad. Se explica que un país grande y poderoso vea con cierta indiferencia la práctica del Derecho Internacional, puesto que tiene en su apoyo la fuerza que, por desgracia, pesa tanto en la política de las naciones. Pero un país débil, como el nuestro, debe acogerse, más que ningún otro, al derecho, debe declararlo con exactitud en sus relaciones, y cumplirlo con entera religiosidad. La fuerza pesa mucho en el mundo, mas el derecho tiene también su ascendiente y su poder.

Tal es la idea, Señores, que en la cátedra se ha procurado explanar en sus aplicaciones principales, ora relativas a establecer, con evidencia, que los países latinos de América no deben continuar aceptando un derecho excepcional para ellos, y fecundo en privilegios para las naciones europeas; ora relativas a demostrar que los Gobiernos Americanos deben apartarse del sistema de reciprocidad que ha sido la base de los pactos internacionales celebrados con los Gobiernos fuertes. La justicia y la conveniencia aconsejan que, en vez de mantener sistema tan absurdo que trae ruina y deshonra, se declaren constitucionalmente y en tratados nuevos y justos principios que reglen las relaciones internacionales, y que, reconocidos de un modo manifiesto por las naciones poderosas, hagan siquiera menos frecuente en América la práctica de abusos y de vejaciones atentatorias al ejercicio regular de los poderes públicos, a la independencia y soberanía de los países débiles.

El ramo del Derecho Público Constitucional está llamado a ejercer grande influencia en la suerte de las sociedades, y más, de una sociedad como la nuestra, que está en vías de organizarse, de constituirse políticamente. Creo que los estudios del derecho público, para que sean fructuosos, no deben aplicarse tan sólo al examen teórico de las escuelas disidentes que se reparten el dominio de la ciencia política. Tales estudios, Señores, para que sean de positivo provecho, deben tener por objetivo principal la sociedad en que se vive; la sociedad en que somos ciudadanos; la sociedad en que tenemos intereses que mantener, y derechos civiles y políticos que ejercitar; la sociedad en cuya historia puede recogerse el fruto de los ensayos, de los trabajos y de las experiencias dolorosas de nuestros mayores; la sociedad cuyo presente nos impresiona y atrae a cada hora, a cada momento; la sociedad en cuyo porvenir confiamos llenos de amoroso anhelo y alentados por risueñas y dilatadas esperanzas.

Bajo esas inspiraciones se ha hecho el curso de Derecho Público Constitucional. El organismo de la sociedad de ayer y de la sociedad de hoy ha sido el objeto preferente de nuestros estudios; y estos nos han evidenciado que, para organizar justa y sensatamente la Administración política del país, debemos desechar el exclusivo y bello idealismo político de muchos de nuestros mayores que, consagrando la libertad absoluta en un país de condiciones coloniales y dejando ésta en pie, acabaron por hacer imposible el principio de autoridad y el mantenimiento del orden público. Pero también hemos rechazado, y muy enérgicamente, el sistema que más ha predominado entre nosotros, el sistema de tomar la sociedad con todos sus vetustos principios, con todos sus malos hábitos, con todos sus vicios capitales, y de consagrarlos en las instituciones políticas para mandar así con seguridad y holgura, sin dar un paso, sin hacer nada, por no conmover los ánimos en algo, y correr el riesgo de perder algún día el goce del dolce far niente gubernativo que proporcionan los pueblos que viven la vida asiática, que duermen en brazos de la ignorancia y del indiferentismo más completo, en orden al ejercicio de sus derechos políticos.

El pensamiento que ha dominado en la cátedra es el pensamiento de que nuestra sociedad, hondamente trabajada, puede constituirse y regenerarse, haciendo a un lado la estéril calificación política de los partidos, y sólo trabajando en el sentido de remover obstáculos sociales, para reemplazarlos con elementos materiales y morales que hagan posible, entre nosotros, la existencia de Gobiernos estables, honrados y progresistas; de Gobiernos que sepan practicar las dificilísimas instituciones de la República, y que, a la vez, estén dotados de poder bastante para reprimir las facciones de las clases de abajo y anular las resistencias egoístas de las clases de arriba. Así, Señores, tendremos, para lo porvenir, asegurada la hermosa alianza del orden y la libertad.

No puedo concluir el relato de los trabajos habidos durante el último curso académico, sin daros, Señores, sinceramente, mis excusas. He abusado de vuestra benévola atención; pero el discípulo de ayer y el profesor de hoy confía en que os dignaréis excusarlo, si consideráis con vuestra natural indulgencia que, al dirigiros por extenso la palabra, ha tenido en mira, en esta reunión literaria, expresar grandes, ardientes deseos en favor del bien y de la prosperidad de nuestra patria.

Impreso de orden de la Suprema Corte de Justicia. Guatemala. Imprenta de "La Paz", 1871.

ELOGIO DE MIGUEL GARCÍA GRANADOS

(Discurso pronunciado en la Asamblea Nacional de Guatemala, el 31 de diciembre de 1872).

Señores Diputados:

La hora es solemne: el incidente, tan grave como inesperado, que se ofrece ante vuestra ilustrada consideración, entraña nada menos que los intereses más caros de nuestra causa: envuelve nada menos que la consecuencia del carácter, la dignidad política de todos los guatemaltecos que, en odio a la tiranía, y por noble apego a los principios, por respeto, por profundo respeto a la justicia, por amor, por amor entrañable a la patria, abrazaron, llenos de fe y de esperanza, la grande, la memorable revolución de mil ochocientos setenta y uno.

Señores Diputados:

La renuncia que de la Primera Magistratura de la República ha presentado el señor don Miguel García Granados, pone en la medida de vuestro criterio los resultados de la gloriosa revolución que ha traído a la memoria; pone en vuestras manos la incierta balanza de los destinos de la República, que a no dudarlo, con vuestro juicio, con vuestra prudencia, sabréis inclinar hacia el lado que indica el patriotismo, hacia el extremo que demandan los sentimientos más nobles y elevados de la conciencia humana, que demandan las rectas y más puras inspiraciones de la gratitud nacional.

Yo bien sé cuánta rectitud, cuánta cordura, cuánta decisión por el bien de Guatemala se anidan en vuestras almas de hombres dignos. Muy bien lo sé; y por eso, señores, yo no vengo aquí a esforzarme por que mi palabra, siempre tan pobre de atractivos, hiera vuestras imaginaciones, conmueva vuestra sensibilidad y arranque del fondo de vuestra conciencia la resolución que más cuadre con la dignidad de nuestra causa, con las conveniencias impersonales de la patria.

Pero, señores, si no me propongo inspiraros convicciones, porque como buenos ciudadanos las debéis tener bien formadas; si no puedo, no debo ni quiero influir sobre vuestro juicio en este acto trascendental en que de todas veras deseo que se ostente en todo su esplendor la manifestación del criterio personal de cada uno, revestida de completa, de absoluta independencia; si no me propongo nada de eso, séame permitido, señores, en tan grave asunto como el que nos ocupa, en ocasión tan solemne como ésta, externar, más bien que mis ideas, mis propios sentimientos, los más íntimos, los más relacionados con la fe, con la lealtad de mi conciencia.

En el dictamen de la Comisión de que he formado parte está mi voto en contra de la admisión de la renuncia hecha por el Señor Presidente Provisorio de la República. Quiero, y que vuestra benevolencia lo consienta, confirmar mi voto, manifestándoos, con toda la ingenuidad de mi carácter, que lo he emitido en fuerza de altas razones de política, en fuerza de lo que exigen los intereses de nuestro país, en fuerza de lo que demandan los fines de la Revolución, y sobre todo en fuerza de un sentimiento superior, honra del hombre, honra de las sociedades, honra de las naciones; en fuerza, señores, del sagrado sentimiento de la gratitud.

Los partidos políticos, cuando no son consecuentes con su programa, se quitan la vida, son suicidas. Y bien, señores, supone por un momento que aceptaseis la dimisión del Señor Presidente García Granados; dad ese supuesto y entonces tanto valdría como decir que el partido liberal negaba su confianza al hombre que ha personificado y personifica sus principios; y entonces, al renegar ingratamente del hombre que ha defendido los fueros del derecho y de las libertades públicas, renegaríais, en cierto modo, de los principios, haciendo ver que no os place sean servidos con constancia y con lealtad.

No se me oculta, señores, que mucho se habla de la extrema generosidad, de la suma tolerancia del Presidente Granados, actitud que, al sentir de algunos, alienta los trabajos de los enemigos, produce la incertidumbre, el malestar, dando pábulo a la moda de criticar y escarnecer al Gobierno; porque, señores, se ha hecho de moda falsear y vilipendiar todos sus actos; y ojalá que moda tan usada no cueste días de sangre, de lágrimas y duelo.

Pero, señores, es tan extraño como desconsolador que algunos, queriendo poner remedio a los males de la situación, pretendan fuerza y sólo fuerza en el Gobierno actual. Yo no me opongo a la energía en la administración; mas yo no quiero, no puedo querer el imperio de la fuerza en nuestro país.

El señor García Granados, seguido de sus valientes, trajo una revolución encaminada a formar un sistema de instituciones, un régimen administrativo que garantice los derechos de todos, que vivifique el espíritu de la sociedad y aliente y proteja los positivos progresos de la República; no vino, no, ese hombre generoso a fundar un Gobierno personal, a privilegiar clases sociales, a convertir la política en mercado de infames logrerías. Y si hay alguna verdad que se establezca en la historia para eterna enseñanza de los hombres y los pueblos, es que un programa como el del señor García Granados no se realiza con la fuerza. Esta mantendrá a los hombres más o menos tiempo en la cima del poder, aunque sea entre ríos de sangre y torrentes de lágrimas (sensación), pero la fuerza, señores, en ningún tiempo ha fundado nada, y nunca será capaz de dejar algo estable, de dejar las instituciones permanentes del derecho y la libertad.

Para confirmar mis asertos no quiero espaciar la mirada por el Viejo Mundo; citaré ejemplos de las Repúblicas latinoamericanas que han tenido las mismas vicisitudes que la nuestra, que algunas tienen circunstancias análogas a las actuales de este país y que sin duda les está reservado el mismo porvenir. Santa Anna en Méjico, Rosas en Buenos Aires, el Doctor Francia en el Paraguay, Monagas en Venezuela, Melgarejo en Bolivia, y aquí no más, Carrera en Guatemala y Medina en Honduras; ¿qué han dejado de permanente y de honroso?

La fuerza que fue su sistema; ¿formó la conciencia pública?, ¿disipó las tinieblas de la ignorancia?, ¿desarrolló las riquezas naturales e hizo sacar provecho a los pueblos de sus grandes ventajas?, ¿dejó moralidad en las sociedades, moralidad en la administración del Estado?

No, señores, la fuerza sólo ha dejado hondos vicios sociales y ruinas justamente lamentadas, y eso nos prueba la verdad de lo que ha dicho el gran tribuno de la democracia española, Castelar:

"Las bayonetas servirán para todo, menos para sentarse sobre ellas."

Los intereses materiales y morales de nuestro país reclaman la no admisión de la renuncia del Señor Presidente García Granados. La renuncia admitida implicaría un cambio en la administración del Estado; y un cambio, señores Diputados, en un país trabajado por grandes sacudimientos políticos, en un país como éste, que aún no tiene su Ley Fundamental, que aún no posee nada fijo y definitivo, en un país que penosa y difícilmente hace esfuerzos para organizarse; un cambio, señores, en circunstancias tales, ofrece en perspectiva larga serie de trastornos, de incertidumbres y conflictos. Conjuremos, pues, los males que pudieran amenazarnos; conjurémoslos en obsequio de todas las clases sociales, en gracia de sus más vitales intereses.

Señores Diputados: El cumplimiento de los grandes, de los altos fines de la Revolución, lo veo relacionado con la no aceptación de la renuncia que nos ocupa. Hoy tenemos norma segura para juzgar que se atiende a la opinión pública y que se va en pos de un régimen de legalidad y de justicia. Si realizáis un cambio, yo auguro que en medio de complicaciones y cercados de dificultades reaccionaríais, yo auguro, señores, que el porvenir no corresponderá a las esperanzas y justas previsiones del patriotismo cifradas en el cumplimiento, en la práctica del programa de la Revolución del 71.

Voy a hablaros del sentimiento de la gratitud. Yo, señores Diputados, no he desplegado mis labios en esta augusta Asamblea para pronunciar una palabra, una sola palabra que importe lisonjas al Poder. No, yo no adulo al Poder porque eso no entra en mis principios, en mi educación, porque tampoco necesito hacerlo, ni lo necesitaré jamás. Pero ahora voy a hablar de una persona que bien merece nuestro reconocimiento, y al hablar, señores, yo olvido al Mandatario para fijarme sólo en el hombre grande y generoso.

El señor don Miguel García Granados, en la negra y prolongada noche del despotismo, aparece solo, casi solo en la tribuna del Diputado; hace resonar en ella la idea libertad, casi muerta, casi muerta en Guatemala; combate al despotismo durante veinte años; con bizarría, entereza, con sobresaliente brillantez; su propaganda le cuesta la persecución y el ostracismo, y en el destierro, a donde se lleva el alma preñada de amarguras y aflicciones, en el destierro, alienta la misma idea, trabaja sin tregua por el pensamiento de dar libertad a Guatemala.

Por fin, el hombre de la oposición se hace el hombre de la espada, y seguido de un puñado de valientes, de un puñado de héroes, sus intereses, el apego a la vida, olvidándolo todo, todo, se presenta en los campos de batalla y hace ver que quien con la palabra supo calcinar las preocupaciones e ideas del bando retrógrado, con la espada sabía también pulverizar las huestes del despotismo. Sus victorias fueron numerosas y espléndidas, y cuando vio coronada su obra con el último triunfo, no vino a esta capital, señores, a obtener reparaciones, a saciar venganzas; vino, sí, con grande espíritu de benevolencia, con palabras de perdón en los labios, para todos, aun para sus más encarnizados enemigos; vino a restaurar las libertades, a dar estímulos al progreso y a labrar con sus esfuerzos la regeneración de esta patria querida.

Señores Diputados: Y a un hombre que tal hace, que hoy se ocupa en organizar la República, a un hombre que, combatido por parcialidades políticas, algunas sólo personalistas; a un hombre que hoy nos dice: aquí está el poder, yo no quiero ser un obstáculo al bien de mi patria, yo no ambiciono el mando, mi única ambición sería la de consagrarlo a la felicidad de mis conciudadanos; a un hombre tan desprendido, tan abnegado, nosotros, señores, ¿le responderemos: no tenéis nuestra confianza, nuestros esfuerzos, nuestros votos? (sensación)

¡Oh!, señores, la conciencia se subleva, rebosa de indignación al sólo imaginar tamaña, tan terrible, tan incalificable ingratitud.

Señores Diputados: Yo descanso, yo tengo fe en vuestra cordura, en vuestro patriotismo; pero si por una ofuscación del momento, difícil de explicarse, admitiereis la renuncia del Presidente García Granados, con honda pena, con intensísimo pesar, yo os diría:

Señores Diputados: "Dejo este puesto" (señalando la tribuna), "y salgo de este recinto para no volver más, porque aquí no encuentro nobleza de alma, no encuentro grandes inspiraciones" (sensación); "dejo este puesto y salgo de entre vosotros, porque aquí no hay reconocimiento al mérito, a las virtudes públicas; dejo este puesto y salgo con mis ilusiones perdidas, porque aquí no se anida la noble gratitud, y donde no hay gratitud no hay conciencia, y donde no hay conciencia no hay honor para los ciudadanos, no hay honra, no hay gloria para la patria."

Pero no, señores Diputados: mi confianza en vosotros es muy justa, porque creo que os estimáis a vosotros mismos y que amáis bastante a Guatemala, y así, señores, no vacilo, en interpretar vuestros sentimientos, diciendo como últimas palabras:

"A los corazones grandes y generosos, correspondencia franca y leal; al desprendimiento, al patriotismo, gratitud y siempre gratitud."

PERIODISMO

PARTE LITERARIA

DAMOS comienzo a la sección literaria con las dos interesantes, notabilísimas producciones de nuestros buenos amigos, los señores González Campo y Barrutia.

La composición poética, que la inspirada musa del señor González Campo ha consagrado a Centro-América, es uno de esos raptos divinos, uno de esos desahogos del entusiasmo patriótico del poeta, en que se dejan oír, ora las dulces notas de una ternura suave y profunda, ora los acentos de noble indignación, ora la voz profética que augura mejores días para la patria de nuestras esperanzas.

Mucho tiempo hacía que de los labios de un poeta guatemalteco no se exhalaban las altísimas ideas que, en tan magníficas rimas, ha sabido expresar el señor González Campo; y es que todo coincide en la naturaleza, en la sociedad y en el arte. El estado de opresión que han sufrido nuestros pueblos trae consigo el decaimiento del espíritu, la muerte de la robusta inspiración del poeta que, apenas se siente libre, apenas goza con la libertad de la patria, cuando su alma se expande, se dilata, y despliega las brillantes alas de la fantasía para remontarse con su inspiración al cielo. Dígalo si no la poesía del señor González Campo, inspirada en nuestra historia, en nuestros dolores, y en la grata perspectiva que deja entrever para lo futuro la unión y la libertad de Centro América.

Quisiéramos hacer una apreciación para la poesía del señor González Campo, para notar sus bellezas literarias; pero renunciamos a ese propósito, porque las composiciones de nuestro amigo son tan sentidas, tan simpáticas, que atraen a todos los lectores, y no necesitan de juicios críticos ni de recomendación alguna. Y bástenos decir, en elogio del autor de la composición a Centro América, que en algunos de sus armoniosos versos ha mostrado el tierno y delicado espíritu de Campoamor, el poeta de las Doloras, y en otros se ha elevado a la altura de los arrebatadores cantos herrerianos, con los que se honra la literatura de España. Reciba nuestro colaborador y amigo un apretón de manos, muy estrecho, en prueba de que nos conmueve con la ternura de sus versos, y con la valentía de su noble inspiración.

El joven señor Barrutia ha empezado a publicar, como folletín, la leyenda histórica que aparece en este número. El distintivo de su espiritual poesía es verdaderamente americano. Al leer algunos de sus hermosos versos, hemos recordado a Magariños Cervantes que, como el señor Barrutia, pulsa su lira con la dulce y suave entonación de la virginal América.

¡Que el señor Barrutia siga esa senda de flores que abre la imaginación al joven corazón de los poetas, y que al recorrerla, reciba el pláceme de su amigo, que tanto aprecia sus bellas producciones!

¡Aliento, vates de Centro-América! Tenéis un suelo virgen, lleno de novedad, de encantos y poesía. Podéis iniciar una literatura verdaderamente nacional, que sea el timbre de vuestras glorias, y el noble orgullo de la patria.

(--) ("El Centro Americano", Guatemala, 13 de noviembre de 1871).

JUICIO SOBRE EL MENSAJE DEL PRESIDENTE DE MÉXICO

Con un sentimiento de verdadera extrañeza, a la vez que de profunda pena, hemos leído en el mensaje dirigido al Congreso por el Presidente de México, las siguientes palabras, sobradamente significativas, y por demás dignas de una apreciación imparcial y justa. He aquí esas palabras objeto de nuestro juicio:

"Por lo que toca a Guatemala, sensible es decir que no se nota igual disposición favorable (a la de los Estados Unidos), en su Gobierno, y que, por el contrario, parece descubrirse en él cierto especial interés en conservar indefinidamente la misma vaguedad e incertidumbre de sus relaciones con México que en los límites internacionales. El Ejecutivo, no obstante, sigue haciendo toda clase de esfuerzos con la mira de deslindar una situación tan fecunda en males para el nuestro, como para aquel país. Si en ese camino se tuviese necesidad de la intervención de las Cámaras, no dejaré de solicitarla oportunamente."

La simple lectura de las frases anteriores, para todo ánimo sereno, para todo espíritu recto, justificará ampliamente nuestro sentimiento de extrañeza y pena. En efecto, tan extraño como penoso es que el Gobierno de Guatemala, vecino y amigo del de México; que el Gobierno de Guatemala, que ha puesto amistosamente todos los medios que están a su alcance para mantener buenas relaciones con México, y para resolver la cuestión de límites pendiente con aquella nación, usando de una deferencia digna de merecido encomio; que el Gobierno de Guatemala, que, rompiendo los moldes de una política estrecha y puntillosa, nada ha rehusado para llegar a un justo avenimiento; que el Gobierno de Guatemala, que se ha levantado a grande altura conciliando su dignidad con un desprendimiento laudable por su carácter amistoso y humanitario, sea conceptuado por el Presidente de México, y esto en uno de los documentos más serios y trascendentales, como el factor de una política egoísta, de vaguedad e incertidumbre, reveladora, sin duda, de especiales intereses, ajenos a la justicia y franca cordialidad que deben mediar entre países vecinos y amigos.

Muy autorizada y muy digna de respeto es para nosotros la palabra del Primer Magistrado de la nación mexicana, con quien Honduras se complace en cultivar las mejores relaciones; pero el respeto y la sincera consideración que debemos a tan distinguido personaje, representante de un pueblo amigo del nuestro, no obsta para que, tratándose de un alto interés de Guatemala, que es para nosotros un alto interés de Honduras, de todo Centro-América, externemos nuestro juicio sobre los fundamentos que hay o puede haber para calificar, en términos tan poco amistosos como inmerecidos, la conducta del Gobierno guatemalteco, amigo y aliado del de Honduras.

La conducta de un Gobierno, como la de los individuos, se juzga por los hechos apreciados con una sana y reflexiva crítica. Ahora bien; el Presidente de los Estados Unidos Mexicanos se limita a afirmar que es sensible que Guatemala, al parecer, descubra especial interés en conservar vaguedad e incertidumbre en sus relaciones con México, la misma vaguedad e incertidumbre que existe en los límites territoriales de ambas naciones. Mas, ¿cuáles son, cuáles pueden ser los hechos que sirven de fundamento a las afirmaciones del Presidente de los Estados Unidos Mexicanos? Completo, profundo silencio guarda a este respecto el Jefe de aquella nación. Fiados en su rectitud, en su ilustración e hidalguía, no le hacemos el agravio de creer que ese silencio sea estudiado y precursor de secretas y siniestras miras. Mas sin deslucir en lo más mínimo la buena opinión que nos merece, no podemos menos de afirmar que la política de Guatemala no es acreedora a las calificaciones de que ha sido objeto.

Guatemala ha dado pruebas constantes de simpatía hacia el Gobierno y las instituciones de México; ha recibido y trata con la mayor benevolencia a su Representante; y ha acreditado una Legación permanente para que estreche sus relaciones con aquel país; y en lo tocante a la cuestión de límites, no obstante los derechos de Centro-América a los territorios de Chiapas y Soconusco, ha sido tan condescendiente y amistosa que ha deferido a la opinión del Gobierno de México con el nombramiento del árbitro que la justicia y la conveniencia aconsejan se nombre para dar definitiva y honrosa solución a la malhadada cuestión de límites pendiente entre ambas Repúblicas. ¿Qué más puede y debe hacer Guatemala? ¿Qué más puede y debe exigírsele? ¿Y qué fundamento de hecho o de derecho puede hacer ostensible el Presidente de México para juzgar en mal sentido la política guatemalteca?

No entra en nuestro propósito hacer mérito del contraste que forman los juicios favorables del Presidente de México con respecto a los Estados Unidos, con cuya poderosa nación ha tenido y tiene el Gobierno mexicano cuestiones de límites que la Historia contemporánea puede decir si han dado a México motivos de reconocimiento, de espontáneos elogios y de halagüeñas esperanzas. Sobre esto el porvenir decidirá sobre quién es acreedor a sentimientos de consideración y de benevolencia. Pero si no entramos ni debemos entrar en esta clase de apreciaciones, sí debemos decir que abrigamos la confianza en que el Gobierno de México, por su propio interés, por su propio decoro, por su buen nombre ante el mundo civilizado, no desoirá la voz de la justicia y rectificará sus juicios con respecto a Guatemala; y hablamos de juicios y no de actos hostiles del Gobierno de México, porque no podemos ni aun imaginar que, con menosprecio del derecho y la civilización del siglo XIX, se lance en las vías de injustificables atentados para resolver una cuestión en que Guatemala no está sola, pues representa un interés centroamericano; y una cuestión, en fin, que puede resolverse por los procedimientos de la razón y la justicia.

México está colocado entre un vecino poderoso y un vecino débil, y no creemos que para con éste abuse de su posición relativamente ventajosa. Si tal hiciera, perdería algo que vale mucho: su autoridad moral ante el mundo civilizado. Si en mal hora escogiera las vías de hecho, ¿no sería darle a su poderoso vecino un precedente provechoso que después podría pesar sobre la nación mexicana, que no tendría ni el derecho de una justa queja? No, México debe mirar el porvenir y garantizar sus derechos respetando el derecho de los demás. Así lo aconsejan su conveniencia y su decoro, y así lo esperamos de la rectitud y elevadas miras de su Gobierno. Entre tanto, Guatemala puede contar con que, en cualquier evento, tendrá de su parte todos los votos y esfuerzos de todos los buenos centroamericanos.

Guatemala, 1871.

LA LEY DE CONVOCATORIA

Para que los pueblos elijan sus representantes a la Asamblea Constituyente, que debe decretar la Carta Fundamental de la Nación Guatemalteca

QUE SIEMPRE SE ESPERE TODO DE LAS LUCHAS LEGALES, Y NO DE LAS LIDES A MANO ARMADA: tal es el noble pensamiento, cuya importancia encarece un distinguido publicista sudamericano: pensamiento grande y bienhechor que, con justicia, debiera figurar en la portada de todos los programas políticos; pensamiento que ha venido a nuestra memoria, al leer el interesante decreto del Gobierno Provisorio, en el que se llama a los pueblos, para que entren a ejercer el augusto derecho de elegir sus Representantes a la Asamblea Constituyente de la República de Guatemala.

En efecto: el decreto mencionado, a par que satisface una necesidad política, una elevada aspiración social, abre el campo de la legalidad para que, en lucha pacífica, se despliegue libremente la acción de las diversas tendencias, de las diversas opiniones, de las diversas ideas, que han de depurarse en el crisol de la convicción individual que sufraga, y de la discusión pública, que esclarezca la Constitución social del presente, única base de la Constitución política, llamada a consagrar los principios que decidan del porvenir de Guatemala.

Y como nosotros tenemos fe, mucha fe en las prácticas republicanas, cuando a éstas se imprime el sello de los principios de conveniencia pública, de desinterés patriótico, de moralidad y de justicia; y como confiamos en la consecuencia, moderación y sensatez de los pueblos de la República, no dudamos que éstos sabrán ejercer atinadamente el derecho electoral, a cuya práctica los convoca la ley: no dudamos que, a pesar del fraude y de la seducción reaccionaria que se empleen para desviar el sufragio, que tiene de ser en sus resultados la genuina expresión de la idea liberal y progresista; que, a pesar de las oposiciones y fuertes choques que se hagan sentir más tarde en los bancos de los constituyentes, que el pueblo mande en su representación; en medio de todo eso, y por encima de todo eso, nosotros auguramos que ha de salir inmaculado el pensamiento de nuestra fecundísima revolución social; que ha de salir cumplido el voto del digno Mandatario de la República, cuyo constante afán en los veinte años de oposición que mantuvo gloriosamente en la Cámara del pasado Gobierno, cuyo intrépido esfuerzo durante su serie de combates, —verdadera epopeya nacional—, cuyo sincero propósito desde que permanece al frente de los destinos políticos del país, ha sido y es la reconstitución de la República sobre los sólidos cimientos del buen sentido político; de la igualdad real y positiva de los guatemaltecos; del progreso, instrucción y moralidad de nuestros pueblos; de la libertad basada en los derechos individuales, reconocidos y ampliamente asegurados, —fórmula civilizadora que resume el pensamiento de la revolución, y que ha de cumplirse para bien de la patria, si es que el Gobierno que definitivamente se establezca, en vez de obstáculos, encuentra el apoyo del patriotismo ilustrado, auxiliar indispensable en la realización de la difícil, pero grandiosísima obra de reorganizar la República de Guatemala.

LA CIVILIZACIÓN DEL PUGILATO

PARECE increíble; pero es verdad. El repartidor de "La Reforma", hombre de su deber, al entregar el número anterior de este periódico al Hotel de Europa, fue insultado soezmente por el dueño del establecimiento y por otros extranjeros que lo acompañaban, y sólo por la prudencia del pobre hombre, pudo salvarse de una lección de pugilato con que fue amenazado por los muy intolerantes extranjeros del mencionado hotel, que supieron demostrar al repartidor y a los redactores de esta hoja, cuánta era su cultura, cuánta era su civilidad.

Denunciamos al pueblo el hecho ocurrido, para que lo aprecie, para que lo juzgue. Por nuestra parte, vamos a señalar la significación que encierra.

¿Qué significa eso de ultrajar a un hijo del país y de amenazarlo con los golpes, sólo porque cumple con el deber de repartir un periódico? ¿Conducta tan desatinada podrá justificarse porque el periódico repartido contiene en alguna parte, ideas y apreciaciones contrarias al modo de pensar de algunos extranjeros? ¿O será porque la tontería, la imbecilidad de los redactores de "La Reforma", según dijeron los boxeadores, debe ser castigada con una lección de pugilato en la persona del pobre repartidor?

Cualquiera que sea la explicación que se dé al hecho que comentamos, siempre resultará que los señores extranjeros injuriantes del Hotel de Europa, son en absoluto, o unos necios, o en absoluto unos hombres reñidos con los principios más vulgares de sociabilidad y de cultura.

Si algunos se ofenden, se irritan porque algunas ideas de "La Reforma" les son contrarias, ellos han venido de la Europa en donde se acostumbra razonar, discutir, ¿por qué no razonan, por qué no discuten, por qué no escriben, por qué no nos vencen en el vasto campo que ofrece la réplica cuando se tiene justicia para contestar? Abiertas están las columnas de este periódico para todos, para todos, sin excepción, para que se escriba; ya no decimos contra los redactores de esta publicación. A la prensa se contesta con la prensa:

la palabra escrita, cuando no hay justicia, se anula con la palabra escrita.

Mas, sin duda, no piensan de esa suerte los cultísimos boxeadores del Hotel de Europa, esa flor innata de la civilización europea. No: eso de raciocinar, eso de escribir es de imbéciles como los redactores de "La Reforma"; pero injuriar a lo verdulera de mercado, y boxear al estilo de los truhanes, eso sí, es propio y muy propio de los hombres cultos. Sin duda por estos motivos los señores del Hotel de Europa han preferido las vías de hecho para contestar ideas que les repugnan y que tal vez detestan.

Y si no se trata de contestar ideas, porque no se ven ideas en "La Reforma", si sólo se trata de castigar la ignorancia atrevida y perjudicial de los redactores de esta hoja, preguntamos, ¿es el modo oculto de castigar la ignorancia, emplear la injuria, la amenaza, el box? Nosotros siempre hemos creído que a los ignorantes y a los necios se les castiga no haciéndoles caso, condenándolos al olvido o al desprecio. Esto se dice que hace la gente pensadora, la gente cuerda, la gente civilizada; pero aunque tal cosa se diga, el criterio de los que ultrajaron al repartidor es muy distinto: ellos tal vez piensan, a juzgar por sus procedimientos, que la ignorancia punible que revela un periódico no se combate con la ilustración de una réplica, o con el olvido que da la tolerancia; sino que se combate con furiosos gritos, con acres injurias, con grandes cachetes, como diría un legítimo español.

Sentimos sobremanera haber dejado correr nuestra pluma sobre un tema tan poco digno de la prensa; pero nos ha sido forzoso escribir sobre un hecho que bastante da a conocer el respeto y el aprecio que tienen algunos extranjeros por los hijos de Guatemala. Y decimos, algunos, porque nuestros juicios, nuestros cargos, no pueden ser generales. Nosotros, aunque muy incultos, estamos despojados de muchas preocupaciones, y no vemos con recelo, ni con disgusto a ningún extranjero. Por el contrario, creemos profundamente convencidos, que la inmigración extranjera es una de nuestras necesidades más capitales. Mas una inmigración que no nos hostilice; una inmigración que goce con nosotros de los derechos y bienes que nosotros tenemos, pero no de mayores bienes, ni de mayores derechos; una inmigración que nos deje pensar y obrar libremente, así como nosotros dejemos que obre, que piense con entera libertad.

Nuestro espíritu, aunque pobre de ideas, tiene un timbre muy superior al de espíritus mezquinos, preocupados y vulgares. Nosotros no somos del jaez de aquellos que porque algún escritor haya hecho alguna alusión desfavorable a su país, se tornan en energúmenos, en enemigos capitales, sólo porque se hace contradicción a su modo de pensar y de creer; y menos somos de la estopa de aquellos que además de erguirse y poner una cara furiosa, injurian y amenazan con dar fuertes lecciones de pugilato.

¡Ah! Cuando nosotros presenciamos tanta pequeñez, tanta miseria, nos preguntamos, interiormente, si dentro del círculo de extranjeros estimabilísimos que aquí residen, habrá algunos que eran puras excrecencias en su patria, o, tal vez, átomos ignorados, perdidos en medio de las inmensas corrientes de la población europea. Todavía no hemos satisfecho a esta pregunta interior, y ojalá podamos satisfacerla en el sentido más favorable a la inmigración que tenemos.

Entre tanto, cumple a nuestro deber repetir que este periódico no es anti-extranjero, que sus columnas están abiertas para todos y que sabemos corresponder con la tolerancia, que a no equivocarnos es de hombres civilizados, y a la irritación injusta de los unos y a las injurias y atentados de los otros. Tal es nuestro propósito, y ojalá se nos dé ocasión de realizarlo de una manera práctica y cumplida.

Guatemala.

CRÓNICA INTERIOR

Relaciones Exteriores

La Secretaría de Estado ha recibido comunicaciones de los Gobiernos de Europa y América, a las cuales han venido adjuntas cartas autógrafas en que se reconoce plenamente el Gobierno Provisional de la República.

El Gobierno Provisional cultiva relaciones francas y amistosas con los Gobiernos de las Repúblicas vecinas, y con los de las naciones extranjeras: observa una política exterior justa y moderada, y procura en todo sentido cumplir con los deberes que le imponen las prescripciones del derecho internacional, únicas que tendrá por norma de su conducta en sus relaciones exteriores.

Su Excelencia Mr. Sidney Locok ha dirigido un despacho a la Secretaría de Estado promoviendo el arreglo de la deuda británica, partiendo de la idea que tiene de que hoy hay un Gobierno formal en el país. Para el logro del fin indicado, el Ministro Residente de Su Majestad Británica excita al Gobierno de Honduras para que ponga los medios de obtener un arreglo satisfactorio. El Gobierno se ocupa de tan importante asunto, y en tanto que se resuelve, manifiesta su reconocimiento a Su Excelencia Mr. Locok por las buenas y amistosas disposiciones que lo animan en favor de un arreglo, y por las honrosas apreciaciones que en su citado despacho ha hecho del Gobierno Provisional de la República.

Su Excelencia el Ministro de Honduras acreditado ante el Gobierno de El Salvador ha dirigido una comunicación al Gobierno manifestándole que ha recibido el cuño que el Gobierno salvadoreño acordó devolver a Honduras. Manifiesta, además, que estaba para remitir el cuño al puerto de Amapala. A última hora sabemos que el cuño ha llegado a dicho puerto. Es digna de aplauso la conducta del Doctor Zaldívar, que borra con actos de estricta justicia el recuerdo penoso de un pasado vandalismo. El Gobierno del Doctor Zaldívar que ha hecho la devolución del cuño, y el Ministro Residente de Honduras, General D. Cruz Lozano, que con toda solicitud lo ha

331

recibido y arreglado su envío, son acreedores a la gratitud de los hondureños.

El General don Domingo Vásquez, Ministro de Honduras acreditado ante el Gobierno peruano, ha sido recibido por Su Excelencia el General Prado, Presidente de la República del Perú; tanto en lo público como en lo particular, se han dispensado al Señor Vásquez las debidas consideraciones. Oportunamente publicaremos los documentos relativos al encargo diplomático del General Vásquez y los referentes a su recepción oficial.

Gobernación

El orden público y la más perfecta seguridad individual han recobrado su puesto en todos los departamentos.

Los señores Gobernadores Políticos se han ocupado asiduamente en restablecer en todos los pueblos las escuelas de instrucción primaria que yacían en completo y vergonzoso abandono. La mayoría del pueblo hondureño sabe leer, escribir y contar; pero la maldita influencia de las revoluciones estaba a punto de privar a los hijos del pueblo hasta del conocimiento de los primeros elementos que forman la educación del hombre y del ciudadano. ¡Bendita sea la paz que ha traído la restauración de las escuelas de primera enseñanza!

En cumplimiento de la circular que la Secretaría General dirigió a fines del año anterior a los Gobernadores Políticos, previniéndoles conservar en buen estado y mejorar los caminos, se han hecho a este respecto importantes trabajos en los Departamentos. Es digna de especial mención la compostura del camino que va de Opoteca a Comayagua. Salvando dificultades, y con un gran esfuerzo, el laborioso pueblo de Opoteca ha hecho una vía que poco le falta para ser una perfecta carretera. El Gobierno ve y verá siempre con gusto todo trabajo de los pueblos dirigido a obtener el mejoramiento material y moral del país.

Hacienda

La Hacienda pública va mejorando de día en día, a pesar de los grandes obstáculos que oponen la rutina y la influencia de inveterados abusos.

Merced a una nueva ley que reglamenta el ramo de aguardiente y licores ultramarinos, en el Departamento de Tegucigalpa, se ha doblado el producto de la renta, y en los demás Departamentos que han remitido sus estados se nota que se ha obtenido un aumento sobre el producto que antes daba el desacordado sistema de remates de aguardiente. En Amapala, durante el primer mes en que se planteó la nueva ley, se cuadruplicó la renta. En breve se emitirá el reglamento de la ley orgánica de aguardiente, cuya falta está produciendo dificultades y tropiezos de consideración; pero el Gobierno ha preferido tener ese resultado transitorio que había previsto, pues en cambio se ha propuesto ver prácticamente los efectos del planteamiento de la ley orgánica, antes de dar la ley reglamentaria, llevando en mira llenar por medio de ésta los vacíos que se noten en el nuevo sistema y remover los inconvenientes que la observación indique como dignos de tomarse en cuenta al dar la completa reglamentación de la enunciada ley orgánica, calculada de tal modo, que sin ser abrogada en lo más mínimo, pueda hacerse expedita y beneficiosamente practicable en todo, merced a las disposiciones reglamentarias que han de formar su complemento.

Impresas en un cuaderno circulan las Instrucciones y modelos para la contabilidad de la renta de aguardiente, dadas en observancia de la ley por el Contador General del Ramo a los Contadores Departamentales.

El Contador General, en cumplimiento de acuerdo supremo del Gobierno, ha abierto en Tegucigalpa una escuela de contabilidad de Hacienda.

Se había acostumbrado en Honduras llevar cuenta exacta y minuciosa de los amigos y enemigos del Gobierno, y para mengua y desgracia de la patria estas cuentas se liquidaban con sangre. Hoy son otras las ideas; el Gobierno se ocupa muy poco de política y da preferencia a los intereses económicos del país, y entre ellos a los de la Hacienda Pública, que no puede concebirse, ni con un mediano arreglo, sin un buen sistema de contabilidad: he aquí por qué el Gobierno ha dispuesto el establecimiento de la mencionada Escuela que a no dudarlo dará los más satisfactorios resultados.

Empieza ya a circular en cuaderno suelto la ley orgánica de la renta de tabaco. En esta ley se previene el establecimiento de una Factoría, y la venta en el interior, lo mismo que la exportación del tabaco, se establece que se hagan por cuenta del Gobierno. Durante la colonia, el tabaco daba en Honduras una gran renta para el Gobierno de la metrópoli. ¿Habremos sido y seremos más ineptos que los gobernantes del tiempo de la Colonia que supieron sacar una gran renta de un valioso artículo del país que el nuevo Gobierno ha encontrado sin importancia, sin significación alguna para los intereses fiscales de la nación? Nosotros creemos que habiendo actividad de parte del Gobierno, y una buena y económica reglamentación, respecto al tabaco del país que es el mejor de Centro-América, ese artículo, andando el tiempo, puede proporcionar al Estado una renta de mucha consideración. Aun en los Estados que tienen que comprar el tabaco en el exterior ese fruto da grandes rendimientos formando una valiosa renta. ¿Por qué no ha de darlos en Honduras en donde se producen en abundancia y de la mejor calidad?

Fomento

El 21 del mes pasado se inauguró la línea telegráfica que parte de Comayagua a esta Ciudad recorriendo una extensión de seis leguas. La Municipalidad y vecindario de la Capital celebraron con entusiasmo la inauguración de la línea, viendo en ella un signo inequívoco del progreso de la República.

Desde el mes pasado se habría puesto en comunicación telegráfica la Capital de Honduras con la República de El Salvador, a no haberse entorpecido los trabajos a causa de una grave enfermedad del Director de la obra. Hace algunos días se restablecieron los trabajos de la línea: ésta recorre ya una extensión de dieciséis leguas, y dentro de muy poco tiempo llegará a la frontera a unirse con el hilo telegráfico de la vecina República salvadoreña.

Está igualmente en construcción la línea que parte de la Capital a la importante Ciudad de Tegucigalpa: dentro de pocos días se inaugurará esta nueva línea.

Nos es grato consignar que en los trabajos de la línea que se ha construido y de las que están en construcción han prestado personalmente sus servicios los señores General don Ricardo Streber, don Ricardo Suazo, General don Agustín Aguilar y Coronel don Leonidas Lardizábal. A los ojos del Gobierno dichos señores han contraído un mérito que con agradecimiento les reconoce. El Gobierno, sin distinguir clases sociales, partidos políticos ni personas, aprecia a todos los ciudadanos que en vez de ser agentes de la política disolvente que ha arruinado al país, sean agentes de un trabajo civilizador y fecundo. Estamos seguros de que la patria no conservará el nombre de sus muchos políticos; pero conservará la memoria de los hombres que trabajen en mejorar y engrandecer el país.

Según informes recibidos por el Gobierno, el puente de Guacerique está para terminarse, y a la vez, están acopiados ya los materiales para la pronta construcción de los puentes del Río del Hombre y de Hernando López. Trabajo y más trabajo, que ésta sea la consigna cuyo cumplimiento mate el espíritu de venganza ejercida en nombre del personalismo político.

En Comayagua se han reparado tres de los edificios nacionales que estaban ya para arruinarse, a saber: la casa de la Imprenta, la de la Maestranza y el Cuartel. En La Paz y Amapala están construyéndose dos amplios y hermosos edificios destinados al servicio público. Se trabaja con actividad, y no dudamos de que esas importantes obras se llevarán a cabo en el menor tiempo posible.

La sección del ferrocarril se ha recobrado: en repararla se han gastado $ 3,500.

El tráfico está ya en corriente. Por separado nos ocuparemos de esta interesantísima obra, y de las mejoras que se le hacen, merced a los esfuerzos supremos del Gobierno.

Guerra

Están ya formados los proyectos de ley relativos a la organización del Ejército. Dentro de poco tiempo Honduras tendrá un sistema de organización militar acorde con la seguridad y necesidades del Estado.

Como consecuencia del Decreto Supremo en que el Gobierno ordenó se recolectasen las armas nacionales, se han recogido, según los estados recibidos, más de 1,500 armas. Este resultado honra al pueblo hondureño, que devuelve a la nación las armas que le pertenecen para su defensa, y honra además a las autoridades militares y políticas que han desplegado la mayor actividad y celo, cumpliendo por su parte el citado Decreto del Gobierno.

EDITORIAL

La elección de Presidente Constitucional y de Diputados al Congreso Extraordinario.–Mensaje del Señor Presidente.–Posesión de la Presidencia Constitucional.–Decretos del Congreso Extraordinario.–Seguridades dadas al Congreso por el Gobierno Constitucional.–Manifestación de las señoras y de las señoritas que componen el Club de Comayagua.–Baile dado por el Señor Presidente en obsequio de las señoras y señoritas de esta Capital.– Inauguración de la línea telegráfica que parte de Comayagua a Tegucigalpa.–Manifestaciones de los pueblos en favor del Gobierno Constitucional.

Con satisfacción pasamos hoy en revista los importantes acontecimientos que se han verificado durante los meses de abril y mayo, y en los primeros días del corriente.

El pueblo hondureño, en decreto de marzo, fue convocado por el Gobierno para que eligiese Presidente Constitucional y Diputados a un Congreso Extraordinario, llamado primordialmente a declarar el resultado de la elección. Magnífico espectáculo el que han presentado los pueblos de Honduras al dar sus votos por el Presidente y por los Diputados al Congreso. Orden y absoluta libertad, tales son los dos principios tutelares que han presidido al acto solemne de las elecciones: un Gobierno civil, republicano y culto, sin imposiciones, sin violencias, y un pueblo moralizado y amigo de su derecho, que ha llevado a las urnas electorales la neta expresión de su pensamiento y de su voluntad; he aquí el resultado del sufragio libre y el triunfo cumplido de las instituciones democráticas en la República de Honduras.

El triunfo de las buenas causas pertenece a los buenos, y por lo tanto no puede ser extraño que el Señor Doctor Soto, republicano sincero y estadista práctico, obtuviese por mayoría absoluta los sufragios de sus conciudadanos para la Presidencia Constitucional. Tampoco puede ser extraño que los Diputados al Congreso perteneciesen a las distintas fracciones políticas en que se ha dividido y subdividido nuestra sociedad. Esto prueba incontestablemente que las elecciones han sido libres, y muy libres, y que el Gobierno no ha impuesto su voluntad a la voluntad de los pueblos: esto prueba además que, en paz y en justicia, todos los ciudadanos, cualquiera que sea su credo político, pueden reunirse como Representantes de la Nación y ocuparse digna y honradamente de los grandes intereses de la patria, abrigando el convencimiento de que su cometido no deriva de la fuerza, sino del noble sentimiento espontáneo y sincero de procurar el bien y la felicidad de la República. Primera vez en Honduras que se ven representadas en el Congreso Nacional todas las parcialidades políticas; y, sin embargo, de tanta diversidad, podemos decir que los Señores Diputados se han distinguido por su moderación, por su cordura, y por su patriotismo. No han sido, no, los hombres de pandilla, educados en la escuela del odio y de la venganza, han sido, por el contrario, los nobles patriotas hondureños que con fe y con desinterés han perdido la memoria de lo pasado y puesto al servicio de la causa del orden, del decoro y de la rehabilitación de Honduras. ¡Loor a los Representantes de los pueblos, que renunciando al exclusivismo apasionado y disolvente, saben corresponder a la confianza que en ellos se deposita, saben mostrar gran corazón, elevadas miras, y enaltecer la dignidad y el nombre de su patria! La República entera acaba de presenciar este hecho significativo y grandioso que la historia imparcial apuntará en sus páginas. Tras la profunda oscuridad del caos ha venido por fin, ¡oh patria querida!, la hermosa luz que vivifica e ilumina la conciencia de los pueblos.

El 27 de mayo anterior, a las doce del día, se instaló el Soberano Congreso en el Salón principal de sus Sesiones, lujosamente preparado para la verificación de este acto solemne. Una comisión de los Señores Diputados puso en conocimiento del Señor Presidente Provisional de la República el acto de instalación, y el Jefe del Ejecutivo, acompañado de su Secretario General, de la Comisión del Congreso, y de las primeras Autoridades civiles, eclesiásticas y militares, se dirigió al edificio del Congreso para dar cuenta a ese Alto Cuerpo, en un Mensaje, de todos sus actos administrativos llevados a cabo durante los nueve meses de Gobierno Provisional.

El Mensaje del Señor Presidente Soto, cualquiera que sea el juicio que sobre él se forme, podemos decir que es un documento que se refiere a hechos y no a teorías; y los hechos a que principalmente se contraen, son: el orden, la libertad y el progreso, cuya realización ni propios ni extraños pueden poner en duda; y a pesar de ocuparse ese documento político de tan inestimables bienes no hay en él ni calculada exageración ni fingida modestia. El Señor Soto habló en los términos en que debía hablar: él habló el lenguaje del patriotismo ilustrado que fija los hechos con verdad y exactitud, que lamenta los infortunios patrios sin recriminaciones, y que expresa acendrada fe en el derecho y en la mejora de los pueblos sin lanzarse a hacer promesas extraordinariamente halagadoras que, saliendo de la órbita de lo probable, sólo pueden seducir a las imaginaciones poéticas. El Señor Soto, culto, modesto y veraz como particular, tiene en la vida pública las mismas dotes que hoy lo hacen tan aceptable y simpático para sus conciudadanos. Prueba de ello fue el entusiasmo que produjo, y la cosecha de aplausos que recogió al dar lectura al Mensaje de que nos ocupamos. El espíritu público se manifestó en todas sus fases: se enternecía recordando el pasado, plácidamente se serenaba contemplando la actualidad, y lleno de nobles y puras ilusiones, se mecía en brazos de la esperanza, presintiendo un porvenir mejor. Noble pueblo: ¡hacemos votos porque el destino se canse al fin de labrar tus desventuras!

El día 29 el Congreso representado por una Comisión, presidida por el Señor Presidente de la Representación Nacional, Señor don Abelardo Zelaya, contestó, en términos muy decorosos y sentidos, el Mensaje del Señor Presidente Provisional, aplaudiendo su conducta administrativa y excitándolo a que persevere imperturbablemente en encaminarse por las sendas del progreso que ha empezado a recorrer la nueva Administración. El día siguiente -30 de mayo, a las doce-, el Señor Soto tomó posesión de la Presidencia Constitucional, prestando ante el Presidente del Congreso el juramento de ley. El Señor Presidente Zelaya, después del juramento, dirigió al Señor Presidente Soto una interesante alocución en que le patentizó los sagrados deberes que había contraído, y en que además, rompiendo con las tradiciones de nuestra política fratricida, lo consideraba, no Presidente de un partido, de una fracción política, sino Presidente de todos los hondureños, llamado a continuar ejerciendo con imparcialidad, justicia y rectitud, la Primera Magistratura de la

República. El Señor Soto contestó digna y cumplidamente a las palabras del Presidente del Congreso, manifestándole que aunque careciese de muchas de las cualidades que distinguen al hombre de Estado, no le faltaría voluntad inquebrantable para seguir la senda del honor y del deber: que a pesar de la difícil situación del país pondría a prueba los esfuerzos del patriotismo para rehabilitarlo, merced a una política acorde con la opinión general, justa y bienhechora: que para llevarla a práctica en toda su extensión había renunciado espontáneamente al poder discrecional y restablecido en su puesto las instituciones: que su Gobierno no descansaría en promover el bien y el progreso de Honduras; y que nunca vacilaría en levantarse a la altura de cualquiera situación para mantener incólumes la paz, los intereses y derechos, la libertad y la honra de la República. Las alocuciones de los Presidentes de los Altos Poderes fueron oídas con profunda atención, y merecieron repetidos aplausos de la numerosa concurrencia que llenaba el edificio del Congreso.

El Soberano Congreso, en los pocos días que permaneció reunido, emitió diez decretos, entre los cuales figuran, como los más importantes, el que restablece constitucionalmente el Poder Judicial; el que da al Ejecutivo las facultades debidas para mantener el orden público y continuar la reorganización del país en todos los ramos administrativos; el que aprueba la conducta observada por el Gobierno Provisional; el que previene la convocatoria del próximo Congreso Ordinario; y el que faculta al Ejecutivo para que convoque, cuando lo juzgue oportuno, a elecciones de Representantes para una Asamblea Constituyente que emita una nueva Carta Constitucional en consonancia con las necesidades e intereses peculiares del país. En todos los citados decretos se deja ver un grande espíritu de cordura y de patriotismo.

El 3 del corriente, por la mañana, el Congreso, después de haber llenado su cometido, declaró cerradas sus sesiones. En este acto el Secretario General del Ejecutivo manifestó a los Señores Diputados los sentimientos de profunda gratitud que abrigaba el Señor Presidente Soto por las altas pruebas de confianza que el Soberano Congreso había dado al personal de su Gobierno, e hizo presente además a los Señores Representantes: que en correspondencia a sus buenos y patrióticos procederes tuviesen siempre la seguridad de que el Gobierno sólo usaría de sus facultades para sostener inalterable el orden público y promover el bien y el adelanto del país. Con este motivo les hizo notar que en países incipientes en donde la educación política no ha tomado arraigo, y en donde las instituciones comienzan a implantarse, valen más la honradez y el buen carácter de los gobernantes que todas las prescripciones constitucionales, y que los ciudadanos y los pueblos de Honduras podían contar no sólo con su derecho, no sólo con las leyes, sino también con la firme garantía que les ofrece el actual Presidente, hombre de ideas, de carácter fijo, y de arraigadas convicciones republicanas.

El bello sexo de esta Capital no es indiferente a la situación de su país, ni a los acontecimientos políticos que en él se operan. Las señoras y señoritas comayagüenses que, por su distinguida educación y por su amabilidad característica, han llegado a formar una de las secciones más cultas e interesantes de nuestra sociedad, han tomado la parte que les corresponde en los asuntos de interés público: asistieron, como buenas hondureñas, a las principales sesiones del Congreso, en donde se trataba de grandes y vitales intereses para su patria. El Congreso de 1877 recordará siempre con placer que en el terreno, muchas veces árido de sus deliberaciones, aparecieron como perfumadas flores las señoritas de la Capital bajo la inspiración del genio del patriotismo. La mujer entre nosotros participa directamente de todos los grandes dolores, de todas las grandes amarguras que sufren los pueblos en los días de prueba. ¿Por qué no ha de tomar parte también, en los días serenos, en los acontecimientos que dan honra y puras alegrías a la patria?

Una comisión de las señoras más respetables y del Club de Señoritas establecido en esta Capital puso en manos del Señor Presidente una bellísima Oda, expresiva de sus sentimientos y reconocimiento por los esfuerzos que el Primer Magistrado de la República ha hecho para restablecer la paz, los intereses y el decoro de Honduras. A tan fina y galante demostración correspondió el Señor Presidente, dirigiendo a las amables comisionadas palabras de simpatía y de profunda y eterna gratitud. Nobleza obliga: el caballero no puede menos de grabar en su alma el recuerdo de afectuosos sentimientos que nacen de nobles corazones, en donde sólo se anidan acrisolada bondad y puro desinterés.

En la noche del 6 del corriente, y en obsequio del bello sexo de esta Capital, el Señor Presidente de la República dio un gran baile en el Salón principal de la Casa del Congreso. El buen tono y la más fina cortesanía tuvieron su puesto en tan amena reunión. Allí se dio de mano a todos los recuerdos, y más a los recuerdos políticos: los caballeros sólo se fijaron en atender cumplida y afablemente a las señoritas, quienes en medio de luces, flores y armonía brillaban por sus gracias, por la cultura y por la afabilidad de su carácter.

El baile, lleno de variedad y animación, terminó a las seis y media de la mañana. No deja el recuerdo penoso de una inconveniencia social, de una falta de atención; deja sí muy dulces y amables memorias, deja el recuerdo de horas queridas que pasan como segundos cuando en una sociedad civilizada y llena de atractivos, el espíritu, en fuerza del entusiasmo, llega a prescindir hasta de la idea del tiempo.

Puesto que en este artículo reseñamos los últimos acontecimientos de importancia, debemos decir que el día 15 se inauguró la línea telegráfica que parte de esta Capital a la ciudad de Tegucigalpa. El estampido del cañón, solemnes repiques y alegres dianas, ejecutadas por la música marcial, anunciaron a este vecindario tan fausto suceso.

Ya nos es dable, a la distancia de veinticuatro leguas, comunicarnos momentáneamente con una de las poblaciones más importantes de la República. Suprimamos las distancias, suprimamos los desiertos que nos separan, y grande y robusta se asentará entre nosotros la civilización que dignifica y engrandece a los pueblos. No persigamos ni matemos hombres, persigamos y matemos el atraso, y que la lucha sea sin tregua, y que la victoria sea completa!

Concluimos refiriéndonos a las felicitaciones espontáneas que los pueblos dirigen al Señor Presidente por su promoción a la Presidencia Constitucional. Gran virtud es la gratitud, gran crimen es el menosprecio del bien que se recibe. El pueblo hondureño es un pueblo agradecido, y está muy lejos de ser ingrato con el que procura su bienestar y su felicidad.

Así es que lo hemos visto apegarse cordialmente a la política justa y salvadora del Gobierno Provisional, y así lo vemos hoy manifestar sus sentimientos de adhesión y simpatía al Señor Presidente, felicitarlo por su nuevo carácter, y hacer votos por que el Gobierno

Constitucional se sostenga y afirme cada día más, en bien y para honra de los hondureños. Con un pueblo tan valiente como agradecido, con un pueblo de tanto corazón, bien pueden cifrarse grandes y halagüeñas esperanzas en el porvenir de Honduras.

("Gaceta de Honduras", 20 junio 1877).

CRÓNICA INTERIOR

REAPARECE en Tegucigalpa la Gaceta Oficial de Honduras, cuya publicación se había interrumpido por espacio de algunos días a causa de la traslación del Gobierno a esta ciudad.

Al restablecer sus trabajos la redacción del Periódico Oficial, no puede menos que cumplir con el grato deber de informar a los hondureños, siquiera sea muy sucintamente, sobre el curso que han tenido los negocios públicos durante los últimos días del mes anterior, y los transcurridos del corriente, y sobre los acontecimientos de más interés que se han verificado en ese lapso.

Su Excelencia el Señor Presidente de la República que transitoriamente residía con el personal de su Gobierno en la ciudad de La Paz, a principios del mes en curso se dirigió a esta Capital en unión de su estimable Señora, obsequiando así los deseos del vecindario de Comayagua que con entusiasmo esperaba la llegada del Jefe Supremo de la Nación. El Señor Soto y su Señora fueron en la Capital objeto de verdaderas ovaciones. A tantas muestras de aprecio y simpatía ha sabido corresponder de la manera más cumplida el Señor Presidente de la República.

El día 11 del actual el Señor Presidente salió de la Capital para esta ciudad. En todas las pequeñas poblaciones del tránsito, tanto él como su Señora fueron recibidos con los sentimientos más espontáneos de benevolencia y aprecio. Los pueblos veían en el Señor Soto al representante más genuino de la paz y del progreso de Honduras, anhelados bienes que se ven realizados como la obra del patriotismo del hombre generoso que hoy rige los destinos del país.

El 15 del corriente, a medio día, el Señor Presidente ingresó a esta ciudad, en donde reinaba una animación tan viva como general. Todas las clases sociales, sin volver los ojos a las anticuadas cuestiones de partido, se apresuraron con la mejor voluntad y el más afectuoso interés a encontrar y recibir al Señor Soto y su Señora. Este hecho significativo demuestra hasta la evidencia, en contraposición a lo que antes sucedía, que el actual Presidente de Honduras es estimado y escogido no como el Jefe de un círculo político sino como Jefe de la

Nación a quien todos sus conciudadanos consideran y respetan por sus altas dotes de imparcialidad y justicia, y por sus relevantes méritos personales. Felices las naciones en que sus gobernantes, por su patriotismo y por sus luces, saben captarse la estimación y el afecto de los pueblos. En tales naciones tienen que imperar el orden, la libertad y la justicia, la civilización bajo diversas fases.

Notables han sido los trabajos que se han llevado a cabo en los ramos de correos y telégrafos. Se han arreglado por completo y bajo el sistema más moderno las oficinas de correos de Comayagua, Choluteca, Amapala y Tegucigalpa. En particular, las oficinas de esta ciudad, en donde reside la Dirección General del Ramo, son dignas de ser visitadas, por ser, sin duda, unas de las más completas y elegantes de la América del Centro. Todos sus muebles y demás enseres venidos de los Estados Unidos no dejan nada que desear por sus excelentes condiciones de buena construcción, utilidad y belleza.

Lo propio podemos decir con respecto a la Oficina General de Telégrafos, que está situada en un departamento de la casa que ocupan las Oficinas de correos; tales obras deberán ser juzgadas como de sumo interés, aun por los hombres menos expertos que alcancen a comprender que una de las bases principales de todo buen Gobierno y de las relaciones sociales, es, sin duda, el buen servicio en materia de correos y telégrafos. Comunicarse con regularidad y prontitud, eso es vivir para toda sociedad y para todo Gobierno civilizado.

El Cuño nacional ha sido trasladado desde Amapala a esta Ciudad. Costosísimo ha sido el transporte por la magnitud de la mayor parte de las piezas de la maquinaria, pero el Gobierno ha podido atender a tan considerables erogaciones. En la actualidad el mecánico don Bernardo Aviraguet, que ha venido a prestar sus servicios al Gobierno, se ocupa de armar el Cuño de la antigua Casa de Moneda, en donde en un tiempo se acuñaba la moneda provisional de cobre que circulaba en el Estado. Hay mucho empeño en los trabajos, y creemos que dentro de pocos meses se empezará a fabricar moneda nacional de plata y oro en beneficio de la industria minera y del movimiento económico del país, paralizado frecuentemente a causa de las crisis que se experimentaban por falta de numerario.

El Gobierno proyecta algunas obras de ornato público, y ha empezado a poner en práctica su propósito haciendo un hermoso paseo que principia en el final de la calle de la Villa de Concepción y termina en el puente de Guacerique. La calle de paseo que está ya abierta consta de mil doscientas varas de largo y veintidós de ancho: tendrá una doble arboleda, una doble serie de cómodos asientos y pintorescos kioscos para el descanso de las personas que busquen distracción y recreo.

Se han iniciado los trabajos correspondientes a la iniciación de la línea telegráfica que debe partir de esta Ciudad y terminar en el puerto de Amapala: los postes están ya listos en la mayor parte del camino, y todo el material para la construcción está acopiado en el puerto, siendo de la mejor clase que hoy se fabrica en los Estados Unidos. Dentro de pocos días el Superintendente de los Telégrafos saldrá de esta Ciudad con los trabajadores a poner por obra la construcción de la línea. ¡Adelante! Cada milla de hilo telegráfico que se logre colocar en el país será una nueva prueba de cultura que nos dará honra y provecho.

La reparación de ferrocarril adelanta cada día más y más. El Gobierno tiene a este respecto informes muy satisfactorios. El 30 del pasado julio se terminó un magnífico puente de hierro y madera sobre el Río Blanco. A pesar de cualquier sacrificio hemos de ver dentro de poco completamente reparada la sección del ferrocarril que yacía en completo abandono, que a propios y extraños daba a toda hora un testimonio manifiesto de la indolencia y de la ineptitud.

Hace cuatro días llegó a esta Ciudad el Comisionado especial de Honduras en Londres, don Carlos E. Bernhard, quien viene de Inglaterra, con autorización de los tenedores de bonos a tratar con el Gobierno sobre los medios y condiciones indispensables para continuar el ferrocarril interoceánico. Sobre tan importante asunto el Comisionado especial comenzará con el Secretario General del Gobierno a tener las conferencias correspondientes a los arreglos que proponen los tenedores de bonos y los demás individuos interesados en la empresa.

El Gobierno con ya mayor cordura y reflexión examinará la materia y resolverá lo que estime justo y conveniente para los intereses del país. Sea bienvenido el Señor Bernhard.

Se hacen grandes preparativos en esta Ciudad para celebrar de un modo muy solemne las fiestas de la Independencia. La paz de que se disfruta es completa y los ánimos están dispuestos a la expansión y al contento. Todo augura el advenimiento de días muy felices para la patria. ¡Ojalá que siempre nos toque, llenos de confianza en la paz y en el derecho, esperar la llegada del gran día que conmemora nuestra Independencia Nacional!

("Gaceta de Honduras", 25 de agosto, 1877).

EL 27 DE AGOSTO

He aquí una fecha que conmemora, una fecha verdaderamente excepcional, y si se quiere, única en la historia política de Honduras; y le damos tales calificativos porque nos referimos a la inauguración del Gobierno que preside el Señor Doctor Don Marco Aurelio Soto, cuyo ascenso al Poder Supremo no tuvo el triste cortejo de desgracias sin cuento que, por lo común, acompañan y siguen al establecimiento de los Gobiernos que aparecen en épocas de revolución, de desconcierto y de anarquía.

Hace poco lució de nuevo el claro sol del 27 DE AGOSTO, día memorable que nos hace traer a la memoria un aniversario glorioso, y que nos impulsa en estos momentos a dar una mirada retrospectiva a la situación en que hace más de un año permanecía la República hondureña, al inaugurarse el actual Gobierno que ha sabido mantenerla en paz sosteniendo los fueros de su libertad, de su honra y su decoro.

Los odios implacables de las diversas facciones políticas en que estaba desgraciadamente dividida y subdividida la nación, durante largos meses de guerra civil habían tenido las manifestaciones más acerbas, más dolorosas y lamentables. Por todas partes pretensiones e intereses en lucha, por todas partes atentados a la propiedad y a la seguridad personal, por todas partes la desconfianza reinando en los ánimos y el desaliento, abatiendo aun a los más esforzados, por todas partes la angustiosa duda y la muerte de la esperanza, y por cima de las ruinas causadas por los horribles desbordamientos de la anarquía, veíase el Genio de la libertad y del progreso de la patria cubierto ya de espeso velo, sombrío, escarnecido, y renuente a presenciar nuevos espectáculos de sangre, de desolación y de exterminio.

Tal era la tristísima situación de Honduras a mediados de 1876: situación que recordamos con verdadera pena, pero que debe vivir en la memoria de los pueblos como viven las tempestades en la memoria del náufrago que ha encontrado una tabla de salvación, y que conserva el recuerdo de sus tribulaciones supremas para no aventurarse, imprudente, a confiar otra vez su suerte a las olas embravecidas de un mar sembrado de escollos y revuelto por los encontrados vientos de desatado huracán. Sí: que el pueblo hondureño, cual el náufrago, recuerde sus indecibles amarguras para que se niegue siempre a cruzar el proceloso mar de la anarquía política y social. En la vida aun las grandes desgracias son fructuosas cuando se toman como enseñanzas que evitan el mal de mañana, que impiden el advenimiento de días de conflictos, de desesperación y de irremediables desventuras.

Mas olvidémonos por un momento de cuadro tan sombrío, y recordemos que el día 27 DE AGOSTO DE 1876, a orillas del sereno y poético golfo de Fonseca, brilló para Honduras el iris de bienhechora paz. Desde ahí la voz del verdadero patriotismo se hizo oír por todos los ámbitos de la República. El nuevo Gobierno habló el lenguaje de la fraternidad y la justicia, y no el lenguaje del odio y la venganza: el nuevo Gobierno proclamó las ideas de libertad y reconciliación, y desoyó la voz de rencorosas pasiones políticas: el nuevo Gobierno invocó el derecho y desechó la fuerza bruta: el nuevo Gobierno ofreció reconstruir las instituciones y los intereses más caros del país y prescindió del sistema de demolición y de ruinas: el nuevo Gobierno, en fin, pronunció con energía la palabra de nuestros tiempos, de nuestro siglo, ADELANTE; y ha sabido cumplir esta palabra porque Honduras ha vivido en perfecta paz garantizada por la prudencia y la justicia con que procede el Poder Supremo; porque Honduras ha visto respetada la seguridad, la propiedad y la honra de sus hijos; porque Honduras, a impulsos de una administración activa que no tiene contemplaciones ni reconoce obstáculos insuperables, ve hoy que en su seno se agita el espíritu del progreso, pues ya en esta tierra tan querida se vuelve a oír el silbido de la locomotora, se observa que la electricidad es la mensajera del pensamiento, se notan mejoras materiales llamadas a alentar el comercio, la agricultura y la industria, se reorganizan la Hacienda, y se palpan en fin los trabajos preparatorios del Gobierno encaminados a cimentar y sistemar la educación pública que es la inseparable amiga de la libertad y del derecho, que es la bendita madre de la verdadera civilización de los pueblos.

Situación tan halagüeña y perspectivas tan lisonjeras no pueden menos que impresionar profunda y agradablemente el ánimo de los pueblos hondureños. Prueba de ello es el entusiasmo patriótico con que los ciudadanos de diversas poblaciones celebraron el aniversario de la inauguración del actual Gobierno. En particular se ha distinguido a este respecto la sociedad tegucigalpense. Los amigos del Señor Presidente Soto invitaron a este vecindario, por medio del Señor Don Abelardo Zelaya y de su estimabilísima Señora Doña Hortensia Zelaya de Zelaya, a un gran baile que tuvo lugar en la noche del 27 en conmemoración del fausto acontecimiento verificado en ese día, y en obsequio del Señor Presidente y su Señora.

La casa del Señor Zelaya, en donde se verificó el baile, ofreció el aspecto más agradable y risueño: variadísima iluminación en sus espaciosos corredores caprichosamente adornados con vistosos gallardetes y con pabellones entrelazados de las principales naciones: salones amueblados elegantemente y ornados con magníficas colgaduras, cuyas formas y bellos colores se reproducían en las limpias lunas de los espejos que multiplicaban de un modo admirable los variados efectos de la luz; pero luz que parecía pálida cuando se la comparaba con el fuego de la mirada de las señoritas de Tegucigalpa que tan amables como modestas, tan elegantes como sencillas, formaron el mayor encanto de tan agradable e interesante reunión. Durante todo el baile hubo el mayor orden, la mayor decencia y la más fina cortesía. El Señor Zelaya y su señora y familia supieron hacer muy cumplidamente los honores de la casa. El baile terminó a las seis y media de la mañana. El sol de un nuevo día hizo recordar que habían pasado las horas felices de la expansión y del contento, y que era forzoso volver a las prosaicas preocupaciones. ¡Ojalá que siempre, siempre, toque a la sociedad hondureña en medio de los goces sociales y de la ventura de la patria, celebrar el aniversario del GRAN DÍA que simboliza la paz, el progreso, la regeneración de la República!

("Gaceta de Honduras", 12 septiembre 1877).

LAS FIESTAS DE SEPTIEMBRE

Con algún retraso, debido a inconvenientes ajenos a nuestra voluntad, damos ahora a los lectores de la Gaceta Oficial una sucinta crónica relativa a las fiestas del mes de Septiembre.

El Gobierno de la República quiso aprovecharse de la plena paz de que felizmente disfrutan los hondureños para celebrar de la manera más digna y solemne el quincuagésimo sexto aniversario de la Independencia Nacional, hecho capital que domina, por decirlo así, todos los hechos que forman el tejido de nuestra Historia.

En consonancia con las disposiciones del Gobierno, desde la víspera del 15 de Septiembre, fecha gloriosa que nos recuerda nuestra emancipación política, las principales calles y plazas de la ciudad que aparecían de día adornadas con profusión de gallardetes, banderas y colgaduras, y de verdes arbustos sembrados al pie de las aceras, esos lugares, decimos, donde por la noche dejaba verse también variada y espléndida iluminación, presentaban la animación y la alegría de todas las clases sociales que discurrían de una y otra parte en busca de emociones agradables, trasmitiéndolas a su vez a todos los corazones que palpitaban entusiasmados al calor del dulce recuerdo del primer día de la patria, del gran día de la Independencia.

Bajo tales disposiciones de ánimo el vecindario de esta ciudad y numerosa concurrencia venida de todas las aldeas y pueblos vecinos que despertaron al oír la alegre alborada del 15, asistieron en el mismo día a la festividad religiosa celebrada en la Iglesia Parroquial, a la lectura pública y solemne del Acta de Independencia, al paseo del Pabellón Nacional por la tarde, a los fuegos artificiales en las primeras horas de la noche, y a un agradable concierto musical dado en el gran salón de la Universidad que, adornado elegantemente, lleno de luz, de encanto y de armonías, a un extremo presentaba artísticos trofeos que simbolizaban la fuerza de la Nación, puesta al servicio de la Independencia y del derecho, en el medio la concurrencia de los caballeros, y al otro extremo, y sobre una plataforma, la concurrencia del bello sexo de Tegucigalpa, amable, decidor, hechicero.

Las señoritas y caballeros que tuvieron la singular bondad de tomar parte en el concierto obtuvieron justos y merecidos aplausos. Plácenos ver entre nosotros reuniones como las del 15 de Septiembre: ellas prueban cultura y exquisito gusto, ellas abren la puerta a la noble emulación del arte, magnífica expresión de lo bello y de lo grande.

Con el concierto, que degeneró en un alegre e improvisado baile que concluyó a la una de la madrugada, terminaron las fiestas del 15. Al día siguiente, como una prolongación del recuerdo del GRAN DÍA, aún se destacaba majestuosa, en el centro de la plaza principal de la ciudad, la elevada y artística columna que el Gobierno hizo formar como un monumento consagrado a la Independencia de la Patria, a la memoria de nuestros grandes hombres que la fundaron o sostuvieron, y a la manifestación visible del espíritu de fraternidad y armonía que felizmente reina entre las Repúblicas hermanas del Centro de América: en el remate de la gran columna sobresalía esbelta y donosa la imagen de la República Centro-Americana en forma de hermosa y robusta joven que llevaba en una mano el Pabellón Federal y en otra el escudo de la República con el sagrado lema de nuestros padres: DIOS, UNIÓN Y LIBERTAD. En torno de tan bella imagen se agrupaban graciosamente cinco estatuas que representaban las Repúblicas hermanas. Cada una de ellas tenía en la mano derecha el Pabellón respectivo, y en la otra el escudo de armas correspondiente. Bajo la imagen de Honduras se leía esta inscripción: PAZ Y PROGRESO; bajo la de Guatemala: LIBERTAD Y REGENERACIÓN; bajo la de El Salvador: HONOR AL TRABAJO; bajo la de Nicaragua: FRATERNIDAD; y bajo la de Costa Rica: UNIÓN. En el frente de la columna destinada a la representación alegórica de Honduras se leía en el medio esta otra inscripción: MORAZÁN, VALLE Y CABAÑAS: LA PATRIA AGRADECIDA: justo homenaje tributado a la memoria de los dos más nobles guerreros y del sabio más prominente, con cuyos hechos y enseñanzas se honra y se honrará por siempre la Patria Centro-Americana.

A las fiestas del 15 sucedieron desde el 29 próximo anterior las celebradas en honra de San Miguel, Patrono de Tegucigalpa. Funciones religiosas, fuegos artificiales, parejas de caballos corridos en el llano de la Villa de Concepción, juegos públicos y corridas de toros; he aquí las festividades, ya piadosas, ya profanas, que durante nueve días llenaron de animación y alegría al vecindario tegucigalpense y a los pueblos vecinos. La Honorable Municipalidad, que con auxilio del Gobierno dirigió y costeó las fiestas consagradas al Patrono, es digna de todo elogio por la actividad y buen gusto con que supo proporcionar al vecindario tantas horas de público regocijo.

No terminaremos estas líneas sin apuntar un hecho significativo que honra sobremanera al pueblo hondureño. Una concurrencia inusitada, de más de ocho mil personas de Tegucigalpa, de las aldeas y pueblos vecinos, tomó parte en las distracciones públicas durante los días y las noches; no hubo un desorden, una sola riña, un disgusto siquiera promovido por una palabra o un grito inconveniente. La policía permaneció inactiva, no tuvo qué hacer: prueba elocuentísima de que este pueblo es moralizado y amigo del orden, y de que nunca toma la iniciativa en nuestros vergonzosos desconciertos sociales. Nuestros desórdenes no han venido de abajo, han venido de arriba.

El Gobierno de la República sabe muy bien en qué clase social debe fijarse, si por un evento se quiere otra vez lanzar el país a la anarquía. Entre tanto hace justicia por su moderación y honradez AL GRANDE, AL NOBLE PUEBLO HONDUREÑO.

("Gaceta de Honduras", 15 octubre 1877).

PROGRAMA DE LAS FIESTAS DEL 15 DE SEPTIEMBRE
¡El Gran Día de la Patria!

Solemnes festividades que el Supremo Gobierno de la República celebrará en conmemoración y en honra de nuestra gloriosa Independencia Nacional.

PROGRAMA

El día 14 a las cuatro de la tarde el estampido del cañón, alegres repiques y repetidas dianas ejecutadas por la música marcial anunciarán la víspera del 15 de Septiembre, aniversario quincuagésimo sexto de la emancipación política de Centro-América.

En la noche del mismo día, iluminación, variados fuegos artificiales y gran serenata.

En la madrugada del 15, animadísima alborada, y aparecimiento en la plaza principal de una elevada columna sobre cuyos frentes se destacarán las estatuas de las cinco Repúblicas del Centro, y sobre cuya cúspide resaltará la imagen de la República Federal de Centro América.

A las nueve de la mañana, misa solemne en acción de gracias por el fausto suceso de la Independencia, y discurso religioso que será pronunciado por el Cura párroco de esta ciudad, Presbítero Don Yanuario Jirón. A la misma asistirán las personas que componen el Supremo Gobierno y todas las autoridades y personas notables del vecindario. La asistencia caminará por una gran valla formada por el batallón "Guardia de Honor". Después de la misa el Gobierno se dirigirá con la asistencia al Salón de la Universidad, en donde se dará lectura a la memorable Acta de Independencia de 1823.

En la tarde a las 4, la Honorable Municipalidad encabezará el paseo del Pabellón Nacional, al que le hará los honores el Batallón Guardia de Honor.

En la noche, de 7 a 8, iluminación y artísticos fuegos artificiales.

De las 8 en adelante, gran concierto en el Salón de la Universidad. Se verificará en el orden siguiente:

PARTE 1ª

No 1.– "El Danubio", Waltz por Strauss, Señorita Ramona Zepeda en el piano, acompañada por la orquesta.

No 2.– "Martha", Fantasía arreglada de la ópera de Flotow por J. Leybach, ejecutada en el piano por la Señorita Ramona Zepeda.

No 3.– "La Hija del Regimiento", Fantasía de la ópera de Donizetti, ejecutada en el piano por la Señorita Zepeda, acompañada por la orquesta.

No 4.– "El Miserere del Trovador", solo por el Señor Don José Morales, con acompañamiento de piano.

PARTE 2ª

No 1.– "Mandolinata", Fantasía brillante por J. Leybach, ejecutada en el piano por la Señorita Margarita López.

No 2.– "El Conde de Ori", Fantasía por F. Berr y A. Fessy, ejecutada en el piano por la Señorita Zepeda, acompañada por la orquesta.

No 3.– Célebre fantasía de Oesten, sobre los motivos de Lucrezia Borgia, arreglada para piano para dos ejecutores, por J. Rummel. Señorita López y Señor López.

No 4.– Tannhäuser, Gran marcha por Richard Wagner, ejecutada en el piano por el Señor J. A. López.

En los intermedios del concierto se pronunciará el discurso oficial y se dará lectura a algunas poesías inspiradas por el recuerdo de la Independencia Patria.

Tal es el Programa de las fiestas de la Independencia. El Gobierno de la República invita a las Señoras, Señoritas y Caballeros, al vecindario de esta ciudad, para que se sirva prestar su asistencia a las reuniones indicadas y contribuir a darles la solemnidad que merecen: así es de esperarse de la cultura y del patriotismo de los hijos de Tegucigalpa.

Septiembre 13 de 1877

La Redacción Oficial

("Gaceta de Honduras", 5 octubre 1877)

TRES GRANDES FECHAS

Hay en la vida social de los pueblos acontecimientos de tanta trascendencia, de tanto ascendiente en el ánimo, y que causan tan hondas, tan profundas impresiones, que, a la verdad, son inolvidables no sólo para aquellos que las acogen con el sentimiento benévolo de la simpatía, sino también aun para aquellos que quisieran verlos borrados del catálogo de los sucesos sociales.

Acontecimientos de tal linaje se han realizado entre nosotros, en los últimos días de agosto y en la primera quincena del histórico Septiembre.

EL 27 DE AGOSTO, he aquí la fecha de la gratitud nacional.

EL 8 DE SEPTIEMBRE, he aquí la fecha de la Primera Exposición de Honduras, del hecho más progresivo que recuerdan nuestros patrios anales.

EL 15 DE SEPTIEMBRE, he aquí la fecha de la conmemoración más espléndida de nuestra Independencia, en que el talento, la belleza y el poder supieron probar de cuánto son capaces alentados por el sacro fuego del patriotismo!

El 27 de agosto, esta ciudad demostró que su carácter de hoy cuadra perfectamente con su noble historia. El Real de Minas de Tegucigalpa, que en tiempo de la Colonia mereció ser el asiento de los más distinguidos colonizadores; que en tiempo de la Independencia, por su carácter hidalgo, radical y enérgico, mereció de los independientes obtener el título y el rango de ciudad; que en tiempo de las luchas fratricidas de Centro América, dio a la patria el héroe de la Reconstrucción Nacional; de esta ciudad histórica, decimos, estando ausente el Presidente Soto, que como todo hombre de altas ideas, es modesto y sin exigencias, declaró con toda espontaneidad que el 27 de agosto debía celebrarse todos los años como Gran Día de la Patria. Insigne testimonio de gratitud hacia el hombre que, exento de toda ambición, y con el olivo de la paz en la mano, inauguró en esa fecha, por el llamamiento de sus conciudadanos, un Gobierno que ha realizado en Honduras dos cosas que parecían imposibles: el orden y el progreso.

Para Tegucigalpa, el 27 de agosto fue un día de fiesta, más que de fiesta, un día de la patria. Las sombras de la noche no debían robar la luz a los despiertos y entusiasmados espíritus de los tegucigalpenses; y la luz artificial de las iluminadas plazas y calles, y del salón de baile del edificio de la Universidad, dejó ver retratado en todos los semblantes el entusiasmo y el contento manifestados ya en los vítores del pueblo, ya en la festiva danza y en los animados brindis del espléndido salón. En expansión decidora y feliz pasaron como segundos las alegres horas del día y de la noche del 27 de agosto de 1878!

Las demás ciudades y pueblos importantes de la República, bajo la inspiración del mismo sentimiento que animaba a los tegucigalpenses, en su generalidad, declararon por medio de sus Municipios, el día 27 de agosto, "Gran Día de la Patria", y celebraron con regocijos públicos esa fecha inolvidable para los hondureños.

El Señor Soto debe estar satisfecho de los sentimientos de general y espontánea gratitud que le han dado sus conciudadanos. Estamos muy lejos de quemar incienso al poder, pero también muy lejos de ser injustos; y por esto, no vacilamos en afirmar, sin temor de ser contradichos, que Marco Aurelio Soto, en política, ha dejado de ser un individuo, puesto que ha pasado a ser una personificación real de dos grandes ideas: la paz y el progreso de Honduras. ¡A qué gloria más pura y legítima puede aspirarse que a la de transformar una sociedad casi moribunda, que a la de darle vida y aliento, y lanzarla a fuerza de energía, de inteligencia y trabajo en las despejadas sendas del venturoso porvenir!

Esa gloria corresponde al Presidente Soto. Lo afirmamos, porque lo afirman los hechos que tienen lo incontestable de la evidencia: lo afirmamos, porque tal es el juicio imparcial de la prensa centroamericana y extranjera.

El 8 de septiembre se verificó la apertura de la Primera Exposición Nacional de Honduras.

Como todo pensamiento elevado que sobrepasa en mucho el nivel de las ideas vulgares, el pensamiento de la Exposición no hizo al principio el eco simpático que hizo después en todas las clases sociales. En los primeros días se habló con más entusiasmo en el exterior, que aquí en Honduras, de nuestra Exposición Nacional: quienes juzgaban que era una idea prematura, quienes que era un hecho irrealizable, quienes que no tendría importancia práctica, y no faltaron quienes viesen la Exposición con cierto despego desdeñoso...!

Pero el Gobierno confió en el buen sentido de los pueblos, confió en la inteligencia de sus agentes, y tuvo fe, completa fe en la eficacia de sus trabajos y de sus previsiones. Y he aquí que en menos de tres meses los Departamentos de la República, venciendo obstáculos de todo género, corresponden espléndidamente al llamamiento del Gobierno; y he aquí que el 8 de septiembre, al recorrer una numerosa concurrencia la vasta galería de la Exposición, que presentaba completas colecciones de productos naturales, de productos agrícolas y de obras de arte, la multitud entusiasmada tuvo una gran sorpresa, experimentó algo parecido a la fascinación. Se oía decir por doquiera: "Esto sobrepasa a nuestras esperanzas. Ya vemos que todo se puede hacer".

No hablamos de nuestra Exposición con pueril vanagloria. El amor patrio no nos ciega, ni nos impulsa a dar una importancia absoluta a la Exposición. Pero dada nuestra pequeñez relativa, dados nuestros tristes antecedentes, dadas nuestras circunstancias actuales, no podemos menos de confesar que para Honduras, su Exposición Nacional es un hecho de la más alta significación. Significa que los pueblos obedecen a las ideas civilizadoras de nuestro siglo: significa que los pueblos voltean la espalda a las destructoras faenas de la anarquía, y acuden activos y entusiastas a las faenas del trabajo y de la industria: significa que los pueblos secundan la acción benéfica de un Gobierno liberal y culto: significa, en suma, que nuestros pueblos de Honduras no son, como se ha creído, la imagen sombría del Héctor de Homero, condenado a tristísimos destinos, sino, al contrario, pueblos llenos de vida, de noble espíritu y de levantadas aspiraciones que, sobre las ruinas del caudillaje, ya se levantan para regenerarse en el seno de la paz, por la virtud divina del trabajo y de la libertad.

Brillante estuvo la apertura de la Exposición. Y cosa singular, en medio de una multitud inmensa procedente de todos los pueblos de la

República, sólo se oía manifestar una aspiración única: la de mantener la paz, y hacerla fecunda por el trabajo.

Iguales tendencias de idéntica y noble aspiración fueron manifestadas en las brillantes alocuciones del Presidente de la República, en el notable discurso del Señor Don Ponciano Planas, Vocal de la Comisión Central de la Exposición, en cuyo nombre discurrió, y en los discursos de los Comisionados de los Departamentos, Señores Licenciado Don Jesús Bendaña, Don Francisco Cruz, Don David Izaguirre, Don Federico Aguirre, Don Pantaleón Collier y Señores Doctor Don Alberto Uclés y Don Adolfo Pierra, quienes se asociaron a los Comisionados para pronunciar muy bien sentidos discursos. No parecía sino que individuos de distinta procedencia y que acababan de conocerse, de antiguo se habían puesto de acuerdo para patentizar un solo y gran pensamiento. ¡Qué tal es el poder de una idea noble y regeneradora cuando se encarna en un pueblo generoso! ¡Con fuerza irresistible domina, avasalla todos los ánimos, todas las inteligencias!

En la parte final de la alocución del Señor Presidente Soto, el Supremo Mandatario de la República hace una grande, una poderosa y simpática iniciativa al patriotismo centroamericano. Con la elocuencia que le es propia, dijo:

"En esta ocasión viene a mi memoria el grato recuerdo de los pueblos hermanos de las Repúblicas del Centro. Yo experimentaría satisfacción muy íntima viéndolos figurar unidos en una exposición nacional centroamericana. Este hecho demostraría que sus Gobiernos no sólo han depuesto la antigua política de rivalidad y de contiendas desastrosas, sino que trabajan noblemente en unir a los pueblos centroamericanos con los fuertes lazos de la industria, y en exhibirlos ante el mundo agrupados, en un centro común, en torno de la hermosa bandera de la fraternidad y del progreso. ¡Ojalá nos sea dado trabajar para que veamos, a orillas del Golfo de Fonseca, realizado ese grande y magnífico espectáculo! Hago votos porque mi deseo a ese respecto sea acogido con benevolencia por los hombres que, por medio de la prensa, de la ilustración y del poder, son hábiles para llevar a la práctica una idea generosa que honre al Centro de América".

Está, pues, lanzada la idea: la simiente ha sido arrojada en los surcos de la tierra centroamericana, y ¡ojalá que germine! ¿La harán florecer y fructificar los hombres de la prensa, los hombres del Gobierno, los hombres del saber? Esperamos que así sea, pues creemos que nadie es ni podrá ser indiferente tratándose de la realización de un pensamiento que reporta honra y provecho a Centro América.

¿Quién puede ni aun calcular las muchas consecuencias benéficas que en el orden político, social y económico traería consigo una Exposición Centroamericana? Bástanos decir por ahora que ese gran certamen fortificaría de un modo extraordinario los magnos intereses de la paz y del crédito de los Estados centroamericanos.

Por lo que hace a la opinión del pueblo hondureño, está bien pronunciada en favor de la iniciativa del Señor Soto: la idea ha sido acogida con fe, con entusiasmo. El pueblo martirizado, el pueblo agonizante de ayer, se prepara hoy, lleno de robustez, de vida y de esperanza, para ir a dar, a orillas del Golfo de Fonseca, un fraternal abrazo a sus hermanos de Centro América.

Aun permanecía el ánimo del público embargado por las gratas impresiones que le dejara el grande hecho de la Exposición Nacional, cuando despuntó en el horizonte de la patria la hermosa aurora del día 15 de Septiembre, fecha inolvidable de nuestra inolvidable Independencia.

El Gobierno Supremo, para solemnizar tan fausto día, acordó que en él se distribuyesen los premios que, según el voto del Jurado y de la Comisión Central, debían entregarse a los expositores. Jamás fiesta tan significativa y ostentosa se ha visto en Honduras en conmemoración del natalicio de la patria. Los benditos frutos de la paz y de la industria dieron sus palmas y sus coronas de flores para ornar un monumento conmemorativo del primero y glorioso día de nuestra existencia nacional. Honor al Genio bienhechor de la paz que ha sabido honrar al fecundo Genio de nuestra emancipación política.

El talento se asoció a tan gran festividad. El Señor Don Crescencio Gómez, Magistrado de la Suprema Corte de Justicia, hizo patentes las dotes de su clara inteligencia y de su recto juicio: pronunció un discurso notable. Refiriéndose a la causa del progreso que sustenta el Gobierno, dijo, con la sobria elocuencia que le caracteriza:

"Felicitémonos, Señores; la actual Administración de Honduras, pasando por sobre la perniciosa y vieja rutina de esperarlo todo de la política, ha tomado sobre sí la humanitaria tarea de instruir al pueblo, moralizarlo, procurarle su bienestar material por medio del trabajo; y debido a esta superioridad de miras, alcanzará un puesto eminente en la historia del país: en verdad, al proceder el Gobierno de la manera dicha, no sirve el interés mezquino de un partido: sirve los verdaderos intereses de la nación y echa las bases de su positiva grandeza. Ojalá que tan generosos propósitos encuentren la decidida cooperación de los ciudadanos".

El Señor Gómez tiene razón: hace los votos que únicamente pueden ser honrosos y legítimos, los votos en favor de la prosperidad y progreso de la República.

El Señor Doctor Don Máximo Jerez, tradicional y viva encarnación de la idea de unión centroamericana, dejó también oír su elocuentísima palabra. El discurso del Señor Jerez fue un positivismo y una profecía: un positivismo porque habló en nombre de la ciencia positiva que es para nosotros la única ciencia; y una profecía, porque se refirió a los destinos de Centro América, enalteciendo el ideal de la unión nacional, que, a nuestro juicio, es la única idea que, en paz o en guerra, puede inscribirse en Centro América, en la bandera a que deben agruparse todos los hombres de corazón y de talento.

El Señor Presidente Soto puso término a los discursos con una alocución felicísima, en que excitó a la presente generación a consumar la obra de nuestros mayores, por medio de la paz y del trabajo.

"Tal es, dijo, la cuestión capital. Nos toca resolverla, y resolverla, sin dudas, sin vacilaciones".

Así habla el hombre de ideas, el hombre que tiene fe en sus creencias, y fe en los destinos providenciales de los pueblos.

En el mismo día el Señor Presidente Soto dio oficialmente el nombre de División Morazán a la del Departamento de Tegucigalpa, que estaba lujosamente uniformada: he aquí la proclama que le dirigió con tal motivo:

MARCO AURELIO SOTO,
Presidente Constitucional de la República y Comandante General del Ejército,

a los Batallones 19, 2.º y 39 de la División del Departamento de Tegucigalpa.

SOLDADOS:

En el GRAN DÍA DE LA PATRIA vengo a dar el nombre de División Morazán, a la división del Departamento de Tegucigalpa.

¡Merecéis llevar ese nombre que presenta una gloria!

Con vuestros servicios, caracterizados por la lealtad, por el honor militar, yo me prometo que sabréis dar lustre a vuestra carrera y honrar el nombre que doy a vuestra valiente División.

¡Soldados del Ejército hondureño! Vosotros sois los modestos héroes de las batallas: vosotros, hijos del pueblo, sostenéis con vuestros tributos al Estado, y con vuestro valor y esfuerzos la dignidad y la Independencia de la República.

He aquí vuestra consigna: sostener EL ORDEN Y LA PAZ. En este día solemne, enalteced la memoria de la Independencia, inscribiendo en vuestras banderas estas gloriosas palabras:

¡Por la Patria, por el Derecho!

Vuestro Jefe y amigo,

MARCO A. SOTO.

Tegucigalpa, 15 de Septiembre de 1878.

Así honró el ilustre Hombre de Estado la esclarecida memoria del Grande Hombre de las batallas.

Por la noche tuvo su cumplida coronación la fiesta nacional del 15. Después de variados y artísticos fuegos artificiales, que divirtieron a la muchedumbre, se abrió el salón de baile en el edificio de la Universidad de la República. El Presidente Soto quiso obsequiar al vecindario de Tegucigalpa, con motivo de la Independencia, con una reunión literaria, y a continuación, un baile.

Espacio nos falta para describir, siquiera a grandes rasgos, ese remate de la gran fiesta. Allí lució las galas de su fascinador y patriótico lenguaje el más elocuente y avanzado escritor de Centro América, Adolfo Zúniga; allí habló, lleno de modestia, pero también lleno de expresivas ideas, el General Enrique Gutiérrez, el hijo

362

simpático del héroe inolvidable de Jaitique; allí habló en el lenguaje, en el dulcísimo lenguaje de la gaya ciencia, el vate J. J. Palma, inspirado autor de la Oda a la Exposición de Honduras, oda que es un monumento literario, que tiene la valentía de los acentos de Olmedo en su canto de Bolívar, y la belleza descriptiva de Andrés Bello en su poesía consagrada a las producciones de la zona tórrida: oda verdaderamente sublime, que le ha valido a su autor un primer premio en la Exposición Nacional, y el otorgamiento espontáneo de la ciudadanía hondureña, como un honor acordado al verdadero Genio.

Concluida la parte literaria de la función, comenzó alegre y animado baile. Las bellezas de las letras cedieron su puesto a las bellezas jóvenes tegucigalpenses. Apuestas, amables y comunicativas fueron las vaporosas vírgenes del patrio suelo, que dieron animación y encantos indecibles a horas felices que resbalaron sin sentirse, como resbalan en la humana existencia las breves horas de dichas y placeres.

A las seis y media de la mañana terminó reunión tan culta y animada. ¿Qué no queda de ella? Lo que queda en la vida: los recuerdos; pero recuerdos muy gratos, porque nos representan la honra de nuestra patria, las glorias de nuestros literatos, la cultura de nuestra sociedad, y el mágico poder de la belleza de nuestras espirituales tegucigalpenses.

("Gaceta de Honduras", 16 de septiembre 1878)

LA SENSIBLE PÉRDIDA DE UN HOMBRE ILUSTRE

Así calificamos el fallecimiento de nuestro querido y grande amigo, el Benemérito General Miguel García Granados, ex-Presidente de la República de Guatemala.

En el lugar que corresponde se registra el acuerdo supremo en que el Gobierno previene se hagan honras fúnebres, el 10 del próximo octubre, a la memoria del ilustre finado, el que supo dejar un nombre esclarecido a su patria, y tiernos e indelebles recuerdos en el corazón de sus amigos.

El duelo oficial del 10 de octubre será el tributo pagado, por quienes saben sentir y agradecer, a la nobleza del hombre público y a los dignos procederes del amigo caballeroso.

Bajo impresión de vivo y profundo dolor, enviamos nuestro pésame a la desconsolada familia de García Granados, y los enviamos también a su gran familia, A SU PATRIA.

("Gaceta de Honduras", 16 de septiembre 1878)

ARTÍCULOS EDITORIALES

HONRAS FÚNEBRES A LA MEMORIA DEL BENEMÉRITO GENERAL DON MIGUEL GARCÍA GRANADOS, EX-PRESIDENTE DE GUATEMALA

Honduras acaba de hacer un justo homenaje al verdadero mérito de uno de los hombres más importantes de la América del Centro, del finado General Miguel García Granados.

El luto oficial del 10 del corriente y las honras fúnebres que se verificaron a las cuatro y media del mismo día, por iniciativa del primer Jefe de la República, y con asistencia de todas las autoridades civiles y militares y del vecindario notable de esta ciudad, dan un testimonio elocuente de que aquí se sabe apreciar, en todo su valor, las altas ideas y las virtudes públicas de los hombres privilegiados que llegan a poseerlas; y revelan, además, que Honduras participa del sentimiento de un pueblo hermano que hoy lamenta la pérdida de uno de sus grandes hombres. Que Guatemala reciba la expresión de este sentimiento de fraternidad de la República hondureña.

Las sentidas palabras que el Señor Presidente Soto consagró a la memoria de su buen amigo el General García Granados, y la oración fúnebre pronunciada por el Secretario General del Gobierno Supremo, que en la sección correspondiente registra este periódico, ponen de manifiesto la exactitud de nuestros anteriores asertos. Si García Granados ha tenido una ovación fúnebre en la patria de Barrundia, también la ha tenido muy espontánea y solemne en la patria de Valle. Insigne prueba de que las altas reputaciones centroamericanas salvan los estrechos límites del localismo, y de que la muerte nada puede contra ellas cuando dejan la fecunda enseñanza de grandes y meritorias virtudes.

Inauguración del Colegio Nacional de Segunda Enseñanza

El 3 de los corrientes, a la una y media de la tarde, se inauguró con toda solemnidad el Colegio Nacional de segunda enseñanza, cuya ceremonia de inauguración fue presidida por el Secretario General del Gobierno.

Dadas las muchas mejoras que se han hecho en el país, y considerada la escasez de los recursos con que cuenta, el establecimiento del Colegio significa un esfuerzo más, mejor diríamos, un sacrificio más, consumado en la difícil y penosa tarea que se ha impuesto el Gobierno, de realizar el adelanto moral y material de la República.

Con motivo de la apertura del Colegio, el Secretario General pronunció la alocución que sigue:

"Señores:

Nuestra sociedad, aunque en pequeño, ha seguido el movimiento de las ideas que han dominado en todos los países cultos, dando, según las épocas, un carácter especial a la enseñanza.

En el tiempo de la colonia, las ideas teológicas dieron entre nosotros un carácter teológico a la escuela, carácter muy propio de la índole teocrática de los antiguos pueblos, a la vez muy en consonancia con el régimen colonial. Vivíamos en el aislamiento, en una eterna noche, y no hay que extrañarse que haya habido una enseñanza tan estéril, tan infecunda en resultados benéficos.

Fundada la Universidad, casi a mediados de este siglo, la enseñanza inspirada por las ideas metafísicas ha tenido desde entonces un carácter abstracto, que no ha estado ni puede estar de acuerdo con las necesidades e intereses de nuestra sociedad, necesitada de aptitudes prácticas, ni con el espíritu y tendencias del presente siglo. No obstante, la Universidad fue un gran progreso sobre la enseñanza teológica.

Hoy felizmente damos un paso más. El Colegio Nacional que inauguramos en estos momentos, descansa sobre los principios positivos de nuestra época, y tiene por fin, prescindiendo de abstracciones metafísicas, proporcionar a la juventud una enseñanza práctica, reconocidamente útil en los diversos usos de la vida. Como podréis notarlo, la segunda enseñanza no puede ser completa, si se considera el aprendizaje en un sentido absoluto: la segunda enseñanza aun es preparatoria, y llega a completarse con la enseñanza profesional. Sin embargo, dadas las condiciones especiales de este Establecimiento, yo creo que la juventud arrancará de aquí una base sólida para adoptar después, con éxito feliz, cualquier profesión literaria, científica o industrial, que en vez de alimentarla con vanas teorías, le proporcione positivos bienes de que haga partícipes a la familia, a la sociedad, al Estado.

Señor Director: con tal género de enseñanza práctica, positiva y fecunda en beneficios, difíciles y arduas van a ser vuestras tareas, revestíos del gran carácter que requiere el verdadero magisterio: no desmayéis en vuestros trabajos: vivís en una sociedad que sabe agradecer, y yo os aseguro que en justa recompensa a vuestros afanes, tendréis la estimación y la gratitud de mis conciudadanos.

Padres de familia: tenéis este nuevo campo abierto para el mejor cultivo de la inteligencia de vuestros hijos: aprovechadlo. Creed que el noble propósito del Señor Presidente Soto es sostener con firmeza y dar ensanche a los establecimientos de enseñanza: su aspiración suprema se dirige a no omitir sacrificio alguno para que se propaguen los conocimientos útiles, para que se difundan las luces, y se evite por este medio, una recaída de los pueblos en la barbarie.

Apoyad, Señores, la acción del Gobierno: va en ello vuestro interés, vuestro decoro, y aun el porvenir de vuestros hijos. El día en que nuestra juventud sea verdaderamente ilustrada tendréis asegurado vuestro bien particular, y aseguradas la paz y la prosperidad de Honduras. Por vuestra cooperación decidida en pro de la enseñanza, la patria os distinguirá con su reconocimiento, y vuestros hijos os colmarán más tarde de augustas bendiciones".

Recepción Oficial

El día 27 de septiembre recién pasado se verificó solemnemente, en la Capital de la vecina y hermana República de El Salvador, la recepción del Ministro Plenipotenciario de Honduras, Licenciado Don Enrique Soto: en su lugar oportuno se registraron los discursos cruzados entre Su Excelencia el Señor Presidente Doctor Zaldívar y el Ministro Plenipotenciario de esta República. Cada día se anudan más cordialmente las francas y amistosas relaciones de los Gobiernos hondureño y salvadoreño. La Legación que sirve el Señor Soto es un testimonio de la cordialidad de esas relaciones, y una prenda de seguridad para el mantenimiento de paz inalterable entre las dos Repúblicas.

Banquete en Obsequio de la Comisión Central de la Exposición Nacional

El 8 del mes que transcurre se cerró la Exposición Nacional, que deja muy gratos recuerdos en el ánimo de nuestro pueblo, y muy merecida honra para el pueblo hondureño.

En la tarde del mismo día, a las seis y media, el Señor Presidente Soto dio, en su casa particular, un banquete en obsequio de los individuos de la Comisión, Señores Don Salvador Díaz, Don Abelardo Zelaya, Don Ponciano Planas, Don Jacobo Galindo y Don Policarpo Bonilla.

Como invitados tomaron parte en tan merecido obsequio los empleados de primera categoría de la República, y algunos amigos particulares del Señor Presidente. En tan selecta reunión presidieron la confianza, la cordialidad y la cultura. De la manera más fina y agradable el Señor Soto correspondió, con su obsequio y cumplidas atenciones, a los merecimientos de la Comisión Central que con tanta inteligencia y patriotismo han sabido desempeñar su importante y difícil encargo. La reunión del 8 ha dejado las más gratas impresiones.

("Gaceta de Honduras", 15 de octubre 1878)

SUELTOS EDITORIALES

EL CONGRESO ORDINARIO

Este alto Cuerpo Legislativo ha sido convocado por el Gobierno, en acuerdo de 2 del corriente que ha circulado en hoja suelta, y que hoy registra este órgano de la prensa oficial. La convocatoria de los Diputados al Congreso es un signo inequívoco de la paz completa que reina en la República. Sólo bajo los auspicios de la tranquilidad y de la confianza se verifica el cumplimiento regular de las instituciones, y no dudamos de que bajo auspicios tan lisonjeros cumplirá su importante cometido el Congreso Extraordinario que ha de instalarse en esta ciudad el 19 de marzo del año próximo.

Tenemos fe en que el Congreso que ha de reunirse, inspirado en los verdaderos sentimientos del patriotismo, en vez de seguir el camino trillado de los cuerpos deliberantes, ha de ponerse a la altura de su encargo, y desplegar una poderosa iniciativa para dar nuevo y más vigoroso impulso al movimiento de regeneración que agita a los pueblos de la República.

EXÁMENES

Con viva, con indecible satisfacción hemos notado el buen éxito que han tenido los exámenes habidos durante los primeros días de este mes en los Colegios recientemente establecidos por el Gobierno. Los resultados alcanzados corresponden a los altos propósitos del Señor Presidente Soto, quien consagra sus mayores esfuerzos al servicio de los intereses de la enseñanza.

Mucho hay que esperar de ese empeño civilizador y fecundo. Los Gobernantes que, como el Señor Soto, ven en la educación e instrucción de la juventud un fin primordial que atienden con solicitud esmerada, no sólo cumplen con un gran deber satisfaciendo a las necesidades actuales de los gobernados, sino que también labran un porvenir de felicidad para los pueblos que gobiernan.

Instruir, e instruir lo más posible: tal es la más alta misión de los poderes públicos. El Presidente Soto es un fiel cumplidor de tan elevado y trascendental encargo.

EL MINISTRO DE LOS ESTADOS UNIDOS

Su Excelencia Geo Williamson Squier, Ministro Residente de los Estados Unidos en Centro América, ha permanecido de visita entre nosotros por espacio de algunos días. Tan importante huésped ha sido tratado por el Señor Presidente y el Secretario General del Gobierno con las mayores y más benévolas consideraciones. La permanencia del Señor Ministro Williamson ha dejado una grata impresión.

Poco ha se dirigió al puerto de Amapala, para tomar el vapor y regresar a Guatemala. Deseamos al digno Representante de los Estados Unidos un regreso feliz.

("Gaceta de Honduras", 12 de diciembre 1878)

EDITORIALES

Mientras se daba un nuevo arreglo a la Imprenta Nacional hubo necesidad de suspender algunos trabajos tipográficos. A estas causas se debe que se haya interrumpido por un lapso considerable de tiempo la publicación de LA GACETA.

El Congreso se instaló solemnemente el 9 de marzo, teniendo principio acto tan serio con la lectura del Mensaje que Su Excelencia el Señor Presidente de la República dirigió a los Representantes de la Nación.

A nuestro juicio, el Mensaje del Señor Presidente Soto, por su fondo y por su forma, es un documento enteramente nuevo en Centro América, si se atiende a los usos adoptados en estos países con relación a esa clase de documentos oficiales. En el fondo, el Mensaje no contiene generalidades sobre política y expresiones de deseos en favor del acierto de los Representantes del pueblo y de la prosperidad de la República: el Mensaje contiene en vez de eso, un estudio reflexivo y detallado de todos los ramos de la administración y la indicación razonada de todas las medidas que pueden asegurar el bien de Honduras. En su forma, el Mensaje es sobrio, claro y preciso, casi destituido de galas literarias. El Señor Soto, aunque literato, redactó su Mensaje no para impresionar el sentimiento público, sino para hacer reflexionar a sus conciudadanos sobre la verdadera situación del país, la que les ha presentado francamente, como en relieve, un cuadro fiel y completo en que nada falta, en que nada está de sobra. Comenzamos hoy a publicar ese notable documento.

La Representación Nacional que fue electa libremente, y compuesta de personas distinguidas pertenecientes a los distintos círculos políticos del país, ha correspondido con un voto de entusiasta aprobación a la conducta franca y patriótica del Señor Presidente Soto.

Debe ser satisfactorio al Primer Jefe de la República, que no obstante la falta de partidarios personales en el Congreso, y en medio de la más completa libertad parlamentaria, los Representantes de la Nación hayan estado unánimes en apoyar y robustecer la acción administrativa de su Gobierno, y en acentuar enérgicamente sus ideas y resoluciones en el sentido de sostener la bandera del orden y del progreso que el Señor Soto ha desplegado en Honduras desde su advenimiento al Poder Supremo.

El pueblo debe felicitarse de que el Gobierno de ideas que hoy existe, fuera de la atmósfera del personalismo, sepa ejercer, sin presión, el ascendente benéfico del convencimiento. Esta afirmación podrán verla confirmada nuestros lectores, fijándose en el proyecto de contestación al Mensaje presidencial, y en la respuesta del Cuerpo Legislativo, calcada sobre los conceptos del referido proyecto.

La Secretaría General, en cinco Memorias leídas al Congreso, dio cuenta minuciosa de todos los actos administrativos llevados a cabo por la administración del Señor Soto.

LA GACETA, sucesivamente, publicará las Memorias de la Secretaría General de Estado.

El Congreso recesó el 3 del corriente.

Notables y muy notables han sido las disposiciones que el Congreso ha emitido en los distintos departamentos administrativos. A medida que vayan publicándose tendremos ocasión de emitir nuestro juicio sobre las más importantes.

La sociedad tegucigalpense no ha podido menos de regocijarse por la reunión del Primer Congreso Ordinario en esta ciudad.

Como un testimonio de alto y merecido aprecio, en la noche del 30 del pasado, los tegucigalpenses dieron al Congreso una Velada Literaria, a la que siguió un suntuoso baile que concluyó al amanecer.

Allí el patriotismo, las ciencias, las letras y la belleza, en la combinación más seductora, dieron a los Representantes de la Nación un homenaje digno del espíritu público y de la cultura de Tegucigalpa.

El último marzo próximo, lanzado por un puñado de revoltosos de profesión, de ambiciosos soñadores, apareció en la ciudad de La Paz el forajido indígena Calixto Vásquez (a) Corta-cabezas, con una cuadrilla de criminales, que intentó sorprender a la guarnición de la plaza, después de haber consumado algunos robos y ascsinatos en varios caseríos indefensos.

De un solo golpe la guarnición de La Paz hizo pedazos la cuadrilla de malhechores. La mayor parte de estos agentes de la inquietud, del pillaje, han sido capturados, y en la actualidad están sometidos a juicio.

Semejante hecho, que tanta ignominia arroja sobre sus promovedores, ninguna trascendencia ha tenido en el orden público, y más bien ha venido a robustecer la acción del Gobierno, probando que los pueblos no se prestan a secundar esas intentonas de salvajismo, pues nadie se ha plegado al criminal Corta-cabezas. Ese hecho ha venido a probar también qué pobres de medios y qué sobrados en vileza son los enemigos de la paz de Honduras, cuando se valen de un asesino salvaje, de un Corta-cabezas, como un gran elemento revolucionario capaz de cambiar la faz de la República.

Felizmente han pasado ya los tiempos en que algo valía el vandalismo en Honduras como elemento perturbador. Hoy el Gobierno tiene bastantes elementos, considerables recursos y grande opinión para ahogar en su germen criminales trastornos.

Que se convenzan los enemigos de la paz, que por fortuna son muy pocos y muy conocidos, que se convenzan, decimos, que no es con Corta-cabezas, que no es con el incendio, el asesinato y el saqueo, con lo que han de alcanzar un puesto en la República.

El país ha entrado en nuevas vías: las del orden y el progreso, a que tienen mucho apego todas las clases sociales: aquí sólo se abren paso las aspiraciones legítimas, justificadas por la honradez, la inteligencia y el trabajo.

Por los medios innobles de la traición y del pillaje estamos seguros de que nadie podrá enseñorearse de la suerte de Honduras.

("Gaceta de Honduras", 22 de abril 1879)

EL AÑO DE 1879 Y EL AÑO NUEVO

I

Recuerdos y esperanzas: tales son los dilatados horizontes en que se fija con incesante afán la inquieta mirada del hombre, ora contemplando los acontecimientos y enseñanzas del pasado, ora presintiendo los sucesos prósperos o adversos que reserva en sus arcanos el misterioso porvenir.

Los mismos vastos horizontes se presentan ante la mirada de las naciones. Recordar y presentir no sólo es la vida del individuo, es también la vida de los pueblos, de esas grandes agrupaciones sociales.

Va a terminar el año de 79. Dentro de poco oiremos, poseídos casi de religioso recogimiento, la hora solemne que marcará la terminación de un considerable período de tiempo, de un año, que en breve quedará, como quedan todas las cosas humanas, bajo el dominio de la historia, y convertido en exclusivo objeto, ya de tristísimas, ya de halagüeñas y consoladoras memorias.

¡Felices los hombres y los pueblos, que al sentir la última palpitación de un año de su existencia, no sienten que su corazón se oprime, que su frente se anubla, y que sus ojos se enturbian con el vapor de las lágrimas! ¡Felices y mil veces felices los hombres y los pueblos que, al mirar que se sepulta el último sol de un año, le dan un adiós cariñosísimo como expresión del alma emocionada por las íntimas satisfacciones de ayer y por las dulces esperanzas de mañana! ¡Cuán grato es ver el pasado cuyo recuerdo no destroza el alma! ¡Más grato es aún esperar, con la ilusión en la mente y la sonrisa en los labios, tiempos de bonanza, de felicidades inefables!

II

Concretando estas reflexiones a nuestra patria, a Honduras; ¿qué ha sido para ella el año que va a expirar? ¿Le ofrece, como en épocas no remotas, el recuerdo de una vía dolorosa hacia ignominioso Calvario? ¿Le recuerda martirios indecibles que le prodigaran tantas

374

veces, la escandalosa anarquía, el caudillaje feroz, el desenfrenado pillaje?

¡A Dios gracias, otros son los recuerdos que, radiante de dignidad y de esperanza, puede hacer en esta hora nuestra querida patria!

El año de 79 sólo traerá a la memoria de los pueblos el recuerdo de una paz fecunda, a cuyo amparo se han operado obras benéficas que los enaltecen, y que les prometen un mejor porvenir.

Recordemos de esas obras las más salientes. Puesto que nos referimos a los hechos, determinemos los hechos, y que nos contradigan, si pueden, los hombres de pasiones rastreras empeñados en cerrar los ojos a la luz.

He aquí los hechos:

Se ha establecido una Casa de Moneda que hoy provee de numerario al país, que ha aumentado el valor de los metales en pasta, y que favorece la explotación de las minas.

Se han construido las líneas telegráficas de Santa Rosa a Gracias, 36 millas; de Santa Bárbara a Puerto Cortés, 120 millas; de Tegucigalpa al Valle, y de Cedros a Trujillo, 360 millas; y de Choluteca a Río Negro, 36 millas. Total, 552 millas.

Se han fundado 14 oficinas telegráficas, y se ha provisto a éstas y demás oficinas del ramo, de todos los útiles y enseres necesarios para el buen servicio.

Se ha hecho llegar el ferrocarril hasta la ciudad de San Pedro Sula, después de haberse practicado costosas reparaciones en la línea.

Se ha organizado la Tipografía Nacional, proveyéndola de modernas y excelentes prensas, de máquinas de cortar papel, y de tipos, papel y demás enseres suficientes para el servicio de tres años.

Se ha arreglado el servicio de Correos, adhiriéndose la República a la Unión Postal Universal.

Se ha subvencionado un vapor más, que con gran provecho de la agricultura y del comercio, hace el tráfico de frutas entre los puertos del Norte y Nueva Orleans.

Se ha fundado la Universidad de Occidente.

Se ha establecido un Colegio Nacional de segunda enseñanza en Comayagua.

Se ha elevado al grado de Colegio de segunda enseñanza al Colegio de Santa Bárbara.

Se han organizado las oficinas de Hacienda.

Se ha empezado a verificar la conversión de la deuda.

Se ha creado el Comité encargado de hacer las averiguaciones, y tomar las cuentas relativas a la empresa del ferrocarril.

Se ha terminado la redacción de los Códigos patrios.

Se ha suprimido definitivamente la ruinosa contribución del diezmo.

Se han secularizado los cementerios.

Se han establecido los fundamentos de la estadística comercial.

Se han organizado e instruido los batallones de milicianos.

Se ha completado el armamento nacional con la compra de rifles Remington, de ametralladoras y de cañones Krup de montaña.

Se han ratificado y canjeado los tratados con Nicaragua.

Y como base de tan importantes obras y arreglos, se ha sostenido con firmeza la paz, bien inestimable, de donde se derivan todas las prosperidades públicas.

Tal es la breve reseña de las obras y mejoras más importantes, de beneficio general, que se han llevado a cabo en el año de 79: tal es el resultado del buen sentido de los pueblos que ha coadyuvado al sostenimiento de la paz, y de la iniciativa infatigable y patriótica del Gobierno del Señor Soto, que ha acometido la ardua empresa de reconstruir nuestro edificio social que yacía en escombros, velado por las negras sombras de la ignorancia y la barbarie.

En estos momentos en que se despide para siempre el año 79, el patriotismo está de plácemes: no se ha perdido el tiempo: se ha trabajado, y con éxito, para honra y provecho de la República. El Gobierno está igualmente satisfecho con el convencimiento de haber cumplido su deber; y aunque pese a la rastrera envidia de unos pocos, no vacilamos en decir que para las grandes labores del Señor Soto, en el año de 79, la Historia reservará una de sus páginas más bellas.

III

Va a despuntar la primera aurora del nuevo año.

Nosotros la saludamos con toda la efusión de nuestra alma, y hacemos votos porque su esplendente y pura luz sólo alumbre escenas de paz y bienandanza en el suelo de nuestra patria.

¡Cuán consolador es confiar! ¡Qué grande es tener fe!

Y nosotros confiamos, tenemos fe en el porvenir de Honduras. El martirio y la desventura de un pueblo no pueden ser eternos. En lo moral como en lo físico, a las borrascas suceden la calma y la bonanza. Honduras, antes tan desgraciada, ha empezado a regenerarse en el seno de la paz, del progreso y de la libertad; y estamos ciertos de que consumará su completa regeneración. Que el año nuevo, que el año de 1880, sea de ventura y de prosperidad para el Gobierno y pueblo hondureños, y que traiga de lo alto copiosas bendiciones para esta patria querida que hoy se esfuerza noblemente para conquistarse honroso puesto entre los pueblos civilizados de la tierra.

Tegucigalpa, diciembre 31 de 1879

CONFIEMOS

Dentro de pocos meses se habrá cumplido el no pequeño término de cuatro años en que la República de Honduras ha disfrutado de completa paz y en que, dueña de una situación tranquila y confiada en el porvenir, ha olvidado la vida de azarosas contiendas, tristemente célebres, y preocupado se tan sólo de labrar su bienestar, merced a la acción fecunda y reparadora del trabajo.

El acrecentamiento del poder y bienestar social, los pueblos de la antigüedad lo obtenían comúnmente por la guerra, que era medio importantísimo para grandes adquisiciones, para valiosas conquistas. Los pueblos modernos, en lo general, emplean otros procedimientos para aumentar su poder y asegurar su prosperidad. El trabajo y el crédito, tales son, en síntesis, los elementos de vida y de progreso de que se sirven las sociedades de nuestra época para hacer pacíficas y honrosas conquistas en el vasto campo de la civilización.

La virtud poderosa y vivificadora de estas ideas forma el fondo del carácter y de las aspiraciones del pueblo y Gobierno hondureños; y como las ideas que sostienen la existencia y el desarrollo regular de las sociedades nunca pueden ser estériles, necesario es confiar en que el firme apego al trabajo y al crédito del país, no sólo consolidará la bonancible situación presente, sino que también será manantial inextinguible de bienes y adelantamiento sociales.

Íntima es la convicción que tenemos de que para que el trabajo y el crédito completen la transformación benéfica de este país, y realicen las esperanzas del patriotismo, es indispensable, de todo punto indispensable, que el Gobierno procure, como hasta ahora, afirmar todos los elementos de orden en el interior, y perseverar en sus relaciones exteriores, en la política que ha seguido, de amistosa consideración y profundo respeto a los derechos de los Estados vecinos y de los países extranjeros.

Nos es satisfactorio ver que la política indicada presida a las relaciones exteriores de la República. La cordial inteligencia del Gobierno de Honduras con los Gobiernos de Guatemala, El Salvador y Nicaragua es un testimonio incontestable de nuestra aseveración.

Los Jefes Supremos de esos países vecinos y hermanos quieren la paz, quieren el concierto de los intereses centroamericanos; y de ello dan pruebas con sus actos y con las manifestaciones de su prensa oficial: el Gobierno hondureño, a su vez, por convicción, por deber y por conveniencia, toma parte directa, y la tomará siempre, en el empeño de sostener inalterables, con el concurso de los Gobiernos amigos, los principios tutelares de paz y amistad leal y franca, cuyo cumplimiento dará a nuestros pueblos, fatigados en luchas estériles, tranquilidad, bienestar, crédito y buen nombre.

Confiemos en que, asegurado como está el orden interior, y observando una política exterior cuerda, sensata, vendrán como consecuencias naturales, el ensanche y progreso de nuestros intereses patrios y la rehabilitación completa de nuestra dignidad nacional. ¿Por qué dudar de la consecución de estos grandes resultados? ¿A qué pueblo de Centro-América puede convenir el desorden? ¿A cuál de los Gobiernos centroamericanos puede interesar el relajamiento de los vínculos amistosos, que, bajo los auspicios de la buena fe, ligan a nuestros países? Hoy que se rectifican las ideas, hoy que se repone el tiempo perdido en la indolencia o el desorden, ¿a quién puede serle provechosa la ruptura de la buena armonía de los Gobiernos de las Repúblicas del Centro de América? ¿Para qué luchar? ¿Y quién ganaría en la lucha? ¿Cuáles serían los beneficios de una guerra?

No faltan aquí y allá ruines ambiciosos, perturbadores vulgares que, en respuesta a las anteriores preguntas, nos den la más entusiasta apología de la guerra. No faltan ni faltarán propagandistas del desorden, apóstoles inspiradores de la duda y de la desconfianza. Pero los propósitos, las propagandas y trabajos de los hombres mal avenidos con la paz de los pueblos, y el acuerdo leal y amistoso de los Gobiernos centroamericanos, escollarán y escollarán ante el buen sentido de la sociedad, y ante la actitud resuelta y digna de los Gobernantes de Honduras, Guatemala, El Salvador y Nicaragua que, fieles a su deber, a sus compromisos y promesas, tienen como punto objetivo de su política la conservación de sus buenas relaciones, medio decoroso de servir a la causa de la moral y de la justicia, y elemento eficaz para hacer fecundo el trabajo de los pueblos, y dar a estas naciones el bien inestimable del crédito, que es la confianza interior y exterior, que es el símbolo del bienestar y del progreso de las modernas sociedades.

El Gobierno hondureño que, en repetidas veces, ha dado pruebas de sus rectas intenciones, de su espíritu de moderación y de justicia, y de su adhesión a todo lo que honra y engrandece a estos países, no vacilamos en decir que será, como lo ha sido siempre, una garantía para la paz de los pueblos de Centro-América, y para la mutua confianza de sus Gobiernos. El Gobierno hondureño, que poco estima protestas amistosas de mera cortesanía oficial, quiere ante todo la buena fe, como base de sus actos y de sus relaciones; y nos complace asegurar que ese espíritu de rectitud y de sinceridad es el que lo inspira, y el que, a la vez, anima a los demás Gobiernos centroamericanos con quienes forma causa común para asegurar los fueros de la paz, de la justicia y de la civilización.

Estamos ciertos de que el Gobierno de Honduras no desmentirá sus antecedentes, y estamos seguros de que los Gobernantes de Guatemala, El Salvador y Nicaragua, tampoco desmentirán la conducta digna y honrosa que se han trazado.

¡Confiemos!

RECEPCIÓN OFICIAL

Acaba de verificarse, el 24 del corriente, la recepción oficial del Señor Licenciado Don Cayetano Díaz, Enviado Extraordinario y Ministro Plenipotenciario de Guatemala, ante el Gobierno de esta República.

El Gobierno guatemalteco, que ha dado cima a la revolución del 71, coronándola con la liberal Constitución decretada últimamente por la Asamblea de aquella República, propende con patriótico interés a sostener y estrechar las buenas relaciones que lo ligan con Honduras y las Repúblicas vecinas. Consecuente con propósitos tan recomendables, el Señor Ministro Díaz, en su discurso dirigido a S. E. el Señor Presidente, ha encarecido en nombre de su Gobierno, la importancia de una política de paz y de sincera confraternidad, como indispensable y oportuna para satisfacer las necesidades más ingentes y las aspiraciones más elevadas de los pueblos que se asientan en el Centro de América.

Notamos con satisfacción indecible que la cordura y el patriotismo sellan honrosamente los actos de los Poderes públicos de los países centroamericanos. Hoy los Gobiernos se ponen en contacto, se relacionan íntimamente, no con la mira suspicaz, maquiavélica, de conocer a fondo sus respectivas posiciones, y de buscar la parte vulnerable de su organismo, para después entrar en lucha, y luego hacer olvidar el eco simpático de protestas amistosas, que bien pronto se disipa, se pierde al fragor de contiendas fratricidas, en los campos de batalla. Hoy, por el contrario, los Gobiernos centroamericanos se buscan, se entienden para ayudarse mutuamente, para estrechar con sinceridad sus relaciones, para afirmar sobre sólidas bases sus comunes intereses, y asegurar de esta suerte el advenimiento de un dichoso porvenir para los pueblos. Tal es la elevada y honrosísima significación que damos al cometido de la Legación guatemalteca en Honduras.

Dados los caracteres que distinguen a la política general de Centro América, el Señor Soto ha tenido sobrados motivos para decir en su discurso de contestación que "podemos felicitarnos porque en

381

nuestros países se ha dado de mano al antiguo y ruinoso sistema de promover y fomentar rivalidades sin fundamento, intervenciones sin justificación, y guerras sin objeto, de todo en todo atentatorias al derecho, y aun a la dignidad y decoro de los pueblos centroamericanos".

Tales expresiones que pintan con vivo colorido nuestro pasado, nos indican a la vez una de las enseñanzas más elocuentes y provechosas de nuestra historia: la enseñanza de que tras largos años de vías de hecho, de violencias y de guerras, sólo se ha podido labrar, en el interior, la ruina de nuestras sociedades, y en el extranjero, nuestro completo descrédito. Aquí en Centro América, donde casi siempre el personalismo ciego e intolerante es el que se ha abierto paso para producir después el estallido de guerras fratricidas; aquí en Centro América, donde hasta la única y elevada y santa causa de nuestra redención social, —la reconstrucción de la patria—, se ha convertido por el falso patriotismo en bandera de guerra y de trastorno; aquí en Centro América, donde nos han aquejado tan acerbos e inveterados males; ¡qué otra política puede y debe sustentarse, que la política de paz, de respeto al derecho, y de apoyo decidido al trabajo y al crédito?

Y hoy más que nunca debemos sostener esa política de que acaba de darnos con su Legación un amistoso testimonio el ilustrado Gobierno de Guatemala. A su vez, el Señor Presidente Soto, desligado de las pequeñeces de otras épocas, y que siempre ve bajo el punto de vista más eminente las cuestiones capitales que interesan a nuestros países, acaba de decir que, con motivo de la grande empresa del Canal de Nicaragua, "Centro América está en momentos solemnes y decisivos", y que ahora, como en ningún otro tiempo, se requiere ante todo el ascendiente del buen sentido, de la cordura y de la amistosa inteligencia de los Gobiernos centroamericanos, para que llegue un día en que la unión de los dos océanos haga de nuestros países, en la actualidad pobres y desiertos, "el centro del comercio y de la civilización del Continente".

Para quien no reflexiona sobre las conveniencias de nuestra política, asunto de mera curiosidad, asunto baladí es el debate que hoy preocupa al mundo civilizado sobre la ruta que ha de preferirse para la apertura del canal interoceánico. Mas, para los hombres pensadores, ese debate y su solución en favor de la vía de Nicaragua, es una cuestión que domina a todas nuestras pequeñas cuestiones, es una cuestión de interés capital; es una cuestión que, en suma, entraña la suerte de nuestro porvenir.

Los hombres de Estado de Centro América deben convertir todas sus miradas a tan grande empresa. ¿Realizado el Canal de Nicaragua, podrán resolverse nuestros problemas políticos y sociales? Creemos que sí; y ningún hombre sensato puede desconocerlo. En lo social, al contrario de lo que sucede en Europa, nuestro problema es tener población para sacar provecho de nuestras inmensas riquezas naturales; y en lo político, nuestro único y verdadero problema es el de poner término al fraccionamiento de Centro América, para que un Gobierno fuerte, ilustrado y respetable, rompa de un golpe con las tradiciones del pasado, y asegure en definitiva los magnos intereses de la paz, del progreso y de la estabilidad de nuestras instituciones republicanas; valiosos intereses que se han hollado en otras épocas por Gobiernos díscolos e irreflexivos que han reproducido en pleno siglo XIX las vías de hecho, los atentados y horrores de los estúpidos señores feudales que en la Edad Media hicieron un oficio de la guerra y la matanza. A Dios gracias, a la brutalidad ha sustituido el imperio de la razón.

Hemos dicho que nuestros dos grandes problemas social y político, —población y reconstrucción de la patria—, los resolverá la apertura del Canal de Nicaragua. Hecho el Canal, decimos mal, tan sólo al iniciarse la obra, tendremos una espontánea e inmediata inmigración; y como nuestros países abundan en recursos, y sus climas son benignos, la inmigración poblará nuestros desiertos, florecerá la industria, y habrá riqueza pública que, como hija del trabajo, será enemiga jurada de los tráficos revolucionarios. Hecho el Canal y poblado nuestro territorio, asentados en él intereses permanentes, rectificadas las ideas de los pueblos, puesto en derrota el caudillaje, restaurado el crédito, y atraído el respeto del extranjero, como consecuencia natural, y sin esfuerzo, vendrá la reconstrucción de nuestra patria: la civilización se impondrá con fuerza irresistible; y Centro América será una, porque la fórmula política que han de imponernos nuestra cultura y progreso social, será la fórmula de unión centroamericana, bajo un solo Gobierno digno y respetable.

Si tal es la perspectiva que se nos ofrece, y si el Canal de Nicaragua, como todos los grandes acontecimientos del humano progreso, tiene grandes oposiciones, ¿por falta de cordura y de patriotismo, los Gobiernos y pueblos de Centro América formarán un nuevo elemento de antagonismo? ¿Permitirán que facciones, luchas y escándalos incalificables den un nuevo motivo a los adversarios del Canal de Nicaragua para afirmar que nada puede emprenderse en Centro América, por ser la tierra clásica de la inseguridad, de los motines y de las revoluciones? Pensamos que no. Los pueblos y los hombres de Estado que más influyen en la política actual de Centro América, estamos ciertos de que se sobreponen a los mezquinos intereses de cuestiones lugareñas y de ambición personal, para dar, por medio de la paz, garantía y prestigio a la grande empresa del Canal de Nicaragua que, al decir del Señor Soto, formará "el más grande acontecimiento de nuestra historia".

La actitud de los Gobiernos amigos de las Repúblicas vecinas, y la Legación de Guatemala, con su misión de paz y de sincera confraternidad, robustecen nuestras creencias y esperanzas; y tenemos fe en que la ilustrada política del General Barrios, tan fecunda en beneficios para su patria, será un firme apoyo de la paz general y una garantía propicia para la realización de la magna empresa del Canal de Nicaragua. Por lo que hace a Honduras, el Señor Soto, cuya política sensata y elevada es ya bien conocida, hace poco aseguró, en su notable y último discurso, "que el pueblo hondureño estará siempre dispuesto a servir con fe y abnegación los verdaderos intereses de Centro América".

("La Gaceta", 29 de enero, 1880)

SITUACIÓN DE LA AGRICULTURA DEL PAÍS

El café y su estadística. — El porvenir del comercio asegurado
por la industria agrícola

I

La situación de la agricultura en Honduras es en la actualidad de marcada importancia, y promete para un porvenir no lejano, resultados muy satisfactorios.

En la parte Norte de la República, la más rica en extensos y feraces terrenos, se explotan ya en grande escala los frutos del plátano, del coco, del coyol, del cacao, del corozo, y de otras valiosas plantas frutales. Por doquiera se han ensanchado las plantaciones de éstas, y dos vapores, subvencionados por el Gobierno, hacen constantemente el comercio de frutas entre los puertos atlánticos de Honduras y los mercados de los Estados Unidos. Juzgamos aproximadamente que los valores que importa ese tráfico, que día en día se robustece y aumenta, no bajarán en este año de $400,000.

Aparte del comercio de frutas, tan expedito en la costa del norte por la facilidad de las comunicaciones fluviales y marítimas, y la proximidad de excelentes mercados, podemos agregar que las poblaciones de la costa del sur no permanecen extrañas al interés que en el país hoy despierta la industria agrícola. El cultivo del jiquilite (índigo), por muchos años abandonado, ha vuelto a recuperar su puesto, y se desarrolla notablemente. Por el puerto de Amapala ha comenzado a hacerse la exportación de número considerable de sacos de excelente añil. Honduras posee en el Sur vastos terrenos muy propios para una grande producción de añil; y este precioso artículo, que en un tiempo labró la prosperidad de la vecina República salvadoreña, y que da los números más estimados en su clase, puede, sin duda, constituir por sí solo un verdadero patrimonio para los pueblos que se asientan en las márgenes del Choluteca y del Goascorán, y que tienen a un paso, por Amapala y puertos menores, la exportación de sus productos.

La zarza de Honduras, que está reputada como una de las mejores del mundo, es también un artículo llamado a figurar por el valor de sus productos. El Gobierno ha dictado medidas conducentes a la conservación y ensanche de los zarzales, y a su más amplia y beneficiosa explotación. El hule será objeto de análogas medidas, y estamos seguros de que estos artículos, vistos antes como cosa de poca monta, serán en breve un notable ramo de exportación, y uno de los factores más activos de nuestra riqueza pública.

La ley orgánica del ramo de aguardiente, de 19 de diciembre de 1876, de un modo indirecto, promovió el mayor cultivo de la caña de azúcar. De entonces a esta fecha se han formado en los Departamentos nuevas fincas de caña, y las que había en reducido espacio, se han extendido en más de ocho suertes, cantidad requerida por la citada ley para el efecto de la destilación de aguardiente. A propósito del ramo que nos ocupa, nos es satisfactorio manifestar que en el valle de Comayagua, uno de los más extensos y fértiles de Centro América, se ha establecido por el Señor Arias un ingenio para el cultivo y elaboración de la caña de azúcar en considerables proporciones. El nuevo ingenio está provisto de completa y excelente maquinaria, al estilo de los ingenios de Cuba; y con grande economía de tiempo y de trabajo, dará al empresario y al país abundante y valiosa producción. Después de haber estudiado la situación y condiciones de la empresa agrícola del Señor Arias, no vacilamos en asegurar que en su género es la primera en el país: que proporcionará en beneficio general muy buenos resultados, abaratando el azúcar, la panela y el aguardiente; y que tal vez más tarde dará a la República un nuevo ramo de provechosa exportación.

El cultivo del café, que ha llegado, por decirlo así, a tomar la primacía entre los cultivos de las plantas productoras de frutos deleitables para el hombre, se ha abierto entre nosotros muy espacioso campo. Sobrados motivos tienen el Gobierno y pueblo hondureños para consagrar esmerada atención al cultivo del café: su conveniencia es palmaria. Sin ir muy lejos a buscar ejemplos, la dictadura de Carrillo, que tuvo un alto sentido económico por haber impuesto en Costa Rica la obligación de cultivar el café, aseguró por tal medio la prosperidad de aquella laboriosa República, antes sumida en los limbos de la inacción y la miseria. Guatemala, que hace algunos años sufrió espantosa crisis a causa de la depreciación de la cochinilla, que era el sustentáculo de sus transacciones y de su riqueza pública, ha salvado felizmente el abismo a que estuvo a punto de precipitarse; y lo ha salvado reemplazando los nopales con vastas plantaciones de café. Hoy los terrenos de la costa grande, que hace doce años casi sólo servían para figurar en el mapa como parte del territorio guatemalteco, figuran, debido al café, como puestos avanzados de producción y de prosperidad; e igual juicio podemos hacer de otras secciones de Guatemala, antes desiertas e improductivas, y en la actualidad convertidas en centros de población, en donde el trabajo y el capital, con su prodigiosa virtud, obran las maravillas del progreso.

La República de El Salvador, tan movible por la ígnea actividad de su naturaleza volcánica, como activa por el nervio y genio emprendedor de sus habitantes, ha podido compensar la decadencia de sus famosas ferias y de sus producciones de añil, con el cultivo y la producción del café. Sólo la producción de este artículo en el próspero Departamento de Santa Ana, es bastante a nuestro juicio a compensar en su mayor parte los extinguidos beneficios de las ferias y las valiosas cosechas del jiquilite. Nicaragua ha buscado también el objetivo de su conveniencia como país agrícola. No obstante su clima ardientísimo, ha hecho en sus sierras y en sus terrenos de temperatura media considerables plantaciones de café, y hoy el país de los grandes y poéticos lagos acrece su riqueza y bienestar con la producción de tan importante artículo.

II

Con ejemplos tan dignos de seguirse, teniendo al alcance de nuestra mano la clave de nuestra riqueza y prosperidad nacional, riqueza y prosperidad nacional que, según lo hemos dicho tantas veces, resuelven nuestros problemas políticos; ¿cómo se entiende?, ¿cómo se explica que Honduras hace cuatro años no haya fijado decididamente su atención en la agricultura, madre legítima de la industria y del comercio? ¿Cómo se entiende, cómo se explica la adopción de combinaciones políticas, más o menos inconducentes, cuando la necesidad de ser algo, de tener algo, ha llamado con golpes redoblados a nuestras puertas, y nos ha señalado con señal inequívoca que seremos algo, que tendremos algo por medio de la agricultura?

Vamos a explicar con cumplida franqueza tan excepcional y curioso fenómeno.

Aquí, en Honduras, en donde malamente se ha dado en llamar política al interés egoísta de una bandería sobrepuesta a los intereses generales de la sociedad; aquí en Honduras, adoptado tal sistema, se sabía por larga y dolorosa experiencia que el partido triunfante, siempre inestable, no debía ni podía tener otra atención que la de asegurar el poder. Se sabía además que los partidos caídos no podían tener más ocupación que la de aprestarse a la lucha, pues la intolerancia política atacaba la seguridad de la propiedad, del capital, del crédito. ¿Quién en semejante medio social, quién en una atmósfera asfixiante en que la aspiración suprema era respirar, podía dedicarse satisfecho del presente y confiado en el porvenir, a los pacientes, tranquilos y reflexivos trabajos de la agricultura? Los hombres del poder, del partido dominante, no podían dedicarse a ello: poco era su tiempo para defenderse de sus adversarios y para prolongar por algunos días su efímero predominio.

Los vencidos, los hombres de los partidos caídos, tampoco podían pensar en empresas agrícolas: poco les era el tiempo para conspirar, y para sustraer sus maltrechos capitales de la acción absorbente del fisco armado, exigiendo la contribución forzosa, bajo el apremio de negar el agua y el fuego, como entre los antiguos romanos. Si nadie, pues, contaba con el día de mañana; si todo era precario, de circunstancias del momento; ¿qué de extraño tiene que el pueblo hondureño, tan inteligente, pero sujeto a un régimen político vicioso, no pudiese poner ni la primera piedra del edificio social, a cuya sombra, con el trabajo y el comercio, está llamado a regenerarse y a engrandecerse? Dado un principio falso y ruinoso en política, sus consecuencias deben ser también falsas y ruinosas.

He aquí lo que ha sucedido en Honduras; y como en este país incipiente, de educación hispano-colonial, el Estado, el Gobierno, la política, lo han dominado todo, no será sorprendente que con un Estado, que con un Gobierno, que con un sistema político, reñidos con la estabilidad, con las garantías al trabajo y al capital, con la confianza y el crédito, hayamos tenido en más de medio siglo completa indiferencia respecto a la agricultura, crasa ignorancia respecto a su importancia, absoluta dejación de nuestros más caros y vitales intereses.

III

Afortunadamente en el año de 1876 llegó el día en que, sin violencias, sin luchas, se operó en Honduras una saludable transformación política que ha ejercido directa y benéfica influencia en provecho de la agricultura. ¿Qué necesitaba ésta como condiciones de existencia y desarrollo? Paz inalterable, respeto a las personas y a las propiedades, garantías al trabajo, estímulos para la producción, decidida protección del Estado y, como consecuencia de todo esto, el firme arraigo de la confianza pública.

El Gobierno del Señor Soto comprendió desde el principio la importancia de tan legítimas exigencias. Notó que debía operarse un cambio en el orden político, pero un cambio que refluyese en beneficio de los intereses económicos del país, y primordialmente de la agricultura. Con la fuerza de la convicción, el Señor Soto no vaciló en proclamar netamente una política nacional, un Gobierno para todos; en suprimir de un golpe las contribuciones directas y forzosas, las exigencias violentas sobre prestación de servicios públicos gratuitos; en garantizar el trabajo y la seguridad de los ciudadanos, sin aceptación de partidos; en decretar amplias y eficaces garantías y exenciones en favor de la agricultura; en expeditar las vías de comunicación y los medios de exportación; en restablecer el crédito interior del Estado; y, en suma, en infundir y fortificar la confianza pública, la fe en una situación sólida, de paz y de progreso.

Los esfuerzos del Gobierno del Señor Soto no han sido vanos. Sus altas miras políticas y económicas han tenido su realización. La confianza ha renacido, el trabajo ha aumentado la riqueza particular y pública, y los capitales han salido de sus cajas para fecundar los campos que hoy forman el asiento de considerables empresas agrícolas. Hoy, al arte de conspirar y de guerrear se ha sustituido por el arte nobilísimo de labrar la tierra, que, nunca ingrata, sabe corresponder a los afanes del hombre proveyendo, como madre bienhechora y cariñosa, a la satisfacción de las necesidades y aún de los gustos individuales y sociales. Si los hábitos de orden en los pueblos y una política justa y protectora en el Gobierno han dado por resultado la vida y crecimiento de la agricultura, ésta, en cambio, con sus ramificados y legítimos intereses, es y será una garantía para el orden social, un elemento de estabilidad para el Estado, y un poderoso auxiliar para el sostenimiento del crédito público.

IV

Oportunamente publicaremos los datos estadísticos relativos a los diversos ramos de la agricultura del país. Por ahora vamos a concretarnos a evidenciar, por los procedimientos de la estadística, la importancia que tienen las plantaciones de café. Sentimos no poder presentar en el cuadro que publicamos sobre el número de cafetos trasplantados, o en hacienda, y en almáciga, una cantidad exacta. Nos limitamos a apuntar el mínimum de cafetos; pues aunque la Secretaría de Fomento dio sus instrucciones a las Gobernaciones políticas de los Departamentos para que formasen una cuenta completa de todos los cafetos en almáciga y trasplantados, no se ha podido lograr este objeto, debido a que la ignorancia y preocupación de algunos agricultores, que desconocen los beneficios de la estadística, les han hecho aún ver con recelo las investigaciones de los Gobernadores políticos, y han rehusado suministrarles datos sobre el número completo de cafetos que contienen sus fincas.

Ojalá que todos los agricultores lleguen a comprender que el conocimiento en el interior y en el extranjero del valor de sus fincas, les asegura capital y crédito, capital y crédito que no se obtienen en el retraimiento y en la oscuridad, sino a la luz del pleno conocimiento de los valores disponibles por el empresario de industria. Mas, nosotros confiamos en que la ciencia económica, que es una ciencia de observación, dará en tierra con funestas preocupaciones, y con la ignorancia de nuestros propios intereses.

Reanudando nuestras consideraciones sobre la importancia y estadística del café, nos es grato manifestar que según el cuadro aludido, hay en la República, como mínimum 3,103,400 cafetos trasplantados o en hacienda, y 4,177,586 cafetos en almáciga, cuyas cifras arrojan el total de... 7,280,986 cafetos.

Los cafetos trasplantados o en hacienda, que en gran parte ya producen, dentro de dos años estarán en plena cosecha. En nuestros terrenos tan feraces hay cafetos que producen hasta veinticinco libras de fruto; pero esto no es lo general. Don Emiliano Martínez, Cónsul de Colombia y Venezuela en Nueva Orleans, que por encargo del Gobierno de Honduras ha escrito una interesante Memoria sobre el cultivo del café, calcula el producto de este, en nuestro país, a razón de dos libras y media por cafeto. Nosotros adoptamos el promedio de dos libras por mata y, sobre este mínimum, dentro de dos años los 3,103,400 cafetos producirán 62,068 quintales de fruto. Ahora bien, nuestro café, cuya mayor parte es de primera clase, y que ha alcanzado en Londres las mejores cotizaciones (últimamente 18 a 19 pesos quintal), puede calculársele, por mucha que sea la caída del artículo en algunos años, el precio mínimo de 10 pesos quintal, libre de gastos de exportación. Calculado ese precio, el mínimum de 62,068 quintales que se exportará dentro de dos años, dará a los agricultores hondureños el producto de $620,680. Partiendo de datos oficiales, juzgamos aproximadamente que el valor de las mercaderías extranjeras que se importan por Amapala, Trujillo, Puerto Cortés y Omoa, asciende al año a $800,000. Comparados los valores de importación y exportación, podemos aseverar que dentro de dos años sólo el artículo del café pagará casi la totalidad de nuestras importaciones, quedando nuestros demás valores exportables, plata y oro en pasta, maderas de construcción y de tinte, frutas, añil, ganado, quesos, zarza, cueros, etc., como un sobrante invertible casi exclusivamente en la formación de nuevas empresas agrícolas e industriales, y en el aumento de las transacciones del comercio.

Calculando que se aproveche y trasplante la mitad de los 4,177,586 cafetos en almáciga, dentro de tres años, a razón de dos libras por cafeto, producirán 41,775 quintales, 3 arrobas 11 libras, y calculando el precio mínimo de $10 por quintal, darán para Honduras el producto de $417,758.60 centavos. En el tiempo indicado, el valor de la exportación del café no sólo bastará a pagar las introducciones de mercaderías, aun calculando su aumento gradual, sino que también dejará un sobrante invertible, económicamente, en consumos reproductivos en los diversos ramos de industria.

Sumadas las cantidades mínimas del café exportable, dentro de dos y tres años, y adoptado el último término, dan un total de 103,843 quintales, 3 arrobas, 11 libras y respecto al producto del precio, un total de... $1,038,438.60 centavos.

Si en tres años y meses que lleva de existencia la presente Administración, época en que han empezado a reconstruirse los capitales, ha sido dado sembrar casi en totalidad el número de 7,280,986 cafetos, del cual suponemos en hacienda, y por completo, dentro de un año, 5,192,193, es de calcularse que aumentadas las fortunas particulares, con la ayuda de los rendimientos del café existente, y con los provechos progresivos de los demás ramos agrícolas, es de calcularse, decimos, que dentro de tres años podrán plantarse, por lo menos, 5,192,193 cafetos. Sumada esta cantidad probable con la calculada en producción dentro de tres años, dará dentro del término indicado el total de 10,384,386 cafetos. Este número, dentro de cinco años, calculado ya todo en producción, y a razón de dos libras por cafeto, dará 207,687 quintales, 2 arrobas, 22 libras, y este producto, apreciado a diez pesos quintal, dará $2,076,877.20 centavos. El día feliz en que nuestros cálculos se realicen, en que el café proporcione al país todos los rendimientos indicados, la agricultura nacional tendrá una base inconmovible, y estará asegurado el bienestar de Honduras. La agricultura, como todos los grandes intereses sociales, una vez que halle su verdadero carril y tome fuerte impulso, no retrocederá. Con paso firme seguirá su marcha, y esta marcha triunfal será la de nuestro progreso y civilización.

Hemos apuntado nuestras observaciones y cálculos sobre los beneficios, o más propiamente, sobre la renta que, en diversos períodos de tiempo, debe proporcionar la producción del café. Mas debemos completar nuestras apreciaciones estimando el capital fijo representado por los cafetales existentes y por los que hemos calculado deben plantarse dentro del término de tres años. En las fincas de café, tanto en Centro América como en la América del Sur, es general la estimación que se hace de su valor, dando a cada cafeto ya trasplantado cl avalúo de un peso. Poseyendo, pues, en Honduras fincas que dentro de poco tendrán completamente trasplantados 5,192,193 cafetos, podemos juzgar que dentro de año y meses ese número representará el capital fijo de $5,192,193. Este capital no existía hace cuatro años; este capital, por decirlo así, ha sido improvisado al calor vivificante de la paz y del trabajo. ¡Qué resultados tan brillantes son los que ofrecen el concierto social y la laboriosidad de los pueblos!

Y siguiendo nuestras apreciaciones sobre capital fijo, como dentro de tres años hemos calculado un ciento por ciento en la progresión de las plantaciones de café, tomando por base el número existente en hacienda y la mitad del que se halla en almáciga, resulta de nuestro cálculo que dentro de tres años se habrá aumentado el capital fijo, en fincas de café, en... $5,192,193, que sumado su importe con el valor del existente dará la cifra de $10,384,386. ¿No es verdad que esta estadística, reveladora de la honradez y del trabajo de la nación, es preferible mil y mil veces a la horrorosa estadística de las confiscaciones, saqueos, incendios y asesinatos que han sido los productos de nuestras lamentables revueltas políticas?

V

El porvenir del comercio de la República, por tanto tiempo vacilante y en cierto modo artificial, debe tener por base la industria agrícola: esta es la única capaz de asegurarle prósperos destinos.

Por falta de agricultura, por falta de frutos exportables, ¿cuál ha sido desde la independencia acá la suerte de nuestro pequeño comercio? La más triste, por no decir angustiosa. El comercio se ha limitado a vegetar en la indolencia, a vivir encerrado en un pequeño círculo vicioso. Ha traído mercaderías del extranjero para el consumo improductivo del país: lentamente ha realizado sus mercaderías para poner en caja peso por peso el producto de las ventas, y después exportar el dinero efectivo o invertirlo en la compra de algunos marcos de plata en pasta o de letras sobre Londres, etc., para por este medio hacer frente a los pagos de Europa. He aquí pura y simplemente todo el mecanismo de nuestras transacciones comerciales. En esfera tan reducida, ¿qué progresos notables ha podido alcanzar el comercio? ¿Qué beneficios positivos ha podido dar al país? Casi ningunos. Con la venta de sus mercaderías sólo ha satisfecho económicamente a consumos improductivos: la pieza de manta que se vende es un valor que se consume y que no reaparece bajo otra forma. Con guardar en caja el numerario, producto de la venta, no se logra más que sustraer de la circulación un valor que podría dar vida a la industria, a las transacciones, y en último análisis, ganancias al mismo comercio que lo retiene. Con la exportación del dinero efectivo y de las platas en pastas, el comercio por lo común pierde en el cambio por letras o por el metálico en que debe efectuar sus pagos, y además deja en el país crisis constantes ocasionadas por la falta casi absoluta de numerario. He aquí descritas las operaciones de nuestro comercio que, bajo el dominio de una rutina infructuosa, no ha podido tener ni consistencia ni prosperidad.

Cierto es que, dada la situación en que ha permanecido el país por muchos años, el comercio ha tenido necesidad de sujetarse a los infecundos procedimientos que hemos reseñado. Por hoy que, por una feliz evolución política y social, la agricultura se ha constituido y ha empezado a desarrollarse entre nosotros, el imperioso deber del comercio, y no sólo su deber, sino su más alta conveniencia, reclaman que abjure de la rutina, y que tienda mano amiga y protectora a la agricultura, tan necesitada de la cooperación del capital y del crédito.

La industria agrícola corresponderá con esplendidez los beneficios que reciba del comercio. Habiendo frutos exportables, el comercio no tendrá ocioso el producto de sus ventas: lo empleará día por día en transacciones beneficiosas para sus intereses: tendrá facilidad para situar sus fondos con la remisión de frutos, y obtendrá nuevas ganancias con la realización de éstos en los mercados del extranjero. Aparte de estas ventajas, la sola idea en el comercio del exterior de que el comercio de aquí puede hacerle considerable remisión de frutos, será un motivo bastante para que el crédito de los comerciantes hondureños se centuplique, el crédito que en este gran siglo es el agente mágico que atrae los capitales, las transacciones, y que vivifica y engrandece el comercio de las modernas sociedades.

Siendo, pues, tantas las excelencias de la agricultura, principal fuerza motriz de nuestro engrandecimiento nacional, deber es hasta de patriotismo estimularla, impulsarla, ayudarla, protegerla por todos los medios posibles. La agricultura importa para todas las clases sociales un capital interés: en saber comprenderlo y derivar de él todos sus legítimos provechos, está empeñada nuestra conveniencia, está empeñada nuestra aspiración suprema de hacer, por la virtud fecunda de la honradez y del trabajo, la felicidad de nuestra joven República. Cinco años más de paz, de orden y trabajo, y nuestra agricultura será una fuente inagotable de riqueza, y nuestros más fervientes votos serán cumplidos viendo realizada la prosperidad de Honduras.

Estado general que demuestra el número de árboles de café, que trasplantados y en almáciga hay en la República.

Departamentos	Cafetos trasplantados o en hacienda	Cafetos en almáciga	Totales
Santa Bárbara	851,814	223,285	1.075,099
Copán	518,029	335,295	853,324
El Paraíso	427,700	216,150	643,850
Tegucigalpa	282,996	911,170	1.194,156
Olancho	200,715	87,716	288,431
Comayagua	192,262	1.128,383	1.320,645
Choluteca	168,951	1.139,976	1,308,927
Yoro	283,319		283,319
Gracias	132,664	88,185	220,849
La Paz	44,450	47,126	91,576
Roatán	500	300	800
Totales	**3.103,410**	**4.177,586**	**7.280,986**

Tegucigalpa, febrero 29 de 1880.

FORMACIÓN DE MINISTERIO

Viaje del Señor Presidente de la República.—El Consejo de Ministros encargado del Poder Ejecutivo

I

CUANDO un país trabajado por la discordia, revuelto y desorganizado por la anarquía, llega al doloroso extremo de perder la confianza en los hombres y en las cosas, y de verse lanzado en la resbaladiza pendiente del escepticismo social; entonces, para alcanzar la reorganización administrativa, para restablecer la fe y la confianza, y para dar cohesión a los elementos sociales que ha disgregado el desconcierto público, se necesita una gran fuerza centralizadora que, bajo el plan de una absoluta unidad, ponga en evidencia la adopción de un principio regenerador que, ajeno a las personalidades, a los resentimientos, a las desconfianzas de ayer, y a las prevenciones e incertidumbres de hoy, ejerza su influencia saludable creando un sistema político y administrativo, justo y benéfico, haciendo efectivas las garantías de los asociados, promoviendo los intereses generales, y poniendo a raya los elementos de desorden, los elementos adversos a la seguridad, al bienestar y engrandecimiento de los pueblos.

La situación que hemos bosquejado era, hace cuatro años, la situación de Honduras; y al ilustrado juicio del Señor Presidente de la República, confirmado por los Congresos de la Nación, fue necesario adoptar un plan completo de unidad de acción, de fuerza centralizadora que volviese a sus quicios la casi disuelta sociedad hondureña. Como una consecuencia de este sistema, se reasumieron en una sola Secretaría General de Estado todos los Despachos del Ejecutivo.

II

Las circunstancias que dieron margen a esa medida, felizmente han desaparecido. Después de cuatro años de perseverante trabajo, de lógica inquebrantable en los propósitos y actos del Ejecutivo, de propaganda en pro de los buenos principios, y de acción administrativa en favor del progreso moral y material del país, el Señor Presidente Soto ha obtenido el resultado de ver coronados sus esfuerzos, de ver rectificadas las ideas, reconstituidos los intereses sociales, y cimentada la confianza pública que descansa en su impersonal programa de Gobierno.

En este estado de cosas, por el que debe felicitarse nuestra patria, lo oportuno, lo conveniente es atraer al seno del Gobierno individuos que, por sus aptitudes y patriotismo, sean hábiles para tomar activa participación en la prosecución de las grandes labores administrativas que, en paz y libertad, han regularizado y hecho adelantar a nuestra sociedad.

A la alta conveniencia de descentralizar la acción administrativa, en un tiempo necesaria en toda su unidad, a la justa exigencia de allegar el concurso de hombres idóneos y bien intencionados que coadyuven a la realización de los fines del Gobierno; a tales conveniencias, se ha dado cumplida satisfacción, encargando las Secretarías de Gobernación, Justicia, Negocios Eclesiásticos y Fomento, al General don Enrique Gutiérrez; las Secretarías de Hacienda y Crédito Público, a don Abelardo Zelaya; y dejando confiadas las Secretarías de Relaciones Exteriores, Instrucción Pública y Guerra, al Secretario de Estado, que durante la época penosísima de la reorganización del país, ha tenido a su cargo todos los despachos del Ejecutivo. Los nuevos Secretarios de Estado, señores Gutiérrez y Zelaya, por su lealtad, sanas ideas y miras progresistas, no sólo tienen la confianza del Gobierno, sino también la aceptación pública. A ello son acreedores por sus relevantes prendas personales. El país puede esperar mucho de sus talentos y de su patriotismo.

III

El Señor Presidente Soto, en el deseo de visitar a Guatemala, país en donde obtuvo su educación y una distinguida posición social, y en el propósito de corresponder a las invitaciones que le han dirigido sus amigos, se resolvió a hacer un viaje a aquella República; y al efecto, el día de ayer, acompañado de algunos hondureños notables, salió de esta capital para el puerto de Amapala, en donde tomará el próximo vapor, con dirección a Guatemala.

Gran vacío ha dejado el Señor Soto entre sus numerosos amigos. El Señor Soto, a más de hacerse estimar por sus eminentes dotes de hombre de Estado, se hace querer por su carácter caballeresco y simpático. Justo es, pues, el sentimiento de pena que causa su ausencia en el ánimo de sus amigos.

Es incansable el Señor Soto en la ardua tarea que se ha impuesto de mejorar la condición de Honduras. Consigo llevará la imagen de la patria, y no dudamos que, aprovechando sus relaciones con los hombres de Estado más importantes de Guatemala y El Salvador, trabajará, por el bien de este país, y por aumentar el prestigio del nombre que ha alcanzado bajo su acertada administración.

Hacemos votos, los más sinceros, porque el Señor Presidente Soto tenga algunos días de reposo y de solaz al lado de sus buenos amigos, los Señores Presidentes de Guatemala y El Salvador, y porque su pronto y feliz regreso venga a dar satisfacción colmada a sus conciudadanos y amigos que desde aquí lo acompañan con sus recuerdos, y le envían los testimonios de la más sincera y respetuosa adhesión.

IV

Durante la ausencia del Señor Presidente de la República ejercerá el Poder Ejecutivo el Consejo de Ministros, de conformidad con el decreto Supremo, fecha diez del mes en curso. El Consejo de Ministros ha entrado en el ejercicio de sus altas funciones, y preside a todos sus actos y propósitos el espíritu de rectitud y justicia que forma el fondo del programa de la Administración progresista del Señor Presidente Soto.

Para los hombres que observen con imparcial criterio los acontecimientos políticos que se operan en Honduras, la delegación del Poder Supremo que se ha hecho al Consejo de Ministros, por causa dc la ausencia del Señor Presidente, es un suceso de gran significación, por cuanto revela que la moralidad política y la confianza pública han recobrado entre nosotros su legítimo ascendiente. En otras épocas, el Jefe de Estado no podía ni trasladarse de un punto a otro del país, sin exponerse a graves inconsecuencias de su mismo círculo, y a sacudimientos sociales nacidos de la falta de fe en un sistema de Gobierno apoyado en las convicciones y en la lealtad de sus sostenedores. Hoy, para honra del país y de sus hombres públicos, sucede todo lo contrario. El Señor Presidente Soto va a permanecer fuera de la República, y todo Honduras sabe y cree que no se interrumpirá la confianza de los ciudadanos, porque el Consejo de Ministros, por sentimiento, por convicción y por deber, sólo representa y representará los principios políticos del Señor Presidente Soto, que son los principios de imparcialidad y justicia para los asociados, de paz y progreso para la Nación hondureña.

("La Gaceta", 12 junio 1880).

EL PRÉSTAMO Y LOS TEÓLOGOS DE LA EDAD MEDIA

MUY juiciosamente por cierto, decía un grande escritor, que la tolerancia o equidad de un filósofo en punto de opiniones debe consistir en tres cosas: primero, en referir las ajenas con escrupulosa fidelidad; segundo, en inclinarse a explicarlas de una manera favorable; tercero, en confutarlas cuando fuese menester con urbanidad. Debiendo yo dar juicio de un párrafo contenido en uno de los artículos sobre "La Legislación en sus relaciones con la economía política", publicado en la Semana No. 82, me propongo seguir dicha norma, aunque con el pesar de que el resultado de este cualquier trabajo sea tal vez la evidencia de que aquel escritor no la ha seguido. El párrafo es del tenor siguiente:

"El préstamo es la confianza, el crédito en acción; y ya se deja ver la funesta influencia de las leyes que contrarían ese gran motor del comercio y de la riqueza moderna. No estamos ya en los tiempos de odios y de rencores implacables, en que por hostilizar a los Judíos se veía con desprecio el interés del dinero, y se desatendían las seguridades del capital, porque era el patrimonio de los hijos de Judea, de esa raza tan grande como desgraciada. No estamos ya en los tiempos de Aristóteles y de Cicerón, ni en la tristísima época de los Teólogos de la Edad Media, para decir que el dinero nada produce y que el interés es una usura condenable por la razón y la moral. Felizmente alcanzamos mejores días: el fanatismo político y religioso, ese sagrado contagio (sic), como lo llama Voltaire, va perdiendo su asiento, y en su lugar la libertad, savia fecunda de los pueblos modernos, va extendiendo su benéfica acción..."

Muchas cosas y muy graves contiene este párrafo. Nosotros nos contentaremos con añadir al fin a manera de conclusión una palabra sobre "la funesta influencia de las leyes que contrarían ese gran motor del comercio", y dejando a un lado a la "raza tan grande como desgraciada"

"Que sin miedo en la cruz ponerle pudo"

olvidando por un instante a Aristóteles y Cicerón que más sobrios quizás en sus deseos, aunque gentiles, acertaban a veces en la solución de los más difíciles problemas sociales más que nosotros alumbrados con la luz del Evangelio, nos ocuparemos brevemente "de los Teólogos de la Edad Media", quienes por su cristiandad y ciencia fueron tan beneméritos de la sociedad como de la religión; y cuya honra o deshonra, estimación o desprecio, no puede menos de reflejarse sobre la Teología, el derecho canónico y en cierto modo sobre la Iglesia misma. La censura parece recaer sobre dos puntos de su doctrina, a saber: sobre haber ellos enseñado, lo primero, que "el dinero nada produce", lo segundo, que "el interés es una usura condenable por la razón y la moral". Veamos, pues, distintamente si estas reconvenciones son fundadas.

1. Si son reprensibles los escolásticos por haber en algún sentido enseñado la esterilidad del dinero.

¿El dinero produce? He aquí una de aquellas preguntas que en el día se hacen a sí mismos y mutuamente los sabios sin poderse avenir en una respuesta definitiva, al paso que muchos censuran a nuestros antepasados porque o no aclararon un punto de tanta importancia, o porque no se acomodan tal vez a su propio parecer. Si tuviéramos que entrar en la discusión de una proposición tan elástica y capaz de tan variados sentidos, tendríamos necesidad de distinciones y preámbulos, que son del todo inútiles para nuestro propósito.

Si se tuviere presente que Santo Tomás es el representante de casi toda la Escuela, que es el guía de los que fueron hostiles, no ya a todo interés, sino tan sólo al interés legal (que al cabo nada tiene que ver con la cuestión presente), nadie rehusará recibir la doctrina de los teólogos de la Edad Media sobre el dinero, compendiada en las siguientes palabras de aquel insigne Doctor. "El dinero principalmente fue inventado para las permutas, y así su propio y principal uso es consumirlo o enajenarlo conforme se hace en las permutas. Y es por esto que de suyo es ilícito recibir precio por el uso de la moneda prestada, lo que se llama usura." Y más abajo: "El uso principal del dinero es enajenarlo en las permutas: por lo tanto no es lícito vender lo que uno ha prestado con la condición de que se le restituya... Igualmente puede darse algún uso secundario del dinero, como si alguno lo diere como objeto de lujo, o para colocarlo en lugar de prenda: y este uso del dinero el hombre lo puede vender ".

Como la claridad con que el Santo Doctor expresa su pensamiento hace supérfluo cualquier comentario, y nuestro intento no exige por nuestra parte la apreciación de semejante doctrina, nos ceñimos a señalar al lector imparcial un hecho en un todo innegable: y es que esta doctrina, sea verdadera o falsa, todavía subsiste en el mundo científico, aunque no sin contraste, y que es profesada ora en todo ora en parte por una escuela numerosa, compuesta no tan sólo de teólogos y canonistas, sino también de publicistas y economistas. De suerte que en el día es verdad que unos afirman que el uso del dinero cedido a otro para que lo emplee en su uso principal es productivo, mas es verdad también que muchos otros todavía lo niegan: es verdad que según algunos este uso así cedido es productivo para el que lo cede por razón del mismo uso digno, como dicen, de precio; mas es verdad también que según muchos otros es productivo solamente para el que lo recibe; en suma, es verdad que existe una escuela nueva, contraria a la doctrina de los teólogos de la Edad Media, mas es verdad también que existe otra que explica y defiende la misma. Este es el hecho innegable que a la par que no necesita pruebas, no puede ser desmentido por razón ninguna.

Por lo tanto, el filósofo o economista imparcial que quisiera tratar de esta materia, según toda regla de equidad y justicia, no debería disimular este hecho. En el estado actual, debería primero confesar la existencia de dos opiniones modernas y exponerlas con la debida fidelidad; lo segundo, demostrar con razones competentes la sentencia que fuere más de su agrado; y lo tercero, no desentenderse de las razones y dificultades que opone la sentencia contraria o, si no, indicar siquiera que la propia sentencia constituye todavía un punto de controversia. Ahora bien, esto es lo que no hace el autor del artículo en cuestión. El afirmar que no estamos en tiempos "para decir que el dinero nada produce", cuando real y verdaderamente se está en tiempos en que se afirma lo uno y lo otro por diferentes bandos, históricamente no es exacto. El insinuar que los Teólogos de la Edad Media se equivocaron, y que se equivocaron de una manera deshonrosa, cuando dijeron "que el dinero nada produce", es condenarlos sin proceso y apelación, y lo que es más, es condenar al público desprecio a un sinnúmero de pensadores de la época presente que sostienen lo mismo. Verdad es que así enunciada la proposición

"El dinero nada produce", puede parecer risible, especialmente a los que, no considerando las cosas en sí mismas, se fijan solamente en el estado contingente del mundo. Mas los antiguos no la formularon así, y la adhesión de tantos sabios a ella nos debería hacer cautos en nuestro juicio, para no pensar que es risible una opinión que, bien explicada y bien entendida, tiene a raya la contraria con todos los caracteres de una verdadera probabilidad.

No se crea por esto que la Sociedad Católica abraza esta opinión. Ella al presente no adhiere a ninguna, y queriendo conservar el derecho que le compete para la entera libertad en su elección, ruega a los lectores que no quieran ver en este breve párrafo ni siquiera la propensión más bien a la una que a la otra. El deseo de no aumentar con un escrito incompleto las tinieblas en que anda envuelta esta materia, y otros justos motivos, han sido parte para que no entrase más adentro en la defensa de aquellos maestros tocante a este punto; y muy de buen grado se hubiera abstenido de estas pocas indicaciones, a no haber exigido lo contrario la tolerancia legítima y la justicia debida hacia tantos hombres tan beneméritos de la religión y de la ciencia. Pero llegado el caso en que quisiera exponer alguna opinión sobre el asunto, se atendría fielmente a la pauta que se ha trazado.

2.- Si los escolásticos enseñaron que el interés es una usura condenable por la razón y la moral.

La cuestión es puramente histórico-crítica, siendo así que no se trata de si el interés es una verdadera usura, sino si lo sintieron así los antiguos teólogos. Pocas reflexiones bastan a poner de bulto la verdad.

Es muy cierto que los teólogos de la Edad Media enseñaron de común acuerdo dos cosas, y son: lo primero, que pedir en el mutuo más de lo que se da, sin autorización de un título extrínseco al mismo contrato, es verdadera usura, ilícita por derecho natural, divino y eclesiástico; lo segundo, que pedirlo con autorización de un título extrínseco al contrato, no es usura, sino es lícito por todo derecho. Ahora bien, enseñando estos dos principios se conformaron a la verdad y a la doctrina de la Iglesia católica. En efecto, esta es la doctrina que Benedicto XIV sancionó como Pontífice en su célebre Encíclica, después de haberla reasumido como Doctor privado en una obra no menos famosa, cuyas palabras preferimos por ser más concisas: "Fue doctrina perpetua, y lo es todavía de la Iglesia católica, doctrina confirmada por el consentimiento de todos los concilios, padres y teólogos, que el lucro ex mútuo, precisamente por razón del mútuo, como se expresan los Teólogos, excluido el título del lucro cesante o daño emergente, u otro título extrínseco, es usurario e ilícito por derecho natural, divino y eclesiástico." Salvo los autores, la mayor parte protestantes, que defienden desembozadamente la usura, no sabemos que entre los controversistas verdaderamente católicos haya quien no profese veneración hacia esta doctrina. Por lo cual, para poder afirmar con razón que los Teólogos de la Edad Media tuvieron el interés por "una usura condenable por la razón y la moral", sería forzoso demostrar que para ellos todo interés, o cuando menos que para todos ellos el interés moderno, era intrínseco al contrato de mutuo. Pero hoc opus, hic labor est. Por cierto, Heinecio, al decir con tono magistral que "los intérpretes del derecho canónico desechan todo interés", no supo confirmar con un nombre solo su aserto. Y con todo, cuántos no juran in verbo magistri.

Fuera de que hay que hacer mérito también de aquella cláusula universal, "u otro título extrínseco", en razón de que, si bien en los más antiguos no se enumeran sino el daño emergente y el lucro cesante, llamados desde entonces interesse, no obstante, siendo el principio universal, del propio modo que en seguida se introdujeron el peligro de la suerte, la pena convencional y algún otro título fundado en mayor o menor probabilidad, se podrían admitir otros en lo venidero, siempre que se hallaren extrínsecos, y en cuanto extrínsecos al mutuo. Y a fin de que no se crea que el principio general lo asentó el primero Benedicto XIV, citaré siquiera otro de los antiguos que tengo entre manos. "Por la naturaleza misma de las cosas, dice Molina, es ilícito y contra la justicia conmutativa en la permuta de una cosa por otra exigir o recibir más de lo que la cosa vale, si alguna otra cosa no interviniere, por cuya razón lo demás se reciba justamente.

Es así que recibir algo sobre la suerte en razón del mutuo, es lo mismo que recibir por la cosa prestada más de lo que vale, si algo no interviniere, por cuya razón se recibió justamente. Luego...". Así es que los escolásticos y jurisconsultos antiguos, lejos de llamar usura condenable por la razón y la moral todo interés, enseñaban de consuno con la Iglesia que todo interés extrínseco al mutuo es lícito. El aumento numérico de semejantes títulos no altera en nada el principio universal en que estriban, sino antes bien es una explicación y un desarrollo del mismo. Y es digno de advertir en general en nuestros tiempos de libertad que ninguna transformación puede estar jamás razonablemente en los principios, de suyo imperecederos como la misma razón o invariables como la misma divinidad, sino que necesariamente está en su aplicación, que es mudable como la materia a que los principios se aplican, la cual viste con el tiempo, digámoslo así, una nueva naturaleza.

Pero, se dirá, no admitieron el interés en tan grande escala cual lo queremos nosotros. Quejaos con los economistas, a quienes toca estudiar el modo de aumentar la riqueza, que no pensaron antes en tantos y tan dichosos inventos. No es este el papel que debían desempeñar en la sociedad los teólogos y jurisconsultos de la Edad Media. En cambio, creyeron de su misión abrazar con ahínco y favorecer eficazmente a los pobres, acosados por doquiera por la codicia y usura de los judíos, "de esa raza tan grande como desgraciada", que de filantropía no sabía el abecé. Atestiguan lo uno y lo otro la institución de los Montes de Piedad, iniciada por los Frailes de San Francisco, promovida por varios Pontífices, aprobada por el Concilio Lateranense V, puesta bajo el amparo y jurisdicción episcopal por el de Trento, y cuya feliz imitación son las cajas de ahorro, tan universalmente alabadas.

A más de esto, o el interés a la moderna es real y verdaderamente extrínseco al mutuo, o no. Si lo es, los escolásticos virtualmente lo admitieron en su principio universal; si no lo fuese, es que no lo debían admitir. Está averiguado que no bien fue introducido en siglos pasados el interés legal, cuando los teólogos y jurisconsultos así sagrados como civiles lo hicieron el objeto de sus estudios, y como suele acontecer, hubo desde un principio colisiones y contrastes, diciendo unos que era intrínseco al mutuo e ilegítimo, y otros que extrínseco y legítimo. Ni debe parecer extraño, puesto que hoy mismo se está disputando y el escritor del artículo de que nos ocupamos lo desconoce a su vez en cuanto legal, anhelando a verlo a toda costa emancipado de la ley. Disputa no es lo mismo que negación. Tras largas vacilaciones y contiendas, consultada en tiempos más recientes la Santa Sede, usó de su acostumbrada prudencia y sabiduría, pues distinguiendo entre la práctica y la teórica, mandó en cuanto a la práctica, que nadie fuese molestado por este solo motivo; salvó en cuanto a la teórica su fallo, reservándose, como era natural, el derecho de darlo cuando creyere oportuno, y el de ser obedecida así en la teórica como en la práctica cuando lo diere. Así es que los aficionados al dinero están cobrando los intereses a la moderna, en tanto que los amantes de la investigación y del estudio trabajan para conseguir el fin teorético apetecido, con plena libertad de considerar la cuestión bajo el aspecto que les pluguiere: uno negándolo, otro atribuyéndolo al alto dominio de la autoridad, un tercero no reconociendo en el préstamo a interés sino una locación, etc., conviniendo todos en la base común de que el dinero está universalmente unido a la pública industria.

¿A quién no pasma la tolerancia de la Iglesia? Por lo tocante a nosotros, coherentes con nuestros principios, aun cuando la Santa Sede no hubiera hablado, en la práctica no molestaríamos a nadie sin que fuese patente la inmoralidad e injusticia; y en la teórica, por las razones indicadas más arriba, preferimos salvar nuestro voto, sin perjuicio de darlo otra vez si lo juzgáremos útil o necesario. Mas séanos siquiera lícito advertir que una lid en que se han gastado los sesos tantos nobles talentos de primer orden, ganando, es verdad, en la sustancia una de las partes contendientes mucho terreno, pero sin llegar a un resultado definitivo, el buen sentido dice bien claro que con una simple afirmación o con un sarcasmo volteriano no se dirime.

En suma, la doctrina de los Teólogos o mejor de la Iglesia no ha variado un punto, ni puede variar en los principios. La usura, esto es, recibir algo sobre la suerte sin un título extrínseco, queda hoy como siempre proscrita como evidentemente contraria a la justicia y al derecho natural. En cuanto al interés de hoy día, si sea un título extrínseco y legítimo, siempre que o la ley lo autorice, o quede entre los límites indicados por el sentimiento natural de la equidad, se admite en práctica, mientras tanto que se controvierte en teórica.

3.- Una palabra sobre el libre interés.

Una cuestión jurídica no menos grave se está ventilando sobre el préstamo, y es, si toca por derecho a la ley civil estatuir o fijar el interés, o si se debe antes bien dejar libre a los individuos. Esta también está indecisa. Sabido es que las leyes civiles han creído deber cortar provisoriamente y en práctica la cuestión. Mas, bien que el hecho de haber desistido unos países de semejante providencia, nada prueba en el campo científico en un siglo acostumbrado a llegar en derechura a su objeto, sin pararse en obstáculos y atropellando con todo; no obstante, es incontestable que todavía la cuestión se agita entre los sabios, diciendo unos legítimo solamente el derecho legal, otros sosteniendo que los contrayentes son los jueces legítimos del interés.

Nosotros no tenemos el mandato ni la competencia para entrar en la discusión de si el libre interés convenga o no a este país, o en que la ley de 1840 merezca ser mejorada; y confiamos por completo en la sabiduría de las personas competentes, quienes saben muy bien que lo que parece útil bajo un aspecto, puede acarrear graves daños bajo otro; que no siempre lo útil es conforme a la moral y a la justicia; que una sabia y justa legislación debe tener en cuenta todas las clases, ya las industriosas, ya las trabajadoras de la sociedad. Por último, a lo menos este es nuestro parecer, que el código civil francés no es al fin y al cabo un dechado de perfección legislativa, y si algo tiene de bueno, lo más lo debe al derecho romano, y quizás en parte al derecho español.

Considerando la cosa en abstracto, diremos francamente que el problema, a quién pertenezca repartir equitativamente los beneficios entre la actividad industrial y el capital, nos parece de todo punto insoluble, hasta que no se fije de una manera cierta —lo que todavía no se ha fijado— de dónde mana el derecho del interés mismo. Además, que aunque se llegara a decidir la causa en favor del derecho individual, quedaría en pie siempre el problema: ¿con qué precauciones y providencias podría la ley, respetando el consabido derecho, precaver o combatir las demasías de los prestamistas? Pues estos son hombres y muy hombres para poder abusar a todas horas de su libertad; y del propio modo que por confesión del articulista abusan al presente para "acudir al fraude, cuando quieren pactar libremente el interés del dinero", podrían abusar después, hasta hacer del mismo Evangelio "una ley inútil que se elude a cada paso", trocando "la libertad, savia fecundante de los pueblos modernos" en la antigua filantropía judaica, savia fecundante sólo del propio bolsillo. Lo cual sería, a no dudar, contrario a las miras e intenciones así del articulista, como de todos los promovedores del libre interés.

Desde un principio prometimos en nuestro artículo fidelidad, moderación y urbanidad hacia el escritor a quien hemos tenido el sentimiento de deber contradecir, y nos hemos esforzado a cumplir nuestra promesa cuanto ha sido posible sin menoscabo de la causa de nuestros clientes. ¡Ojalá hayamos merecido un mayor miramiento, si no a los Teólogos y Canonistas, al menos al saludable influjo que ejerció siempre el espíritu católico en todos los ramos de la sociedad, y a un derecho que representa las creencias y opiniones de un sin número de generaciones cristianas!

LOS VÍNCULOS DE HONDURAS Y GUATEMALA

CUANDO predomina en las relaciones internacionales de pueblos y Gobiernos una política de circunstancias, se enlazan sus trabajos, propósitos y aspiraciones, por medio del vínculo de pasajeros intereses. Cuando preside a la política de pueblos y Gobiernos la influencia de las ideas, pero estimuladas por móviles egoístas, el vínculo que mantiene sus relaciones, es el vínculo de los principios; pero de los principios que tienen la frialdad de la razón y de las exigencias del cálculo. Pero cuando en las relaciones internacionales de pueblos y Gobiernos, media la gran política, la elevada y generosa política que se inspira en la razón, y que sustenta el sentimiento amistoso, desinteresado y expansivo, entonces las relaciones de los Estados tienen lazos que no se rompen, porque los forma el convencimiento y los fortifican las simpatías, los afectos, la fe y el entusiasmo, móviles incontrastables que hacen imperecedera la unión y la fuerza de las naciones. Los vínculos del interés se rompen siempre; los vínculos de las ideas se relajan a veces; pero los vínculos del verdadero sentimiento no se rompen jamás.

Nos place hacer aplicación de estas reflexiones al estado de las relaciones que mantienen Honduras y Guatemala. Sus Gobiernos tienen iguales antecedentes; han combatido siempre por la misma causa; han corrido las mismas eventualidades en perspectiva del triunfo o la derrota; tienen idéntico programa, nunca dudoso por antecedentes reaccionarios, y nunca desmentido por combinaciones hipócritas; despliegan, en fin, la misma bandera, que es la del progreso, la de la reforma liberal; sagrada enseña que sostienen unidos por íntimos y antiguos sentimientos amistosos, y fortalecidos por la fe en los principios de libertad y de progreso, cuya luz ha disipado el caos de Guatemala y Honduras, e ilumina ya los horizontes de su gran porvenir.

Bajo tales auspicios, es noble, grande, franca y generosa la política que sustentan los Señores, General don J. Rufino Barrios y Doctor don Marco Aurelio Soto, Jefes Supremos de Guatemala y Honduras. Bajo tales auspicios, es también fundada y justa la

409

adhesión entusiasta con que los pueblos guatemalteco y hondureño apoyan la política levantada de sus Gobiernos. Bello y grandioso ejemplo el que dan los Señores General Barrios y Doctor Soto, trabajando con afán por el bien de sus gobernados, y manteniendo sus relaciones políticas, siempre en el terreno del decoro, sin que hayan mediado, ni medien, en los respectivos negocios domésticos, intervenciones de mala ley, ni exigencias reprobadas por la moral y la justicia. Barrios y Soto no necesitan de "cuidarse recíprocamente", en el vulgar y ruin sentido de la palabra: Barrios y Soto saben que han sido amigos de corazón, y que lo serán siempre: saben que son aliados de convicciones, y que éstas no se falsean ni se sustituyen con desdorosas apariencias: saben que sus respectivos pueblos, reconocidos por su administración benéfica, los apoyan con su opinión y con su fuerza: saben que correrán la misma suerte, y que, solidarios en los triunfos que alcanzan, lo serán también en los días de prueba y de infortunio: Barrios y Soto saben todo esto, y les basta su buena fe, la inspiración de su amistad, y el convencimiento que les infunde su causa nobilísima que tiene arraigo en los sentimientos e intereses de los pueblos que gobiernan.

Nuestros asertos concuerdan perfectamente con las célebres palabras que el General Barrios ha repetido a sus amigos en Guatemala: "Soy amigo de los gobernantes; pero soy más amigo del derecho de los pueblos, y no cooperaré a imponerles una administración adversa a sus opiniones, derechos e intereses". ¡Qué magníficas palabras! Ellas forman la elocuentísima oración fúnebre de los poderes atentatorios que intervienen para sostener poderes que nacen a la vida política sin el aliento de la opinión, sin la fuerza de la conveniencia pública, y sin el espíritu de la justicia, único que hace viables los poderes de la tierra. ¡Qué magníficas palabras! Ellas forman la condenación enérgica de uno de los errores políticos de nuestro pasado, que ha importado, para nuestros pueblos, y que importará siempre, la más crecida suma de desconciertos, de ruinas, de lágrimas, de sangre y de humillaciones que enrojecen el rostro de indignación y de vergüenza. ¡Qué magníficas palabras! Ellas anuncian, a las claras, que el General Barrios está a la altura de su elevada misión, y que el Héroe, el reformador de Guatemala no es el hombre del pasado, sino la personalidad del porvenir que prepara, por la virtud de sus ideas y trabajos, el reinado permanente de la paz, del bienestar y de la honra de Centro América.

Las palabras del General Barrios que son todo un programa de política exterior, digna, honrada y justiciera, están justificadas por los hechos. Va a hacer cuatro años que su íntimo amigo y consecuente aliado el Señor Soto manda en Honduras; y en tan largo período de tiempo, habiéndose suscitado en el país cuestiones de vital interés, jamás la conducta del General Barrios ha sido la del amigo exigente, o la del Gobernante que impone su voluntad a merced de intervenciones indebidas. Por su parte, el Señor Soto ha seguido la misma línea de conducta; jamás la menor exigencia, jamás la menor intervención. Esto es, a nuestro juicio, entenderse cuerda y decorosamente en política. Desde el momento en que faltan las consideraciones que impone el respeto del deber; desde el momento en que faltan los miramientos que imponen los mandatos del derecho, la política se falsea por su base; la desconfianza sustituye a la fe, y el resentimiento a las simpatías que unen y estrechan la suerte de pueblos y gobiernos. Estas altas consideraciones son las que presiden a los actos de los Señores General Barrios y Doctor Soto; y no ha podido ser de otro modo, porque son hombres de carácter; porque tienen un nombre que perder; y porque debe importarles mucho su honra, que es la honra del gran partido que en Centro América trabaja y combate por el progreso y por la libertad.

Dados los caracteres que acentúan y distinguen la política sustentada por los Gobiernos de Guatemala y Honduras, no podemos menos de afirmar que, bajo la influencia de esa política, están garantizados los grandes intereses de la paz y del decoro de los países centroamericanos. Es una ley de nuestra Historia que las revoluciones han partido casi siempre de intervenciones gubernativas, de hechos atentatorios a la voluntad de los pueblos, que tienen como producto el planteamiento de Gobiernos que nacen desprestigiados, que viven débiles, y que mueren descomponiendo su organismo, en medio de convulsiones revolucionarias. Pero a fe que estos hechos no han de repetirse; y tenemos por garante de nuestra creencia el programa político de los Presidentes de Honduras y Guatemala, que es el mismo que sostienen y preconizan todos los hombres de Estado que, por sus merecimientos personales, por sus influencias, y por sus elementos, tienen verdadero ascendiente en la política centroamericana.

Concluimos felicitándonos, como amigos de la paz y del decoro nacional, por las nobilísimas ideas que presiden a las relaciones de los Gobernantes Barrios y Soto; y felicitando al propio tiempo muy cordialmente a Guatemala y Honduras, por verlas unidas, con estrecho abrazo de hermanas. Su unión no es de circunstancias: su alianza no la forman los cálculos de pasajeros intereses: su causa no la enturbian antecedentes ilógicos con las exigencias de su situación, y con las aspiraciones que cifran en lo porvenir: su programa es el de las convicciones y el de las grandes ideas, que el patriotismo nunca sabe desmentir, sacrificándolo en aras del Dios Éxito; y sus Gobernantes, genuinos representantes de sus intereses, propósitos y aspiraciones tienen adhesión sincera a los principios, que defienden con armas que no lograrán mellar siquiera, los tiros de la mala fe, de la inconsecuencia y de la deslealtad. Que Honduras y Guatemala permanezcan siempre unidas, y que el estrecho abrazo que acaban de darse, en su entrevista, los Presidentes Barrios y Soto, sea también, en cualquier evento, el fraternal abrazo de ambos pueblos. ¡Que su suerte sea siempre común, y que formando un solo pensamiento y un solo esfuerzo, terminen con la obra nefasta del pasado, anonaden la reacción, y afirmen sobre bases indestructibles el majestuoso Templo del progreso y de la libertad!

("La Gaceta", 31 de julio, 1880)

NUEVOS CONVENIOS ENTRE HONDURAS Y EL SALVADOR

DE muy pocos días, pero muy provechosa ha sido la permanencia en esta capital del Señor Licenciado Don Salvador Gallegos, acreditado ante este Gobierno, desde el año de 1878, con el carácter de Enviado Extraordinario y Ministro Plenipotenciario de la vecina y hermana República de El Salvador.

Durante la corta permanencia del ilustrado Ministro de Relaciones Exteriores del Gobierno que preside su Excelencia el Señor Doctor Don Rafael Zaldívar, se ha efectuado el canje de las ratificaciones del Tratado de Amistad, Comercio y Extradición concluido en 1878, y se ha celebrado una Convención adicional al Tratado, por la que además de los artefactos nacionales de uno y otro país, se han declarado libres de todo derecho de importación los productos naturales y agrícolas de ambas Repúblicas: se ha estipulado que sea de circulación legalmente forzosa la moneda hondureña en El Salvador; y se ha convenido en que los nacionales de uno y otro Estado que pasen al territorio vecino sin boleto de exención, con la mira de eludir el alistamiento o servicio militar, puedan ser alistados o aprovechados sus servicios, respectivamente, por el Gobierno a cuyo territorio se trasladen con el intento de frustrar el cumplimiento de las leyes militares de uno u otro país.

Al propio tiempo, con el laudable propósito de poner término a las cuestiones que, sobre propiedad de terrenos, se agitan con calor entre los pueblos de la frontera, y de fijar en la línea de los terrenos cuestionados los límites territoriales de uno y otro Estado, sus respectivos Plenipotenciarios, Señores Rosa y Gallegos, han concluido una convención en la que se fijan las bases de un compromiso, por el que se someten las cuestiones de los pueblos de Opatoro y Polorós, el Santa Elena o Jucuara, y Arambala, Perquín y San Fernando, lo mismo que el punto relativo a los límites nacionales, a la decisión de un árbitro, designándose al efecto, como amigable componedor, a su Excelencia el General Don Joaquín Zavala,

Presidente de la República de Nicaragua, en cuyo recto juicio e imparcialidad confían las Altas partes contratantes.

A las conferencias habidas para la conclusión de los pactos indicados ha presidido en los Plenipotenciarios el espíritu de la más completa franqueza y cordialidad. Los Señores Rosa y Gallegos han tratado los asuntos de su cometido, olvidándose de la diplomacia exigente, circunspecta, ceremoniosa, y muchas veces falsa o hipócrita, y recordando tan sólo la estrecha amistad y firme alianza que une a los Gobiernos de los Señores Presidentes, Doctores Soto y Zaldívar, que se hallan en perfecta armonía con los mutuos intereses y fraternales relaciones de los pueblos de Honduras y El Salvador.

La paz y buena inteligencia que, para bien de una y otra República, sustentan con esmero amistoso los Señores Presidentes Soto y Zaldívar, no son una paz y una inteligencia de resultados negativos. Todo lo contrario: su influencia es fecunda en beneficios para uno y otro país: se facilita el comercio, se favorecen las transacciones, se garantiza el cumplimiento de las leyes, y se cortan desacuerdos de poblaciones vecinas llamadas a vivir amparadas por la confianza en sus derechos, por su respeto mutuo, y por sus sinceras y afectuosas relaciones.

Al logro de tan importantes fines han conducido y conducirán por completo los pactos entre Honduras y El Salvador, iniciados en 1878 y complementados en estos últimos días.

Un título, y no pequeño, de merecida gloria corresponderá a los Señores Presidentes Soto y Zaldívar por haber sostenido con solícito interés la paz y las cordiales relaciones de ambos Estados, y por haberlas hecho tan fructuosas, si se quiere, confundiendo en lo político, en lo económico y en lo administrativo, los intereses del grande y noble pueblo salvadoreño con los del pueblo de Honduras, cuyo corazón está siempre abierto a todos los sentimientos generosos, a todos los propósitos dignos de la justicia, de la confraternidad humana y de la civilización.

Tenemos sobrados fundamentos para afirmar que los últimos convenios concluidos por los Plenipotenciarios Rosa y Gallegos, son una prueba más de la franqueza y cordialidad con que los Gobiernos de los Doctores Soto y Zaldívar mantienen y estrechan sus relaciones; y nos lisonjea la confianza justificada de que, bajo tan buenos auspicios, no será ni en la apariencia alterada la paz, y de que los Presidentes de Honduras y El Salvador, al terminar su segundo período constitucional, merecerán de la opinión pública, y después de la Historia, el honroso juicio de que han sido leales mantenedores de su amistad y alianza, firmes apoyos de la paz de ambos Estados, e importantes colaboradores en la obra que, con los Gobiernos de Guatemala y Nicaragua, llevan a término feliz, asegurando la tranquilidad, el bienestar y el crédito de Centro América.

("La Gaceta", 22 de diciembre, 1880).

"EL AÑO NUEVO"

El providencial destino. El año de 1882 se presenta en la escena de los tiempos para cumplir su

¿Cuál será para nosotros ese destino?

Lo ignoramos.

Pero podemos presentirlo.

El nuevo año no ha nacido, como muchos otros de sus hermanos, entre dolorosos sacudimientos, entre lágrimas y sangre...

¡El nuevo año ha nacido al calor del sentimiento de la alegría, y entre las caricias de la paz, y entre los halagos de lisonjeras esperanzas!

Todo es de buen agüero, todo sonríe. ¡Bendita sea la esperanza!

El recién nacido al mundo con una valiosa herencia que le dejaran sus predecesores: herencia de paz, de justicia, de grandes obras de progreso.

Que estas grandes obras, especialmente la Carretera al Sur y la reorganización de la instrucción pública, adelanten y den todos sus frutos, para que el 82, este niño mimado de la suerte, acreciente su patrimonio, y sea más rico en promesas de pública prosperidad.

Año de 1882: tu existencia es una gran palpitación de los tiempos, es un latido del corazón de la humanidad; y esa palpitación y ese latido tienen en nuestra alma inmensa resonancia, en nuestra alma que es también una nota sonora del tiempo, un átomo del corazón del GRAN TODO, de la humanidad.

Por esto, ¡oh, nuevo año!, te saludamos con indecible sentimiento de adhesión y de ternura; y al saludarte, te pedimos que, como familiar de este GRAN SIGLO DE LAS LUCES, despidas mucha luz en nuestra patria querida: que alumbres las conciencias entenebrecidas por las pasiones del odio y de la envidia: que alumbres las inteligencias veladas por las densas sombras de la ignorancia: que des, en fin, un rayo de amor y de luz a todos los corazones que palpitan en esta tierra de nuestros primeros recuerdos, y tal vez de nuestras últimas esperanzas, para que de consuno los sentimientos benévolos, las ideas de progreso, y el amor y la fe, nos hagan confiar a todos en mejores días, y trabajar, en el dulce regazo de la paz, por la rehabilitación, prosperidad y engrandecimiento de la República.

("La Gaceta", 7 de enero, 1882)

MONUMENTO DEDICADO A LA MEMORIA DEL ILUSTRE GENERAL FRANCISCO MORAZÁN

EL Gobierno de El Salvador, cediendo a las aspiraciones del más noble patriotismo e interpretando el sentimiento nacional del pueblo de aquella República, decretó erigir un monumento destinado a perpetuar la memoria del General D. Francisco Morazán, del Repúblico más sincero, del batallador más heroico, y de la víctima más ilustre con cuyos hechos se honra la Historia de Centro América.

El nombre de Francisco Morazán, como el nombre de todos los grandes hombres que en lo político se colocan sobre las mayores eminencias sociales, resume la síntesis de toda una causa, de toda una historia, de todo un porvenir. El nombre de Francisco Morazán simboliza para nosotros, para todos los que reconocen el verdadero mérito y aspiran al verdadero bien, estos principios que infunden el aliento de nuestra vida: LIBERTAD, PROGRESO, UNIÓN NACIONAL CENTROAMERICANA.

El nobilísimo pueblo salvadoreño, que fue el que mejor supo comprender y apreciar el genio y los trabajos redentores del héroe de Gualcho, es el que hoy, bajo los auspicios de un Gobierno justiciero, consagra un monumento al hijo más preclaro de Honduras, al grande hombre que aquí fue desconocido y combatido por una reacción tan desatentada como ingrata, tan criminal como feroz; y que allá fue apoyado y enaltecido por el patriotismo del pueblo salvadoreño, de aquel pueblo que se ha hecho célebre por sus tradiciones liberales, y por sus incontables sacrificios en pro de la independencia y de las instituciones de la República; de aquel pueblo que supo amar en vida al genuino Representante de nuestras libertades, y que hoy, sobre su tumba, prepara un monumento cuyos cincelados mármoles dirán a las generaciones futuras: HE AQUÍ EL RECUERDO IMPERECEDERO DE LA MÁS PURA GLORIA CENTROAMERICANA: HE AQUÍ SIMBOLIZADA LA GRATITUD DE UN PUEBLO.

¡Qué hermoso día va a ser para el pueblo de El Salvador el 15 de marzo en que se inaugurará, entre fiestas y regocijos públicos, la estatua de Morazán! ¡Qué hermoso día será también para Centro

América ese día en que ha de darse por el patriotismo centroamericano la más alta prueba de justicia y de reparación! Pueblo salvadoreño, pueblo del trabajo, pueblo de la libertad, de la justicia y de la civilización: en tu grande y gloriosa fecha, en tu 15 de marzo, que será histórico, ya que no en persona, te acompañaremos desde aquí, desde esta tierra en donde se meció la cuna de tu héroe; te acompañaremos con todos nuestros recuerdos, con todas nuestras simpatías, con todos los votos más fervientes de nuestra alma, y recibiréis nuestro aplauso, que es grande y legítimo, porque nace del corazón.

¡Cómo al disiparse los negros nubarrones de la tempestad brilla pura y serena la luz del astro del día! ¡Cómo al dejar su puesto las supersticiones, las mentiras, las calumnias, las infamias, resplandecen, radiantes de belleza, la verdad, la justicia, la benevolencia, los más nobles y elevados sentimientos! ¡Cómo después de haber sido escarnecida la memoria del ilustre mártir, sacrificado por el salvajismo en el patíbulo, hoy se reparan tantas y tantas injusticias, se rectifican tantos y tantos errores, y la causa de la verdad y de la civilización triunfa, y ese triunfo espléndido, en El Salvador, lo inmortalizará el mármol, y en Honduras, la Historia, la grande Historia que ha de escribirse sobre la ejemplar vida y los legendarios hechos del hombre extraordinario que ilumina con los resplandores de sus elevadas ideas, de sus proezas gloriosas, y de sus aspiraciones legítimas los dilatados horizontes de la patria.

La brillante fiesta cívica del 15 de marzo, es y será una grandiosa y fecundísima enseñanza, y es y será también un gran consuelo para todos los que sentimos la necesidad, en esta nuestra América tan vilipendiada por la ingratitud de los pueblos y por el salvajismo de las reacciones, de amar algo grande, bello y noble, de profesar un culto al patriotismo, y de decir al mundo, con soberano, pero legítimo orgullo, que aquí no siempre la República es ingrata, que aquí hay gratitud nacional, que nos inspiran altísimas ideas, que somos dignos de la libertad y de la civilización.

Sí; somos dignos de la libertad y de la civilización. Hasta ahora no se ha levantado un monumento en Centro América para honrar la memoria de tenebrosos retrógrados, ni estúpidos tiranos. ¡Qué altísima enseñanza! Por lo contrario, el Gobierno y pueblo salvadoreños van a formar la apoteosis del Representante de las ideas, de las libertades y de la unión de Centro América; y esa apoteosis la perpetuará el cincelado mármol, vivificado por el aliento del arte; y en Honduras, en este país resucitado por un milagro del patriotismo, va también a perpetuarse la memoria del Gran Morazán, con la Historia de su heroica vida, que tendrá una especie de resurrección, animada por el soplo divino de la prensa.

No en vano se vive y se muere por las ideas y por la libertad. De esto y será un alto ejemplo el Benemérito Francisco Morazán. Manes de la ilustre víctima, reanimaos, Francisco Morazán: allá en tu grande y predilecto pueblo se te hace justicia, y se alza un monumento digno de tu espléndida grandeza. Aquí, en donde se meció tu cuna, y en donde la ingratitud te hincó su negro diente, por los mandatos de un Gobernante ilustre, se escriben ya, con rectitud y justicia, las páginas de tu gloriosa, de tu inmortal Historia!

("La Gaceta", 25 febrero 1882)

INAUGURACIÓN DEL NUEVO PLAN DE ESTUDIOS

EL día 26 del mes que finaliza formará época en los anales de nuestra Historia. En ese día, a la una p. m., en cumplimiento de las disposiciones del nuevo Código de Instrucción Pública, se abrieron los cursos de la Universidad Central y del Colegio de segunda enseñanza de esta Capital.

Si en tiempos desgraciadísimos se marcaban las épocas, entre nosotros, por el aparecimiento de una facción, por la destrucción de una ciudad, por la concurrencia de una traición de cuartel, por el hecho de una guerra desastrosa, o por la caída violenta de un Gobierno; de seis años a esta parte, para bien de nuestra patria y en honra del nombre hondureño, marcamos de edificios de beneficencia, por la apertura de un camino, por la construcción de una línea telegráfica, por el establecimiento de una Biblioteca, por la reunión de un Congreso que asegura la paz y la legalidad, y por la inauguración de una Escuela, de un Colegio, o de una Universidad.

Hace honor al país el distinto modo que hoy se tiene de pensar y de obrar, y aún de expresarse. Hoy no se dice, para fijar una fecha memorable: cuando se destruyó tal cosa, cuando se insurreccionó tal caudillo, cuando se hizo tal guerra. Hoy se dice, por lo contrario, para fijar una fecha: cuando se hizo tal mejora, cuando se puso freno al desorden, cuando se afirmó la paz, cuando se hizo tal beneficio público.

Poniendo punto a las anteriores reflexiones, que ocurren de un modo natural, vamos a dar sucinta noticia de la inauguración de la Universidad Central y del Colegio Nacional de segunda enseñanza.

Al acto concurrieron todas las autoridades del orden administrativo, judicial y militar, lo mismo que el vecindario notable de esta Capital. Presidió la sesión el Señor Secretario de Instrucción Pública, quien después de declararla abierta, pronunció un discurso inaugural explicando los más importantes fundamentos y tendencias del nuevo plan de estudios.

El Secretario de Estado, precisado por la lógica, al tratar de la instrucción, de la ciencia, tuvo que ponerse frente de nuestra cuestión

421

social, que puede resolverse en estos términos: orden, progreso y libertad, que sólo han de obtenerse por la educación, por el trabajo, y por la moralidad política.

Al desarrollar esa tesis importantísima, que entraña nuestra cuestión de ayer, y que implica nuestra cuestión de hoy, y, sin duda, LA DE MAÑANA, el Secretario de Instrucción Pública tuvo que condenar enérgicamente, y con la franqueza que le es propia, los errores, los desaciertos, los desórdenes, los escándalos del pasado.

Al hacer ese acto de justicia, no por el ruin placer de presentar odiosas comparaciones, sino por el deber patriótico, indeclinable, de plantear nuestro problema social y político, y de apuntar su solución, el Secretario de Estado estuvo muy lejos de hacer alusiones a determinadas personas, o a determinado partido. Hizo la condenación de un sistema que, de grado o no, todos convienen en que ha labrado la ruina del país; pero de ninguna manera hizo la crítica de determinados individuos, o señalado partido. El Secretario de Estado sólo vio los impersonales intereses de la República, necesitada de que se le diga la verdad, y de ninguna manera los actos de los individuos: habló en nombre de las ideas, no en nombre de particulares prevenciones que mal pueden tenerse, si las cosas se ven de un modo elevado, cuando entre nosotros, si se llama a juicio, ante la Historia, a todos los partidos, ninguno puede presentarse sin manchas para arrojar a los demás la primera piedra.

Terminado el discurso inaugural del Señor Secretario de Estado, ocupó la tribuna el Señor Doctor Don Adolfo Zúniga, Rector de la Universidad Central, quien pronunció un discurso notabilísimo que hace honor a su despejado talento y a su reconocida ilustración. En seguida, el Doctor Don Antonio A. Ramírez Fontecha ocupó la tribuna, como Director del Colegio Nacional, y pronunció un interesante discurso que tuvo del público muy favorable acogida. Por fin, el Secretario de Instrucción Pública declaró inaugurados los cursos de la Universidad Central y del Colegio de segunda enseñanza de esta Capital.

En el número siguiente de La Gaceta empezaremos a publicar los mencionados discursos, para que el país juzgue de las ideas que se expusieron en ocasión tan grata y solemne.

Sentimos que al acto de inauguración, que tuvo tanta importancia, y que fue debido, de un modo principal, a los esfuerzos del progresista Presidente de la República, Doctor Don Marco Aurelio Soto, no haya sido presidido por tan digno Magistrado que, con su presencia y con autorizada y elocuente palabra habría dado más realce a aquella fiesta de las letras que es, para Honduras, como el hermoso inicio de una era de luz, de progreso y de civilización.

("La Gaceta", 28 febrero 1882).

EL SEÑOR C. A. LOGAN, MINISTRO DE LOS ESTADOS UNIDOS EN CENTRO AMÉRICA

EL "New York Weekly Herald" Publicó de 18 de febrero del año corriente publicó un despacho datado en Guatemala a 18 de diciembre anterior, y firmado por el Señor C. A. Logan, Ministro de los Estados Unidos en Centro América, en el cual se hacen afirmaciones inexactas y hasta ofensivas, respecto de la situación política de estos países y de la conducta de sus Gobiernos. Traducido, publicado y comentado el despacho aludido en varios periódicos de México y Centro América, el Gobierno de Honduras se vio obligado a preguntar al Señor Logan sobre su autenticidad. El Señor Logan contestó inmediatamente que el despacho no es auténtico, añadiendo que el Señor General Presidente Barrios ha tenido la nota original.

Muy satisfactorio ha sido para el Gobierno de Honduras ver confirmada por las palabras del Señor Logan, la idea que ya se había formado de antemano, sobre la inexactitud del despacho. No era posible creer que el Señor Logan, falto de buen sentido, y con remarcable indiscreción e injusticia, aventurase, en un despacho oficial, especies notoriamente falsas e injuriosas para los Gobiernos, ante los cuales está acreditado, y de los que ha recibido señalados testimonios de aprecio y de amistosa deferencia.

El Gobierno actual de Honduras, lo sabe el Señor Logan, y lo sabe todo el mundo, jamás ha entendido ni entiende la política del engaño, de la inconsecuencia y de la mala fe: sus ideas y principios en punto a la reconstrucción general de Centro América son harto conocidos; y nada le sería más grato que rendir cuanto antes la última prueba de su centroamericanismo.

Ocioso sería rectificar los términos del despacho atribuido al Señor Logan, no siendo auténtico. Para conocimiento del país, se publican en el lugar correspondiente, los telegramas cambiados entre la Secretaría de Relaciones Exteriores y el Señor Logan, y el despacho falsificado.

("La Gaceta", 8 de mayo 1882)

EL CÓNSUL DE SU MAJESTAD BRITÁNICA

EN la sesión correspondiente aparece publicado el exequátur que el Gobierno de la República concede a la Patente de Cónsul en Trujillo e Islas de la Bahía, expedida por el Gobierno de Su Majestad Británica a favor del respetable caballero Don Guillermo Melhado.

Tanto acierto ha tenido el Gobierno de Su Majestad Británica al honrar al Señor Melhado con el nombramiento de Cónsul, como complacencia ha tenido el Gobierno de Honduras al autorizar oficialmente el ejercicio de sus funciones consulares. El Señor Melhado es uno de los pocos hombres que, siendo solícito por los intereses de su Nación, es a la vez amigo del bien y prosperidad del país de su residencia, del país que forma la segunda patria de sus hijos. Este aserto, que se demuestra con hechos, revela las apreciables dotes personales del Señor Melhado. Durante las épocas de desgobierno y de atentados salvajes, por que ha pasado Honduras, el Señor Melhado sólo supo emplear oficios conciliatorios, que más de una vez salvaron la vida e intereses de varios hondureños. Durante la nueva Era de paz, de garantías y de progresos, iniciada en 1876, el Señor Melhado se ha distinguido por su adhesión a los principios civilizadores de orden, de justicia y de reforma, que se ostentan victoriosamente en la bandera que sostiene, con mano firme, la actual administración del país.

Promovido el Señor vice-Cónsul Melhado, en mérito de sus dilatados servicios y de sus distinguidas cualidades personales, al cargo de Cónsul en Trujillo y en las Islas de la Bahía, preséntasele en su nuevo puesto una grande y propicia ocasión para prestar nuevos servicios a su país, y coadyuvar, con su influencia, al progreso de la Costa Norte de Honduras, lo mismo que al sostenimiento y ensanche de las amistosas relaciones que median entre el Gobierno de Honduras y el Gobierno de Su Majestad Británica.

Hacemos votos porque los Gobiernos de las Naciones extranjeras, al nombrar en Honduras sus Agentes consulares y diplomáticos, tengan siempre el acierto que ha tenido el Gobierno de Su Majestad Británica al nombrar Cónsul al Señor Melhado. Agentes conocedores del país en que residen, de sus circunstancias, necesidades y costumbres; agentes de antecedentes honrosos y de valiosas relaciones; agentes de espíritu imparcial, de carácter benévolo y de disposiciones conciliatorias; tales son los Representantes que las Naciones extranjeras deben nombrar en nuestros países, para que, siendo fieles intérpretes de la verdad y la justicia, armonicen los intereses de su Nación con los del país de su residencia, hagan simpática la influencia extranjera, amistosa y querida su mediación, y sean en todo caso la garantía del derecho, y la prenda segura de buena inteligencia en las relaciones internacionales.

Cuanto hemos dicho respecto a lo que deseamos sean los Agentes de las Naciones extranjeras en nuestro país, puede aplicarse tan justa como honrosamente al Señor Don Guillermo Melhado. Por esto nos complace, de veras, el nombramiento que ha recibido: por esto el país ve con simpatía el nuevo puesto que merecidamente ocupa; por esto le enviamos nuestras más sinceras felicitaciones.

("La Gaceta", 19 de junio 1882)

LA REAL ACADEMIA ESPAÑOLA

HONRAMOS la primera página de La Gaceta, convirtiendo en objeto de nuestro juicio un acto oficial de la Academia Española, de la Corporación ilustre que conserva, enriquece y hermosea nuestra nativa lengua castellana, que es el alma de nuestra alma, porque es el nervio y la expresión de lo que nos es más íntimo, de lo que nos es más propio, de lo que nos es más querido: de nuestro pensamiento.

El Gobierno de Honduras, que desde luenga fecha ha dejado de ser el Gobierno de torpe militarismo, para ser el Gobierno que propende a la ciencia y las letras, acordó, con grande acierto, que en todas las escuelas y colegios de la República se enseñase el castellano con sujeción exclusiva a los preceptos gramaticales de la Real Academia, y que todo documento oficial se redactase con subordinación a idénticos preceptos. La Real Academia que, según la feliz expresión de su dignísimo Jefe, el Conde Cheste, conceptúa que "todas las naciones que tienen por lengua nativa la de Castilla, forman una sola patria literaria", ha felicitado oficialmente, por iniciativa del eminente orador, Excelentísimo Señor Castelar, a S. E., el Señor Presidente de Honduras, con expresiones que no desdicen de la genial nobleza y proverbial galantería españolas. Por su parte, S. E. el Señor Presidente ha contestado como cumple a quien nobleza obliga, y a quien rinde sincero culto a las letras españolas, que han sido y son a modo de cable de oro que sostiene comunicación simpática y perenne entre los pueblos latinoamericanos y la noble Nación española, que un tiempo fuera nuestra Madre Patria, y que siempre tendrá el privilegio de ser la fuente viva de nuestro genio, y el aliento y la inspiración de todo lo que hay de más noble, bello y elevado en nuestro espíritu: la vida de los recuerdos, y el culto por las letras, que enaltece al hombre, que le proporciona los más puros goces, y que, en su existencia terrestre y pasajera, le abre las puertas de la inmortalidad.

¡Singular y extraordinario poder el de las letras! ¡Singular y extraordinaria fraternidad la que producen! Si en mala hora España y América fueron enemigas, esa enemistad ha concluido. ¿Qué poder

427

nos hace hermanos? Decimos mal. ¿Qué poder nos convierte a los americanos en hijos cariñosos, y nos mueve aún a dar a España el santo nombre de Madre? ¿Es el poder de la espada? ¿Es el poder de la diplomacia ejercido por nuestros estadistas? No: es el poder de las letras. Cervantes, Calderón, Lope, Larra,

Zorrilla y Castelar han tenido y tienen más poder moral en América que Hernán Cortés, Pizarro, Almagro y Alvarado. Bello, de la Vega, Baralt y Acosta han ejercido más influencia en España que la que ejercieron Bolívar, San Martín, Belgrano, Sucre, Hidalgo y Morelos. Las comunicaciones habidas entre el Presidente y el Conde Cheste ejercerán más influencia en este país y en España, que la que pudieran ejercer los tratados de la diplomacia y los cálculos y combinaciones de la política. ¡Qué tan grande y poderoso es el incontrastable poder de las letras!

Y cuenta con que, al raciocinar de tal suerte, no somos llevados por inconsiderado, irreflexivo entusiasmo. Nos asisten razones, de todo en todo, capitales, ante cuyo ascendiente la sinrazón de las gentes obcecadas no podrá menos de acallarse, dando así, a nuestro sentir, una prueba de conformidad. Nada tan íntimo y querido como la esencia de nuestro ser, todo sentimiento, toda expansión, toda ternura. Pues bien; suprímanse los casi orientales cuentos andaluces de nuestra infancia; suprímanse las dulces y sencillas cantinelas del genio español meridional, sentidas y acariciadas en nuestra juventud; suprímase el teatro de Lope de Vega, de Calderón y de Moreto, esparcimiento de nuestro espíritu; suprímanse nuestras aspiraciones sociales y políticas incubadas al calor de la palabra del divino Argüelles, del grandilocuente López, de Castelar, el inmortal; suprímanse las historias y consejas con que la vejez se deleita, de José Zorrilla, de Mesonero Romanos y de Fernán Caballero; suprímanse las Crónicas y el Romancero español, enseñanza y recreo de todas las edades; y entonces no podrá comprenderse, no, la esencia de nuestro espíritu y la inspiración de nuestro genio. ¿Por qué? Porque no se comprende el fondo sin la forma. Porque no podemos comprender lo que seríamos sin el idioma de Cervantes, sin las historias de Mariana, de Solís y de Lafuente, sin las escenas de Lope y de Calderón, de García Gutiérrez y de Bretón de los Herreros, sin la crítica de Larra, sin los versos de Zorrilla y de Espronceda, del Duque de Rivas y de

Campoamor, sin la oratoria de Argüelles, de López y de Castelar. Que en esa escuela, que en esa clásica y elevada escuela de las letras, hemos formado los americanos nuestros recuerdos, nuestros gustos, nuestras ideas, nuestras aspiraciones, todo lo que constituye fundamentalmente nuestro sentimiento íntimo, que es el sentimiento de la Madre Patria: independencia de carácter, alteza de aspiraciones, devoción a lo bello; y amor ferviente y purísimo a lo grandioso y a lo ideal...

Gracias, pues, sean dadas al Presidente de Honduras y a la Real Academia Española que, con sus comunicaciones, que hoy reproducimos con placer indecible, mantienen y fortifican los vínculos que existen entre Honduras y España, vínculos que existirán, de perdurable manera, pues a través del tiempo y la distancia, los sostendrá el lazo de las almas, la común expresión del pensamiento de ambos pueblos: el rico, sonoro y majestuoso idioma de Castilla.

("La Gaceta", 24 de junio 1882)

CENTROAMÉRICA

DEFINIDA y despejada es la actual situación de Centro América. Pocas veces tan claro nuestro horizonte político: pocas veces tan manifiestas, tan pronunciadas las sociales tendencias de los Estados que forman la antigua patria. La situación es de plena paz, de completa confianza: las tendencias de los pueblos se encaminan resueltamente al trabajo, a la producción, al acrecentamiento de los goces legítimos. Estabilidad por el orden y por la autoridad que se sobrepone a la anarquía: movimiento por la libertad individual que busca su bien particular y el progreso colectivo. He aquí, a grandes rasgos, descrita la actualidad de las Repúblicas centroamericanas. Pero las generalidades no siempre convencen: particularicemos algunos hechos, haciendo una breve revista de los acontecimientos más importantes de los Estados centroamericanos.

Esta República no tiene sino motivos para esperar el ensanche de su progreso material y moral, y el advenimiento de mejores días.

Su Excelencia el Señor Presidente de la República, el día 9 del corriente, regresó, con su estimable señora y familia de esta capital, del Valle de los Ángeles, en donde por motivos de salud permaneció cuatro meses. El Señor Presidente Soto, con ocasión de su regreso, ha sido objeto de las más entusiastas demostraciones de aprecio y simpatía del vecindario de la capital.

El regreso del Señor Presidente ha dado grande animación a los trabajos administrativos. Se trata ya de instalar solemnemente la Academia Científico-Literaria, cuyo establecimiento previene el Código de Instrucción Pública: se han reorganizado los trabajos de la carretera al Sur, que se continúan con actividad: está para terminarse el amplio y hermoso Hospital General de la República, que abrirá sus puertas a las clases menesterosas, el 27 de agosto próximo: se proyecta el pronto comienzo de la Penitenciaría y de la Granja modelo, ya acordada, y se trata, en suma, de la ejecución de muchas obras públicas y arreglos administrativos de que oportunamente nos ocuparemos.

El movimiento económico del país acrece de día en día, y en relación con el aumento de la riqueza pública, se aumentan de un modo extraordinario las rentas del Estado. El negocio de exportación de ganado se está haciendo en grandes proporciones, y ofrece las más lisonjeras perspectivas. Sólo la casa de Binney Melhado, del puerto de Trujillo, ha comprado, anticipando fondos, veinte mil reses: calculamos la compra de diez mil de parte de las otras casas del mismo puerto, y de veinte mil para la exportación por Puerto Cortés y fronteras de Guatemala y El Salvador: total, cincuenta mil reses, que como mínimum, darán al país la entrada de $1,000,000. Las fincas de café en el Departamento de El Paraíso prometen muy buenas cosechas. La industria minera se ensancha notablemente, debido al establecimiento de compañías que hacen formales trabajos de explotación. En la Costa del Norte continúan con buen éxito el cultivo y exportación de frutas. En la actualidad se trata de explotar por una compañía norteamericana las plantas textiles en que abundan nuestros terrenos. Es de esperarse que si no sigue experimentándose la falta de lluvias, que si el invierno se regulariza, todas las empresas agrícolas e industriales darán muy satisfactorios resultados, hasta hoy desconocidos. Tal es la situación bonancible de Honduras.

La República de Guatemala continúa su no interrumpida marcha de progreso. La cuestión con México, si bien no se ha resuelto, está en vía de resolverse satisfactoriamente. El sensato Gobierno de México ha declarado que no está ni en sus ideas, ni en sus intereses, adoptar la extremidad de una guerra. El Gobierno de Guatemala ha hecho igual declaración. No son los tiempos que corren, tiempos de aventuras, tiempos de guerras injustificables y bárbaras. El derecho, la fraternidad y los intereses comerciales de los pueblos dominan hoy las diferencias de los Estados. Chasco se llevan, pues, todos los que se hacen la ilusión de ver en la cuestión de límites de Guatemala un motivo de perturbación y de guerra para Centro América.

El buen sentido de los Gobiernos guatemalteco y mexicano, garantizan, respecto a la cuestión de fronteras, un pronto y satisfactorio arreglo.

Tanta es la tranquilidad y el arraigo del orden en Guatemala, que el Señor Presidente, General Don J. Rufino Barrios, por los motivos que expresa en su proclama de despedida, que reproducimos, ha hecho un viaje a los Estados Unidos, en donde actualmente permanece. Hacemos votos porque el digno Jefe de aquella República, vecina y hermana, sea muy afortunado en la patria de Washington, y porque tenga un pronto y feliz regreso.

El Señor General Barrios ha dejado encargado del Gobierno al General Don José María Orantes, persona muy caracterizada por sus excelentes cualidades personales, y por sus altas dotes de militar valiente, leal y honrado. El General Orantes ha comunicado por telégrafo al Señor Presidente Soto, su promoción al poder supremo, lo que ha complacido al Señor Presidente de la República, quien ve en el General Orantes no sólo el buen Gobernante, sino también al antiguo y particular amigo. Publicamos los telegramas que a este respecto se han cruzado, y felicitamos al General Orantes, por haber obtenido merecidamente la confianza de sus conciudadanos, a quienes no dudamos sabrá gobernar del modo más digno y acertado, según puede colegirse, desde luego, del importante Manifiesto a que damos cabida en las columnas de La Gaceta.

Situación de perfecta paz y de notable progreso es también la de la vecina y hermana República de El Salvador. El ilustre Gobernante, Doctor Don Rafael Zaldívar, después de haber tenido una conferencia en Jalpatahua, de muy fructuosos resultados para la paz, con el Presidente General Barrios, se ha ocupado en inaugurar el ferrocarril de Acajutla a Sonsonate, obra importantísima que se pondrá al servicio público el día quince del corriente. El Gobierno de Honduras en el acto solemne de la inauguración será representado por su Comisionado especial, el señor don Pilar Lagos. Honduras estima como propios los progresos de El Salvador, y se complace vivamente por todo aquello que contribuye a labrar la prosperidad y engrandecimiento de aquel pueblo formado en la bienhechora escuela del trabajo y la libertad.

Agricultura, industria, comercio, establecimientos de crédito, ferrocarriles: tales son los grandes objetos sobre que recae la acción administrativa del Señor Presidente Zaldívar. Nuestros plácemes al pueblo que desprecia hondamente al caudillaje inepto, escandaloso y rapaz; al pueblo que se engrandece por la virtud fecunda del orden y del trabajo; nuestros plácemes al Señor Presidente Zaldívar que, como hombre de altas miras, sustenta la gran política del siglo; política de impulsión, de movimiento continuo, de trascendentales progresos materiales y morales.

En el seno de la paz y de las instituciones, la República de Nicaragua debate hoy una gran cuestión: la cuestión electoral.

Los partidos contendientes han presentado sus candidatos para la Presidencia, y trabajan con ardor inusitado por el triunfo de sus respectivas candidaturas. Pero el candidato prominente, el que tiene en pro todos los votos y todos los esfuerzos del partido liberal de Nicaragua, y podemos decir de Centro América, es el señor don Adán Cárdenas, sujeto distinguido por su ilustración y virtudes privadas, lo mismo que por sus relevantes dotes de hombre público.

Nicaragua se regenera; Nicaragua entra en las vías de un positivo progreso; Nicaragua, merced a la sabia y previsora política del General Zavala, ha dado un golpe de gracia al fanatismo político y religioso; Nicaragua ha dejado de ser presa de los filibusteros del catolicismo, de los jesuitas.

Para llevar adelante ese movimiento de regeneración iniciado, con tanta audacia como éxito feliz, por el Señor Presidente Zavala, necesítase de un hombre de singulares dotes, que se eleve a la altura de la actual situación. Ese hombre no puede ser un político de la escuela vieja, de refinado egoísmo, de añejas ideas y de ridícula y conservadora miopía. Ese hombre tampoco puede ser un demagogo de la pretendida escuela liberal, que convierte la libertad en licencia, en anarquía. El hombre que se necesita debe mirar al pasado y al porvenir; tener firmeza de carácter, arraigadas convicciones liberales, elevación de miras, y valor bastante para enfrentarse al estúpido fanatismo de los conservadores intransigentes, y a la demagogia disociadora de los anarquistas. Ese hombre, en concepto de la mayoría de los nicaragüenses, es el Doctor Don Adán Cárdenas, sujeto que puede satisfacer a los conservadores sensatos por su honradez, rectitud y moderación, y a los liberales juiciosos por ser un pensador ilustrado que puede hacer de Nicaragua, de esa región paradisíaca, la tierra clásica del pensamiento libre, de la educación popular, del positivo progreso, de las genuinas instituciones liberales.

Hacemos votos porque en paz y en justicia Nicaragua resuelva su cuestión electoral rompiendo con las funestas tradiciones de su pasado, que santifican el egoísmo lugareño y los procedimientos de la fuerza, bajo la apariencia hipócrita de la legalidad. Hacemos votos porque el Señor Presidente, General Don Joaquín Zavala, que con su administración deja una página gloriosa en la Historia de Centro América, tenga por digno sucesor a un hombre que, como el Doctor Cárdenas, sea capaz de dar cima a la regeneración del pueblo nicaragüense, pueblo inteligentísimo, pueblo muy apto para la libertad, y que no debe ser ni la presa de la anarquía, ni el patrimonio de un círculo de egoístas, que seducidos por mezquinos intereses, y apoyados en el fanatismo religioso, cierran los ojos a las luces del siglo, y comprometen el porvenir de uno de los países más privilegiados de América.

Situación de importancia suprema es la que atraviesa la República de Costa Rica; pero situación que aquel pueblo laborioso y honrado sabrá resolver con el acierto propio de los pueblos que saben trabajar, que tienen que perder, que tienen grandes intereses creados.

La situación a que aludimos la motiva el reciente fallecimiento del Presidente General Don Tomás Guardia, que creó en aquel país un modo de ser excepcional.

Debido a la política del General Guardia, fiel trasunto de la del General José María Medina, Costa Rica que siempre se distinguió por su laboriosidad, por su sensatez y por su apego a sus particulares intereses, ha tenido desde lejana fecha una política de aventuras, que no queremos ni debemos calificar en sus detalles, más que todo, por respeto a la tumba del Jefe de un pueblo hermano. Sólo diremos que Costa Rica ha quedado sin crédito en el extranjero, con un foco de inmoralidad en lo interior, y en enemiga permanente con los demás Estados de Centro América.

Empero, hoy se abre para Costa Rica una nueva era, y creemos que sabrá aprovecharla en el sentido de la cordura y de la honradez. En estos momentos debe operarse en aquel pueblo una verdadera transición. Nos prometemos que sea fecunda en beneficios para los costarricenses, nuestros hermanos; y es de esperarse que entre ellos se establezca una política reparadora, juiciosa y fraternal. Bajo este concepto, que tanto nos halaga, nada nos será tan grato como decir oficialmente que Costa Rica ha reanudado todas sus relaciones con los Estados de Centro América. Pasó ya la época de una política de aventuras y de siniestras intervenciones: pasó ya la época del caudillaje inmoral que, a guisa de limosnero, pide de por Dios la guerra de hermanos contra hermanos. Paz, trabajo, instituciones y fraternidad; esta es nuestra divisa: que ésta, y no otra, es la que dará honor a los Estados centroamericanos, necesitados de unir, de estrechar sus intereses, y de robustecer su crédito, que es la garantía de su gran porvenir.

("La Gaceta", 14 julio 1882)

EL GRAN DÍA DE LA PATRIA

BREVE, muy brevemente, por falta de tiempo y de espacio, damos hoy la crónica del Gran Día de la Patria.

Desde la víspera del 27, Tegucigalpa estuvo de gala, mostrando por doquiera animación y entusiasmo. Artísticos y profusos fuegos artificiales y alegres músicas recrearon al vecindario de esta Capital durante la noche del 26, noche de movimiento y de alegría, en que discurrían por las calles, con el goce de las más gratas impresiones, numerosas personas de todas las clases sociales.

La alborada del gran día fue magnífica. El estampido del cañón, las campanas echadas al vuelo, las armonías de la música marcial y las alegres voces de entusiasmo del pueblo, todo, todo indicaba que estaba para alumbrar el sol de un día de verdadera fiesta, de un día de grandes y halagüeños recuerdos, y de legítimos y puros regocijos.

Al amanecer, dejó verse la población con sus casas llenas de vistosas colgaduras, como simbolizando, con sus atavíos, que se vestía de gala para celebrar la era feliz de su tranquilidad, de su progreso, de su bien social. ¡Qué siempre un pueblo es sensible a las nobles y generosas ideas!

Desde el mediodía, el Señor Presidente de la República, Doctor Don Marco Aurelio Soto, empezó a recibir a las autoridades y a sus particulares y numerosos amigos. Fue visitado por todas las corporaciones civiles, militares y literarias, y por los vecinos de esta Capital, que a una, le presentaron sus congratulaciones por el sexto aniversario de su Gobierno, en que ha imperado un régimen de orden, de justicia y de libertad. El Señor Presidente Soto tuvo para todas las personas que lo visitaron, oficial y particularmente, corteses palabras de aprecio y de reconocimiento. El hombre culto estuvo en su puesto ante las demostraciones de simpatía de sus conciudadanos.

A las cuatro de la tarde, la Junta Directiva del Hospital General, acompañada de las corporaciones y del vecindario, llegó a casa del Señor Presidente de la República con el objeto de invitarlo para que presidiera la ceremonia de inauguración de ese establecimiento benéfico, debido, en su mayor parte, a los esfuerzos del primer Magistrado de la Nación.

A las cuatro y media el Señor Presidente, con su lucida y numerosa comitiva, llegó al Hospital, que estaba sencilla pero elegantemente adornado, y con el aspecto más risueño, como esperando la llegada del que había de abrir las puertas de la beneficencia pública.

Instalados los concurrentes en las espaciosas galerías del Hospital, y colocados el Señor Presidente, los Secretarios de Estado y el Presidente del establecimiento, bajo el dosel presidencial, empezó la ceremonia de inauguración con el sentido y patriótico discurso que el Presidente de la Junta Directiva, señor don Francisco Planas, dirigió al Señor Presidente de la República, quien, a su vez, contestó al señor Planas con una alocución de muy oportunos términos, y en que resalta grande elevación de sentimientos e ideas. A continuación pronunciaron interesantes discursos los señores, Magistrado don Jerónimo Zelaya, don Carlos Gutiérrez y don T. Rois. Merecidos y grandes aplausos obtuvieron las notabilísimas alocuciones de los Señores Presidente de la República y de la Junta Directiva, y los discursos de las personas que hablaron en nombre del sentimiento más desinteresado y noble, del sentimiento de la caridad.

Después sucedió con unánime aceptación y con aplauso un acto de justicia. Se leyeron los acuerdos en que el Señor Presidente Soto nombra Presidente perpetuo de la Junta Directiva del Hospital al señor don Francisco Planas, y da las gracias al Tesorero, señor don Julián Fiallos, en mérito de los importantes servicios que han prestado en la construcción del Hospital, de la manera más patriótica y generosa. No podemos menos de felicitar aquí, muy cordialmente, a los señores Planas y Fiallos por la merecida distinción de que han sido objeto. Así se alcanzan consideraciones, honores y prestigios, trabajando por el bien público, haciendo servicios positivos que atraen, tarde o temprano, la gratitud nacional.

Tuvo fin la inolvidable inauguración del vasto y hermoso Hospital General de la República, con un agradable refresco que se obsequió a los concurrentes en uno de los salones del edificio. Jamás olvidará el pueblo de Tegucigalpa, que en masa presenció acto tan solemne, aquella fiesta de la caridad, aquella fiesta de la humanidad que prueba que entre nosotros son ya un hecho los sentimientos de cristiana civilización.

Aun estaban vivas las impresiones de la tarde, cuando a las ocho de la noche, el vecindario notable de la capital ocupaba ya los salones del Hospital General, para celebrar, con un suntuoso baile, dispuesto por la Honorable Municipalidad, el "GRAN DÍA DE LA PATRIA", y en obsequio del Señor Presidente.

Indescriptible es aquella reunión de la civilidad y del patriotismo. La variedad y profusión de las luces, los múltiples y voluptuosos perfumes de las flores, las armonías alegres y arrebatadoras de la orquesta, las dulces, variadas y conmovedoras melodías del piano, producidas por las manos habilísimas de la simpática Manuela Ugarte, los movimientos ya animados, ya lánguidos del deleitoso baile, las confidencias amistosas en que las almas se cambian: todo esto, todo esto se siente, pero no se describe; es un algo como un dulce ensueño que se evapora, un algo como la inefable realidad de un ideal. Y así, en lo indescriptible, en ese estado del corazón que no puede copiarse, pasó la memorable noche del 27 de agosto, hasta que el nuevo sol trajo un nuevo día para hacernos recordar las tristes realidades de la vida.

La misma animación, el mismo entusiasmo se notaron en los demás pueblos de la República, con motivo del GRAN DÍA DE LA PATRIA. El telégrafo funcionó sin descanso trayendo al Señor Presidente de la República felicitaciones de todas partes, y agradables nuevas de fiestas y regocijos públicos. En el gran día parecían sentirse las palpitaciones del corazón de todo un pueblo, de un corazón agradecido, porque en esta patria clásica de los infortunios nacionales, de los inmensos dolores, se hacen sentir al fin los beneficios del orden, de la paz, del trabajo y de la libertad.

Ojalá que en fecha tan memorable siempre el pueblo hondureño sólo tenga que celebrar, entre plácemes y sonrisas, las conquistas salvadoras del progreso y de la civilización.

("La Gaceta", 8 de septiembre 1882)

UN VOTO DE GRACIAS

NOS ocupamos hasta ahora del valioso obsequio de la estatua de mármol del BENEMÉRITO GENERAL DON FRANCISCO MORAZÁN, que, en nombre del pueblo de El Salvador, ha hecho el Gobierno de aquella República a la de Honduras, porque deseábamos dar, por separado, en la sección editorial de La Gaceta, un voto de gracias al generoso pueblo salvadoreño y al ilustre Gobierno que lo representa haciendo cada día más estrechas y fraternales las relaciones de Honduras y El Salvador, tan vinculadas ya por su vecindad y por su historia, y confundidas hoy en el sentimiento de la paz, y en la única aspiración de labrar su bien bajo los auspicios de la amistad más sincera y cordial.

Profundamente reconocido el Gobierno de Honduras al pueblo y Gobiernos salvadoreños por su preciadísimo y galante obsequio, nombró, en Comisión, según aparece en el acuerdo que publicamos, a los Honorables Señores Licenciado Don Cruz Ulloa, General Don Cruz Lozano y Don Pilar Lagos, para que les hiciesen presentes los sentimientos de gratitud de este pueblo y de su Gobierno, siempre sensibles a los actos de benevolencia y de generosidad de los pueblos hermanos de Centro América.

La Comisión nombrada cumplió satisfactoriamente su cometido, manifestando a S. E. el Señor Presidente, Doctor Don Rafael Zaldívar, en visita que le hizo, en 19 de agosto próximo pasado, cuánta es la gratitud de los hondureños y de su Gobierno, justamente inspirada por el nuevo y bondadoso testimonio de amistad que acaban de darles el pueblo y Gobierno de aquella República vecina y hermana. Insertamos el notable discurso que, sobre el particular, pronunció el Señor Ulloa, que presidió la Comisión, y la respuesta, tan noble como oportuna, que se sirvió dar, en acto tan amistoso, el Señor Presidente Zaldívar.

Asociamos la expresión de nuestros sentimientos a la de la Comisión hondureña que supo interpretar fielmente el reconocimiento de nuestro pueblo y de nuestro Gobierno: enviamos a nuestros hermanos de allende el Goascorán nuestro más sincero voto de gracias por su fino y valiosísimo obsequio; y les aseguramos desde ahora, que la magnífica estatua del Héroe de Gualcho y de Las Charcas, simbolizará siempre para nosotros la unión de Honduras y El Salvador en el pasado, su íntima unión en el presente, y su perfecta e indestructible solidaridad en el cumplimiento de los altos destinos que tienen que realizar en el Centro de América.

("La Gaceta", 10 de octubre 1882)

CUMPLEAÑOS DEL SEÑOR PRESIDENTE DE LA REPÚBLICA

EL 13 del corriente cumplió 36 años el Señor Doctor Don Marco A. Soto, Presidente de la República. En ese día esta capital estuvo de gala, y su vecindario, lo mismo que el de los demás pueblos, dio al Primer Magistrado, con motivo del recuerdo de su natalicio, espontáneas y muy significativas pruebas de aprecio y simpatía.

El Señor Presidente, para celebrar su cumpleaños con una buena obra, pasó el día 13 fuera de esta ciudad, inaugurando los trabajos de la carretera al Sur, en la segunda sección que comienza al lado opuesto del Río de los Jutes, casi distante dos leguas de la capital. Acompañaron al Señor Presidente, el Secretario de Estado en el Despacho de Relaciones Exteriores y algunos amigos de su intimidad. Perdurable será el recuerdo de día tan ameno, pasado en el seno de la amistad y de la confianza, y hermoseado por las más lisonjeras perspectivas de progreso y ventura para Honduras. ¡Que muchos y muy felices años tenga el digno Jefe, el Gobernante Benemérito, que ha trabajado y trabaja, con éxito brillante, por la prosperidad y engrandecimiento de la República!

DEPARTAMENTO DE JUSTICIA

La Corte Suprema de Justicia, desde el mes de junio último, propuso a la Secretaría del Ramo, algunas reformas que, a su juicio, deben hacerse al Código de Procedimientos y a la Ley de Organización y Atribuciones de los Tribunales. El Gobierno, para proceder con todo el acierto posible, pasó las reformas propuestas al estudio del distinguido jurisconsulto, Doctor D. Adolfo Zúñiga, que presidió la Comisión codificadora, y que fue el más activo trabajador en la radical reforma de nuestra novísima legislación. El Doctor Zúñiga ha dado cuenta al Gobierno con el resultado de sus trabajos, presentándole sus Observaciones a las Reformas propuestas por la Corte Suprema de Justicia. Empezamos hoy a publicar los documentos relativos al proyecto de reformas y las observaciones hechas por el Doctor Zúñiga, a fin de que la opinión de las personas entendidas, que forma el sentir de la opinión pública, se fije y pronuncie su voto sobre la conveniencia o inconveniencia de las reformas proyectadas. El Gobierno debe ser muy mirado para hacer innovaciones en una legislación que, por decirlo así, empieza a ensayarse. El prurito de reformas, sin necesidad, es ocasionado a daños de mucha trascendencia. No obstante, nosotros entendemos que el Gobierno, después de maduro examen, y tomando en cuenta el parecer muy autorizado de la Suprema Corte de Justicia, hará todas las reformas que satisfagan a una incontestable necesidad, o que impliquen un positivo perfeccionamiento de nuestra legislación.

("La Gaceta", 20 de noviembre 1882)

RENUNCIA DE LA PRESIDENCIA

Denegación del Congreso. — Próximo viaje al extranjero del Señor Presidente de la República

NO impunemente abusa el hombre de sus fuerzas, aunque éstas se empleen trabajando para alcanzar los fines más grandes, más nobles y legítimos. De esta verdad es un vivo testimonio el Señor Presidente, Doctor Don Marco Aurelio Soto. Nos atrevemos a decir que ha abusado de su actividad, durante siete años continuos, preparando y llevando a cabo la empresa ciclópea de dar vida, orden, instituciones y progreso a la desventurada Honduras, de labrar y afirmar, por uno de esos raros milagros de la inteligencia y del patriotismo, la regeneración de todo un país empobrecido, anarquizado, y que casi había hecho perder a sus buenos hijos lo último que se pierde, LA ESPERANZA.

El país ha ganado con los extraordinarios esfuerzos del Señor Presidente Soto; el país ha entrado de lleno en las despejadas vías de la paz, de la legalidad y del progreso; pero el Señor Soto, si también ha ganado merecidos títulos de gloria inmarcesible, ha perdido personalmente, ha perdido, en su daño y el de los suyos, uno de los bienes más caros, el bien inestimable de la salud.

Aquejado ya por gravísimas dolencias, y conceptuando, casi por completo, logradas sus patrióticas aspiraciones, el Señor Presidente Soto se ha visto en el caso, harto justificado, de renunciar, ante el Congreso Nacional, la Presidencia de la República. La renuncia del Señor Presidente consta en un breve cuanto fundado y sentido Mensaje que, con fecha 10 de marzo anterior, dirigió a los Representantes de los pueblos. ¡Qué apreciabilísimo documento por su forma y por su fondo! Es la bella expresión del Repúblico civilizado que, sin embustes, sin alardeos, sin ridículas pretensiones, dice al pueblo que ha salvado de la anarquía, de la abyección y la miseria: "Dejo espontáneamente el poder porque no puedo cumplir ya con mis deberes".

La renuncia del Señor Presidente Soto, que desde hace dos años tenía proyectada, debido a su profundo malestar, ha causado, y con

443

justicia, honda sensación y grande alarma en todos los ánimos. Los Señores Diputados al Congreso, fieles intérpretes del sentimiento de sus respectivos Departamentos, han rehusado, con firmeza, y casi por unanimidad, la aceptación de la renuncia; pero apreciando la sinceridad de propósitos del Señor Soto, y los probados motivos de su dimisión, lo han autorizado para que haga un viaje al extranjero, merced al cual pueda recobrar sus fuerzas, tener un poco de reposo y restablecer su importantísima salud.

Notable por mil títulos es la contestación del Congreso Nacional al Mensaje del Señor Presidente, en que consta la no admisión de su renuncia. Ese documento, que honra tanto a sus autores como al Señor Soto, no es la expresión de interesadas y rastreras lisonjas: tampoco es la expresión de hombres extraviados por la tiranía y enloquecidos por el terror, que aplauden, frenéticos, cuando, indignados, debieran condenar. No: la contestación al Mensaje del Señor Presidente Soto es la sencilla, libre y republicana expresión de los verdaderos Representantes de los pueblos, que, sin temor y aún sin recelo, han podido y pueden decir la verdad; y la verdad es que los pueblos para el Señor Presidente Soto no tienen más que motivos de gratitud. Por esto la contestación al Mensaje es el más alto y espontáneo voto de reconocimiento nacional, dado, en nombre de los hondureños, por uno de los más elevados y respetables Poderes de la República.

Aunque no ha sido aceptada la renuncia del Señor Presidente, este alto Magistrado insiste en sus verdaderos propósitos de hacer un viaje al extranjero. En estos momentos se ocupa en hacer los arreglos públicos y particulares indispensables para su salida del país; y a fines de este mes o principios del entrante tomará un vapor expreso para dirigirse a Estados Unidos y Europa. El Señor Soto, que es tan ilustrado como modesto, viajará como un simple particular: así lo ha comunicado, oficialmente, a quienes corresponde, la Secretaría de Relaciones Exteriores.

Que los hondureños, que tienen tanto amor a la persona del Señor Soto, y tanto apego a la paz y a las instituciones que ha afirmado su Gobierno, no teman, con motivo de su ausencia, por la suerte del país: el poder quedará en manos de dignísimas personas que sabrán mantener, bajo un régimen de justicia y de libertad, a los ciudadanos, y que sostendrán las francas y amistosas relaciones que se cultivan con los Gobiernos de las Repúblicas vecinas. Que los hondureños, que tantas pruebas de cariñoso respeto y de firme lealtad han dado a su paternal Mandatario, a su gran estadista, no crean que vivirán fuera del amparo de su creador pensamiento, de sus votos amantísimos y de sus patrióticos esfuerzos. El Señor Soto llevará al extranjero, en el alma, la imagen de la patria, y doquiera que se halle trabajará por la querida patria. Y si contra toda previsión, durante el poco tiempo de ausencia del Señor Presidente, Honduras se viese en algún conflicto, que los hondureños cuenten con que el Señor Presidente Soto y los amigos que lo acompañan les darán su eficaz ayuda, todo el apoyo de su nombre, de sus trabajos y de sus esfuerzos, y, si fuere preciso, toda su abnegación. Que la patria no lo olvide: presente o ausente, de cerca o de lejos, el Señor Presidente Soto, sin reservas, será todo para la patria.

("La Gaceta", 2 de abril 1883)

LA DIETA CENTROAMERICANA

LA dieta, que según arreglos diplomáticos que conocen nuestros lectores, debía ocuparse en Santa Tecla o en Ahuachapán en preparar, por medio de oportunos trabajos, la Unión Nacional de Centro América, ya no podrá tener efecto, debido a que el disentimiento del pueblo y Gobierno costarricenses ha hecho que los demás Gobiernos interesados en la nacionalidad consideren, por ahora, sin resultados prácticos la reunión de la proyectada Dieta centroamericana.

Los documentos oficiales, que publicamos en la sección que corresponde al Departamento de Relaciones Exteriores, dan una idea clara y exacta de los antecedentes y circunstancias que, por desgracia, se han opuesto a la realización del pensamiento patriótico de asentar siquiera las primeras bases sobre las que debía afirmarse la Unión Nacional. Consumada, en mala hora, por la separación de los Estados centroamericanos, éstos quedaron con vida propia, con plena autonomía para decidir sobre sus destinos sociales y políticos. En uso de este derecho indiscutible, Costa Rica ha disentido con respecto a la reunión de la Dieta, y su disentimiento ha retraído a los Gobiernos iniciadores de tan gran propósito y a los que habían secundado sus altas miras. Costa Rica ha ejercitado un perfecto derecho; pero esto no obsta para que todos los sinceros amigos de la noble causa nacionalista sientan profunda pena, sientan doloroso desencanto, al ver frustrado un pensamiento que, de realizarse, por lo menos habría dado el fruto de mantener, en todas las clases sociales, vivos el interés y la esperanza cifrados en la unión de las Repúblicas de la América del Centro.

La Dieta que no ha de reunirse, hará que se registre en la triste historia de nuestra nacionalidad un proyecto más que se ha frustrado, o sea un desengaño más para el patriotismo centroamericano. Pero la inspiración y la influencia de las buenas causas que transforman y engrandecen a los pueblos, no mueren nunca. Si hoy el poder de las circunstancias ha hecho fracasar el proyecto de Unión Nacional, mañana el poder de circunstancias opuestas vendrá a dar realidad a los proyectos de los unionistas, proyectos que han de renovarse bajo una u otra forma, proyectos que han de reaparecer siempre, porque son y serán la consecuencia legítima de una indeclinable necesidad social de nuestros pueblos. Esta necesidad ha de satisfacerse algún día. Para que no llegue a imponerse la causa nacionalista en Centro América, será preciso que Centro América deje de ser.

Mientras Centro América sea, vivirá inspirador y fecundo en trabajos y en esfuerzos, el ideal de los unionistas que quieren que Centro América sea una verdadera patria, bajo los auspicios de verdaderas e inconmovibles instituciones.

Mientras alcanzamos mejores tiempos, mientras las circunstancias, de todo en todo, son propicias; el patriotismo contrariado, pero no vencido, guarda su fe, que es fuerza, que es poder, para ponerla, en hora dichosa y oportuna, al servicio de la causa de lo porvenir, de la Unión Nacional. Esa fe la guardan, como se guarda el más valioso y bello tesoro, el pueblo y Gobierno hondureños; esa fe los hace confiar en las más consoladoras promesas, promesas de paz, de libertad y de civilización: esa fe los hace dar, ante la América, sus nuevas protestas de que, en cualquier tiempo, y en cualesquiera circunstancias, estarán decididos a empeñar sin egoísmo, sin vacilaciones y sin dudas, todo lo que valen, todo lo que tienen, para ver cumplido el más alto fin del patriotismo, la gloriosa Unión de Centro América.

("La Gaceta", 30 de abril 1883)

ELECCIÓN PRESIDENCIAL EN GUATEMALA

EL telégrafo ha traído al Gobierno hondureño la satisfactoria noticia de haber sido electo popularmente, para el primer período constitucional, el Señor General Don J. Rufino Barrios, Presidente de la República de Guatemala. Por despachos telegráficos ha llegado también a nuestro conocimiento que el General Barrios, por motivos de salud, renunció la Presidencia, renuncia que no le fue aceptada por los Representantes de la nación. En consecuencia, el Presidente electo, cediendo a los reiterados votos de sus conciudadanos, el 15 del corriente tomó posesión de la Presidencia constitucional.

Sinceramente celebramos que los pueblos de Guatemala, reconocidos a los eminentes servicios que les ha prestado el General Barrios, hayan depositado en él toda su confianza, dándole sus votos espontáneos para la Presidencia, y rehusando, por medio de sus Representantes, la admisión de la renuncia presentada ante la Asamblea. El pueblo guatemalteco, con su laudable conducta, ha sabido ser cuerdo, y al propio tiempo ha sabido cumplir un acto de patriotismo y de justicia. El pueblo guatemalteco no ha podido olvidar, como no ha olvidado, que la personalidad del General Barrios está indisolublemente unida a su obra de regeneración política y social; y que los trabajos y esfuerzos de tan importante ciudadano son indispensables para que obra tan grandiosa tenga feliz remate, para bien de aquella República y de las instituciones liberales.

El Gobierno hondureño ha visto con positiva satisfacción los sucesos políticos a que hemos hecho referencia; y no ha podido ser de otra suerte, dadas las francas y cordiales relaciones que median entre Guatemala y Honduras. Reciba el pueblo guatemalteco nuestra enhorabuena por las altas pruebas de rectitud y acierto que ha dado en su elección; y reciba la muy cumplida el Señor General Don J. Rufino Barrios por haber alcanzado, debido a sus grandes merecimientos, la recompensa que más honra a un hombre público, —el voto de confianza de los pueblos.

("La Gaceta", 24 marzo 1880)

PAZ Y PROGRESO

NO parece sino que los Gobiernos centroamericanos han hecho un formal convenio para sostener y levantar, muy alto, el estandarte de la PAZ Y DEL PROGRESO. En realidad, nunca como ahora, se han hecho patentes en las Repúblicas hermanas, pruebas tan prácticas de paz y de fraternidad, y nunca como ahora se han hecho tan manifiestas tendencias tan positivas encaminadas a la realización material y moral del progreso de los países del Centro.

Guatemala, gobernada felizmente por el General Don J. Rufino Barrios, reformador valiente y generoso, ostenta por doquiera una conducta pacífica, fraternizadora, y muestra en su bello y rico territorio bien consolidadas mejoras en todas las esferas del progreso social. Las escuelas implantadas por doquiera, las artes y las ciencias en eflorescencia, las vías de comunicación y las líneas telegráficas en el mejor estado, y la agricultura y el comercio en auge y en verdadera robustez; tales son los adelantos que importan la paz y el progreso dichosamente realizados en la República guatemalteca, merced a la acción benéfica y reformadora del Gobierno del General Barrios, a cuyos esfuerzos debe muchos beneficios su patria y en general la América del Centro, que ve en el Mandatario de Guatemala una sólida garantía de orden y adelanto para estos países tan asendereados por la mano cruel de la anarquía y del oscurantista retroceso. Y no importa que el crimen que tomó por órgano la mano de un cura miserable e infame levante su cabeza enfrentándose al General Barrios. La cabeza del crimen reaccionario y teocrático ha sido aplastada y lo será cuantas veces reaparezca.

El ilustre Jefe de Guatemala no parará en su carrera gloriosa de paz y progreso: en el cumplimiento de su alta misión no está solo, no está aislado: lo acompañan en Guatemala, y fuera de Guatemala, todos los hombres de gran carácter y de nobles ideas que se empeñan en regenerar a Centro América, que no es ni será más el patrimonio de la teocracia ni de las clases privilegiadas. El General Barrios tiene un gran destino que cumplir, y tenemos fe en que, a despecho de cobardes y criminales oposiciones que se hacen en las tinieblas, no a la luz, cumplirá su misión civilizadora en bien y en honra de su patria y de toda la América del Centro.

En la República de El Salvador, firmes y muy firmes son también los propósitos encaminados al mantenimiento de la paz interior y exterior, y al desarrollo del progreso. El Presidente Doctor Don Rafael Zaldívar,

hombre de reconocida entereza, y de probada consecuencia con sus principios y con sus amigos, a pesar de haber encontrado el país que gobierna desquiciado en sus intereses y lleno de combustibles anárquicos, ha podido, con una energía que le honra, refrenar las oposiciones adversas a la conservación de la paz interior, y ha observado además una conducta justa y fraternal con los Gobiernos de las Repúblicas hermanas. No sólo el sostenimiento de la paz preocupa al ánimo del Doctor Zaldívar, sino que también quiere y fomenta el progreso de su patria. Estamos informados de que en la Capital de la República ha hecho notables mejoras en el orden material y moral. Siga el Doctor Zaldívar la línea recta de paz y progreso que se ha trazado, y no dudamos que propios y extraños sabrán hacerle cumplida justicia.

Nicaragua y Costa Rica mantienen el statu quo en cuanto a la suspensión de sus relaciones internacionales; pero sus respectivos Gobiernos han tenido el buen sentido de no ahondar las divisiones que los han separado, y de no crear nuevos elementos contrarios a la paz y al progreso de que tanto necesitan. Sabemos que en Nicaragua se trabaja con afán en pro de la conservación de la paz y que al influjo de esta deidad bienhechora se operan en la República considerables adelantos. Sabemos también que en Costa Rica ha habido un cambio de Gobierno, asumiendo el Poder Supremo el General Don Tomás Guardia; mas, la transición no ha sido violenta, no ha costado al país trastornos ni desastres. Quiera la Providencia que ambas Repúblicas vecinas y hermanas, en su régimen interior y exterior, tengan siempre, como blanco de sus aspiraciones y esfuerzos, el mantenimiento de la paz a toda costa, y la promoción de un efectivo y fecundo progreso.

Por lo que hace a Honduras, el lema de su Administración, que preside el ilustre Doctor Soto, es netamente el lema de PAZ Y PROGRESO. El actual Gobierno es extraño a toda política que no conduzca a la realización de esos dos grandes bienes. Mantendrá la paz, como la ha mantenido, con la moderación y la prudencia; y si éstas no bastaren, la mantendrá por la fuerza y la constancia a toda prueba; pues el actual Gobierno está compuesto de hombres que, si bien tolerantes, tienen un carácter inflexible, por lo mismo que son hombres de convicciones: por otra parte, han sabido acumular bastantes elementos, bastante poder para hacer respetar, en todo evento, los primordiales intereses del orden público.

Mas, el Gobierno hondureño no quiere la paz sepulcral: quiere la paz fecunda, quiere la paz que asiente el progreso material y moral, cuya influencia hará imposibles nuevos escándalos, nuevos desbordes de la anarquía. Y el Gobierno va realizando su idea redentora. La Hacienda pública, que es la base de todo Gobierno que merezca el nombre de tal, puede decirse que está reorganizada. Se ha podido pagar el presupuesto civil y militar, quedando un sobrante de las rentas: del último año económico no andan flotando, como otras veces, millares de liquidaciones contra el Estado: se ha podido mantener y mejorar el ferrocarril y demás vías de comunicación: se ha podido crear y continúan creándose comunicaciones telegráficas: se ha podido sistemar las administraciones de correos: se ha podido construir puentes y obras de ornato, se ha podido aumentar el armamento y ensanchar la fuerza pública; y en breve se sistemará y mejorará la educación en todos sus ramos, merced a los profesores y útiles de enseñanza que están para venir del extranjero. Que se desengañen los hondureños: honradez y trabajo necesitamos para labrar la grandeza y prosperidad nacional; y el Gobierno actual trabaja y trabajará con fe en ese sentido. Cree en la cordura y en el patriotismo de los hijos de Honduras; mas, si por desgracia algunos diesen pruebas en contrario, eso no importa: el Gobierno está resuelto, y sostendrá muy alto y, si necesario fuese, con mano de hierro, la bandera gloriosa de la PAZ Y DEL PROGRESO.

EL 13 DE NOVIEMBRE

HE aquí una fecha que tiene, entre nosotros, justa y merecida celebridad nacional. Ella hace recordar a los hondureños el natalicio del hombre de Estado grande y benéfico que gobierna a Honduras; y hace que el patriotismo agradecido le dé sinceros plácemes, le tribute públicos homenajes de ardiente simpatía y de profundo reconocimiento.

Tales manifestaciones hemos tenido el gusto de ver en el día del recién pasado cumpleaños del Señor Presidente de la República. Tanto en esta Capital, como en las poblaciones más notables del país, ese día fue de verdadera fiesta nacional.

Omitimos, por ser de todos conocida, la crónica de las felicitaciones, de los festejos y regocijos que, en obsequio del Señor Presidente, dieron inusitada animación al memorable 13 de noviembre; y nada diremos de los telegramas congratulatorios, venidos de todos los pueblos, de las visitas oficiales y particulares, de las festividades religiosas, de las alegres músicas, de los artísticos fuegos artificiales, del solemne bautizo del Vapor Marco Aurelio, en Trujillo, de las demostraciones de entusiasmo de las Islas de la Bahía y de otras importantes poblaciones.

Pero por notorias que sean el Acta celebrada el 13 por la Municipalidad de Tegucigalpa, y la fiesta habida en la tarde del mismo día, en el Hospital General, no queremos ni debemos dejar de hacer de ellas un particular recuerdo, ya que tales manifestaciones, en honra del Señor Soto, tienen una trascendente y altísima significación.

La Municipalidad de esta Capital acordó en el acta importantísima, que reproducimos en lugar oportuno, hacer grabar una gran medalla de honor, para obsequiarla al Señor Soto, "al abnegado restaurador de la paz de Honduras, al acertado innovador de nuestras instituciones, al factor infatigable de los progresos del país, y al verdadero amante del pueblo, cuyo bien y prosperidad promueve y asegura, poniendo valla infranqueable a la funesta política de círculos personales, fomentando su educación moral e intelectual, y dotándolo de establecimientos de beneficencia". Estas

452

palabras, de muy significativo y elevado sentido, prueban que el Señor Soto, con sus grandes labores, con sus grandes merecimientos, con su levantada política, ha hecho luz en la conciencia pública que, por medio del Municipio de una de nuestras más cultas poblaciones, le ha dado un voto honrosísimo

de adhesión y simpatía, voto de que, a su tiempo, hará mérito la justiciera Historia.

La Honorable Junta de Gobierno del Hospital General de la República también cumplimentó al Señor Soto, celebrando simpática y agradabilísima fiesta en el vasto y elegante edificio destinado a los enfermos, conmemorando con tal demostración el natalicio del Señor Presidente, y a la vez la fecha en que éste, con grande espíritu de caridad, puso la primera piedra de ese hermoso establecimiento de beneficencia, que será uno de los timbres de honor de la actual y progresista administración de Honduras. En reunión tan amena, en que se respiraba cierto aire de santidad, el estimabilísimo Presidente de la Junta de Gobierno del Hospital, Señor Don Francisco Planas, dirigió al Señor Presidente de la República una breve, sentida y oportuna alocución, que fue contestada, como sabe contestar el literato de corazón y el estadista de las oportunas frases, como sólo sabe contestar en Honduras el Presidente, Doctor Soto. Nos damos el gusto de reproducir, a continuación, las interesantes alocuciones a que nos hemos referido.

La Redacción Oficial, al trazar estas breves líneas, se honra y se complace en reiterar al Señor Presidente Soto sus congratulaciones por su feliz cumpleaños, y sus votos porque su porvenir sea de gloria y de ventura; votos que son los de la inmensa mayoría del pueblo hondureño, y que, en secreto, sólo dejará de hacer la ruin envidia que, emponzoñada por su impotencia, se retuerce convulsiva, y arroje la sucia baba del despecho, al contemplar los altos méritos del Patriota esclarecido, y los triunfos magníficos del Estadista afortunado.

("La Gaceta", 24 de noviembre de 1881)

NUESTRA ASPIRACIÓN

CON el nombre del patrio río, que corre a orillas de nuestro nativo pueblo, comenzamos la publicación de este modesto quincenal, destinado, primordialmente, a dar, en propiedad, a la juventud hondureña, un pequeño terreno para el cultivo de las Bellas Letras[2].

Deseáramos fundar un diario literario, el primero en la América del Centro, siquiera fuese por ser los iniciadores de tal empresa. No podemos honrarnos de esta suerte, ni dar así honor a nuestra patria. Nuestras fuerzas están casi agotadas por el desgaste que causan la acción del tiempo y el empeño en asiduos trabajos; nuestros recursos no abundan; únicamente contamos con los personales, personalísimos; y, por remate, los materiales literarios de nuestro país son escasos, y no pueden ofrecernos elementos para sostener una publicación diaria, con carácter esencialmente nacional.

A despecho de nuestro deseo, nuestra aspiración tiene que limitarse, como lo hemos indicado, a proporcionar a los jóvenes hondureños, ricos en actividad y en talentos, un reducido espacio para sus labores, y a dar a nuestro ánimo algún esparcimiento, ocupándonos en las amables tareas que, con amor al arte, exigen por vocación propia, ensayos científicos y literarios.

Alejados en absoluto de las tortuosas sendas de la política, nuestro quincenal ha de referirse a las tradiciones, a la historia, a las costumbres y a los trabajos que, en Ciencias y Letras, se han llevado a cabo en nuestro país.

Con tal procedimiento aspiramos a que el anciano se solace viendo reproducidas las consejas de su época, y las costumbres de sus pasados y remotos tiempos; a que el adulto reflexivo tome nota de lo que se ha pensado, dicho y puesto en práctica en su pueblo, para mejorar su condición por la fecunda virtud de la ciencia y del arte; a que el joven inexperto tenga honesta distracción, comunicándose con los que han amado lo que es verdadero, lo que es justo y lo que es bello; y a que la dulce y tierna niña se sonría, llena de placer, o

---

[2] Editorial del número 1 de la revista "El Guacerique" (Tegucigalpa, 1892).

derrame una lágrima de ternura, contemplando pequeños cuadros en que se pinten, ¡ay!, el amanecer de purísimos amores, las sombras de desengaños y dolores incurables, y los celajes del cielo que, como las perspectivas de nuestro porvenir, se disipan, yéndose cual nuestra felicidad soñada, como nuestras más acariciadas ilusiones.

Nuestro propósito, que será ampliamente expresado en las páginas de este quincenal, si ha de juzgarse pequeño por el poco éxito que alcancen nuestras aptitudes, esperamos que será estimado bondadosamente, debido a nuestros desinteresados deseos. ¡Que la juventud hondureña, tan simpática, tan expansiva y tan inteligente, reciba en este periódico una palabra de aliento y de esperanza! ¡Que sepa oírla y recogerla, si no con entusiasmo, por lo menos con benevolencia! Tal es nuestra suprema aspiración.

("El Guacerique", Tegucigalpa, N° 1, 1892)

VERSOS

¡SOLO!

(En el antiguo Cementerio de Guatemala)

¡Solo! Sin más que un pensamiento triste,
Donde se encierra de mi amor la historia,
Como culto en un templo solitario
Consagrado a adorar una memoria.

¡Solo! Con el latir apasionado
Del corazón nutrido de dolor,
Porque al pasar mis horas de tristura
Se marchitó de su ilusión la flor.

¡Solo! Junto al silencio de las tumbas,
Que no me brindan su apacible calma...
Pero, mujer, en tu regazo un día
¡Se acabará la soledad de mi alma!

1867

LA FLOR DE LA AMISTAD

Allá en mis primeros años
Yo te mandé una "memoria":
Iban dos letras en ella,
Iniciales de una historia.
Tú me dijiste entonces:
Te mando, en cambio amoroso,
La expresión de una fe eterna
Que guardo para mi esposo.

Pasó el tiempo, y no creíste
Ni en mi amor ni en mi constancia,
Y olvidaste en otros brazos
A tu amigo de la infancia.
Si partí a lejanas tierras
En pos de altivo renombre,
Fue para mostrarlo al mundo
Enlazado con tu nombre.
¡Ay!, ¡mejor pobre y oscuro
Vivido hubiera a tu lado!
¿Qué más gloria que los besos
De tu labio perfumado?
¡Ay!, si de ese amor primero
La fe nos hubiese unido,
Hoy no creciera en tu huerto
"La Amapola del Olvido".

Borraste tu juramento,
Te entregaste a nuevos lazos,
Para arrancarme del pecho
El corazón a pedazos.
Yo te vi con la corona

De nupciales azahares,
Olvidarme para siempre
Postrada ante los altares.

Y hoy la reliquia me mandas
De nuestros dos corazones,
Hallada entre las cenizas
De tus muertas ilusiones.
Dime, al volverme esa prenda
De nuestro amor soberano,
¿No se alteró tu mejilla,
No se estremeció tu mano?
Ahora te vuelvo, señora,
Pedazos del corazón,
Recuerdos de un amor muerto,
Que historias del alma son.
Mas piensa que al devolverlos
Yo sufro mucho, señora,
Que jamás el hombre olvida
De amor la primera aurora.
¡Perdóname..., bien lo sabes!

Tu amargo ejemplo seguí:
Me olvidaste..., y mi destino
A otro destino lo uní.
Del pasado, ¿qué nos queda?
La tumba de nuestro amor.
Y hoy con tus dulces memorias
Sólo te mando una flor.
No es la flor de la esperanza,
Rica en pompa y en beldad;
Dale acogida en tu seno,
¡Que es la Flor de la Amistad!

1878

A MI MADRE EN SU CUMPLEAÑOS

"Madre, mi madre querida!
Fuente de amor bendecida,
¿Por qué no permite Dios
Que andemos siempre los dos
De mano toda la vida?"

Muy pronto la suerte impía
Me llevará a otra región;
¡Ay, por eso en este día
Vengo a darte, oh, madre mía!
Lágrimas del corazón.

Hoy con la frente inclinada
Te digo, de amor beodo,
¡Oh mi madre idolatrada!
¡Que a nadie le debo nada,
Que a ti te lo debo todo!

Siempre el pensamiento fijo
Lo tengo en ti, noche y día...
Por el Dios que te bendijo
Hoy llega a pedirte tu hijo
Tu bendición, madre mía.

Tú eres mi fe, mi tesoro,
Tú el consuelo de mi pena,
Cuando me deshago en lloro;
Que yo te quiero por buena,
Que yo por buena te adoro.

Tú me das vida y calor,
Tú me das luz y confianza
En mi senda de dolor;
Tú, faro de mi esperanza,
Relicario de mi amor.

Eres óleo de consuelo,
¡Ay!, que mis culpas destierra,
Consolación a mi duelo;
Eres mi cielo en la tierra
Y mi esperanza en el cielo.

Permita Dios que el destino,
Vertiendo felicidades,
Cubra con el bien divino
El polvo de tu camino
En premio de tus bondades.

"Madre, mi madre querida!
Fuente de amor bendecida,
¿Por qué no permite Dios
Que andemos siempre los dos
De mano toda la vida?"

4 de abril de 1883

A...

Yo te hago mil recuerdos
Para decirte adiós.

I

¡Y qué pálida estabas! ¡Cuán hermosa,
Semejándote al tímido lucero,
Cuando mi alma ardiente y candorosa
A tus plantas rindió su amor primero!
¡Qué joven eras, inocente y pura,
Como la flor que en la mañana vive
Ignorando, infantil, que su hermosura
Es la expresión que de la luz recibe!
Tú, así como la flor, nada sabías,
Ignorabas de amor el fuego intenso;
Yo te enseñé lo que eran simpatías,
Lo que es amar con un delirio inmenso.

II

Aun recuerdo, mi bien, las dulces horas
Cuando a la caída de la tarde umbría,
Tu mirada y tu voz consoladoras
¡Ay!, ¡aliviaban la dolencia mía!
Te contaba mis ansias, mis pesares,
Porque tú eras el ángel del consuelo;
¡Cuántas veces mis penas a millares
Calmaste con tu acento, hija del cielo!

III

¿Me olvidarás? ¿Podrá llegar el día
En que, ya muerta la ilusión primera,
La eternidad de amor que el alma ansía
Se convierta en falaz, triste quimera?
¿El tiempo con las brumas del olvido
Te cubrirá tu joven pensamiento,
Y apenas, ¡ay!, para tu ser querido,
Guardarás la memoria de un momento?
Recuerda que una vez se ama en el mundo
Con ese amor que es religión del alma,
Porque es de la conciencia, en lo profundo,
Divina fe que inspira dulce calma.

IV

No más recuerdos de perdida gloria,
No más recuerdos de mi amor primero;
Voy a romper el hilo de mi historia;
¡Suena ya la hora de mi adiós postrero!

Dame valor, Dios mío; yo te imploro...
Voy a dejar mi luz idolatrada,
El ángel puro por quien tanto lloro,
Por quien la vida tornaré a la nada.

¿La nada? ¡Oh, no! ¡Oh, no! Que no es la muerte
Quien de tus brazos me arrebata fiera;
Yo he de volver, he de volver a verte
Y a enlazar con tu amor mi vida entera.

LA AMAPOLA DEL OLVIDO

I

¡Han pasado tantos años!
Tan lejos hemos vivido,
que apenas tu imagen veo
entre un recuerdo perdido.
Desde aquella noche triste
que te vi ante Dios postrada,
luciendo sobre tu frente
corona de desposada,
¡Ay!, desde entonces, señora,
resignado y afligido,
envolví nuestros amores
en la sombra del olvido.
Vagué por tierras distantes;
torné a mi feliz ribera,
buscando las perfumadas
flores de mi primavera.
¿Y qué hallé? Sobre tu frente,
do el honor se domicilia,
la corona inmaculada
de la madre de familia.
Amantes y cuidadosos
sorprendí tus ojos fijos
sobre las rubias cabezas
de tus inocentes hijos.
Entonces envié a tu seno,
ligada con tu memoria,
la flor de mi amistad pura
como fin de nuestra historia.

Pasó el tiempo, y el recuerdo
de la fe que nos unió,
¡tú lo sabes!... en mi mente
para siempre se borró...
Si combatió a nuestro pecho
desventurada pasión,
todas sus memorias muertas
historias del alma son.
De ti no guardo ninguna
en mi noche de dolor,
que no, no ofendo en su madre
a los hijos de tu amor.
Hoy que tranquilos vivimos
sin encono, sin doblez,
a la luz del tibio rayo
que anuncia nuestra vejez,
hagamos que nuestros hijos,
que tan inocentes son,
ignoren siempre la historia
de nuestra infausta pasión...
Sigue, sigue disfrutando
tu agradable beatitud,
sin que pasen por tu mente
sombras de la juventud;
que yo te mando, señora,
sin pasión y sin rencor,
la "Amapola del Olvido",
hoy emblema de mi amor.

CARTAS

CARTAS DE RAMÓN ROSA

He aquí varias cartas inéditas que dan un perfil de Rosa, en cierta forma íntimo, singular. La primera ha sido un regalo de la señorita María Antonia Echeverría, y las otras las he obtenido gracias a la mano amorosa de María Luisa de Vásquez. En ellas se advierte al educador, al orientador que, con mano, ha dado consejos benévolos a uno de sus seres amados.

Me parece que estos documentos contribuirán notablemente a esclarecer esa personalidad que sólo ha sido apreciada en Honduras por quienes la trataron de cerca o la escucharon en instantes inolvidables o han penetrado en el fondo histórico en que brilló con luz precisa. Hay cartas que han sido escritas sin la premeditación de ser testigos falsos; y éstas lo son, aún para beneficio de los jóvenes de hoy que pueden tener en Ramón Rosa a un confesor y amigo de cordialidad serena.

Señor Pbro. Lic. Don
Ramón R. Vallejo.

Mi muy estimado amigo:
Al separarnos en ésta quedé de escribir a U. sobre la resolución que adoptáramos respecto a los asuntos de nuestra desgraciada Honduras.

Hoy tengo el gusto de cumplirle mi ofrecimiento, hablándole con la franqueza de amigo.

Los Gobnos. de Guata. y El Salvador, secundando la opinión de muchos hondureños, y en mira del bien de esa Repca., han determinado, de un modo irrevocable, la ida de Marco a Honduras. Marco, después de algunas vacilaciones, hace conmigo el sacrificio de dejar su bienestar y tranquilidad pa. dirigirse, en breve, a esa, llevando el único fin de servir a los intereses de su patria. Creo, padre, que de otra suerte Honduras no tendrá paz ni adelanto alguno. Esta consideración nos determina.

Por esta, pues, mi amigo, queda U. al corriente de lo resuelto sobre la suerte de nuestra patria. Ahora, lo que resta (y Marco así lo siente) es hacer todo esfuerzo por devolver la paz y el orden a esa Repca., y por dotarla de una organización qe. la haga próspera y feliz.

Muy pronto me daré el gusto de verlo, y entre tanto, cuente U. con las particulares seguridades de aprecio de su amigo y S.S.

R. Rosa[3].

Marco y Enrique me encargan saludar a U. afectuosamente.

14 de julio de 1876.

Amapala, septiembre 5 de 1876.

Secretaría General
del
Gobierno Provisorio

Señor Coronel Don Vicente Williams,
Nacaome.

Mi estimado amigo:

El Sr. Gral. Don Juan Antonio Medina se dirige para Tegucigalpa, y el Presidente me encarga se lo recomiende a V. para que lo trate con consideración, y le facilite 4 o 5 muchachos sin armas, que en calidad de sirvientes le acompañen, y regresen luego con corresponda. pa. el Gobierno. Igual recomendación hago a V. en mi nombre.

Las concurrencias de Comayagua no tienen ninguna importancia; pero ellas nos dan mucha vergüenza y mucho asco[4]. Escribiré a V. más luego en contestación a su apreciable que recibí hoy.

Quedo de U., como siempre, su amigo y S.S.
R. Rosa.

---

[3] "Debo este original a la señorita María Antonia Echeverría."

[4] Las ocurrencias de Comayagua a que se refiere el Ministro Rosa son el simulacro de Gobierno que ejerció allí el Coronel Salvador Cruz, quien se sometió después al que estableció el Doctor Soto". (Esteban Guardiola).

Tegucigalpa, 8 de octubre de 1877.

Señor General Don
Cleto González,
Yoro.

Dirigí a Ud. una carta recordándole que ponga en libertad a Félix Valle, bajo de fianza. Esta correspondencia le debe haber llegado por correo de don Pedro Valle. Sé también que el Licenciado Gómez escribió a Cubas para contener sus procedimientos. No atienda Ud. a todo esto. Póngase de acuerdo con el Coronel Antonelli y obre de tal modo que obtenga "buena declaración contra las personas que le han indicado"; para esto haga uso de todo lo que a Ud. se le ocurra y sea necesario. No deje que este reo salga, porque peligra el plan que el Gobierno tiene entre manos y Ud. responderá de todo ante él.

Su atento servidor,
Rosa.

Tegucigalpa, 29 de septiembre de 1878
Señor General Don Enrique Gutiérrez,
Los Ángeles.

Distinguido amigo mío:
No siempre la justicia se hermana con la benevolencia. De ello, querido amigo mío, me da Ud. un testimonio en su cariñosa carta del 22 del corriente, en la que me felicita por la lectura que, sobre la vida y obras del Presbítero Doctor José Trinidad Reyes, di en nuestra Universidad, la noche del 15 de septiembre último, aniversario de la Independencia de la Patria.

Ud. no ha sabido tener equidad para conmigo, al tenerme en altísimo concepto; y voy a reparar su injusticia haciéndole un caro recuerdo, en que hay mucho de grato y mucho de doloroso. Su virtuosa madre, a quien quise con entrañable amor, doña Margarita Lozano, noble viuda del Héroe de Jaitique, tomaba siempre por gracias mis mayores travesuras de muchacho. Ud., a la ley de buen hijo, que guarda y perpetúa los afectos de sus mayores, toma por obras de gran talento las producciones mías, y hasta llega a compararme con los genios. Quien lo hereda no lo hurta. Le perdono, pues, sus juicios tan subidos porque los creo sinceros, y porque son el reflejo de la luz pura del alma de aquella santa mujer, toda bondad, toda ternura, que me prodigó su cariño, casi maternal, y que ha dejado a Ud., su hijo predilecto, el legado de su grande y generoso corazón.

Ud., que es sentidor, y que en guerra o en paz, ya empuña la espada, ya maneja la pluma, que para mí es de oro, convendrá conmigo en que hay expresiones de la amistad comparables a muy estrechos y apretados abrazos; complacen y oprimen. Y esto viene a propósito de su carta. Me ha dado un gran placer, por el sentimiento bondadoso que la dicta; pero en el inmerecido elogio que contiene, me ha causado cierta opresión del alma.

Experimentando tal sensación, no le diré ya más sobre sus apreciaciones, que asaz me honran. Le he dicho que no ha sido equitativo, y esto basta para descargo de mi conciencia. Que otros juzguen, con la frialdad de un criterio extraño al sentimiento, la exactitud o inexactitud de los benévolos juicios de Ud., en alto grado lisonjeros para mi persona.

Al finalizar su carta, Ud. añade que habría deseado apagar en mis labios la palabra sublime con que califiqué al Sacristán de San Juan de Flores, al mulato de hierro, al General Francisco Ferrera. Quisiera reiterar la palabra, si a ello diesen lugar mis convicciones; pero me es imposible, aun atendidas las observaciones de Ud., que me parecen inspiradas, un tanto, por el espíritu del partido. El oscuro mulato que, sin escuela, sale de una sacristía para combatir a los invasores de su Patria; y que con diez reclutas detiene la fuerte vanguardia de un ejército enemigo, y que por esto merece los elogios de su mismo adversario, el egregio Morazán: el mulato que, con su valor personal, como Jefe Político, pone a raya los desórdenes de Tegucigalpa, aniquilando la sociedad de perturbadores criminales, llamada la Mancha Brava, congénere de la Garduña de España: el mulato que sube al Poder Supremo de su país, que se sostiene en su puesto, a despecho de los rudos embates de sus adversarios, de dentro y fuera de Honduras, y que llega a ejercer influencia decisiva en los destinos de Centroamérica: el mulato que, por una visión de su genio, indica, por vez primera, la conveniencia y la ruta de nuestro ferrocarril interoceánico: el mulato que, al fin, desoyendo las seductoras voces de la ambición de mando, busca el ostracismo, y da lugar a la tan decantada alternabilidad del Poder; tal mulato, amigo Gutiérrez, fue un mulato de hierro; tal sacristán, fue un sacristán sublime.

Comprendo la razón de la sinrazón que Ud. tiene para detestar a Ferrera y a los suyos. Ud. pertenece a la escuela a que yo no pertenezco, de los federalistas del tiempo de nuestro heroico General Morazán; Ud. es hijo del "niño dulce", en los salones, como lo llamaban en Guatemala al Coronel Gutiérrez, del luchador terrible en los combates, que murió gloriosamente en Jaitique; Ud., así como tiene herencia de afectos imperecederos, tiene herencia de prevenciones y de rencores. Para bien de nuestro país, olvide Ud. un poco el exclusivismo liberal de sus ilustres ascendientes, así como yo olvido el duro españolismo de mis mayores, que quizá presintieron, para este territorio semipoblado, el ruin imperio de las canallocracias, en lugar del imperio generoso de las democracias.

No tome a mala parte cuanto le digo, ni menos se resienta con quien tanto le aprecia y le quiere. Mi acariciado deseo es que estemos de acuerdo. Las banderías políticas, que no dan a cada uno lo que es suyo, nos matan. La influencia que tengo en el Poder la ejerzo para extinguir odios, anular parcialidades disolventes, y en su reemplazo, crear y vigorizar, por la riqueza y la instrucción, grandes elementos sociales, grandes elementos económicos, grandes elementos administrativos que, andando el tiempo, den cabida, en nuestra Honduras, a la organización de verdaderos partidos políticos, que tengan consistencia y dignidad en lo interior, y que, cuando el caso lo requiera, hagan valer ante el exterior los intereses y derechos de la Patria. Le repito que el exclusivismo político nos anonada; y quiera Dios no llegue un día en que Ud., hombre de armas y hombre público, se vea en su pueblo sin recursos intelectuales, morales y materiales, siquiera sea para sostener su propia dignidad y la honra de sus connacionales. Si estoy equivocado, los tiempos que están por venir vendrán a darme una completa rectificación. Hondureño, ante todo, lo olvido todo por pensar en la suerte de mi pueblo, trabajando porque sea el más próspero y feliz.

Me he extendido demasiado en hacerle rectificaciones. Desapruébel-as o deséchelas, si así le parece; pero no olvide que, desde este Cerro de Plata, envío a Ud., a su buena Raquelita, y a sus hijos, mis más cariñosos recuerdos, que, en ese Valle, no en vano llamado de Ángeles, al calor del hogar tranquilo, espero que los estimen como nacidos del corazón de su invariable y apasionado amigo.

Ramón Rosa.

Tegucigalpa, noviembre 15 de 1878.

A Adolfo Zúniga.

Querido amigo:

Grande es mi reconocimiento por tu carta del 16 de septiembre próximo pasado. En particular te doy las gracias más sinceras por el len-guaje de familia que has usado al escribirme. Las letras empiezan por relacionar a los que se aficionan a su cultivo, siguen por familiarizarlos, y concluyen por estrechar sus ideas y afectos con el vínculo de una verda-dera fraternidad. Esto es lo que hoy pasa entre nosotros; y has tenido mu-cha razón en dirigirme a mí, haciendo uso de un lenguaje fraternal.

No acierto a decir qué predomina en tu carta; si sentimientos ca-riñosos, o expresiones llenas de arte y de espiritual poesía; si benevolencia o belleza. Sea de ésto lo que fuere; por tu dicción tan pulcra, tan artística,tienes la adhesión del aficionado a Îas letras; y por tus apreciaciones tan bondadosas, tienes la profunda gratitud del amigo.

Un distinguido literato español, haciendo un merecido elogio de tu carta, acaba de decir que es tal él delicado sentimiento que impregnan tus escritos, "que haces sentir lo que tú sientes, y pedir lo que tú pides". Pues bien, amigo mío, me has pedido en nombre de la amistad que nos une,que dé a luz la conversación familiar que, en la velada literaria del 15 de Septiembre, dediqué al inolvidable recuerdo del Doctor José Trinidad Re-yes; y voy a satisfacer tus deseos, recogiendo mis apuntamientos y mis ideas,para publicar con las ampliaciones que me indicas, todo lo que dije en el estilo de la conversación, sobre la vida tan ejemplar y fecunda del hijo predilecto de Tegucigalpa.

Cuando mi lectura salga a luz, falta hasta del escaso colorido que le prestarán la acción y la declamación, tal vez se conceptúe que las hon-rosas apreciaciones tuyas y de otros amigos míos son dictadas más bien por la amistad, que juzga con el criterio del sentimiento, que por la idea serena y desapasionada que se inspira en el mérito real de una obra. Cual-quiera que sea el juicio que a este respecto se forme, yo lo aceptaré sin reserva. A mí me basta que la publicación de mis palabras familiares, del 15 de Septiembre, sea un homenaje a la memoria de uno de nuestros hom-bres más ilustres, y una satisfacción del deseo de un amigo, de tí, querido Adolfo, en quien aprecio dos cualidades eminentes que no siempre van uni-das: un gran corazón y un gran talento.

Recibe las muestras que te doy de mi afecto, tan fraternal como in-variable.

Ramón Rosa.

Ministerio de Relaciones Exteriores
República de Honduras

Tegucigalpa, noviembre 30 de 1879.
Don Víctor Herrán,
París.

Remito á U. cópia autorizada de la primera acta del Comité Especial que se ha establecido en esta ciudad, con el objeto de practicar una infor-mación clara y detallada sobre las operaciones que en nombre del Estado se llevaron á cabo con motivo de la empresa del Ferro-Carril Interoceánico. También remito á U. cópias autorizadas de los Decretos que previenen el establecimiento del Comité Especial.

Como por el artículo 29 de dicha acta se emplaza á U. para que, personalmente, ó por medio de representante, comparezca á rendir las cuen-tas de los fondos pertenecientes al Ferro-Carril, administrados por U. en su carácter de Ministro de Honduras cerca del Gobierno de Francia, remito á U. los expresados documentos correspondiendo á la escitativa que se hace al Gobierno en el artículo 39 de la misma acta, á efecto de que U. se tenga por legalmente citado.

Esperando la contestación de U. aprovecho con gusto esta oportunidad, para suscribirme de U. atento seguro servidor.

Ramón Rosa.

San Franco. (California), 4 de Nobre. 1883.
Sr. Dn. Rafael Alvarado,
Tegucigalpa.
Mi estimado Rafael:

Oportunamente recibí tu cartita, laq. hasta ahora contesto pr. haber tenido varios contratiempos.

Mucho agradezco los buenos sentimientos qe. me manifiestas: ellos son pa. mí dignos de todo aprecio.

Respecto a si hiciste bien en separarte de mí, el tiempo y la reflexión te darán una idea exacta de tu modo de proceder.

Deseando qe. hagas todo esfuerzo por restablecer tu salud, y qe.aproveches útilmente los mejores años de tu vida, me es grato decirte q.soy tu affmo. y S.S.
R. Rosa[5].

San José, enero 11–84.

Sor. Ldo. D. R. Alvarado, hijo.
Tegucigalpa.

Mi querido Rafael:
Me has dado una gran satisfacción con tu carta en que me comunicas tu recibimiento de abogado, acto que me dedicaste haciéndome presentes recuerdos y tus sentimientos de gratitud por lo

---

[5] Los originales de esta carta y los siguientes me fueron facilitados por María Luisa Alvarado de Vásquez.

poco que he podido hacer en favor de tu educación. Conservaré tu dedicatoria como una prueba de que sabes recordar y sentir noblemente.

Eres ya un hombre completo, y es necesario que empieces a ver, con seriedad, las cosas de la vida. Mis consejos se reducen a decirte que seas honrado, ante todo, que estudies siempre, y que trates de sacar un provecho legítimo de tus conocimientos adquiridos, para que así puedas ser buen hijo, buen hermano y buen hondureño. Recuerda que eres el llamado a ser el sostén de la familia, y para esto necesitas ser hombre de provecho y de virtudes. Nada de disipación, nada de locuras, ni de gastos superfluos. El porvenir siempre es oscuro, y más en países como los nuestros. Fíjate siempre en mis consejos.

Recibí los documentos que me mandaste, y te repito las gracias. Dálas de mi parte al amigo Vallejo por los libros que me remitió, diciéndole que luego le escribiré.

Dile a tu papá que de los $12,000 que pedí para diciembre, sólo he recibido $7,000 y pico; que haga un esfuerzo por remitirme el resto, $5,000, por el vapor próximo de este mes, pues los necesito con urgencia.

Espero los datos manuscritos que le pedí y mándame dos o tres códigos de instrucción pública.

Te vas a poner contento cuando veas mi obra sobre Morazán: es un libro extensísimo que te hará ver, con exactitud, el pasado, el presente y el porvenir de nuestros pueblos.

Esta carta es común para mi mamá, para tu papá y Rosa, a quienes dirás que no les escribo porque me siento muy débil, después de unas fuertes calenturas que he tenido, y de desvelos frecuentes reagravados por dolores de muelas. Diles además que toda la familia está bien.

Infórmame sobre la salud de tu mamá y de Bernardina, y dame noticias por telégrafo sobre si mejoran o se agravan. Dime también, por telégrafo, si vendrá este mes el dinero para no contraer compromisos en la duda de que pueda faltarme.

Abraza a toda la familia: recibe recuerdos de todos los míos, y cuenta con tu tío afmo.

Ramón Rosa.

Guatemala, 26 de febrero de 1884

Sr. Lic. Dn. Rafael Alvarado h.
Tegucigalpa

Mi estimado Rafael:

Recibí tu última apreciable carta.

Celebro que ya estés restablecido y deseo que te cuides pa. que no recaigas.

Ahora que estás ya bien, te aconsejo que aproveches el tiempo que, en mi concepto, malgastas a veces.

Eres joven y debes procurar hacerte de una posición sólida que satisfaga a tus deberes y a tus necesidades de mañana, lo mismo que a la tranquilidad de la fma. a quien tanto debes.

Para dicho fin, en el que creo estás de acuerdo, opino porque no te distraigas con amigos que a tu edad, sólo sirven, las más veces, para crearle a uno compromisos y dificultades, cuando no pa. desconceptuarlo; opino además porque ahorres todo lo que ganes, y te empeñes en adquirir cada día lo más que puedas, por medios legítimos. Nada de juntas íntimas, nada de devaneos, nada de gastos superfluos, y menos de gastos por compañerismos. Créeme, si desaprovechas este tpo. en que estás joven, en que puedes trabajar y ahorrar, tendrás que arrepentirte pronto, cuando ya sea tarde.

No hay que crearse necesidades sin tener antes la base de una posición sólida fundada en el concepto público y en recursos suficientes que le garanticen a uno el día de mañana, con independencia y dignidad. Estar con el día, y no pensar en mañana, es lo peor que puede sucederte. Las circunstancias cambian, y de repente se halla uno en el abismo, si antes no ha sabido tener una vida de trabajo, de ahorro y de previsión. Aunque ganes poco, consérvalo, que muchos pocos forman al fin un capital. Aunque te fastidies en ese lugar, no te entregues, sin reserva, a amigos y distracciones que en liquidación han de darte compromisos, pérdidas, y, sobre todo, disgustos.

Te hago tales reflexiones porque deseo tu bien, y porque tengo la experiencia necesaria pa. juzgar de los peligros que corres, si no adoptas, con firmeza, el sistema de la prudencia y de la previsión. Ojalá acojas prácticamente mis indicaciones.

Toda la fma. te saluda mucho, y yo quedo, como siempre, tu affmo. tío.

Ramón

San José, C. R. Febo. 27–84

Sr. D. Rafael Alvarado hijo.
Tegucigalpa

Mi querido Rafael:
Tuve el gusto de recibir tus letras, y en ellas la dedicatoria impresa que me hiciste de tu grado de bachiller en ciencias.

Te felicito por el grado obtenido en mérito de tu aprovechamiento y te doy las más sinceras gracias por el grato recuerdo que has hecho de mí en tu dedicatoria.

He sabido que estuviste muy mal de salud y aunque dejes un poco los estudios, es bueno que te dediques a restablecer tus fuerzas.

Rosa me ha dicho que José Anto. se graduó en ciencias. Hazme el favor de felicitarlo en mi nombre por su ascenso literario.

Dale a mi mamá la lista de encargos que te incluyo, diciéndole que le ruego me los mande lo más pronto posible, aunque sea por partes, prefiriendo ante todo los puros.

Toda mi familia te saluda con cariño y tú cuenta con la consideración cariñosa de tu affmo. y S.S.

R. Rosa

Alajuela, mayo 30 de 1885

Sr. Licenciado Dn. Rafael Alvarado Guerrero
Tegucigalpa

Mi estimado Rafael:
He recibido tus dos últimas cartas y los datos que te pedí relativos al Gral. Morazán.

No te he contestado dándote las gracias por tu oportuno y eficaz servicio, a causa de mi viaje a Nicaragua y de los extraordinarios sucesos que se han verificado.

Recibe mil agradecimientos por los datos que me serán muy útiles. Continúo escribiendo y voy a ver cómo arreglo la impresión de la obra.

Escribo a tu papá haciéndole varias preguntas para definir los resultados de la liquidación con Estrada. Te encargo mucho veas con detenimiento la carta y tengas el mayor cuidado en que me conteste, punto por punto, sobre lo que deseo saber. Te encargo, además, que la respuesta se me dé a vuelta de correo, para concluir tal asunto, y no volver a ocuparme de él. Te hago tales recomendaciones porque considero a tu papá muy ocupado, y tú puedes disponer de más tiempo para ayudarle en la fijación de las respuestas.

Tanto yo como la familia permanecemos bien en este país, con salud y tranquilidad; y deseo que ustedes gocen de igual bienestar.

La familia te saluda afectuosamente y yo quedo, como siempre, tu afectuoso tío y seguro servidor,

Ramón Rosa

Alajuela, Sete. 30, 1885

Sr. Lic. Dn. Rafael A. Guerrero
Tegucigalpa

Mi querido Rafael:

Recibí tu cartita.

Celebro que hayas llegado bien, y que Rosita ya esté buena.

La casa Duprat me ha comunicado lo que le dices sobre el negocio que hice con ella, transmitiéndole los créditos que tenía a mi favor. Gracias.

Es probable que la casa Duprat mande de agente al Sr. Méndez para terminar el negocio que hice con ella, traspasándole mis créditos activos. Como el señor Méndez es mi amigo, si acaso va y te telegrafía de Puntarenas o San Juan del Sur, te ruego le mandes en el acto una buena bestia con silla, y una de carga con un buen mozo a "La Brea".

Con esta atención quiero pagar una deuda de amistosa hospitalidad respecto al Sr. Méndez.

Recibí tu retrato, unido al de mi mamá: estás tan gordo como te fuiste. Si te pones mal, regresa a este retiro pa. que te repongas. Serás recibido con la cordialidad de siempre.

La Tula y chiquitos te saludan, y en particular la espiritual Chichi.

Esta es común para Rosa y los muchachos, a quienes abrazarás en nuestro nombre.

Soy, como siempre, tu tío affmo.

Ramón Rosa

Alajuela, octubre 31 de 1885

Sor. Lcdo. Don Rafael Alvarado Guerrero
Tegucigalpa

Mi querido Rafael:

Me refiero a tu apreciable del 20 del que termina, q. recibí ayer.

Te agradezco, como siempre, tus finos recuerdos.

Gracias, además, por haber cumplido mis recomendaciones.

El socio gerente no ha podido ir al Salvador, para hacer el negocio del alumbrado. Aquí lo he hecho, pero pienso realizar mi acción con ventaja. Te informaré de lo que se haga.

Te supongo bien de salud, pero si te descompones haz un esfuerzo y vente a pasar uno o dos meses con nosotros. Tú sabes que aquí se reparan las fuerzas. Yo ahora estoy bueno y robusto, haciendo vida patriarcal.

La Tula y chiquitos corresponden a tus afectuosos recuerdos, y yo soy, como siempre, tu tío que te abraza.

Ramón

Alajuela, febrero 19 de 1886

Sr. Don Rafael Alvarado

Mi estimado Rafael:

Tuve el gusto de recibir tu apreciable carta del mes próximo pasado. Mucho me ha alegrado el viaje que, para ésta, disponen con mi mamá; pues nos daremos el placer de verlos; pero a ella le digo que, si se siente enferma, es mejor que lo aplace para más después; que así podremos pensarlo más detenidamente y ella se evitará de muchas penalidades.

Tanto a ti como a Alvarado les rindo las más expresivas gracias por el empeño que tomaron en arreglar mis negocios con Estrada y por la publicación en el periódico de la escritura de disolución de la Compañía. La Tula y chiquitos te saludan afectuosamente. Con recuerdos para Rosa y demás familia me suscribo tu affmo. tío.

Ramón
Piensen mucho en la oportunidad del viaje.

Alajuela, febrero 10 de 1886

Sr. Lcdo. Dn. Rafael Alvarado Guerrero
Tegucigalpa

Mi estimado Rafael:

Contesto con gusto tu cartita de primero del corriente.

Por los motivos que expongo a mi mamá he opinado por la suspensión de su viaje. En el estado en que se halla no me ha parecido prudente.

Te doy las gracias y dáselas a Alvarado por la publicación en los periódicos de la terminación de la Compañía con Estrada.

La familia te saluda afectuosamente. Quedo, como siempre, tu afectísimo tío.

Ramón

Alajuela, marzo 11 de 1886

Sr. Dn. Rafael Alvarado Guerrero
Tegucigalpa

Mi estimado Rafael:

Oportunamente tuve el placer de recibir tu estimable carta.

He sentido mucho tu enfermedad, y deseo que recobres completa salud.

Me alegro ahora, mucho más, de que Uds. hayan renunciado del propósito de hacer su viaje a esta República; pues en Puntarenas ha estado atacando la fiebre amarilla y perniciosa, y creo que, indudablemente, Uds. habrían sido sus víctimas.

En cuanto a los libros de que me hablas, los buscaré cuando vaya a San José, y si los encuentro te los remitiré.

Con recuerdos de la Tula y chiquitos, me suscribo su afectísimo tío.

Ramón Rosa

Alajuela, mayo 31 de 1886

Sr. Dn. Rafael Alvarado Guerrero
Tegucigalpa

Mi estimado Rafael:

Tuve el gusto de recibir tu carta última.

Nosotros gozamos, por ahora, de buena salud: la Tula, después de la muerte del chiquito, que le causó mucho pesar, estuvo bastante enferma, pero ya está casi restablecida.

Deseamos que Uds. se conserven bien. Salúdame a Rosa, Victoria y los muchachos.

Con la Tula y chiquitos te envío mis afectuosos recuerdos.

Ramón Rosa

Tegucigalpa, julio 9 de 1881

Señor doctor D. Adán Cárdenas,
Managua

Distinguido señor y amigo:

Con particular satisfacción he recibido la estimable carta de U. fecha 11 del ppdo.

A no haber estado enfermo por espacio de muchos días, me habría anticipado a escribirle, como era mi deseo, felicitándole muy cordialmente por la gran medida que Uds. han dado expulsando de esa República a los Jesuitas. Ya que no he podido escribirle antes, reciba Ud., a quien suponemos uno de los principales autores de acto tan importante, mi más cumplida enhorabuena.

He visto con el más decidido interés los acontecimientos que Ud. se sirve participarme y mucho lo que Ud. me noticia respecto a la tranquilidad de los pueblos, no molestándoles los arrebatos de los fanáticos de León, y la ignorancia de las masas a quienes seducen los Jesuitas con suma habilidad.

Deben estar Uds. satisfechos de su conducta: desde la independencia acá, nada más grande se ha hecho en Nicaragua que el acto de justicia y civilización que Uds. acaban de consumar. Al señor Presidente Zavala y a Ud. corresponde casi exclusivamente esa gloria. Sin los Jesuitas, cesará la principal causa de empobrecimiento del país, y será posible la formación de una juventud hábil para el progreso y la libertad, y estarán más garantizadas la paz y las instituciones de esa República.

Por las comunicaciones oficiales que a Ud. he dirigido, queda allanada la dificultad de que me habla, respecto a la conclusión del término en que debían presentarse al Sr. Presidente Zavala los comisionados de esta República y de la del Salvador.

Recomiendo a Ud. con todo encarecimiento el asunto sometido a arbitraje, a fin de que nos favorezca ante el Sr. Zavala con su valiosa y respetable opinión, con todo aquello que Ud. crea que la justicia esté de nuestra parte, o que la equidad demanda una opinión satisfactoria para esta República. A este extremo se prestan los términos amplios del compromiso de ambos Gobiernos.

He recibido su importante memoria, y lo felicito por tan importante trabajo. El Sr. Soto le envía las gracias por el ejemplar que se sirvió remitirle.

Tenemos ya impresos el Código y la Ordenanza militares, y por el próximo correo me daré el gusto de remitírselos.

Por acá continuamos en plena paz, y ocupados de la difícil empresa de unir esta capital con los puertos del Sur por medio de una buena carretera.

Me es grato repetirle que soy, como siempre, su adicto amigo y seguro servidor,

Ramón Rosa

Como un recuerdo muy amistoso le envío mi retrato. Me sería muy grato tener el de Ud. y no vacilo en pedirle me lo remita cuando le sea posible.

Tegucigalpa, septiembre 3 de 1881

Señor doctor D. Adán Cárdenas,
Managua

Distinguido señor y amigo:

Con sumo placer he recibido la fotografía de Ud. inclusa en su apreciable de 10 del pasado. Doy a Ud. por tan señalada fineza mis más sinceros agradecimientos.

Quedo impuesto de lo que me comunica respecto de los movimientos subversivos de Matagalpa, sugeridos indudablemente por los Jesuitas y alentados por los fanáticos de León.

Aunque el Gobierno de Uds. puede fácilmente reducir al orden a los indios sublevados, no obstante esto, no hay que tener gran confianza ni escarmentar solamente a los instrumentos de la rebelión. Estoy seguro de que tras los indios de Matagalpa se ocultan, pero trabajando con ahínco, todos los revolucionarios de esa República y en general de Centroamérica. La coyuntura les parece muy buena para efectuar un movimiento de trascendencia. Creo, pues, que Uds. harán muy bien en buscar en León y Chinandega los agitadores de los indios y darles un castigo ejemplar. Mientras esto suceda, las cosas quedarán en calma por algún tiempo, pero el mal estará latente y se manifestará en cualquier oportunidad. Me permito hacerle estas reflexiones porque he luchado en las peores épocas en Guatemala y en este país contra la reacción clerical, y sé que sólo dándole en la cabeza se logra vencerla de una manera definitiva.

Como es posible que sigan inquietando a Uds. y puede venir alguna complicación, aunque este supuesto no sea el más probable, me parece oportuno manifestar a Ud. que, en todo evento, pueden contar con nosotros, que nos consideramos, por sentimientos y por ideas, como solidarios de la causa de Uds. Bajo este concepto, a la hora que Uds. lo indiquen, situaremos en la frontera la fuerza que les parezca. Con la organización militar que aquí tenemos, en dos días pueden alistarse perfectamente para expedicionar diez mil hombres, así es que Uds. pueden contar con dos o tres mil hombres que de los departamentos fronterizos pueden llegarles sin demora alguna.

Como nosotros tenemos con nuestros amigos una política franca y resuelta, no vacilo en decirle que sólo esperamos una indicación de usted para cumplir el ofrecimiento indicado. En términos análogos escribe el señor Soto al señor Presidente Zavala.

De lo dicho puede usted hacer el uso que le parezca, con sus amigos para que sepan que aquí tienen ustedes amigos decididos, y con los fanáticos para que tengan entendido que, en una emergencia seria, tendrían también que luchar contra todos los elementos de que somos capaces de disponer, sin reserva alguna. Por nuestros amigos, y contra el Jesuitismo, nuestra decisión no tendrá límites.

No creo fuera de propósito decirle que tengo datos de que han pasado para esa los Generales Medinita y García, famosos por sus fechorías. Particularmente Medinita es un aventurero peligroso, pues por cuatro reales o por embarcarse en un río revuelto, es capaz de agitar los ánimos y de meterse con el diablo. Si ese individuo está allá, su permanencia en el país no les conviene a ustedes bajo ningún concepto, pues podría aprovecharse de las circunstancias, como agente de trastorno y de pillaje.

Le remito las nuevas leyes militares que le ofrecí en mi anterior.

Deseo que usted se conserve bien, y que ordene en todo lo que guste a su amigo afectísimo y seguro servidor,

R. Rosa

Valle de Los Ángeles, marzo 15 de 1882

Sr. Dr. D. Adán Cárdenas
Ministro de R. R. E. E.
Managua

Distinguido señor y amigo:

El mal estado de mi salud, la gravísima enfermedad de una de mis chiquitas, y últimamente mi viaje a este lugar me han privado por largo tiempo del gusto de dirigirle mis letras, y de cumplimentarlo por el restablecimiento de la paz de esa República, debido a la actitud resuelta y patriótica que asumieron el Sr. Presidente y Ud., su principal colaborador.

Hoy que, aliviado de mis dolencias y con mi familia bien, estoy ya tranquilo, una de mis más gratas atenciones es la de reanudar con Ud. nuestra interrumpida correspondencia.

Estoy contentísimo por ver en los periódicos de esta República proclamada la candidatura de Ud. para la presidencia. Todos nuestros amigos aplauden su candidatura, y yo, especialmente, como particular amigo de Ud. En los cuatro periódicos políticos que se publican en la capital y en los de los departamentos publicaré algunas líneas relativas a su candidatura, a fin de que, en Nicaragua, se vea cuánto en Honduras se quiere y se aplaude la presidencia de Ud.

Amigo mío, es hombre de ideas y va con el siglo, y hombres como Ud. necesita Nicaragua, necesita Centroamérica para extirpar la reacción, y asegurar los fueros del progreso y de la libertad.

Siento estar tan enfermo, a consecuencia de once años no interrumpidos de trabajo, para acompañar a Ud. desde aquí en la vida pública. Desgraciadamente, aunque por la constitución y por los elementos con que cuento, debo suceder aquí al señor Soto, que no quiere terminar su período, no obstante, a más tardar, dentro de un año dejaré la vida pública para ver si en el extranjero restablezco mis fuerzas perdidas, y para tener tranquilidad, que es para mí uno de los mayores bienes. Aquí, y fuera de aquí, le ruego desde ahora, cuente conmigo considerándome como uno de sus amigos más sinceros.

Le adjunto mi último discurso en que he hecho de Ud. un amistoso y merecido recuerdo. Le ruego lo lea, y lo conserve como producción que es de una persona que está identificada con Ud. en ideas y sentimientos.

Hágame el favor de presentarle mis respetos al señor Presidente Zavala, y las muestras de mi particular consideración a su apreciable familia.

El señor Soto, que está conmigo en este lugar, saluda a Ud. muy afectuosamente; y a mí me es grato repetirle que soy su verdadero amigo y seguro servidor.

R. Rosa

P.D. – Sería oportuno que Uds. retirasen la patente de Cónsul en Roatán al Dr. Chévez, que se ha trasladado por completo a Comayagua. Fuera de que ha cambiado de residencia, hay la circunstancia grave de que ha estado en correspondencia con Dubatón Comp.; y ha sido un propalador de especies subversivas tanto contra Uds. como contra nosotros. Por consideración al cargo que tiene de Uds., la policía se ha abstenido de ponerlo en regla. Yo le ruego que, si lo tienen a bien, prescindan de un agente que les es no sólo inútil, sino también perjudicial. Hay más: su vida privada es la de la orgía en los pueblos que recorre, y aun la de la estafa. De todo tenemos documentos, pero Chévez, en el fondo, es un pobre hombre; no queremos exhibirlo, y menos siendo Cónsul de Uds.; casi es que... tratar privadamente este asunto con Ud., para poner remedio a lo que pasa, y escribirle, en lo particular, diciéndole que nada tiene que temer aquí porque, por su interés, cambie de conducta.

BIBLIOGRAFIA DE RAMÓN ROSA

BIBLIOGRAFÍA DE RAMÓN ROSA

Por Rafael Heliodoro Valle

Artículos y Discursos

- ¡Adiós a la Patria! "La Gaceta", Tegucigalpa, 4 mayo 1883. (1).
- Algunas observaciones sobre el préstamo y los teólogos de la Edad Media. "La Sociedad Católica" y "La Sociedad Económica", Guatemala, 1871, Nos. 18, 19 y 22 abril y 11 mayo 1871. (2).
- Artículo literario de Federico Proaño, "RABN", 1906, III: 77-78. (3).
- Artículos editoriales: Honras fúnebres a la memoria del benemérito General don Miguel García Granados, ex Presidente de Guatemala. Inauguración del Colegio Nacional de Segunda Enseñanza. Recepción oficial. Banquete en obsequio de la Comisión Central de la Exposición Nacional. "GOGH", 15 octubre 1878. (4).
- Batres Montúfar. "La Paz", Tegucigalpa, 23 abril 1881. (5).
- Biografía de don José Cecilio del Valle. Tegucigalpa, Tipografía Nacional, 1906, tomo I; en "Hondureños célebres", Tegucigalpa, 1891; "Obras de don José Cecilio del Valle", editadas por Rómulo Durón, Tegucigalpa, Tip. Nacional, 1914, pp. XXXVII–CLVI; "Obras de don José del Valle", Guatemala, 1929, tomo I, Tip. Ariston, Tegucigalpa, 1943, 115 pp. (6).
- (La precede el informe que Rosa dirigió al Presidente de la República, doctor Marco Aurelio Soto, el 10 de diciembre de 1882. Se comenzó a publicar en la "GOGH", de diciembre de 1882 al 8 de junio de 1883).
- Biografía de José Trinidad Reyes, Tipografía "La Prensa Popular", Tegucigalpa, 1891. Reimpreso por la Tipografía Nacional, 1906, 8 vo. (7).

- (Dicha biografía se concluyó de publicar con el título de "Fragmentos de una lectura sobre la vida y obras del Presbítero Doctor José Trinidad Reyes" en la "Revista de la Universidad", Tegucigalpa, 1922, año XII, pp. 57 y 64).

- (Carta al General Eduardo Viada sobre las palabras "Consejero y concejal"). "La Paz", 21 abril 1883; "RU", 1917, IX (2): 172-3. (8).

- (Carta al General Enrique Gutiérrez), "RABN", 1946, XXIV (6-7): 380-382. (9).

- (Le contesta la carta del 22 septiembre 1878, defiende al General Francisco Ferrera y ataca la intolerancia política).

- Centro-América. "El Centroamericano", Guatemala, 12 noviembre de 1871. (10).

- Centro-América. "La Gaceta", 14 julio 1882. (11).

- Cosas de Adel. "RABN", 1906, II: 528-544. (12).

- (Aparecieron en "La Paz": "¡Estamos en los junios!", "Una errata", "Una adivinanza", "Un recuerdo de la costa", "El dividendo de plátanos", "Mi éxtasis amoroso y mi pedacito de soneto", "Me quedé cojo por repetir mucho: coja", "¡Voy a dejar el piano!", "¡Ya dejé el piano!", "A mi cocinera", "En el mes de noviembre", "Desde que me casé", "Y así me dijo Procopio", "Y así le dije a Procopio", "Adel está triste y Adel se despide").

- Crónica interior (Relaciones Exteriores, Gobernación, Hacienda, Fomento y Guerra). "GOGH", 25 marzo 1877. (13).

- Cumpleaños del Señor Presidente de la República. "La Gaceta", 20 noviembre 1882. (14).

- Derecho público. Los extranjeros en Sur América. ("La Patria", Bogotá). "El Estado", Tegucigalpa, 4 y 6 julio 1904. (15).

- ¿Desembarcó Cristóbal Colón en tierra firme del Continente Americano? "RU", 1922, XII, 276-277. (16).

- (Precede a las cartas que Marco Aurelio Soto dirigió a don José Milla haciéndole dicha pregunta).

- Discurso del Señor Doctor Don..., Secretario de Instrucción Pública. En "Discursos pronunciados el día 26 de febrero de 1882 en el acto de inaugurarse bajo el nuevo plan de estudios la Universidad Central de la República y el Colegio Nacional de 2ª Enseñanza de Tegucigalpa", Tegucigalpa, Tip. Nacional, 1882, pp. 3-26. (17).

- Discurso en la inauguración del Archivo y Biblioteca Nacionales. "RABN", 1905, I: 598-602. (18).

- (Apareció con el título "La conciencia del pasado" en "Oradores americanos", selección y nota preliminar de Rafael Heliodoro Valle, México, 1946, pp. 42-47).

- Discurso en los actos públicos del Colegio de Abogados. "El Guatemalteco", 18 diciembre, 1874. (19).

- Discurso en nombre del Ayuntamiento de Guatemala el 15 de septiembre de 1874. "El Guatemalteco", 24 septiembre 1874. (20).

- Discurso oficial pronunciado en conmemoración de la independencia centroamericana por Ramón Rosa, Secretario del Gobierno de la República de Honduras, etc., etc., "RABN", 1907, IV: 44-51. (21).

- Discurso que en celebración del Cuarto Centenario del Descubrimiento de América, pronunció el Dr. ... en el Palacio Nacional de Honduras, por encargo del "Club de Tegucigalpa", Tegucigalpa, Tipografía del Gobierno, 1892; y en "RU", 1910, II: 609-614. (22).

- Editorial. La elección de Presidente Constitucional y de Diputados al Congreso Extraordinario. Mensaje del Señor Presidente. Posesión de la Presidencia Constitucional. Decretos del Congreso Extraordinario. Seguridades dadas al Congreso por el Gobierno Constitucional. Manifestación de las señoras y señoritas que componen el Club de Comayagua. Baile dado por el Señor Presidente en obsequio de las señoras y señoritas de esta capital. Inauguración de la Línea Telegráfica que parte de Comayagua a Tegucigalpa. Manifestaciones de los pueblos en favor del Gobierno Constitucional. "GOGH", 20 junio 1877. (23).

- Editoriales. "GOGH", 22 abril 1879. (24).
- El año que se va y año que comienza. "El Guatemalteco", 19 enero 1874. (25).
- "El Centroamericano". (26). (Lo redactó con Marco A. Soto y Manuel Lemus en Guatemala, 1871).
- El gran día de la patria. "La Gaceta", 8 septiembre 1882. (27).
- "El Guacerique", periódico literario. Redactor en jefe: Ramón Rosa. Director: Juan María Cuéllar. Tegucigalpa, Tipografía "La Prensa Popular", 1892, 96 pp. (28). (Aparecieron cinco números, hasta el 15 de noviembre del mismo año).
- El Licenciado D. Manuel Diéguez y Olaverri. En "Biografías de literatos nacionales". Publicación de la Academia Guatemalteca, correspondiente de la Real Academia Española. Guatemala, Tipografía "La Unión", 1889, I (6): 115-151. (29).
- El reinado de la paz. "El Guatemalteco", 16 diciembre 1873. (30).
- El 27 de agosto. "GOGH", 12 septiembre 1877. (31).
- Escritos selectos. Selección y reseña de la historia cultural de Honduras, por Rafael Heliodoro Valle, Buenos Aires, Editorial Jackson, XLVIII–402 pp. 19x13 cms. (Colección Panamericana, 19). (32).
- Estudios sobre Instrucción Pública. Primera Parte: Instrucción Primaria. Guatemala, 1874. "El Guatemalteco", 14, 24 y 31 enero, 12, 17 y 21 febrero, 20 y 29 marzo 1874. (33).
- Fiestas del centenario del nacimiento del General Francisco Morazán, celebradas en Tegucigalpa, del 28 de septiembre al 3 de octubre de 1892. Tegucigalpa, 3 octubre 1892. (34). (Se reproduce en "BABN", 1937, V (6-7): 343-345).

- (¡Gloria in excelsis Deo!). Discurso en el cuarto centenario del descubrimiento de América. "RABN", 1905, I: 721-727. (35).
- Inauguración del nuevo plan de estudios. "La Gaceta", 28 febrero 1882. (36).
- Introducción. "Compendio de la historia social y política de Honduras" por Antonio R. Vallejo, Tegucigalpa, 1882, pp. 13-15. (37).
- Discurso que en celebración del Cuarto Centenario del Descubrimiento de América, pronunció el Dr. ... en el Palacio Nacional de Honduras, por encargo del "Club de Tegucigalpa", Tegucigalpa, Tipografía del Gobierno, 1892; y en "RU", 1910, II: 609-614. (22).
- Editorial. La elección de Presidente Constitucional y de Diputados al Congreso Extraordinario. Mensaje del Señor Presidente. Posesión de la Presidencia Constitucional. Decretos del Congreso Extraordinario. Seguridades dadas al Congreso por el Gobierno Constitucional. Manifestación de las señoras y señoritas que componen el Club de Comayagua. Baile dado por el Señor Presidente en obsequio de las señoras y señoritas de esta capital. Inauguración de la Línea Telegráfica que parte de Comayagua a Tegucigalpa. Manifestaciones de los pueblos en favor del Gobierno Constitucional. "GOGH", 20 junio 1877. (23).
- Editoriales. "GOGH", 22 abril 1879. (24).
- El año que se va y año que comienza. "El Guatemalteco", 19 enero 1874. (25).
- "El Centroamericano". (26).
- (Lo redactó con Marco A. Soto y Manuel Lemus en Guatemala, 1871).
- El gran día de la patria. "La Gaceta", 8 septiembre 1882. (27).
- "El Guacerique", periódico literario. Redactor en jefe: Ramón Rosa. Director: Juan María Cuéllar. Tegucigalpa, Tipografía "La Prensa Popular", 1892, 96 pp. (28).

- (Aparecieron cinco números, hasta el 15 de noviembre del mismo año).
- El Licenciado D. Manuel Diéguez y Olaverri. En "Biografías de literatos nacionales". Publicación de la Academia Guatemalteca, correspondiente de la Real Academia Española. Guatemala, Tipografía "La Unión", 1889, I (6): 115-151. (29).
- El reinado de la paz. "El Guatemalteco", 16 diciembre 1873. (30).
- El 27 de agosto. "GOGH", 12 septiembre 1877. (31).
- Escritos selectos. Selección y reseña de la historia cultural de Honduras, por Rafael Heliodoro Valle, Buenos Aires, Editorial Jackson, XLVIII–402 pp. 19x13 cms. (Colección Panamericana, 19). (32).
- Estudios sobre Instrucción Pública. Primera Parte: Instrucción Primaria. Guatemala, 1874. "El Guatemalteco", 14, 24 y 31 enero, 12, 17 y 21 febrero, 20 y 29 marzo 1874. (33).
- Fiestas del centenario del nacimiento del General Francisco Morazán, celebradas en Tegucigalpa, del 28 de septiembre al 3 de octubre de 1892. Tegucigalpa, 3 octubre 1892. (34).
- (Se reproduce en "BABN", 1937, V (6-7): 343-345).
- (¡Gloria in excelsis Deo!). Discurso en el cuarto centenario del descubrimiento de América. "RABN", 1905, I: 721-727. (35).
- Inauguración del nuevo plan de estudios. "La Gaceta", 28 febrero 1882. (36).
- Introducción. "Compendio de la historia social y política de Honduras" por Antonio R. Vallejo, Tegucigalpa, 1882, pp. 13-15. (37).
- La actualidad. "GOGH", 19 febrero 1877. (38).
- La exclaustraci√≥n de las monjas. "El Guatemalteco", 6 marzo 1874. (39).
- La expedici√≥n revolucionaria. "El Guatemalteco", 31 mayo, 7 y 20 junio 1873. (40).

- (Sobre la encabezada por Enrique Palacios contra El Salvador y Honduras).
- La instrucciv≥n pv∫blica. "El Guatemalteco", 25 abril al 6 octubre 1874. (41).
- La intolerancia. "El Guacerique", 1892, I: 76-82. (42).
- La legislaciv≥n en sus relaciones con la economv≠a polv≠tica. "La Semana", Guatemala, 21 noviembre 1870, 4 y 13 diciembre 1870 y 6 y 22 enero 1871. (43).
- La ley de convocatoria. "El Centroamericano", Guatemala, 22 diciembre 1871. (44).
- La nueva era. "GOGH", 25 octubre de 1876. (45).
- La univ≥n hace la fuerza. "El Guatemalteco", 17 abril 1874. (46).
- La patria y sus genios. "RABN", 1945, XXIII (9-10): 530. (47).
- (Morazv°n, Valle, Reyes y Cabav±as).
- La Real Academia Espav±ola. "GOGH", 24 junio 1882. (48).
- "La Revista", Guatemala, 1882.
- La sensible pv©rdida de un hombre ilustre. "GOGH", 16 septiembre 1877. (49).
- Las actas de los pueblos y la convocatoria a elecciones. "GOGH", 6 abril 1877. (50).
- Las fiestas de septiembre. "GOGH", 15 octubre 1877. (51).
- Medio de dar vida al periodismo. "Revista de la Academia Guatemalteca", Guatemala, 1874. (52).
- Mi cumpleav±os. "El Guacerique", 1892, I: 36-39. (53).
- Mi Maestra Escolv°stica. "El Guacerique", 1892, I: 9-15, 23-30, 59-69; y "RABN", 1905, I: 348-360. (54).
- Monumento dedicado a la memoria del ilustre General Francisco Morazv°n. "La Gaceta", 25 febrero 1882. (55).
- (Nota por Rosa). "La Paz", 23 abril 1881. (56).
- Nuestra aspiraciv≥n. "El Guacerique", 15 junio de 1892. (57).

- (Después de la firma de Rosa va la de Juan María Cuéllar).
- Nuestras ideas políticas. "El Estado", Tegucigalpa, 5, 6, 8, 10 y 13 agosto 1904. (58).
- Ondina (Ensayo de novela). (59).
- (El dato lo proporciona R. E. Durán en "Honduras Literaria").
- Oración fúnebre pronunciada por el señor Ministro General Doctor Rosa con motivo de las honras fúnebres a la memoria del ex Presidente de Guatemala General don Miguel García Granados. "GOGH", 15 octubre 1878. (60).
- Paralelo entre Roma y los Estados Unidos de Norte América. En "El pensamiento panamericanista de los próceres centroamericanos nacidos en Honduras", (s. f.), pp. 10-11. (61).
- Paz y progreso. "GOGH", 19 noviembre 1877. (62).
- Programa de las fiestas del 15 de septiembre. "GOGH", 15 octubre 1877. (63).
- Prólogo. José Joaquín Palma y sus poesías. "La Patria", Bogotá, 1881, XXXV y XXXVI: 235-240. (64).
- Sueltos editoriales: El Congreso Ordinario. Exámenes. El Ministro de los Estados Unidos. "GOGH", 12 diciembre 1878. (65).
- Tres grandes fechas. "GOGH", 16 septiembre 1878. (66).
- (Versos). En "Honduras Literaria", Tegucigalpa, 1899, II: 177-188. (67).
- (Son cinco composiciones que llevan, respectivamente, las fechas 1867, 1878 y 1883).
- Un voto de gracias. "GOGH", 10 octubre 1882. (68).

LITERATURA OFICIAL

- Acuerdo de 14 de enero de 1879, secularizando los cementerios y poniéndolos bajo la autoridad municipal. "GOGH", 24 enero 1879. (69).

- Acuerdo en que por ausencia del Doctor don Ramón Rosa, se encarga de autorizar los actos del Gobierno, en los ramos respectivos, a los Oficiales Mayores de los Ministerios, emitido el 31 de marzo de 1878. "GOGH", 15 abril 1878. (70).
- Acuerdo en que se autoriza el establecimiento de una Escuela Normal en Ocotepeque, (13 marzo 1883), "RU", 1911, III (7): 402-3. (71).
- Acuerdo en que se da un nuevo arreglo a las tesorerías municipales. (Tegucigalpa, 27 octubre 1877). "GOGH", 22 noviembre 1883. (72).
- Acuerdo en que se denuncia los tratados internacionales existentes con la República de Honduras (La Paz, 25 abril 1877), "RU", 1912, 14 (3): 144-45. (73).
- Acuerdo en que se dispone que todos los centroamericanos pueden ejercer en Honduras sus profesiones sin más requisitos que autenticidad de sus títulos. (Comayagua, 30 diciembre 1876). "RU", 1911, III (7): 402. (74).
- Acuerdo en que se dispone que en todos los colegios y escuelas de la República se enseñe el español con sujeción al texto de la Gramática de la Real Academia de la Lengua Castellana, y que todo documento oficial se escriba con arreglo a los preceptos del texto enunciado. (Tegucigalpa, 18 diciembre 1881), "RU", 1910, I: 673. (75).
- Acuerdo en que se establece un Colegio Nacional de Segunda Enseñanza en la ciudad de Comayagua (Tegucigalpa, 28 abril de 1879), "RU", 1910, II: 194-195. (76).
- Acuerdo en que se manda establecer una Escuela de Contabilidad de Hacienda. (La Paz, 22 febrero 1877). "RU", 1912, IV (2): 65. (77).
- Acuerdo en que se previene el establecimiento de una Academia Militar bajo la dirección del General don Héctor Galinier. (Tegucigalpa, 12 mayo 1881), "RU", 1911, III (7): 402. (78).

- Acuerdo en que se previene la lectura del Acta de Independencia de 1823. "GOGH", 15 octubre 1877. (79).
- Acuerdo en que se reconoce a don Rafael Serrano y Murdais como agrimensor de la República y se le permite establecer una Academia en que se enseñe aquella profesión. (Tegucigalpa, 5 mayo 1881), "RU", III (7): 401-2. (80).
- Acuerdo en que se reglamenta la recaudación de la manda forzosa. (Tegucigalpa, 19 enero 1880), "RU", 1911, III (2): 65-67. (81).
- Acuerdo en que se renuevan los Estatutos de la Universidad de Honduras. (Tegucigalpa, 11 diciembre 1878), "RU", 1910, II: 27-28. (82).
- Acuerdo en que se resuelve una solicitud de la Junta de Instrucción Pública de la Universidad de Honduras. (Comayagua, 16 octubre de 1876), "RU", 1910, II: 26-27. (83).
- Acuerdo en que se suprimen temporalmente las clases de latinidad y derecho teórico-práctico en la Universidad de la República. (Tegucigalpa, 9 enero 1878), "RU", 1911, III (1): 4-5. (84).
- Acuerdo ratificando la sentencia de muerte de Calixto Vásquez (a) Corta Cabezas. "RABN", 1930, VIII (9): 364-365. (85).
- Acuerdo sobre la organización de la Universidad Nacional de Occidente. (Tegucigalpa, 4 abril de 1879), "RABN", 1910, II: 194. (86).
- (Carta). Ministerio de Relaciones Exteriores. (Tegucigalpa, 30 noviembre 1879). (87).
- (Con ella envió la copia de la primera acta del Comité especial establecido en Tegucigalpa para averiguar sobre todas las operaciones "que en nombre del Estado se llevaron a cabo con motivo de la empresa del Ferrocarril interoceánico" y que fue dirigida a Justo J. Bueso). En "Documentos oficiales sobre los Empréstitos de Honduras", por Víctor Herrán, París, 1884, p. 101.

- (Carta a Víctor Herrán anunciándole el Comité Especial para hacer una información sobre las operaciones relacionadas con el Ferrocarril Interoceánico). En "Documentos oficiales sobre los empréstitos de Honduras", por Víctor Herrán, París, 1884, p. 101. (88).
- (Carta al Coronel Vicente Williams). (Amapala, 5 septiembre 1876), "RABN", 1941, XIX (7): 408. (89).
- (Carta al General Cleto González, Yoro, desde Tegucigalpa, 8 octubre 1877). En "Al margen de la historia", de Eduardo Martínez López, Tegucigalpa, 1931, p. 132. (90).
- (Cartas al Doctor Adán Cárdenas, en Managua, 9 julio y 3 septiembre 1881, 15 marzo 1882 y 4 octubre 1883). En "Diccionario Histórico-Enciclopédico de la República de El Salvador", por Miguel Ángel García, San Salvador, 1943. VI: 151-153 y 156-157. (91).
- Circular a los gobernadores políticos en que el Secretario General, Doctor Ramón Rosa, les previene cuiden de la conservación y mejora de los caminos. (16 noviembre 1876), "GOGH", 9 noviembre 1876. (92).
- Circular de la Junta Patriótica a los conventos religiosos (Guatemala, 26 agosto 1871). En "La Compañía de Jesús en Colombia y Centro América", por Rafael Pérez, Valladolid, 1898, III: 620-621. (93).
- (Ataque a los jesuitas, firmándola Marco Aurelio Soto y Ramón Rosa).
- Circular de la Secretaría de Educación (19 marzo 1883). "GOGH", 24 marzo 1883. (94).
- Circular dirigida a los gobernadores políticos y comandantes departamentales. (Comayagua, 6 noviembre 1876), "GOGH", 9 noviembre 1876. (95).
- Circular que el Secretario del Gobierno Provisional dirige a los gobernadores políticos departamentales (sobre la libertad de elecciones). "GOGH", 6 abril de 1877. (96).
- Código fundamental de Instrucción Pública precedido del discurso que, en el acto de inaugurarse la Universidad

503

Central y el Colegio Nacional de Segunda Enseñanza de Tegucigalpa, pronunció el 26 de febrero de 1882 el señor Doctor D. Ramón Rosa, Secretario del Ramo. Tegucigalpa, Tipografía Nacional, 1882, 101 pp. (97).

- (Aparece también en el folleto "Discursos pronunciados el día 26 de febrero de 1882 en el acto de inaugurarse, bajo el nuevo plan de estudios, la Universidad Central de la República y el Colegio Nacional de 2ª Enseñanza de Tegucigalpa", Tegucigalpa, 1882, pp. 1-26, y en "RU", 1910, II: 402-414, 465-485 y 531-542).

- Consulta del Gobierno sobre enjuiciamiento militar y resolución del Tribunal Supremo de Justicia. (Tegucigalpa, 10 diciembre 1877), "RU", 1915, VII (1): 29-30. (98).

- Contestación a la circular que el Secretario de Relaciones Exteriores del Gobierno de la República de Costa Rica dirigió con fecha 17 de noviembre de 1876, comunicando haber suspendido las relaciones oficiales y de comercio con la República de Nicaragua. "GOGH", 18 abril 1877. (99).

- Contestación a la circular de 12 de enero de 1877, enviada por el Secretario de Relaciones Exteriores del Gobierno de la República de Nicaragua, referente a los motivos expuestos por el Gobierno de Costa Rica para decretar la clausura de relaciones oficiales y de comercio entre ambos países. "GOGH", 18 abril 1877. (100).

- Contestación a la Secretaría de Estado de Nicaragua (10 abril 1883). "GOGH", 30 abril 1883. (101).

- Contestación a Costa Rica (10 abril 1883). "GOGH", 30 abril 1883. (102).

- Contestación a la comunicación en que el Gobernador Político de Comayagua da cuenta al Gobierno de los buenos resultados que ha tenido la enseñanza de niñas de la capital. "GOGH", 20 enero de 1878. (103).

- Contestación del Secretario de Relaciones Exteriores. "GOGH", 28 enero 1883. (104).

- Contestación que el Secretario de Estado del Gobierno Provisional de Honduras da a la circular que con fecha 5 de septiembre de 1876 dirigió al Secretario de Relaciones Exteriores del Gobierno de la República de Nicaragua a los Gobiernos de la América Central. (15 diciembre 1876), "GOGH", 30 diciembre de 1876. (105).
- Contrata celebrada por el Supremo Gobierno para que se coloquen en esta capital las estatuas de Francisco Morazán y de José Cecilio del Valle,y los bustos de José Trinidad Cabañas y de José Trinidad Reyes, (27agosto 1882), "RABN", 1905, I: 438-439; y 1945, XXIII, (9-10): 531-536.(106).
- (Firmada por Rosa y Francisco Durini en Tegucigalpa el 29 de julio 1882).
- (Convención telegráfica entre Honduras y El Salvador), "RABN", 1940,XVIII (7): 340-44. (107).
- (La firmó con Salvador Gallegos en Tegucigalpa el 31 de marzo 1878).
- -Convención telegráfica entre Honduras y Nicaragua), "RABN", 1939,XVIII (6): 278-80. (108).
- (La firmó con Gilberto Larios en Tegucigalpa, el 6 de marzo de 1878).
- -Decreto aboliendo los diezmos, emitido el 30 de enero de 1879. "GOGH".(108).
- -Decreto creando la Universidad Nacional de Occidente (Tegucigalpa,3abril 1879), "RU", 1910, II: 193. (110).
- -Decreto del Consejo de Ministros, fundando un Departamento de Esta-dística Nacional. (Tegucigalpa, 28 junio 1880), "RABN", 1943, XXII (1):17-18. (111).
- -Decreto en que se previene la construcción del edificio de la Escuela de Medicina (Tegucigalpa, 19 diciembre 1882), "RU", 1911, III (2): 67. (112).
- -Decreto en que se previene se coloque un busto de mármol del Doctor don José Trinidad Reyes (27 agosto de 1882), "RABN", 1905, I: 661-62.(113).

- -Decreto en que se previene se coloque un busto de mármol del General J. Trinidad Cabañas (Tegucigalpa, 27 agosto de 1882), "RABN", 1905,I: 438. (114).
- -Decreto en que se promulga el reglamento provisional del Colegio Na-cional (Tegucigalpa, 15 agosto 1878), "RU", 1910, II: 129-135. (115).
- -Decreto inaugurando el Gobierno de Soto en Amapala. En "El libro de las efemérides", por Federico Hernández de León, Guatemala, 1930,III:380. (116).
- (El 27 de agosto fue la toma de posesión y Rosa fue nombrado Secretario General).
- El Cónsul de Su Majestad Británica, Sr. don Guillermo Melhado. "GOGH",18 junio 1882. (117).
- Leyes Militares. Tegucigalpa, Tipografía Nacional. (118).
- (De la administración del Doctor Soto conviene: Ley de Organización Militar, emi-tida el 27 de agosto de 1881. Reglamento para el servicio militar obligatorio, emi-tido el 25 de julio de 1881. Acuerdo en que se fija la pena a los Jueces y Fiscales de los Tribunales Militares que dejen de asistir a los debates sin justa causa,emitido el 23 de noviembre de 1881. Acuerdo en que se dispone que el Receptor de la Corte Suprema ejerza las mismas funciones en el Tribunal Supremo de
- Guerra, emitido el 23 de marzo de 1882. Acuerdo en que se hace extensivo el fuero de guerra a los Sub-Comandantes Locales, emitido el 21 de marzo de 1882.Acuerdo en que se establecen varias exenciones en favore las fuerzas veteranas,emitido el 22 de abril de 1882. Acuerdo en que se establece que los Abogados Integrantes de la Corte Suprema de Justicia integren el Tribunal Supremo de Guerra).
- Memorándum que el Secretario General del Gobierno de Honduras dirige a los Ministros de Estado y Agentes Diplomáticos de las naciones ex-tranjeras, adjuntándoles la carta autógrafa que remite a sus respectivos gobiernos el Señor Doctor Marco A. Soto, Presidente de la

República, en cuyo documento les participa la inauguración del Gobierno Provisional que preside. "GOGH", 25 octubre 1876. (119).

- -Memoria de Instrucción Pública de 1879. "RU", 15 octubre 1909, I:633-636. (120).
- -Memorias de Relaciones, Instrucción Pública y Guerra. "GOGH",15 abril 1883. (121).
- -Mensaje del Presidente Provisional de Honduras (continúa). "RABN",1945, XXIV (3-4): 146-153. (122).
- -Mensaje que el Presidente Provisional de Honduras, Doctor don Marco A Soto,dirigió al Congreso Extraordinario de la República, solemnemente instalado el día 27 de mayo de 1877."RABN", 1945, XXIII: 609-614. (123).(Aunque el Presidente Soto era buen escritor, el Doctor Rosa era su colaborardor literario, indudable, al redactar los mensajes y acuerdos).
- Nota al Señor Ministro de Relaciones Exteriores del Gobierno de la Re-pública de Honduras. "El Guatemalteco", 19 abril 1873. (124).
- (Respuesta sobre la convocatoria a la Unión de Centro América).
- -Nota de pésame al Gobierno de Nicaragua por la catástrofe del 4 de oc-tubre de 1876, ocurrida en Managua y otras poblaciones, dirigida por el Secretario del Gobierno, Doctor Rosa. "GOGH", 25 diciembre 1876.(125).
- -(Notas de la Secretaría de Relaciones de la República a la Legación Bri-tánica y el Consulado de los Estados Unidos del Norte, con motivo de la expedición de don Enrique Palacios). "El Guatemalteco", 30 mayo y 7 de junio 1873. (126).
- -(Oficio dirigido a la Secretaría de Relaciones de Guatemala (Comayagua,18 octubre 1876). "El Guatemalteco", 25 diciembre 1870. (127).
- -Tratados y convenios entre el Gobierno de Honduras y Nicaragua, "RU",1913, V (1-2): 18-29. (128).

- (Amnistía, Comercio y extradición, servicio postal, sobre el ganado).

SOBRE RAMÓN ROSA

- Alonzo, Agustín. Elogio de Ramón Rosa. "La Época", Tegucigalpa, 14 de julio de 1948. (129).
- Angulo Guridi, Alejandro. Temas políticos. Santiago de Chile, 1891, p. 443. (130).
- (Extracto de conferencias entre Salvador Gallegos, Luis Bográn y Rafael Alvarado Manzano, Ministros encargados del Gobierno: el desconocimiento del Presidente Soto. Gallegos indicó que los gobiernos de El Salvador y Guatemala "consideraban como hostil a sus intereses el carácter diplomático de que se halla investido el Doctor don Ramón Rosa, y que por lo mismo deseaban el retiro de dicho señor como una muestra de leal amistad"). (En el Palacio Nacional de Tegucigalpa, el 20 de septiembre de 1886).
- Barrientos, Alfonso Enrique. Ramón Rosa y Guatemala. Palabras dichas en la ceremonia que para conmemorar el primer centenario del nacimiento del Doctor Rosa se efectuó en la Facultad de Filosofía y Letras de México. "RABN", 1948, XXVII (3-4): 105-108. (131).
- Barrios, Roberto. Ilustres profesores de Centro América. Ramón Rosa. "Centro América", Guatemala, 1916, VIII (1): 135-139; y "Tegucigalpa", 19 agosto 1948. (132).
- Batres Jáuregui, Antonio. El Doctor Ramón Rosa. En "Nuevo libro cuarto de lectura para uso de las escuelas de Centro América", por Manuel Arzú Saborío, Oakland, Cal., U. S. A.; "Tegucigalpa", 5 junio 1949; y en "RABN", septiembre-octubre 1951. (133).
- (Breve elogio de Ramón Rosa). En "Landívar e Irisarri", Guatemala, 1896, p. 39. (134).

- Bonilla, Policarpo. (Cartas a Rosendo Agüero). (Güinope, 10 y 17 febrero 1893), "La Regeneración", 8 y 9 febrero 1895. (135).
- (Habla de unas gestiones del Doctor Rosa).
- Bustillo R., Augusto C. Boceto biográfico del Doctor Ramón Rosa. "RABN", 1949, XXVIII (1-2): 52-57. (136).
- Cáceres Lara, Víctor. Nace en Tegucigalpa el Doctor Ramón Rosa. "El Día", Tegucigalpa, 14 julio 1951. (137).
- Carías Reyes, Marcos. Ramón Rosa. En "Hombres de pensamiento", Tegucigalpa, 1947, pp. 33-47. (138).
- (Fragmentos de este estudio aparecieron en "Honduras Nueva", 14 julio 1948, y "Azul y Blanco", San Pedro Sula, 25 julio 1948).
- Cerrato Valenzuela, Armando. (Comentario a) "Boceto biográfico del Dr. Ramón Rosa", por Esteban Guardiola. "Revista de Historia de América", México, 1949, N.º 27: 170-172. (139).
- Cid, María Trinidad del. Homenaje a la madre del ilustre Doctor Rosa. Siluetas de mujeres hondureñas. Isidora Rosa. "RABN", 1948, XXXVII (3-4): 109-112. (140).
- Claros, Eufemiano. Pensar y decir las cosas bien. "El Día", 14 julio 1948. (141).
- Contreras V., Rosendo. Doctor Ramón Rosa. En "Historia de Tegucigalpa", "RABN", 1932, XI: 221. (142).
- Darío, Rubén. Letras centroamericanas. Honduras. "RU", 1920, X (2): 90. (143).
- Proaño. En "Páginas de arte", Madrid. (s. f.) p. 127. (144).
- (Lo escribió en 1889). El libro de Federico Proaño va precedido de "cuatro juicios de hombres de letras distinguidísimos... El otro de Ramón Rosa, quien sabe llevar fama de prosista correcto y elegante"...
- (Decreto del Congreso Nacional). "Revista del Archivo y de la Biblioteca Nacionales", 1906, II: 506-517. (145).
- (Es el Decreto sobre la erección de la estatua al Doctor Rosa).

- Durón, Rómulo E. Discurso pronunciado en la reapertura de la Biblioteca Nacional, al descubrirse el busto en mármol del Doctor D. Ramón Rosa, "RABN", 1906, II: 522-526. (146).
- Oradores sagrados, parlamentarios, políticos y forenses de Honduras. "RU", 1920, X (1): 49. (147).
- Ramón Rosa. En "Honduras Literaria", Tegucigalpa, 1896, I, 481-482. (148).
- (Después de la nota biográfica inserta (pp. 482-572) los siguientes escritos: "Derecho público", "Recuerdos históricos", "Arcadio Estrada", "Semblanza", "Don José Milla y Vidaurre", "Discurso en la apertura de la Universidad Central", "A Antonio Cañas", "Discurso", "A María Arrivillaga", "Constitución social del país", "Discurso de incorporación en la Academia Guatemalteca").
- Ramón Rosa. "El Cronista", 24 julio 1939. (149).
- EL DÍA DE AYER. "Diario de Honduras", 30 mayo 1893; y "RABN", 1906, II: 517-518. (150).
- EL DOCTOR FONTECHA. "La Unión", 10 abril 1897. (151).
- (Aclarando que no fue Ramírez Fontecha, sino el Doctor Rosa el autor del Código de Instrucción Pública de 1882).
- EL DOCTOR ROSA. "La Regeneración", 30 mayo 1894. (152).
- (..."aquella vida activa, aquella envidiable organización, aquel talento de primer orden...").
- En honor del Doctor Rosa. Secretaría de Estado en el Despacho de la Guerra. (Tegucigalpa, 29 de mayo 1893). "RABN", 1906, II: 514-515. (153).
- Gamboa, Francisco A. Ramón Rosa. "RABN", 1906, III: 31-32. (154).
- Guardiola, Esteban. Himnos a Ramón Rosa en su día centenario. "La Época", 13 julio 1948. (155).
- Guardiola, Esteban y Salvador Turcios R. Excitativa al Poder Ejecutivo de la República para adquirir, publicar la

Historia de Morazán escrita por el Doctor Ramón Rosa. "RABN", 1942, XXI (1-3): 25-5. (156).

- Gutiérrez, Enrique. (Carta a Ramón Rosa). En "Biografía del Padre Reyes", por Ramón Rosa, Tegucigalpa, 1947, pp. 75-77. (157).

- (Es un comentario a la conversación que Rosa dio el 15 de septiembre de 1878 y una ratificación a lo que dijo sobre el General Ferrera).

- HOMENAJE. "RABN", 1906, II: 513-514. (158).

- Guzmán, Enrique. Diario íntimo (de 1876 y 1877). (159).

- (Alude a Rosa en relación con los conspiradores nicaragüenses en Honduras en tiempo del Presidente Soto).

- J. J. PALMA y Ramón Rosa. ("Diario Oficial del Salvador"). "GOGH", 8 junio 1882. (160).

- Jirón, Yanuario. Discurso pronunciado el día 7 de enero de 1878 en el acto de la apertura de las clases de la Universidad, por el Señor Rector, Presbítero don Yanuario Jirón. "RU", 1909, I (9): 540. (161).

- (Elogia a Rosa y le pide que, ya que en la Universidad hizo sus primeros estudios, "trabaje y se empeñe en darle lustre" y en organizarla mejor).

- LA UNIVERSIDAD DE HONDURAS con motivo de su próximo centenario. Su génesis y sus estatutos. "RABN", 1944, XXII (11): 641-656; (12): 713-722. (162).

- LA JUVENTUD HONDUREÑA. Tegucigalpa, N.º 38, junio 1895. (163).

- (Consagrado a Rosa).

- López Pineda, Julián. Centenario del nacimiento de Ramón Rosa. "El Día", 14 julio 1948. (164).

- —En el centenario de Ramón Rosa. (Discurso en el Instituto Hondureño de Cultura Interamericana). "El Día", 23 julio 1948. (165).

- —En el Paraninfo de la Universidad. (Discurso en nombre del Honorable Consejo Universitario, en el homenaje a Ramón Rosa). "El Día", 21 julio 1948. (166).

- Martínez, José Vicente. Introducción (a "Biografía del Padre Reyes", por Ramón Rosa). Tegucigalpa, 1947, pp. V-VII. (167).

- Medrano, Arturo. Ramón Rosa, arquitecto del renacimiento hondureño. "Revista Rotaria", Chicago, 1950, XXXV (5): 12-14. (168).

- Milla, Juan E. Una Biblioteca "Ramón Rosa" en California. "Diario Comercial", San Pedro Sula, 28 agosto 1952. (169).

- Molina, Juan Ramón. "Tierras, mares y cielos", Tegucigalpa, pp. 42 y 136. (170).

- (La prosa difusa y sentimental de Ramón Rosa... (p. 112), y enseguida "Ramón Rosa, hombre de Estado, orador y escritor notable, alma melancólica como Alfonso de Lamartine, y que murió de la enfermedad de Schiller y Alfredo de Musset". (p. 136).

- Montesinos, Pedro. (Comentario a) "Biografía de José Trinidad Reyes", "RU", 1909, I (1): 46-47. (171).

- Navarro h., Miguel. Notas. Ramón Rosa (de "Lecturas Nacionales"), "RABN", Tegucigalpa, 1932, X (9-10): 325. (172).

- NOTABLE discurso. "El Bien Público", Quezaltenango, 7 mayo 1882. (173).

- (Trata del pronunciador Rosa el 26 de febrero de dicho año).

- Pérez Cadalso, Eliseo. La Revolución del 76. "El Día", 14 julio 1948. (174).

- PODER LEGISLATIVO. "RABN", 1906, II: 515-516. (175).

- (Es el acta de la sesión en que se decretó se erija una estatua al Doctor Rosa).

- Quinteros Andrino, Francisco. Obras de don José Cecilio del Valle. "RU", Tegucigalpa, 1916, VIII (4): 203-206. (176).

- (Al hablar de la biografía por Rosa, elogia su ecuanimidad).

- RAMÓN ROSA. "Hondureños ilustres". "El Porvenir de Centro América", San Salvador, 23 noviembre 1896. (177).
- RAMÓN ROSA. En "Diccionario Enciclopédico U. T. E. H. A.", México, 1952, X: 99. (178).
- Reina Valenzuela, José. El centenario de don Ramón Rosa. "Tegucigalpa", 23 noviembre, 7 y 14 diciembre 1947. (179).
- —Bosquejo histórico de la Farmacia y la Medicina en Honduras. Tegucigalpa, 1947, pp. 159, 160, 162, 165, 170, 224. (180).
- ROSA, RAMÓN. (En "Hondureños ilustres". "El Porvenir de Centro América", San Salvador, 23 noviembre 1896). (181).
- ROSA, RAMÓN. En "Enciclopedia Universal Ilustrada Europeo-Americana", Madrid, España, Calpe, 1920, LII: 330. (182).
- Salgado, Félix. Noticia biográfica del Doctor Ramón Rosa. En "Elementos de Historia de Honduras", 1941, pp. 127-128. (183).
- Sequeiros, Gonzalo S. Ramón Rosa. "RU", 1914, VI (12): 726-728, y "La Época", 14 julio 1948. (184).
- Sierra, Terencio. (Telegrama al Doctor Ramón Rosa). (Güinope, 16 febrero 1893). "La Regeneración", Tegucigalpa, 2 febrero 1895. (185).
- (Gestiones de Rosa para que Sierra se entendiera con el General Vásquez).
- Stokes, William S. Honduras. 1950, pp. 26, 79 y 212. (186).
- (Referencias de Paulino Valladares a Rosa).
- Tejeda, Félix. Glorias patrias. "El Correo de la Tarde", Guatemala, 18 abril 1891. (187).
- (Alusiones al estadista y al historiador).
- Turcios, Froylán. Memorias. "Ariel", Tegucigalpa, 15 junio 1939, p. 1124, y 15 agosto 1939, p. 1220. (188).

- Uclés, Carlos Alberto. Discurso pronunciado por el señor Doctor don Carlos A. Uclés ante el cadáver del Doctor don Ramón Rosa. "RABN", 1906, II: 519-520; y en "Discursos, artículos y poesías", por Alberto Uclés, Tegucigalpa, 1933, I: 70. (189).
- Valladares, Juan B. Centenario del Doctor Rosa. "Tegucigalpa", 11 julio 1948. (190).
- La familia del Padre Reyes. "La Época", Tegucigalpa, 23 septiembre 1947. (191).
- Valle, Rafael Heliodoro. El hondureño don Ramón Rosa. "Cuadernos Americanos", México; "Tegucigalpa", 11 julio 1948; "La Prensa", San Antonio de Texas, 26 julio de 1948; y "Comizahualt", San Pedro Sula, 31 julio 1951. (192).
- —Brisa y antorcha. (Discurso al entregar la Biblioteca Ramón Rosa en la Universidad de Stanford, California, el 28 de agosto de 1952). "Diario Comercial", San Pedro Sula, septiembre 1952. (193).
- —Dos cartas de Ramón Rosa. "El Día", Tegucigalpa, 7 agosto 1951. (194).
- (Aparecen incluidas en las que figuran en este volumen y dirigidas a Rafael Alvarado Guerrero).
- Vela, David. La Academia Guatemalteca correspondiente de la Española. Sus actividades y la obra personal de sus miembros. "El Imparcial", Guatemala, 17 marzo 1951. (195).
- —Hondureños ilustres. Recordación de Ramón Rosa. "El Imparcial", Guatemala, 15 julio 1952. (196).
- Vélez, Manuel Francisco. Correspondencia literaria. "El Guacerique", 1892, I: 79, 20-23. (197).
- Viada, Eduardo. (Carta a Rosa). (Trujillo, 6 marzo 1883). "La Paz", 21 abril 1883; "RABN", 1905, I: 737-738; y 1917, IX (2): 171-172. (198).
- (Sobre "Concejo" y "Consejo").

- Zúñiga, Adolfo. (Carta a Ramón Rosa). En "Biografía del Padre Reyes", por Ramón Rosa, Tegucigalpa, 1947, pp. 69-72.
- (Es un elogio de la conversación que Rosa dio sobre el Padre Reyes el 15 de septiembre de 1878).

www.ingramcontent.com/pod-product-compliance
Lightning Source LLC
Chambersburg PA
CBHW061545120626
46550CB00004B/1364